甲府城鉄門

武田氏滅亡後、浅野長政･幸長により築城された甲府城は、徳川氏牽制のための城であった。平成25年に復元された鉄門《くろがねもん》は、本丸への入り口で重厚な威容を誇っている。

躑躅ヶ崎館西郭北側桝形虎口

躑躅ヶ崎館（武田氏館）の西郭は天文20年に、武田信玄の嫡男義信《よしのぶ》のために増設された。郭の南と北には武田氏の築城技術を示す桝形虎口が設けられる。

新府城航空写真

新府城は、天正9年、武田勝頼によって築城されるも、翌年勝頼が滅び武田氏最後の居城となった。その後天正壬午《てんしょうじんご》の乱で徳川家康が本陣とした。(提供：韮崎市教育委員会)

谷戸城の整備された二の郭と薬研堀

谷戸城は甲斐源氏の祖逸見清光《へみきよみつ》の居城と伝えられるが、その主な使用年代は発掘調査によって14～15世紀代であることが判明した。

加賀美氏館航空写真（南から）

加賀美の法善寺は、甲斐源氏加賀美遠光《かがみとおみつ》の居館跡といわれる。境内の南側や北東側には土塁の痕跡とおぼしき高まりがある。

真篠《まじの》城近景

真篠城は甲斐と駿河の国境地帯にあって、駿州往還《すんしゅうおうかん》（河内路）の要衝を押さえている。南側に掘られた畝状空堀《うねじょうからぼり》は特徴的な遺構である。

勝沼氏館の堀と土塁

勝沼氏館が築かれたのは15世紀代で、16世紀を通じて存続し、国中東部の要の城館であった。館内では金の生産も行われていた。

岩　殿　城

桂川に面した岩殿山は、黒灰色の岩肌をした絶壁が印象的である。岩殿城はこの山頂とその尾根筋に堀切や郭を配して築かれる。

山下孝司・平山 優［編］

甲信越の名城を歩く

山梨編

吉川弘文館

刊行のことば

山梨県内に分布する城郭は、山城のほか館や屋敷跡を含めると六百弱におよぶ数である。『甲信越の名城を歩く』山梨編では、それらのうち六〇城あまりを選んで掲載した。

山梨県は四囲を山々に囲まれた土地柄で、甲府盆地を中心とした「国中」と、盆地東側に連なる御坂山地と北東域の大菩薩連峰を隔てた県東部の「郡内」地域に大別される。さらに国中は、盆地中央部を中心に東部・西部・南部・北部の五地域に区分けされ、「峡中」・「峡東」・「峡西」・「峡南」・「峡北」という広域地名で呼ばれる。本書では、郡内と国中五地域を合わせた六地域ごとに、それぞれの地域で特色を有する城郭について紹介している。

山梨県はかつて甲斐国と呼ばれ、中世戦国期には戦国大名武田氏の本拠地であった。信虎・信玄・勝頼と三代六十年余にわたって武田氏領国の政庁であった躑躅ヶ崎館（武田氏館）や、勝頼の築城した新府城はつとに有名であろう。武田信義館・加賀美氏館など甲斐源氏に係わる城館も地域の特徴を物語る重要な遺跡である。また歴史的騒乱に名を残す須沢城などは特筆される。さらに駿河国や相模国に接するところには、吉田城山・本栖城・猿橋の城山・葛谷城など軍事的緊張関係を彷彿させる境目の城の存在もある。塩川沿いの烽火台群は武田氏の軍事戦略ばかりでなく地域での経営をうかがい知る貴重な事例といえよう。甲斐国内が戦場となった天正壬午の乱は、北条軍と徳川軍のそれぞれが各地の城館を改修するなどして対陣し、北条方は御坂城や若神子城、徳川方は新府城や勝山城などを拠点に敵に備え、甲斐の城郭の歴史のうえで大きな画期をなしている、等々。県内には多種多様な城郭があちこちに所在しており、枚挙にいとまがないが、甲斐国の歴史的推移とともに大きな役割を果たした城をはじめ地域と関わりの深い城を取り上げたつもりである。

読者の皆様には、ぜひ本書を携えてそれらの城郭を訪れていただきたい。ただし山城は、登城道が整備されていない場合が多く、危険をともなうこともある。さらにマムシやスズメ蜂・山蛭などの危険で有害な生物、また猪・鹿・熊などの獣の棲息域では、思わぬ事故に遭遇することがあるやもしれない。充分気をつけて歩いてほしい。

城郭を探訪することによって、城の攻防に思いを馳せるのも良いし、いくつかの城郭を比較しそのなかから城の発展段階を追い求めることも可能であろう。またその城のつくられた経緯や築城作業に係わった人々など、城や館の所在する集落とのかかわりを想像することもできよう。城に歴史を見出すことや、その背景にある地域社会の歴史を汲み取ることなど、城郭から何を読み取るかは、そこを訪れた本人自身に委ねられている。先人たちが遺した、土塁や堀、郭に立って、中世の歴史を肌で感じていただきたいと願う次第である。

二〇一六年八月

山下孝司
平山優

目次

目　次

甲斐の城館—武田氏の興亡をめぐって

平山　優

【甲斐源氏の登場と甲斐の城館】　甲斐国の城館の歴史は、大治五年（一一三〇）、常陸国那賀郡武田郷を拠点としていた武田（源）義清《よしきよ》・清光《きよみつ》父子が、朝廷の命により市河荘《いちかわのしょう》に移ったことを契機に始まる。同時期に、甲斐にも中小武士がいたはずであるが、三枝《さいぐさ》氏を除くと、文献でも、考古学の成果でも確認されていない。この義清・清光父子こそが、甲斐源氏の事実上の発祥である（義清の父新羅三郎義光《しんらさぶろうよしみつ》からとされるが、義光自身は甲斐に居住した事実は確認できない）。系図類によれば、清光は子福者で男子は一八人にもおよぶ。これらすべてが、清光の実子とは想定できず、当時甲斐で活動していた武士が源氏の貴種である彼と結びついていった結果ではないかとする説もある。いずれにせよ、義清・清光父子は、市河荘を拠点に、巨摩《こま》郡北部（八ヶ岳南麓一帯）にも進出し、逸見冠者《へみのかじゃ》を称したという。

そして武田信義《よしのぶ》、逸見光長《みつなが》・加賀美遠光《かがみとおみつ》らの世代が、巨摩郡で勢力を伸長し、居館を構え、開発領主として活動し始めたと推定されており、その遺跡として**武田信義館**（韮崎市）、**加賀美氏館**（加賀美山法善寺、南アルプス市）などが代表例である。このうち、信義館からは近年、重要な遺物が発見されており（武田東畑遺跡〈韮崎市〉）、信義館の伝承は真実性を帯びてきている。

その後、武田信義の子孫は、一条・板垣・甘利《あまり》・飯田・吉田氏などおもに山梨郡西部に、加賀美遠光の子孫は、小笠原・秋山・南部・波木井《はきい》氏など巨摩郡西部から南部にかけて進出し、勢力を伸長した。現在でも、彼らの居館跡が故地に伝えられている。これをみると、義清・清光父子、清光の子供、そして孫の世代にかけては、甲斐源氏の勢力は当時の甲斐の中心部である甲府盆地東部（山梨郡東部、八代郡）にはおよんでいない。これは、在庁官人三枝《さえぐさ》氏が勢力を張っていたためとみられ、当初甲斐源氏は、土着の在庁官人たちとの争いを避けていたと推定される。このように、甲斐における城館の出現は、甲斐源氏の登場と密接不可分であるといえよう。

【鎌倉期の地頭と城館】 文献に城が登場するのは、治承三年（一一七九）、後白河法皇の皇子以仁王《もちひとおう》が平氏打倒の令旨《りょうじ》を発したのを受けて、武田信義ら甲斐源氏が挙兵した際である。武田氏や源頼朝を討つべく平氏の軍勢が東下すると、平氏方の軍勢が「甲斐武田城」に攻め寄せ、惨敗したとの記録がある（『玉葉』治承四年十一月五日条）。この情報は正確なものではないが、武田氏を初めとする甲斐源氏が、「城」を持つ武士団であるという認識が当時実在したことは注目してよい。ただ、この時期の「城」とは具体的にどのようなものを指すかは、検討課題であろう。

鎌倉幕府成立以後、甲斐には甲斐源氏以外の武士が、幕府に所領を与えられて甲斐に入部し、居館を構えて所領経営を始めたとされる。なかでも、都留《つる》郡古郡《ふるごおり》氏、鎌田氏などはその例であるが、和田義盛《よしもり》の乱などで没落しているものの、彼らの居館跡も、伝承されている。この後に、都留郡に地頭として入部するのが、加藤氏や小山田氏などである。これらは、戦国期に都留郡の国衆へと成長する。

【南北朝・室町期の甲斐と武田氏】 鎌倉幕府が滅亡し、室町幕府成立、観応《かんのう》の擾乱《じょうらん》、南北朝動乱などが相次ぐなか、甲斐国内の武士たちは、南朝と北朝、足利尊氏《たかうじ》方と直義《ただよし》方、などへと複雑に分裂し、抗争を展開する。こうした混乱のなか、尊氏執事高氏の一族師冬《もろふゆ》が**須沢《すさわ》城**（南アルプス市）で滅亡したり、南部氏がごくわずかな一族を残して東北の所領に去るなど、新たな動きがみられた。また室町将軍足利氏と緊密な関係を構築していた武田氏は、安芸国守護に補任《ぶにん》された。この結果、武田宗家でも安芸守護と甲斐守護に分立するようになり、甲斐の武士たちの中にも、それぞれに別れた者たちも多かった。

【戦国初期動乱と甲斐の城館】 甲斐を取り巻く政治情勢は、上杉禅秀《うえすぎぜんしゅう》の乱を契機に一気に大混乱に陥り、武田信昌による一時的な甲斐統一という小康期を挟み、明応元年（一四九二）の武田氏の分裂に伴う内戦に突入し、戦国時代へと進む。上杉禅秀の乱に加担した甲斐守護武田信満《のぶみつ》は、山梨郡木賊《とくさ》で自刃し、甲斐は守護不在となった。これを好機として、逸見氏が鎌倉公方足利持氏と結び、甲斐守護簒奪を目論む。だがこの試みは、信満の子信長・伊豆千代丸《いずちよまる》父子によって阻止されるが、武田氏の支援を幕府から命じられた信濃守護小笠原氏により、守護代として甲斐に送り込まれた跡部氏（佐久郡出身）が、武田氏を凌ぐ実力を保持するようになる。

かくて、室町後期から戦国初期にかけて、甲斐では武田氏と跡部氏、逸見（今井）氏との抗争が展開していく。こうした一連の動きにかかわる城館として、木賊城（甲州市大和町、武田信満）、日ノ出砦（韮崎市、武田信長）、**小田野《おだの》城**（山梨市牧丘町、跡部氏）、**小山《こやま》城**（笛吹市御坂町、穴山氏）などがある。この他に、甲斐守護館と伝承される遺跡が、甲府盆地東部に点在しており、代々居館を移転させながら、国内の武士と対抗していたといわれる。これらは、甲斐守護武田氏権力の脆弱性をうかがわせ、敵対勢力との関係のなかで移転の背景を読み解いていく必要があるだろう。

【戦国大名武田氏の覇権確立】 武田氏は、明応元年に、信昌が家督を惣領《そうりょう》信縄《のぶつな》ではなく、その弟信恵《のぶよし》（油川《あぶらかわ》氏）に継がせようとしたため、信昌・信恵派と信縄派に分裂、これに隣国の北条、今川、諏方氏が介入し、混迷を深めていく。この内乱は、信昌、信縄の死後もくすぶり、武田信虎の甲斐統一まで続くこととなる。武田氏は、信虎が天文元年（一五三二）に甲斐統一を果たすが、それまで逸見（今井）、油川、栗原、大井、穴山、小山田氏らとの激しい抗争があり、しかも隣国の諏方氏（今井、栗原氏支援）、北条氏（小山田氏支援）、今川氏（大井、穴山氏支援）らが介入している。これらを抑えて、信虎は遂に甲斐統一を果たした。

この抗争のさなか、信虎は永正十六年（一五一九）、本拠地を川田から甲府に移した。この時信虎が、甲《こう》府《ふ》城下に国衆の屋敷を建てさせ、集住化を図ったことは著名である。国衆との抗争は、甲府建設への反発として、一層激化したが、武田氏はこれを抑えきることに成功した。信虎の甲府建設は、武田氏の覇権確立の象徴でもあったが、特徴的なのは居館と武家地、寺社地、商工業者居住地、市場などが空間的に一体化しており、しかも計画的な街路区画を伴っていることと、信虎が甲府移転を「新府中《しんふちゅう》」「府中江御屋移」「甲州府中」と主張していることである（『甲陽日記（高白斎記《こうはくさいき》）』『勝山記』）。武田勝頼《かつより》が、滅亡直前に築城した新城も**新府城《しんぷ》**（韮崎市）といい、これも府中移転との主張がなされている。少なくとも信虎・信玄・勝頼三代は、自らの本拠地を古代以来の国府に繋がる「府中」と認識していたことをうかがわせ、それは戦国大名武田氏の特異な意識を示唆している。

なおこの時期、武田氏に対抗した有力国衆《くにしゅう》の城館跡も各地に残るが、穴山武田氏や小山田氏などは、居館と城の関係性の理解をめぐって今も議論が続いている。また武田一族**勝沼氏館**《かつぬま》（甲州市）は、遺構や遺物による研究が進んでおり、とりわけ遺物の分析から館内で甲州金の鋳造が行われていたことが判明し話題を呼んだことは記憶に新しい。

【在地土豪・有徳人層の屋敷】　山梨県には、武田氏の軍事力、経済力を支えた金山衆《きんざんしゅう》、御蔵前衆《おくらまえ》、軍役衆《ぐんやく》の屋敷跡なども甲府盆地の各地に点在している。地主経営を行うかたわら、金山の間歩《まぶ》（坑道）を所持し、金堀衆《かなほり》（人夫）を使役して金の採掘を行う金山衆、武田氏御料所の管理と年貢・公事徴収、御蔵の管理を行う御蔵前衆、武田氏より棟別《むなべつ》諸役などさまざまな課税の免除特権を受けて軍役奉公を行う軍役衆。彼らは地主であるとともに、商業や金融活動をも行う有徳人《うとくにん》であった。その屋敷跡は、土塁《どるい》と堀に囲まれた土豪屋敷としての景観を持つものが多い（**八田氏屋敷**〈八田家御朱印屋敷、笛吹市〉など）。この他にも、近隣の土豪層が姻戚関係を取り結ぶなど、一揆的結合を遂げ、「衆」（武川《むかわ》衆、津金《つがね》衆など）を形成していた人々の屋敷跡（山高氏、**教来石《きょうらいし》氏屋敷**〈北杜市〉など）、武田家臣の屋敷跡（**長坂氏屋敷**〈長閑屋敷、北杜市〉、**金丸《かねまる》**〈土屋〉**氏館**〈南アルプス市〉、甘利氏屋敷〈韮崎市〉など）もあり、その一部は発掘調査による成果もある（大輪寺東遺跡〈韮崎市〉など）。

【天正壬午の乱と城館】　武田氏の覇権以後、甲斐国内での動乱は終息していたが、天正十年（一五八二）三月、武田氏は滅亡し、さらに六月に本能寺の変が勃発すると、旧武田領国は北条・徳川・上杉三氏による争奪戦の舞台となる。これを「天正壬午《てんしょうじんご》の乱」と呼ぶ（コラム、九四頁参照）。とりわけ城館研究において注意すべきは、この時甲斐の城館は、北条氏と徳川氏による大改修が実施されたことである。つまり、現状の遺構は武田時代のものとは異なる可能性があり、それをどう区別して認識するかが課題といえよう。少なくとも、**新府城**、能見城（韮崎市）、**御坂《みさか》城**（笛吹市・富士河口湖町）など多くの主要城郭では、現状の遺構をそのまま武田時代のものと捉えることはできない。

【近世城郭の登場と中世城館の終焉】　甲斐は、天正壬午の乱後、徳川家康の領国となり、天正十八年八月、家康が関東に転封となると、慶長五年九月まで豊臣大名の支配下に入る。甲斐国主は羽柴秀勝《ひでかつ》（豊臣秀吉の甥、天正十八年）、加藤光泰《みつやす》（天正十八年～文禄二年）、浅野長政《ながまさ》・幸長《よしなが》父子（文禄二年～慶長五年）と変遷するが、この間、初めての本格的な近世城郭である**甲府城**（甲府市）が、また都留郡では**勝山城**（都留市）が建設された。この二つは、主に浅野氏が築城に関与していたとされ、特に甲府城の石垣は東日本でも豊臣期の形態を残す遺構として注目されている。秀吉は、山城停止令を出したといわれ、さらに江戸幕府も大坂の陣終了直後の元和元年（一六一五）閏六月に一国一城令を発し、これらを契機に中世以来の城館は姿を消したと推定される。

ただし、甲斐国内には、同時期に堀と土塁を持つ屋敷が新設された事実がある。これは、巨摩郡に残る真田、**屋代**《やしろ》、三枝氏屋敷（北杜市）であるが、彼らは慶長十九年（一六一四）一月、幕府より真田信尹《のぶただ》、屋代勝永《かつなが》、三枝昌吉《まさよし》三人に合計一万五〇〇〇石が与えられ、彼らは所領支配のために屋敷を構えることを許され、ここに居住した。中世以来の領主制を色濃くもつ真田、三枝、屋代氏（初期旗本）は、寛文元年（一六六一）に幕府に所領を収公され、屋敷もことごとく取り払われた。これは、中世的な個別領主権を行使する彼らの勢力を削ぎ、知行所を各地に分散させることで制限しようとした、幕府の意図による政策と推定されている。かくて甲斐では、**甲府城**と**勝山城**の近世城郭を除き、中世以来の城館はその機能を喪失することとなった。

山梨県の名城を探る——調査・保存・活用状況について

山下孝司

【城館跡の基礎資料の蓄積】

山梨県における城郭の分布と数の把握といった基礎的な調査は、昭和四十年代以降進められ、その数は昭和四十二年（一九六七）発行の『日本城郭全集』（人物往来社）では二二五、昭和四十四年の『甲府城総合調査報告書』（山梨県教育委員会ほか）では二六〇余り、昭和五十五年刊行の『日本城郭大系　第八巻　長野・山梨』（磯貝正義ほか編、新人物往来社）では三三〇ほど、昭和六十一年発行の『山梨県の中世城館跡』分布調査報告書（山梨県教育委員会）では四五六、平成三年（一九九一）刊行の『定本山梨県の城』（萩原三雄編、郷土出版社）では四七四と、漸次その数を増してきた。さらに、山梨県史編さんにかかわり悉皆《しっかい》的な調査が行われ、その一部は『山梨県史』資料編7中世4（二〇〇四年）に掲載された。平成十八年には、県内の五九三ヵ所におよぶ城館跡の踏査結果をまとめた「図解山城探訪」と題した資料集（宮坂武男『図解山城探訪第一五集　山梨峡北地区資料編』、『図解山城探訪第一六集　山梨峡中・峡東地区資料編』『図解山城探訪第一七集　山梨峡西・峡南・郡内地区資料編』いずれも長野日報社）が出版（その後これらは平成二十六年に『甲斐の山城と館』〈戎光祥出版〉として上・下二巻にまとめられ発刊）されるに至っている。中にはすでに消滅してしまったものもあるが、それらによって城館跡の全容を一覧できる基礎資料は充実したといってよい。

もっとも、これらの調査の根底には、文化十一年（一八一四）完成の地誌『甲斐国志《かいこくし》』の存在が大きな成果としてある。『甲斐国志』は、甲斐国内の城郭を歴史と遺構とを叙述する形で集成し、機能や性格に言及したり、地域の伝承などを基として城主を推定したりして、烽火台《のろしだい》・砦《とりで》・塁《るい》（旧塁）・堡城《ほじょう》・要害《ようがい》、また居館・館・屋敷などと各城館を呼び分類を行っており、今日でも城郭研究の基礎となっているのである。しかし反面、武田信玄は甲斐国内に城普請《しろふしん》をしなかったとする『甲陽軍鑑』に依拠しつつ、土塁や堀をともなう城は後年（天正慶長の間）に築かれたものと見做しており、城郭構造までの踏み込んだ追究は行われなかった。

この点を克服したのが先に掲げた『日本城郭大系　第八巻　長野・山梨』であった。そこでは、現地踏査に基づく地表面観察によって城郭の構造を把握し理解する縄張《なわばり》研究の手法が用いられ、県内の城館跡が積極的に調査分析され、それに基づき特徴が論じられたのである。その後の『山梨県の中世城館跡』、『定本山梨県の城』など一連の刊行物においてもその調査研究の基本的な方法は踏襲されている。先に掲げたもの以外では例えば『都留市史』資料編　古代・中世・近世Ⅰ（都留市、一九九二年）は、縄張研究と地名考証に基づく都留市と大月市・西桂《にしかつら》町の一部にわたる城館調査の成果を掲載している。また、平成十八年度から平成二十二年度には、北杜《ほくと》市教育委員会による市内城館跡詳細分布調査が実施され、測量調査を基本とした縄張の把握が行われている（北杜市教育委員会『市内城館跡詳細分布調査報告書』二〇一一年）。

【発掘調査の進展】　一方、城郭の発掘調査は、昭和四十八年十二月から始められた**勝沼氏館**《かつぬましやかた》を嚆矢《こうし》とする。県立ワインセンター建設にともない調査が行われた**勝沼氏館**では、礎石建物が整然と並び、縁石を並べた水路に囲まれた郭《くるわ》内の様子や、戦国期の武将の生活を彷彿させる出土遺物は、埋もれていた生の資料から当時の具体的歴史像を明らかにした。それは多くの人々に衝撃を与え、しかも武田信虎の弟で信玄の叔父の勝沼五郎信友《のぶとも》の館であったことから、保存運動が高まり、館跡は保存が決められて昭和五十六年に国指定の史跡となった。昭和五十八年に内郭部の埋設保存を開始し、その後平成四年度までに整備を終え、内郭部は一般公開されている。また、外郭部は、平成四年度以降発掘調査が行われ、平成八年度から順次整備が進められた。

勝沼氏館は考古学的発掘調査が効力をあらわした好例といえ、以後各地において発掘調査が進み、埋もれた城館跡の具体的様相を明らかにしつつある。山城では、**笹尾《ささお》城**（北杜市）、**中山砦《なかやまとりで》**（同市）、**前の山烽火台《のろしだい》**（同市）、**古城山砦《こじょうやまとりで》**（西八代郡市川三郷町）、**湯村山《ゆむらやま》城**（甲府市）、**吉田城山《よしだじょうやま》**（富士吉田市）、**長峰砦《ながみねとりで》**（上野原市）などが調査されている。居館の調査例では、**教来石民部《きょうらいしみんぶ》館**（北杜市）、小和田《こわだ》館（同市）、**屋代《やしろ》氏《し》館**（屋代氏陣屋、同市）、**甘利氏《あまりし》館**（大輪寺東遺跡、韮崎市）、**南部氏《なんぶし》館**（南巨摩郡身延町）、川田館（甲府市）などがある。さらに、**於曾屋敷《おぞやしき》**（甲州市）や**連方《れんぽう》屋敷**（山梨市）、**谷戸《やと》城**（北杜市）、**新府《しんぷ》城**（韮崎市）、**武田《たけだ》氏《し》館**（躑躅《つつじ》ケ崎《がさき》館、甲府市）といった史跡指定を受けた城館跡での調査も進展している。また、再開発にともない戦国城下町甲府や近世の甲府城下町の発掘調査が増大し、中世から近世の城下町の様子も具体的になりつつある。

山城の調査例を見てみると、概して生活遺物の少なさや数少ない建物跡から、日常的な経営とは異なった軍事的緊張状況における営為が推定される。甲斐と駿河の境目《さかいめ》の城と位置付けられる南部町の**葛谷《くずや》城**はほぼ全域が発掘された貴重な例であるが、そこでも生活遺物や建物跡が少なく、竪堀《たてぼり》・横堀・堀切・土塁といった遺構の存在からも、軍事的性格の強い山城とみられている。一方、**岩殿《いわどの》城**（県史跡、大月市）では、平成七年から三年間かけて実施された総合学術調査において、蔵屋敷の場所での発掘調査によって、焼土が一面に広がるなかに礎石を用いた建物跡が確認され、茶壺《ちゃつぼ》や茶臼《ちゃうす》、天目《てんもく》茶碗などが出土したことから、城内に茶室が設けられ茶の湯が行われていたことが判明した。軍事的な緊張のなか一服《いっぷく》のお茶に精神的な安らぎを求めた将士たちの姿が偲ばれ、拠点的な山城では日常的な暮らしぶりも窺える。

城郭の発掘調査は、開発による緊急のものと、史跡整備などにともなう学術的調査によるものとに大別される。**岩殿城**は学術調査によるもので、城の機能や性格の一端が判明した段階で、調査区域は埋め戻され、城跡の全体像の解明は後世に委ねられた。しかし、**葛谷城**は開発による事前発掘のために全面調査され、調査後は消滅してしまったのは残念なことである。

【城館跡整備の事例】 城郭の保存・活用に関する事業や取り組みは、**勝沼氏館**のように史跡における整備事業が主流である。平成五年に国史跡指定にされた北杜市の**谷戸城**では、平成十年度より旧大泉村教育委員会によって発掘調査が始まり、平成十九年度に史跡整備を終了している。出土陶器は一四世紀後半〜一五世紀後半のものとされ、甲斐源氏の祖逸見清光の居城という言い伝えや、天正壬午の乱による改修が行われたという従来の谷戸城に対する年代観とは異なった状況が明らかとなり、注目された。整備では調査によって新たに発見された堀などの復元を行っている。平成十九年にガイダンス「谷戸城ふるさと歴史館」が開館し、その後町村合併が行われ、「北杜市考古資料館」と名称を変えて、**谷戸城**・谷戸城公園・金生遺跡（国史跡）を合わせたふるさと歴史公園として整理され活用に供されている。現状では**谷戸城**のガイダンスは山梨県内の史跡のなかで唯一のものであり、県内の史跡整備においては、活用の拠点となるガイダンス施設の設置が今後の大きな課題となっている。

昭和十三年に国史跡となった**武田氏館**（躑躅ケ崎館、甲府市）は、昭和四十五年から公有地化事業が進められ、主要な郭の部分の買い上げがある程度行われているが、指定地全体にはおよんでいない。発掘調査は、市街地化しているために現状変更にともなうものと、史跡整備にかかるものとが実施されている。発掘調査によれば、武田氏滅亡後の館改修の遺構が武田氏時代の遺構面の上に確認され、現行の整備は武田氏滅亡後の遺構を中心に実施されている。武田氏館の整備ではあるが、実際には滅亡後に甲斐国を支配した徳川氏や豊臣氏段階の遺構整備に終始している点、大方には理解しがたく市民権を得にくいと思われる。しかし、城館跡整備では、古い時期のものを保存しつつ最も新しい段階の遺構をもって整備する手法がとられることが通例であり、それは武田氏館の歴史の重層性を物語るものと捉えたほうがよい。史跡の来訪者に館の変遷とその歴史的背景をどう理解してもらうかが、整備の見せ所となるであろう。現在甲府市では、甲府開府五〇〇年にむけて、平成三十一年を目途に、史跡のガイダンス機能を有した総合案内所を建設の予定であり、公開が楽しみなところである。

●—新府城乾門二之門整備状況（礎石が復元されその解説板が設置されている）

　武田氏最後の居城である**新府城**は、昭和四十七年に国指定史跡となった。昭和六十二年に韮崎市が管理団体となり、公有地化事業がはじまり、対象面積の九五％の買い上げが終了し、平成十年度から整備にともなう発掘調査が実施されている。平成十七年度からは、城跡北側の堀跡や帯郭などの整備が行われている。乾門《いぬいもん》（搦手《からめて》）の調査では、礎石《そせき》を用いた門跡が発見され、炭化した建築部材や鉄製釘類が多数出土した。これによって門の復元検討が行われ、礎石上部の建物構造については建築史を主体に復元案が提示されたが、考古学的な知見やそれに基づく国を含めた関係者の解釈の差異、関連史資料の制約等から門の形式を決定するまでには至っておらず、建物復元にはなお時間を要するようである。調査成果を基礎としたこうした議論や検討は、史跡整備のうえで欠くことのできない重要な事柄であるが、一般には知りがたい内容であり、整備のひとつの手法としてこういった情報を公開していくことで、史跡整備に対する理解を得て、城跡の保存と活用がはかられていくことであろう。

【保存・活用と総合的調査】　山梨県内の中世城郭――なかでもとくに山城は、遺構的には堀・土塁、防御された平坦地である郭などで構成されており、近世城郭のように高石垣や天守は存在せず、一般的には単なる山・森林・丘などとしか映らず、城として認識されることは少ないようである。しかし、それらの城は、各地域の社会的・政治的な背景の上に成立していることは間違いなく、築城された当時の地域社会を反映していると考えられ、歴史を構成する資料としてその重要性は極めて高い。県内の城館跡に関しては、通覧できる基礎資料は整い、今後は、城郭を地域において歴史資料として認識し、それをいかに保存し活用していくか追究されるべきであろう。そのためには、地元において城を歩き、見てふれる機会を増やし、地域の文化的な遺産として理解を深め、その価値を共有していくこと、さらには確実に後世に伝えていくことが望まれる。

また、**勝沼氏館**では、文献史学や考古学、民俗学などの手法を用いた総合的な歴史叙述を目指して学際的な調査研究方法がとられ、この姿勢は、**真篠城**《まじの》（南巨摩郡南部町）、**白山城**《はくさん》（韮崎市）、**岩殿城**、**勝山城**《かつやま》

（都留市）でも貫かれ学術的な総合調査が実施されている。史跡整備においても、歴史や考古学ばかりでなく、他の専門分野を交えた包括的な検討が行われており、城郭史だけでなく、考古学や民俗学、歴史学、地理学や都市景観などの他分野を含めた学際的な総合調査は、多角的に城館を捉え直し、特徴に富んだ城郭像を具現化することに成果をあげている。総合的な城郭の調査研究は、引き続きその継続と深化がもとめられよう。近年では文化的景観による総合的な文化財（遺産）の把握が推進され、城単体ではなく景観のなかにおいて総体として城郭を考察する視点が醸成されてきており、歴史的文化的景観から城郭を語ることは、地域の中世社会像をより豊かに描き出していくにちがいない。

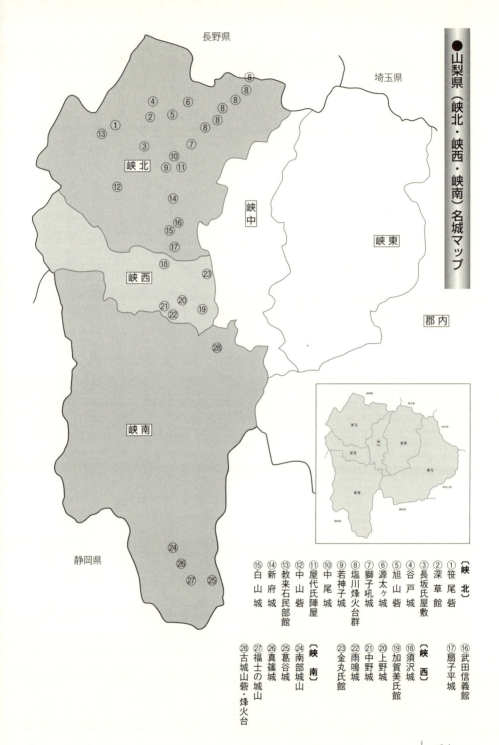

●山梨県（峡北・峡西・峡南）名城マップ

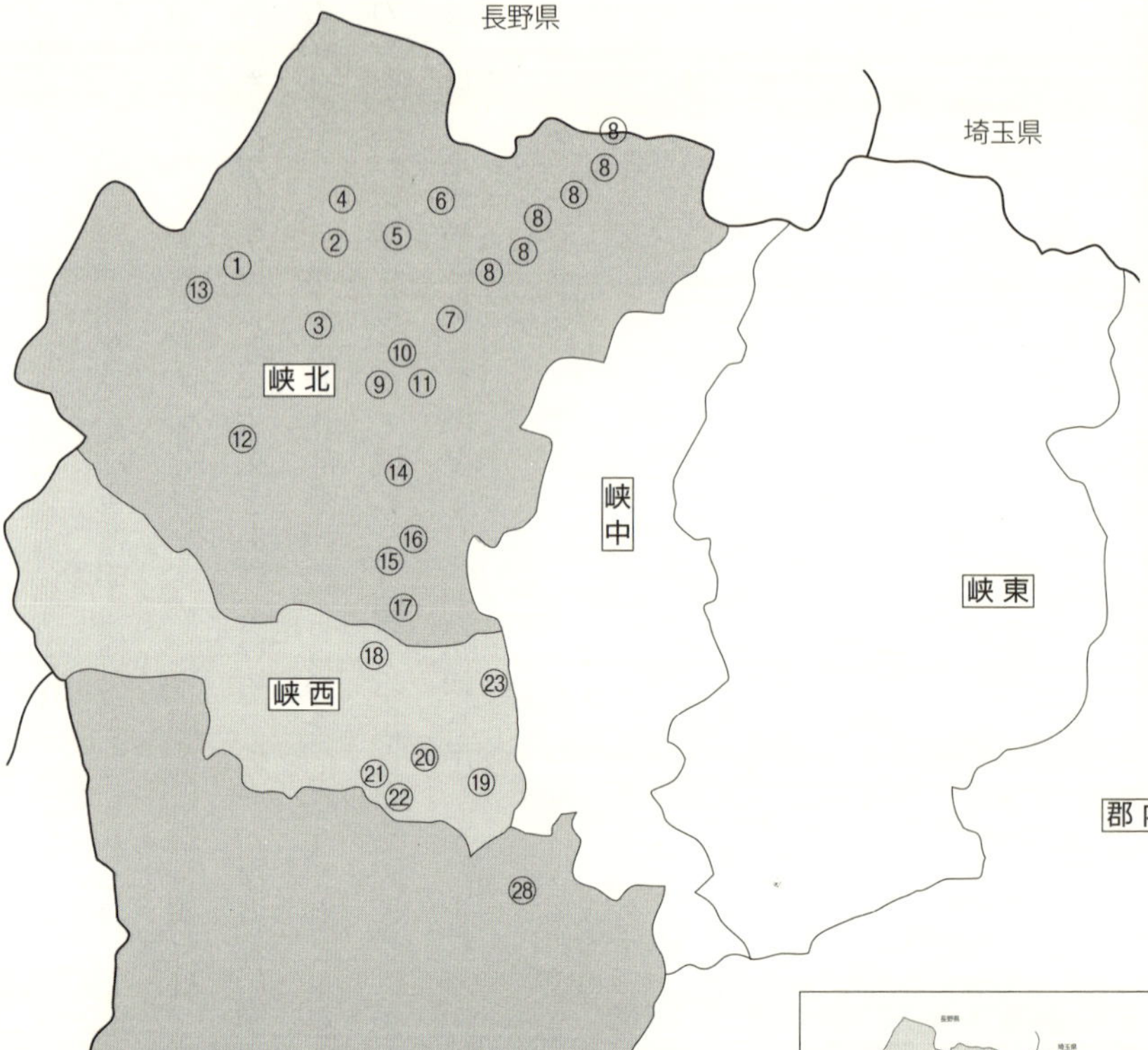

〔峡　北〕

①笹尾砦
②深草館
③長坂氏屋敷
④谷戸城
⑤旭山砦
⑥源太ヶ城
⑦獅子吼城
⑧塩川烽火台群
⑨若神子城
⑩中尾城
⑪屋代氏陣屋
⑫中山砦
⑬教来石民部館
⑭新府城
⑮白山城
⑯武田信義館
⑰扇子平城

〔峡　西〕

⑱須沢城
⑲加賀美氏館
⑳上野城
㉑中野城
㉒雨鳴城
㉓金丸氏館

〔峡　南〕

㉔南部城山
㉕葛谷城
㉖真篠城
㉗福士の城山
㉘古城山砦・烽火台

●山梨県（峡中・峡東・郡内）名城マップ

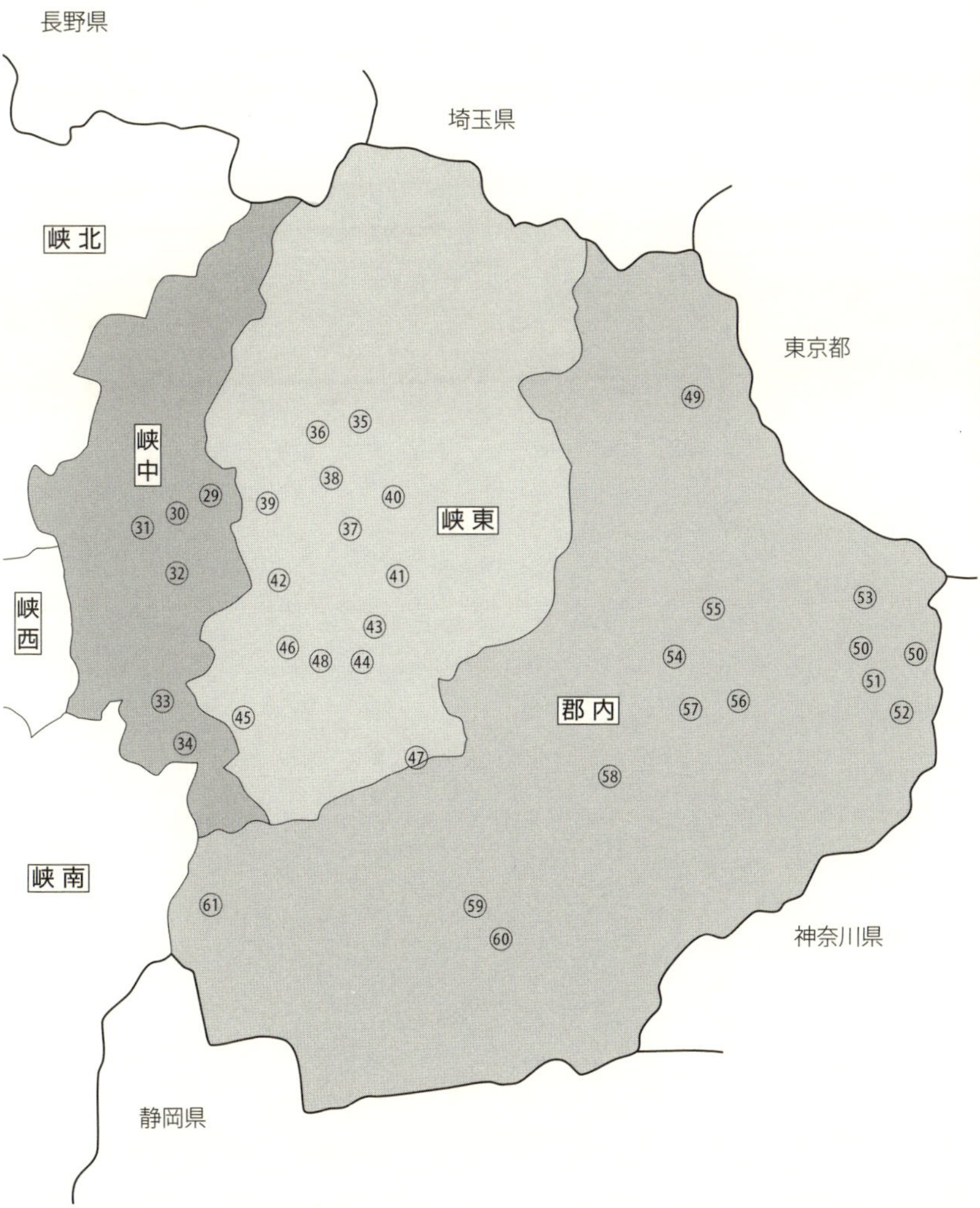

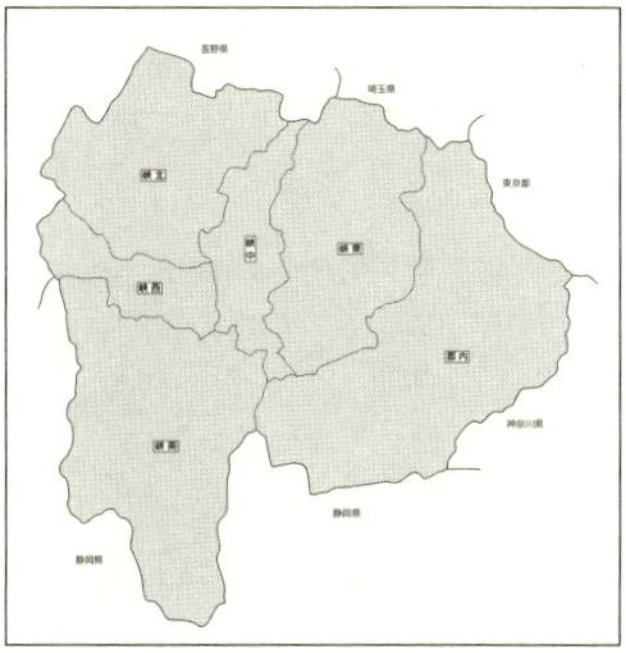

〔峡　中〕
㉙要害山・熊城
㉚躑躅ヶ崎館
㉛湯村山城
㉜甲府城
㉝勝山城
㉞金刀比羅山砦

〔峡　東〕
㉟浄居寺城
㊱小田野城
㊲連方屋敷
㊳上野氏屋敷
㊴御前山城
㊵於曾屋敷
㊶勝沼氏館
㊷八田氏屋敷
㊸蜂城
㊹旭山の烽火台
㊺金比羅山の烽火台
㊻小山城
㊼御坂城
㊽小物成山城

〔郡　内〕
㊾小菅砦
㊿内城館・長峰砦
51牧野砦
52栃穴御前山
53大倉砦
54岩殿城
55駒宮砦
56猿橋の城山
57駒橋御前山
58勝山城・谷村館
59吉田城山
60忍草鐘山
61本栖城

◆

峡北

白山城の土橋

●古記録に載る甲信国境の防衛拠点

笹《ささ》尾《お》砦《とりで》

〔北杜市指定史跡〕

〔所在地〕北杜市小淵沢町下笹尾字耕地久保
〔比　高〕約一〇〇メートル
〔分　類〕山城
〔年　代〕享禄四年（一五三一）
〔城　主〕武田信虎
〔交通アクセス〕ＪＲ中央本線「小淵沢駅」または「長坂駅」下車。北杜市民バス「下笹尾公民館」下車、徒歩一〇分。

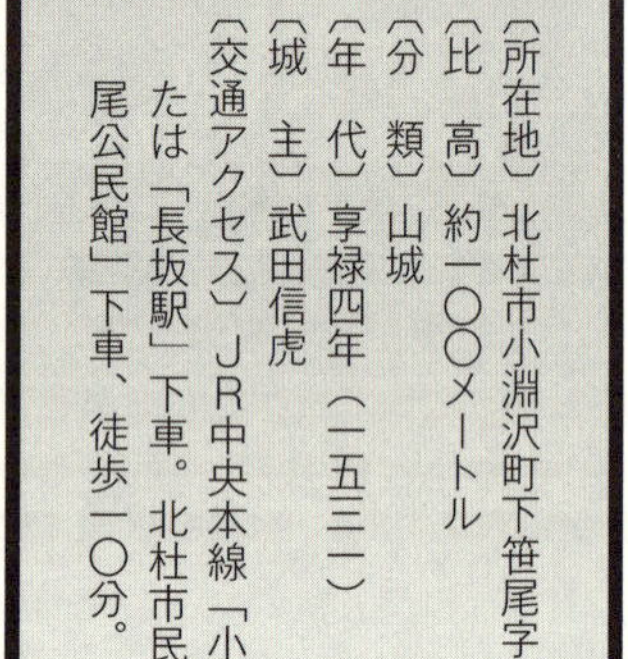

【周囲の地形と環境】　笹尾砦は八ヶ岳南麓台地の西の縁から南に突き出た尾根上にあり、小河川による浸食谷に挟まれているため東・南・西の三方は急峻な崖に囲まれている。崖下の釜無川《かまなしがわ》との比高差は一〇〇メートルを測るものの、台地上での比高差はほとんどない。地元では城山《じょうやま》と呼ばれ、砦の北西には馬場《ばば》の地名が残るほか、周囲には屋敷跡の伝承地が複数伝わっている。砦から北へ約二キロ進むと原路《はらじ》と呼ばれる旧街道にぶつかり、砦の下を流れる釜無川沿いには江戸時代に整備される前の旧甲州街道が諏訪方面へ伸びていたとされることから、これら主要街道に近い立地であったことが分かる。

【単純な構造の六の郭から四の郭】　砦は南北に細長い尾根上に、南を主郭《しゅかく》（一の郭）として築かれている。元々の地形が北から南へ低くなるため、主郭がもっとも低い位置にある。

尾根の西裾に整備された道路を入ってくると駐車場となる。この中央やや南寄りで上幅九メートル、深さ約三メートルの薬研堀《やげんぼり》（断面がＶ字形の堀）が調査されており、東斜面にそのつづきを見ることができる。この堀を境に北側が四の郭、南側が三の郭であった。地中探査レーダー調査では、堀は駐車場の西端までつづき、中央には土橋《どばし》が設けられているとの結果が出ている。

四の郭の北側には三メートルほど高い五の郭があり、やはり中央を土橋として掘り残した堀を隔てて北側の六の郭につづいている。四の郭と五の郭の間に堀はなかったようである。五の郭は、裾の大きさに比べて上部の平坦面は小さいが、その中

●—笹尾砦遠景（北から）

腹には土橋からつづく細い通路がめぐり、南東と南西の隅にある小さな平場を接続するほか、南東に一段低く突き出た細長い尾根も結んでいる。土橋に面した北側斜面にも小さな平場があり、郭の入口の防御を固めている。

　六の郭は五の郭と高さが変わらず、上面の平場が小さい点も似ているが、斜面上に平場は見られない。北側に幅四メートルほどの堀があり、その北側の畑と区切られている。砦の北側の明確な防御施設はこの小さな堀で最後となり、現況の地形観察では尾根を切る堀切《ほりきり》は認められない。

【工夫の凝らされた三の郭から一の郭】　駐車場の南に接して幅一〇メートルほどの湾曲した堀が東西に掘られており、ここから南側が二の郭・一の郭となる。駐車場の南東隅からこの堀と沢に挟まれた細い通路を渡り、小郭に至る。この東側は自然の沢が連続しており、駐車場を貫く堀とともに畝状の崖をつくっている。ここから堀に沿う通路（二の郭北側の土塁裾）を西にまわりこむと、左手に上がる道とまっすぐ土塁下を進む道に分かれる。

　駐車場に造成される前の縄張図には、三の郭と湾曲した堀の間に道が描かれており、この小郭に繋がっている。三の郭から二の郭へは、堀に沿って迂回するのが本来の導線ではなかったかと考えられる。現在、駐車場の南西から堀を渡って入る通路は後世のものであろう。

分かれ道を左手に土塁《どるい》を巻くように上がると二の郭に入る。虎口《こぐち》を挟む土塁の軸が合わない喰違《くいちがい》虎口となっており、虎口の南に面した土塁は低いものの、下からは郭の中を見ることはできない。二の郭は南北二〇《メートル》、東西一〇《メートル》ほどの大きさで、南を除く三方を土塁がめぐる。土塁の北東側が高いのは、その下の三の郭と繋がる小郭への対策だろう。東側の低い土塁が途切れるところで、郭内は緩やかな下り坂となって一段下がり、南の小さな郭に繋がる。

いっぽう、分岐する通路をまっすぐ二の郭西側土塁の下を進むと、土塁に沿って左に曲がり、高い土塁に挟まれた狭い虎口に至る。ここを通り抜けると、二の郭から一段下がった小さな郭に合流する。ここから南へ、土塁と崖に挟まれた狭い下り坂を進むと一の郭に入る。つまり、二の郭から一の郭

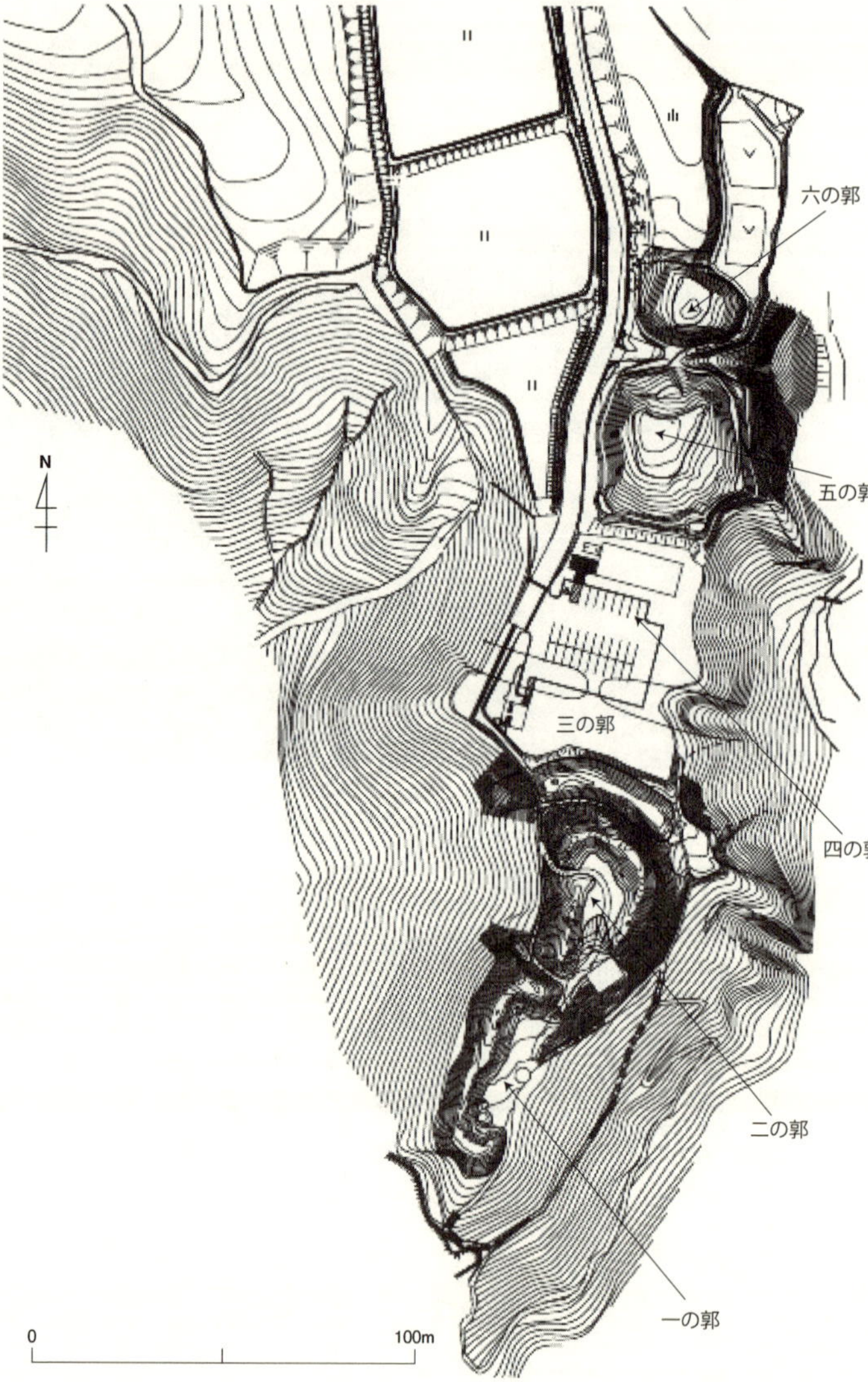

●—笹尾砦縄張図

にかけては、虎口内部の小さな郭を挟んで階段状の造成が行われており、虎口を入っても、両郭の入口にはそれぞれ何らかの障害物が設置されていたと推測される。

一の郭は南北三〇《メートル》、東西一〇《メートル》ほどの大きさで、東を除く三方をコの字に土塁で囲んでいる。北側の土塁がもっとも高く、ここへ登ると二の郭、一の郭に入る通路のすべてを正面から見ることができ、虎口に対しては側面からの攻撃を加えられる。南の土塁の東端は若干北側に屈曲しているが、これも土塁脇から崖下へ下る通路に横矢を掛けるためであろうか。この土塁の上からは、南側への眺望は開けるが、東西は張り出した尾根が邪魔でよく見えない。

一の郭、二の郭の東側は急傾斜で鳥橋川《とりはしがわ》に落ちているが、所々に細長い帯郭状の平坦面が見られる。また、一の郭南側の崖下に鐘つり穴とよばれる横穴があった。現在は崩落しているが『甲斐国志《かいこくし》』には数十人が入れる大きさとの記述がある。ここで鐘を打つと、対岸の鳥原《とりはら》の城山（万燈火山《まんとうびやま》　北杜市白州町鳥原）で太鼓を打って答えたとされ、烽火《のろし》のかわりに音で情報伝達を行った伝承が残る。

【笹尾砦の使用年代】　この砦については、諏訪氏に関わる出来事を伝える『当社神幸記』享禄三年（一五三〇）の項に「明年正月二十二日、甲州錯乱而、当方篠尾《ささお》ニ要害ヲ立候て、下宮牢人衆《ろうにんしゅう》さゝへられ候、彼城も二十二日夜自落……」とあり、享禄四年に築城または修築されたことが知られる。甲州錯乱とは、武田信虎《のぶとら》配下の国人《こくじん》が離反し、諏訪氏を頼って甲府を退去した事件を示している。警戒した信虎が甲信国境に近い笹尾砦を整備し、庇護していた諏訪下社の金刺《かねさし》氏を配置したが逃亡し、砦は自落した。これが築城時期を示すかは不明だが、少なくとも明確な使用時期が知られる貴重な遺構といえ、発掘調査の出土品の年代もおおむね合致している。

『北巨摩郡誌』は、武田家臣笹尾岩見守の居城、文正年間（一四六六〜六七）には小田切某の居城であったとの伝承を伝えているが、事実関係は不明である。

【参考文献】　笹尾塁跡発掘調査団他『笹尾塁跡』（一九七九）、八巻與志夫「笹尾砦」磯貝正義ほか編『日本城郭大系 八 長野・山梨』（新人物往来社、一九八〇）、『小淵沢町誌』（小淵沢町、一九八三）、山梨県教育委員会『山梨県歴史の道調査報告書第四集 甲州街道』（一九八五）、山梨県教育委員会『山梨県の中世城館跡』（一九八六）、八巻孝夫「笹尾城」村田修三編『図説中世城郭事典 二』（新人物往来社、一九八七）、山下孝司「笹尾砦」萩原三雄編『定本山梨県の城』（郷土出版社、一九九一）、北杜市教育委員会『市内城館跡詳細分布調査報告書』（二〇一一）

（渡邊泰彦）

●水利をつかさどる開発領主の館

深《ふか》草《くさ》館《やかた》

〔山梨県指定史跡〕

〔所在地〕北杜市長坂町大八田字南新居
〔比　高〕五メートル
〔分　類〕居館
〔年　代〕一六世紀代か
〔城　主〕逸見光長か、堀内下総守・主税助
〔交通アクセス〕ＪＲ中央本線「長坂駅」またはＪＲ小海線「甲斐大泉駅」下車、北杜市民バス「大久保」下車、徒歩五分または「城南」下車、徒歩一〇分。

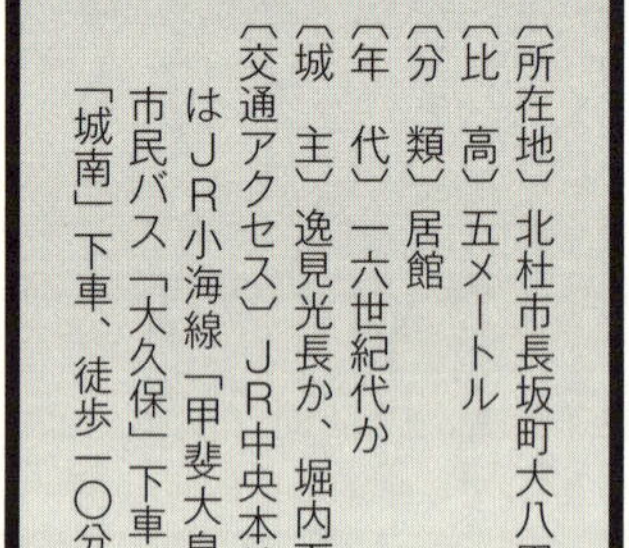

【深草館周辺の環境】　深草館のある大八田《おおばった》は、中世の大八幡《おおばったの》荘《しょう》から繋がる地名と考えられる。大きくは逸見荘《へみのしょう》に含まれるのだろうが、大八幡荘という限定的な呼称があったことは、逸見荘の中心として賑わっていたことを示しているのだろう。

八ヶ岳南麓は河川の浸食から残った流れ山という高地が丘陵または尾根状に点在するが、館の周辺南北六キロ、東西二キロの範囲は流れ山が少なく、なだらかな傾斜地がつづく。水も豊富な生産性の高い土地であったことが、大八田の発展につながったと考えられる。

このことは考古学上の発見からも裏付けられており、深草館の北から南西にかけては中世の集落を構成する建物跡や墓が濃密に分布するほか、薬研堀《やげんぼり》（断面がV字形の堀）に囲まれた館または寺院の跡と推測される施設（小和田館跡《こわだやかたあと》）も見つかっている。一三世紀から一七世紀にかけての出土品は、長い間の繁栄を物語るものといえる。

上の棒道《ぼうみち》の推定路は、若神子《わかみこ》（北杜市須玉町）から八ヶ岳南麓台地に上がると二手に分かれて北西に進むが、南新居《みなみあらい》集落の南東で近づき、深草館の北西で合流する。諏訪方面からこの道を辿ると館にぶつかることになり、街道を扼するという目的が明確に見える立地である。

【深草館の構造】　深草館は南新居集落の北西に突き出すような格好となる長方形の山林で、地元ではここをジョウと呼んでいる。北から南へ緩やかに傾斜する田園地帯の中の微高地上にあるが、館の中と周囲との比高差はほとんどない。これ

●—深草館遠景（南から）

らの田園は圃場《ほじょう》整備工事が行われており、細かな地形やかつての土地利用を探る手掛りは希薄となっている。

ほぼ南北に流れる西衣川《にしころもがわ》を西の境とし、他の三方を堀で掘り切っている。南の一角が川沿いに下り坂となって伸びており、ここが本来の出入口となるが、現在は北側に木橋がかけられており、ここを渡って主郭《しゅかく》から入ることができる。

南北一三〇メートル、東西五〇メートルの規模で、館の中は土塁《どるい》により二つの郭に分けられているが、元々は三つの郭であった。主郭はもっとも北にあり、一番高い位置にある。三〇メートル×二五メートルほどの広さで、西側の一部を除いて高い土塁に囲まれ、南側の土塁中央の切れた部分が虎口《こぐち》となる。主郭を囲む土塁でもっとも高いのは北側で、二メートルほどの高さがある。その先は、堀を挟んで一段低い低地に面しており、土塁の長さが低地の幅にほぼ合っている。防御のうえで、この低地の方向を重視する理由があったはずで、土塁の中央がやや窪んでいるのは、ここを出入りしていた痕跡のように思われる。土塁がもっとも低くなる西側は、郭の中より一段高い平場といった様子である。南の二の郭とを分ける土塁の両端も高くなっており、物見台《ものみだい》を兼ねていたと考えられる。

虎口を抜けると、一段低い二の郭に入る。南側を除く三方を土塁に囲まれ、北東の土塁は物見台から連続して高く、厚

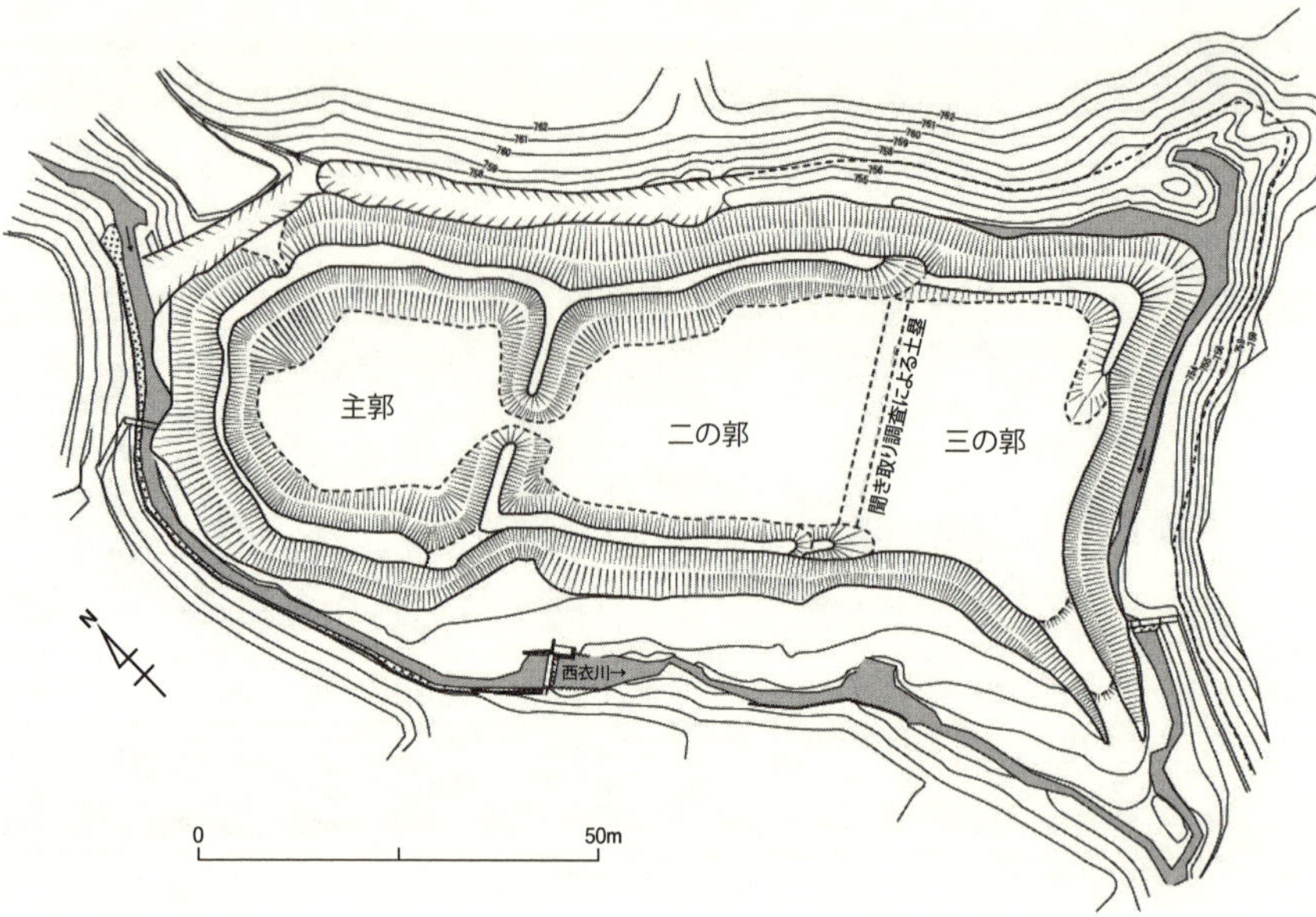

●—深草館縄張図

く造られる部分がある。郭の東辺と西辺に沿う土塁は途中で極端に低くなるか、なくなってしまう。この土塁の高さが変わるところを結ぶ土塁が昭和の始めまで残っており、二の郭と三の郭に分けられていた。

三の郭は二の郭との高低差は感じられず、二の郭からつづく低い土塁が郭の東辺から南辺の一部にめぐっている。西側に土塁はない。東の隅は堀が外側に大きく突出した形となっており、水が溜まっている。湧水があるらしく、堀のなかを流れて西衣川に注いでいる。郭の南隅も突出しており、ここを辿ると細い下り坂となってそのまま西衣川沿いに外に出る。南側の堀の外側に沿って長く伸びる土塁は、この出入口を南新居集落のある南東側から隠すようになっている。

【水利からみえる開発領主の姿】　三の郭南の堀を流れる水の一部は、途中からその外側の土塁下を通る暗渠《あんきょ》（地下にある水路）により、南新居集落南の水田に供給されている。この用水路は、集落のなかでこれより古い別の用水路と立体交差しており、各々別の水田へ向かっている。また、西衣川の東二〇〇《メートル》のところを並行して流れる衣川沿いにも、六〇《メートル》四方の方形の地割と部分的に土塁と堀の痕跡が残る屋敷跡がある。この屋敷跡の脇から衣川の水を取り、川の東の水田に供給している。このように深草館の周りでは、中世の領主たちが先頭となって用水を引き、小規模な水田開発を繰り返していた様子を見ることができる。

【館の主は誰か】 深草館については、その立地から谷戸城に対する居館とも、逸見《へみ》清光の嫡男光長の居館とも伝えられている。

江戸時代後期の地誌『甲斐国志《かいこくし》』は「相伝フ清光ノ臣堀内《ほりうち》某《なにがし》之ニ居ル、子孫堀内下総守《ほりうちしもうさのかみ》ノ子主税助《ちからのすけ》ノ時、城陥リ落《らく》魄《はく》セシト云々、塁湟全ク存セリ」と記し、具体的に堀内下総守という名前を挙げている。この人物は、高野山成慶院《せいけいいん》に伝わる「武田《たけだ》御日牌帳《ごにっぱいちょう》」に甲州逸見荘大八田住人としてみえ、元亀二年（一五七一）と天正四年（一五七六）に逆修《ぎゃくしゅ》（生前に自身の冥福を祈る仏事）を行っていることが確認できる。年代から武田信玄および勝頼の家臣であり、主税助の時に落魄（落ちぶれること）したのは、天正十年（一五八二）の武田家滅亡と織田信長の甲斐侵攻、または地理的な要因から天正《てんしょう》壬午《じんご》の乱で敗北した北条氏に与《くみ》したためかと考えられる。

深草館の街道を押さえる立地と堅固な縄張を見ると、館という生活空間ではなく、地元でジョウと呼ばれるとおり詰めの城として機能していたように思われる。一六世紀の堀内氏以前に大八田の開発を主導した勢力があったはずで、この辺り一帯を本拠とした甲斐源氏の一族、逸見氏の関与を想定すべきだろう。

【参考文献】 八巻與志夫「深草館」磯貝正義ほか編『日本城郭大系 八 長野・山梨』（新人物往来社、一九八〇）、八巻與志夫「水利慣行と館」『日本歴史』三九八（吉川弘文館、一九八一）、山梨県教育委員会『山梨県の中世城館跡』（一九八六）、山梨県教育委員会『山梨県歴史の道調査報告書第十集 棒道』（一九八七）、八巻孝夫「深草城」村田修三編『図説中世城郭事典 二』（新人物往来社、一九八七）、山梨県教育委員会『金生遺跡Ⅰ 中世編』（一九八八）、秋山敬『甲斐国の荘園』（甲斐新書刊行会、二〇〇三）

（渡邊泰彦）

●武田勝頼の側近、長坂釣閑斎の屋敷跡

長坂氏屋敷《ながさかしやしき》（長閑屋敷）

〔北杜市指定史跡〕

〔所在地〕北杜市長坂町長坂上条字錨田
〔比　高〕八メートル
〔分　類〕居館
〔年　代〕天正十年（一五八二）に廃城か
〔城　主〕長坂釣閑斎光堅（長坂頼弘）
〔交通アクセス〕ＪＲ中央本線「長坂駅」下車、北杜市民バス「旧日野春小学校」下車、徒歩二〇分。

【長坂氏の本拠】　八ヶ岳南麓の多くは、河川の浸食により形成された低地と、その浸食から残った流れ山とよばれる丘陵が複雑に組み合った地形となっている。しかし、長坂氏が本拠とした長坂上条・下条地域周辺は、八ヶ岳南麓の同じ標高帯と比較すると、宮川《みやがわ》による浸食が発達したため緩やかな傾斜の低地がまとまっており、生産性の高い土地であったと考えられる。

屋敷は長坂上条・下条地域のほぼ中央にあり、大きな流れ山地形から南西へ伸びた尾根の先端が、低地に向かってやや北に張り出した地点に位置している。周囲との比高差は七～八メートルであるが、低地に面した北側は切り立った急斜面であり、地元では釣閑山《ちょうかんやま》と呼んでいる。

【単郭の屋敷跡か要害か】　屋敷とされるのは、土塁《どるい》と空堀《からぼり》に囲まれた東西六〇メートル、南北八〇メートルの範囲である。単郭《たんかく》で西と南は直線的に区切るが、北と東は地形に合わせている。高さ一メートルほどの土塁が全周し、その外側の屋敷南半を幅三メートルほどの空堀がコの字に囲んでいる。北西側は空堀が消えて平地となり、北から北東側も空堀と繋がる帯郭《おびぐるわ》がまわされている。虎口《こぐち》は土塁が切れる南側のほぼ中央で、外側の空堀に高く掘り残された土橋が認められる。西側と南東側の空堀外側には土塁にも見える若干の高まりがある。地中探査レーダー調査では、古い空堀を埋めた痕跡の可能性が指摘され、虎口前面にも土塁のような反応があるという。

全体的には屋敷東半の土塁が高い傾向にあり、低地に面し

●—長坂氏屋敷遠景（北から）

た斜面がやや緩くなる北から北東を警戒しているように見える。これは、帯郭の配置からもいえるだろう。空堀は虎口へ向かって徐々に深くなっており、平地または帯郭と虎口を繋ぐ通路を兼ねていたと考えられる。外側の低い高まりは、通路の目隠しとして機能していたのではないだろうか。

屋敷の外側には西から南東にかけて広い平地が広がっている。ここから見ると屋敷の区画はとても中途半端に見える。この台地の西斜面には、小さな郭を段々に造成したように見える部分があり、この平地を副郭、土塁で囲まれた範囲を主郭とも考えたくなるが、平地を区切る堀や土塁といった施設は確認できていない。

屋敷の北側、低地を挟んで対する流れ山南端には、地形に沿って半円形に形成された特徴的な景観を残す東村・中村・西村の集落がある。西村の中には東西一四〇《メートル》、南北一五〇《メートル》の方形の地割を見ることができ、現在も残る用水路の分析と合わせて屋敷跡と推測されている。そのように考えると、集落から離れた長坂氏屋敷は、この地割だけ残る屋敷跡の要害と考える方がよいのかもしれない。

【長坂釣閑斎】　江戸時代後期の地誌『甲斐国志《かいこくし》』は、この遺構に長坂釣閑斎《ながさかちょうかんさい》の伝承が当時すでにあったことを伝え、天《てん》正壬午《しょうじんご》の乱の際に北条氏が修築したと推測している。

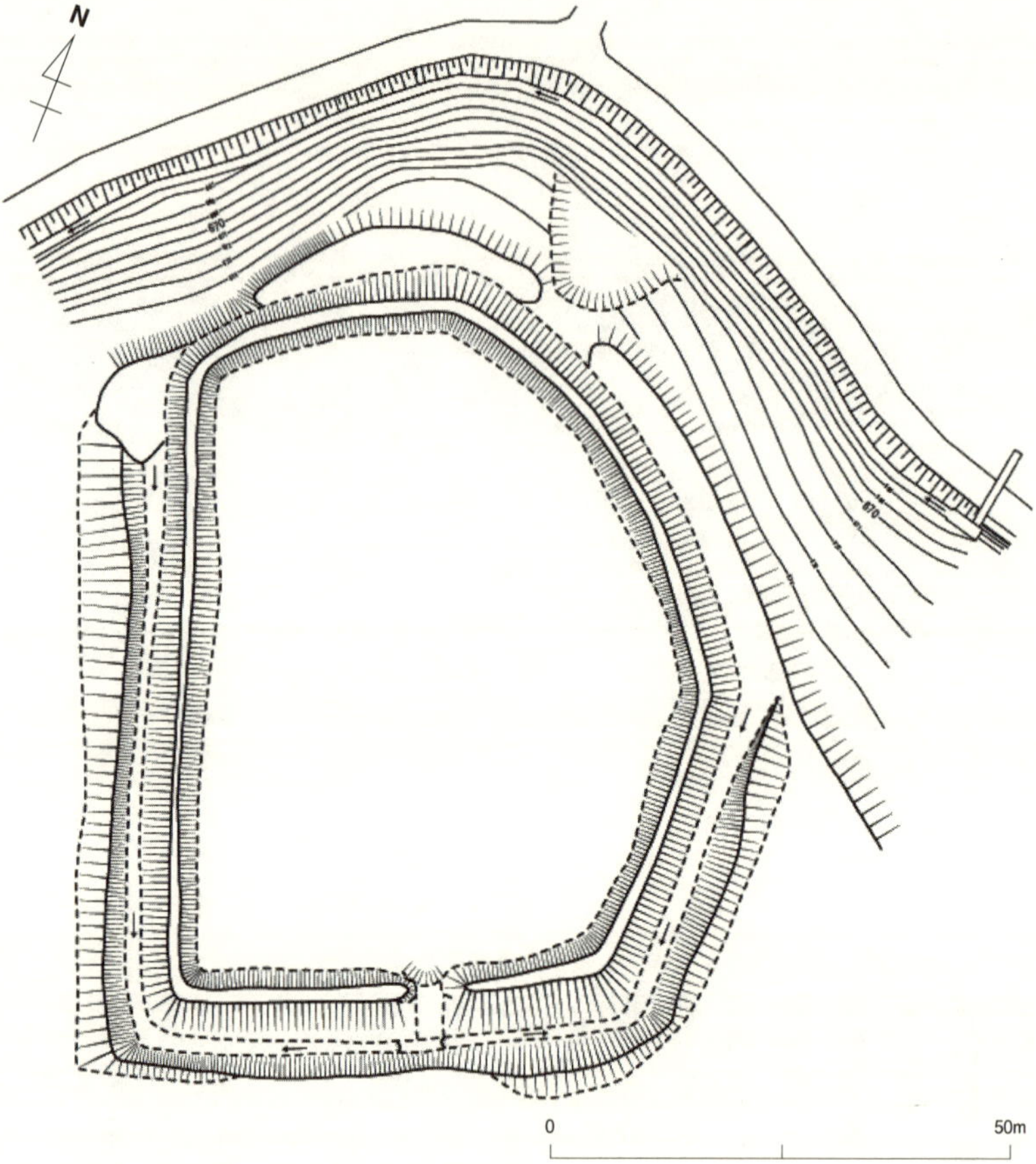

●—長坂氏屋敷縄張図

釣閑斎光堅《ちょうかんさいみつかた》は出家後の名前で、俗名は長坂虎房《ながさかとらふさ》または頼弘《よりひろ》と伝わる。武田晴信《はるのぶ》が出家して信玄と名乗ったのを契機に出家したとされる。長く武田家へ臣従し、足軽隊将として武田勝頼《かつより》に仕えた。『甲陽軍鑑』で語られる人物像から武田家滅亡の一端を担った奸臣とのイメージが強いが、その実像には不明な点が多い。

【参考文献】八巻與志夫「長坂氏屋敷」磯貝正義ほか編『日本城郭大系　八　長野・山梨』（新人物往来社、一九八〇）、山梨県教育委員会『山梨県の中世城館跡』（一九八六）、『長坂町誌』上巻（長坂町、一九九〇）、八巻與志夫「長坂釣閑屋敷」萩原三雄編『定本山梨県の城』（郷土出版社、一九九一）、北杜市教育委員会『市内城館跡詳細分布調査報告書』（二〇一一）

（渡邊泰彦）

●逸見山に比定される城

谷《や》戸《と》城《じょう》

〔国指定史跡〕

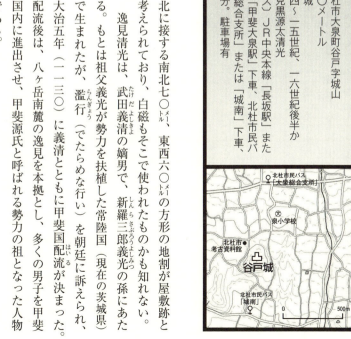

〔所在地〕北杜市大泉町谷戸字城山
〔比　高〕三〇メートル
〔分　類〕山城
〔年　代〕一四～一五世紀、一六世紀後半か
〔城　主〕逸見黒源太清光
〔交通アクセス〕JR中央本線「長坂駅」または小海線「甲斐大泉駅」下車、北杜市民バス「大泉総合支所」または「城南」下車、徒歩一〇分。駐車場有

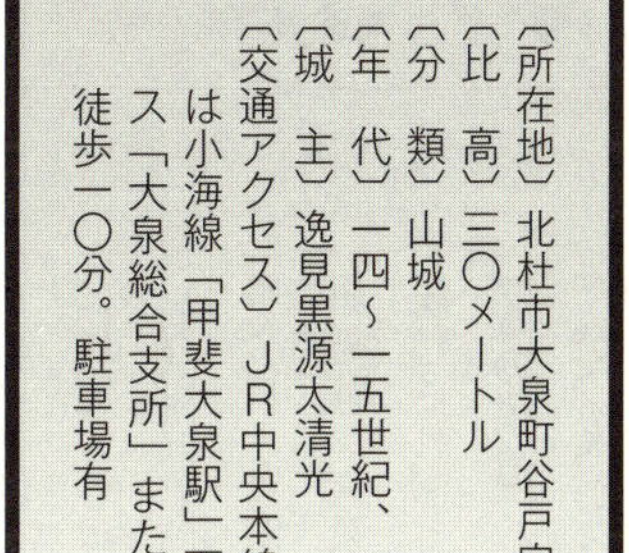

【谷戸城の歴史的環境】　八ヶ岳南麓は、河川の浸食から残った流れ山という高地が丘陵または尾根状に点在する。谷戸城は、そのなかの一つの比高三〇メートル程度の丘陵に占地している。このあたりは南北六キロ、東西二キロにわたって流れ山が少なく、なだらかな傾斜地がつづいており、そのほぼ中央に位置するため眺望が優れている。

地元では城山《じょうやま》と呼ばれ、甲斐源氏の祖、逸見《へみ》黒源太清光《くろげんたきよみつ》（一一一〇～一一六八?）の居城と伝えられる。城の北東に対《たい》屋敷《やしき》、北に接する水田に鍛冶田《かじた》、西に町屋《まちや》、御所《ごしょ》、南には城《じょう》の腰《こし》、城下《じょうした》という地名が残っており、いずれも城に関連するものであろう。城の南四〇〇メートルの位置にある城下遺跡からは、一二世紀代の輸入された白磁《はくじ》片が出土している。その北に接する南北七〇メートル、東西六〇メートルの方形の地割が屋敷跡と考えられており、白磁もそこで使われたものかも知れない。

逸見清光は、武田義清《たけだよしきよ》の嫡男で、新羅三郎義光《しんらさぶろうよしみつ》の孫にあたる。もとは祖父義光が勢力を扶植した常陸国（現在の茨城県）で生まれたが、濫行《らんぎょう》（でたらめな行い）を朝廷に訴えられ、大治五年（一一三〇）に義清とともに甲斐国配流《はいる》が決まった。配流後は、八ヶ岳南麓の逸見を本拠とし、多くの男子を甲斐国内に進出させ、甲斐源氏と呼ばれる勢力の祖となった人物である。

もっとも近いところで五〇〇メートルほど離れているが、城の南から西にかけて、上の棒道《ぼうみち》が通っている。『甲陽日記（高白《こうはく》斎記《さいき》）』天文十七年（一五四八）九月六日条には、武田信玄が

●—谷戸城遠景（南から）

信濃へ侵攻する途中に「矢戸御陣所《やとごじんしょ》」で宿泊した記録が残り、この道を通ったものと考えられる。

現在は史跡公園として整備され、北に隣接する資料館で出土品などを見ることができる。

【谷戸城に関する記録】　宝暦二年（一七五二）の谷戸村明細帳には「古城跡　壱ヶ所　御城主逸見玄源太《くろげんた》清光公と申伝《もうしつたえ》候《そうろう》」とあり、逸見清光の伝承はこの時期まで遡ることができる。

江戸時代後期の地誌『甲斐国志《かいこくし》』は、『吾妻鑑《あずまかがみ》』治承四年九月十五日条に載る「逸見山」を逸見山の館と解釈し、辺境にある谷戸城は要害《ようがい》で館は交通の要衝である若神子にあったと説明している。また、土塁《どるい》や堀がはっきり残る城の姿は、天正壬午《てんしょうじんご》の乱（一五八二）の時に北条方により修築されたためと推測している。このことは、当時から逸見山を谷戸城に比定する説があったことを示している。

谷戸城の周辺には清光に関する伝承のほか、安楽寺（大泉町谷戸）と深草館（長坂町大八田）には清光の嫡子光長《みつなが》、白旗神社（大泉町谷戸）には孫の有義《ありよし》に関する伝承の残る点が注目され、谷戸城と逸見氏の強いつながりを類推できる。

【城の構造】　城のある流れ山は、北側から上がるとなだらかだが、東から南にかけては急斜面となっており、山裾から登るのは困難である。傾斜が比較的緩やかな西側は、山裾から幅五〇《メートル》ほどの平坦面である六の郭を挟んで、崖となって西衣川へ落ちている。城外の北から東にかけては低湿地が広がっており、西側の崖と低湿地の間一〇〇《メートル》ほどの幅が尾根となって城とつながっている。ここを堀切《ほりきり》で分断して、地形的に独立したものとしている。

城内は大まかに六つの郭と帯郭《おびぐるわ》（細長い郭）に分けられ、山頂の一の郭を中心に北・東・西に郭を配する「輪郭式《りんかくしき》」と呼ばれる縄張（各施設の配置）をもつ。

【厳重に守られる一の郭から三の郭】　一の郭は南北四〇《メートル》、東西四〇《メートル》の大きさで、周囲を土塁《どるい》に囲まれる。特に二の郭と接する北から東側の土塁は厚く、高くつくられており、中央が切れた平入りの虎口《こぐち》となる。西側の三の郭とは三《メートル》ほどの高低差があるため、土塁は低い。しかし、一部が切れて虎口となっており、開口部に接する土塁の軸がずれた喰違《くいちがい》虎口となる。

東の二の郭と西の三の郭を合わせると、そのまま一の郭を大きくしたような形となる。一の郭を完全に囲んでおり、北と南で郭がつながっている。二の郭は山のなかにある郭ではもっとも広く、発掘調査により掘立柱建物《ほったてばしらたてもの》が確認された唯一の郭である。外縁を土塁に区切られるが、やはり北から東の土塁が大きい。最大の特徴は土塁の内側に空堀が掘られていることで、元は深い薬研堀《やげんぼり》（断面がV字形の堀）だったが、自然に埋没していった途中で、人為的に埋められたことが発掘調査によってわかっている。

三の郭は若干広い帯郭といった印象で、所々で切れる低い土塁が外縁にまわされており、その内側には、二の郭とつながる薬研堀が続いていた。この堀は南側ほど浅くなり、二の郭との境から南の斜面を下りられるようになっていた。北側でも二の郭との境で土橋《どばし》が発見され、南北とも郭の境が虎口となっていた。整備前は、南北の虎口の近くに土塁を削って平らに造成した部分があり、物見《ものみ》の跡ではなかったかと考えられる。

北側の土橋を渡ると、二の郭の北から東を取り巻く帯郭に出る。この外縁には高さ五〇《センチ》にも満たない低い土塁がまわされており、北側で喰違に切れたところで四の郭と、東側で切れたところで五の郭とつながる。

【その他の郭と施設】　四の郭は帯郭より一段低い郭で、郭といえる平坦面はあるものの、その外側を囲む土塁は平坦面から下った斜面の途中を広く囲んでいる。この郭の土塁は帯郭と同様に非常に低いもので、整備前はかろうじて痕跡が残っているようにしか見えなかった。東側の五の郭には土塁もな

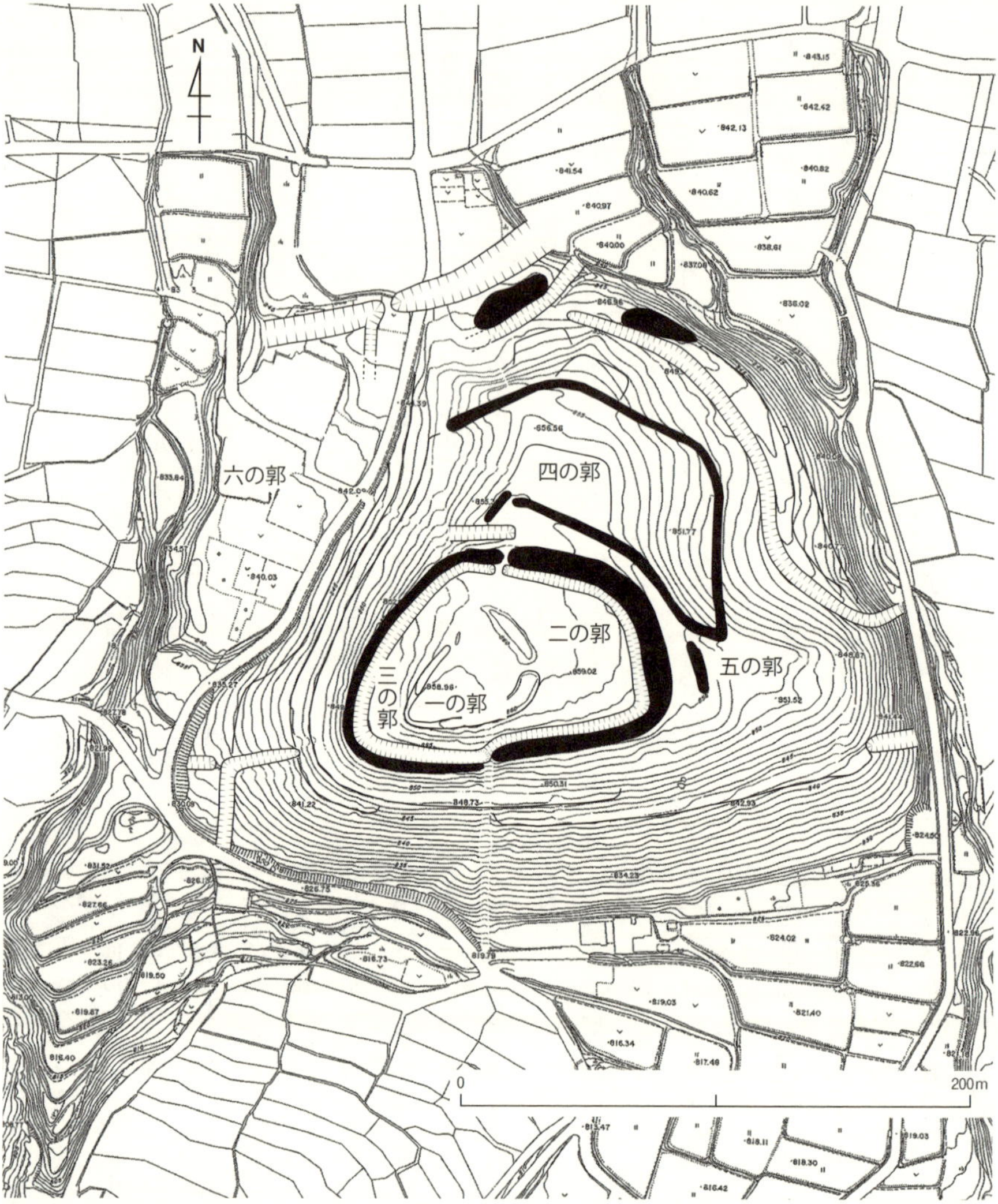

●—谷戸城縄張図

く、ただ平坦面が造成されているだけであり、帯郭より外側の二つの郭は、一～三の郭とはまったく様子が異なる。

傾斜が緩やかな北西から西斜面には帯郭を三段設け、四の郭・五の郭のさらに外側には空堀をまわして防御を固めている。

北側の堀切では土橋が発見され、ここが大手《おおて》（正面の出入口のこと）と確認された。これにより、城の南西部に掘られた鉤《かぎ》の手に曲がる空堀が搦手《からめて》（裏の出入口）と判断された。

城全体の構造からは、北から東に防御の重点があり、傾斜の緩やかな城の北側からの敵の侵入を想定したつくりと考えられる。

【谷戸城の使用年代】　発掘調査により、非常に手の込んだ縄張をもつ城であることが確認され、何度か改修を受けていることも判明した。遺構内で採取される炭化材を年代測定すると、一四～一五世紀に値が集中し、素焼きの土器や陶器など数少ない出土品もこの時期のものが多かった。このことから、谷戸城の主な使用年代は、今から六〇〇～七〇〇年前であったと考えられる。

谷戸城は、その立地から逸見氏との関連が強い城と考えられる。一四世紀代は全国的な内乱となった南北朝時代であり、一五世紀代には応永二十三年（一四一六）の上杉禅宗《うえすぎぜんしゅう》の乱に端を発した武田氏と逸見氏の抗争が勃発し、文明四年（一四七七）に信濃勢の甲斐侵入により「逸見一門皆切腹《みなせっぷく》」に追い込まれている。このような状況のなかで、城は何度も改修を受けながら使われたと考えられる。発掘調査では戦国時代の明確な痕跡は確認できなかったが、北条氏の縄張の特徴として、低く長大な土塁で広い範囲を囲む点が指摘されており、四の郭を囲む土塁はその特徴に合う。今後の研究の進展により、谷戸城の使用年代は戦国時代末まで伸びる可能性を含んでいる。

【参考文献】　山梨大学考古学研究会『御所遺跡発掘調査報告』（一九七八）、八巻與志夫「谷戸城」磯貝正義ほか編『日本城郭大系八　長野・山梨』（新人物往来社、一九八〇）、山梨県教育委員会『山梨県の中世城館跡』（一九八六）、山梨県教育委員会『山梨県歴史の道調査報告書第十集　棒道』（一九八七）、八巻孝夫「谷戸城」村田修三編『図説中世城郭事典　二』（新人物往来社、一九八七）、『大泉村誌』上・下巻（大泉村、一九八九）、八巻與志夫「谷戸城」萩原三雄編『定本山梨県の城』（郷土出版社、一九九一）、北杜市教育委員会『史跡谷戸城跡』（二〇〇六）、北杜市教育委員会『史跡谷戸城跡周辺遺跡』（二〇〇九）、北杜市教育委員会『市内城館跡詳細分布調査報告書』（二〇一一）

（渡邊泰彦）

●築城中に放棄された北条氏の砦

旭《あさひ》山《やま》砦《とりで》

〔所在地〕北杜市高根町村山東割字古城跡
〔比　高〕約一四〇メートル
〔分　類〕山城
〔年　代〕天正十年（一五八二）
〔城　主〕北条氏直
〔交通アクセス〕JR中央本線「長坂駅」または「日野春駅」下車、北杜市民バス「高根総合グランド入口」下車、徒歩六〇分。駐車場有

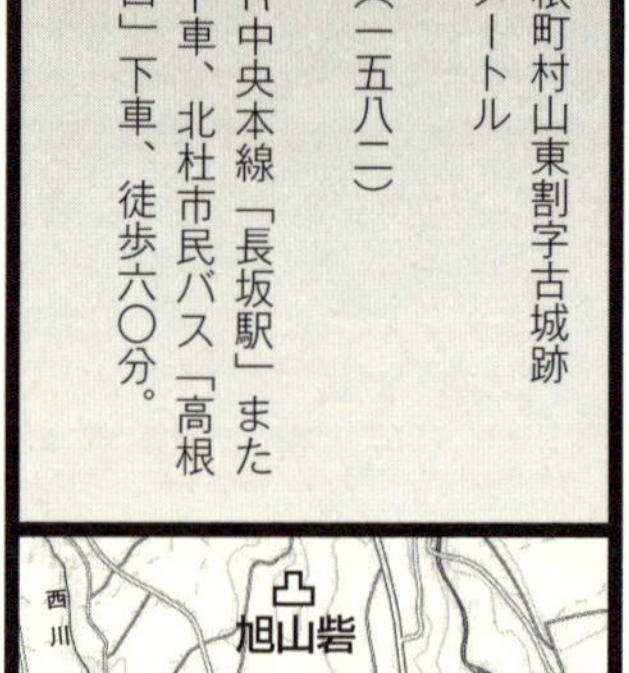

【砦周辺の環境】　八ヶ岳南麓に点在する流れ山のなかでも最大規模を誇る旭山は、高根総合グラウンド北側に広がる南北一八〇〇メートル、東西六〇〇メートル、南側からの比高差一四〇メートルを測る緩やかな傾斜の山である。標高九一一メートルの頂上を含む広い範囲に砦の遺構が確認でき、頂上付近に古城跡《こじょうあと》、山の東側麓に陣《じん》の下《した》、南側麓には矢捨《やすて》という字名が残っている。

江戸時代後期の地誌『甲斐国志《かいこくし》』では烽火台《のろしだい》とも推測している。確かに頂上からの眺望はよく、周囲からも目立つ山である。

旭山の東の麓を佐久往還が南北に通っており、この街道を押さえる目的で築かれた砦といえる。

現在は道路が整備され、車で山頂の北側まで行くことができるほか、南の麓から尾根上を伝って山頂へ行く道も残っている。

【北条氏の砦】　武田家滅亡後の甲斐国領有をめぐって、徳川家康と北条氏政《うじまさ》が争った天正壬午《てんしょうじんご》の乱（一五八二）について、『武徳編年集成《ぶとくへんねんしゅうせい》』には「神君《しんくん》ト北条和融ニ因《より》テ氏直《うじなお》野辺山《のべやま》ノ陣ヲ退ントシテ、平沢ノ朝日山ニ砦ヲ築カシム」と記されている。野辺山、平沢の地名は明らかな誤りだが、この記述から北条氏直の命令で築かれたことがわかる。

若神子《わかみこ》北城《きたじょう》を本陣とした北条軍は、佐久往還を北上して撤退するが、徳川軍に背後を襲われることを恐れたのだろう。しかし、和議におよんでからのこの行動に家康は怒り、攻撃態勢を整えてから使者を送ったと伝わる。氏直は砦を放棄し

て謝り、人質を交換して撤退が完了している。このエピソードから、旭山砦はつくりかけで放棄されたと考えられている。

【谷を利用した三の郭】　砦の遺構は、山頂を北の端とした南北三三〇メートル、東西一六〇メートルの範囲にあり、土塁《どるい》・空堀《からぼり》の配置と地形から、三つの郭に分けられる。

●—旭山砦遠景（南西から）

　旭山の南の麓から山頂に向かって伸びる三本の尾根にはそれぞれ道の痕跡が残り、砦のなかで一本の道となって北へ抜け、山を下っている。このルートがそのまま、北条方が想定していた砦攻めのルートでなかったかと思われる。徳川方の本陣は若神子より南の新府《しんぷ》城（韮崎市）であり、佐久方面への撤退中に背後を警戒するということは、南側からの攻撃に備えることになる。三本の尾根のいずれを登っても、高い土塁に行く手を阻まれる。

　この高い土塁で囲まれるのは二の郭と三の郭である。一の郭から見て南に突き出た二つの郭は西、南、東を高い土塁で固められており、北側は低い土塁となる。その外側の空堀は一方が上り坂となって消えることから、通路を兼ねたものであったと考えられる。さらにその外側も、幅四〜六メートルほどの緩やかな山なりのテラスがめぐっており、空堀と城外の斜面との緩衝帯《かんしょうたい》のように見える。郭を分ける土塁や堀はないが、一の郭から続く緩斜面を二の郭、一の郭から南西方向へ落ちる谷地形を三の郭として考える。

　西辺の土塁中央が切れて、土橋《どばし》が設けられている場所が三の郭の虎口《こぐち》である。南西方向に下る小さな谷地形の外縁を土塁で囲み、虎口の位置を谷底の中央に合わせている。そのため、平入りの虎口からなかに入ると、虎口以外の三方を高い斜面に囲まれる。虎口に接するごく狭い範囲にしか平場はなく、自然地形のままのようである。虎口から正面を見上げると、一の郭下の帯郭《おびぐるわ》外縁に沿った高さ五〇センチ程度の土塁が切れて虎口のようになっているが、はっきりしない。南の土塁裾が緩い傾斜で東に上っており、ここが二の郭との接続に

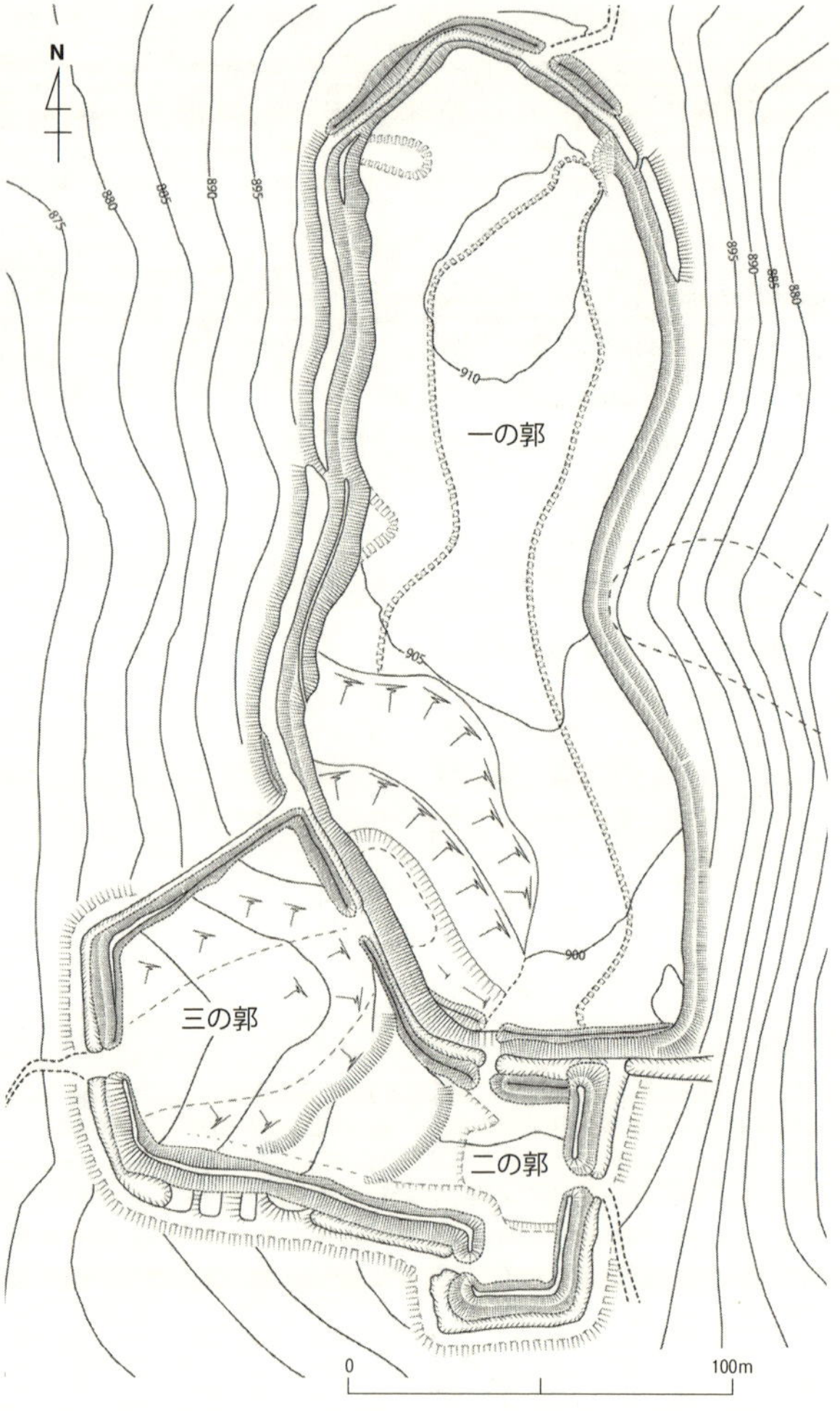

●—旭山砦縄張図

なるように思える。土塁外側の空堀は、土橋の両脇から進んで北辺と南辺に屈曲するが、すぐに底が上がり、北辺では狭い通路となって一の郭下の帯郭に通じ、南辺では低い階段状に連なる小郭に繋がる。

この郭の構造は、虎口から入った敵に三方の高所から攻撃を加えられるものであり、桝形《ますがた》を意識したものではないかと思われる。

【厳重な守りの二の郭】　南辺の土塁に沿って東に進むと、低い階段状の小郭が土塁裾に連続し、大きく一段上がったところから土塁に沿った細い堀が始まる。さらに進むと土塁が南へ折れて切れ、土橋が設けられた平入り虎口の正面に至る。ここが二の郭の南虎口で、南辺の土塁から横矢《よこや》を掛けられる構造となっている。土橋を挟んですぐに土塁は東へ屈曲し、三〇《メートル》ほどで北へ屈曲して一の郭にぶつかって終わる。この虎口から入ると、北側にわずかな段が付いており、この空間を周囲より一段低く方形に区画しようとしたかに見える。郭内は北東側がもっとも高く、比較的平らで、西側は徐々に三の郭側へ傾斜している。北端に低く幅広の土塁があるが、その裏にある堀底道を隠すためのものと思われる。郭内は不自然に段が付いており、造成途中であったかのように見える。

東辺の土塁中央も切れて虎口となっている。土塁外側の空堀は浅く、明確に土橋として掘り残した様子もないことから、後世にできた通路とも考えられる。東辺の土塁はそのまま一の郭南辺のほぼ中央にぶつかるが、土塁裾は低い。ここが一の郭虎口前に出る堀底道の出入口となっており、隠し虎口ともいうべき構造になっている。この土塁より東側の一の郭裾は掘り切られており、東側斜面へまわりこまれるのを防いでいる。二の郭東側にまわりこんだ敵に対して、一の郭南辺の土塁から横矢を掛けられる構造となっている。

【造成途中の一の郭】　一の郭は南北二五〇メートル、東西九〇メートルと広大な範囲で、山頂から南へつづく緩やかな尾根をそのまま郭としている。一の郭へは、二の郭北側の虎口から入る。一の郭との境に沿ってつづく、低く幅広の土塁とそれに隠される通路が切れ、その背後の一の郭の土塁も切れて虎口となっている。一の郭のほうが高いため坂を上がる。また、ここから土塁に隠される通路を西へ下ると、一の郭の西から北にめぐる帯郭に通じている。郭内は広いものの、はっきりした構造物といえば南辺に築いた土塁くらいである。自然地形のままのようにも見えるが、郭中央の高い部分には外縁を削ったような痕跡が残り、郭の東側は幅七～八メートルで平坦である。西側は傾斜しており、造成途中といった感がある。郭外縁の西辺中央、北西、北東に周囲より若干窪んだ地形が見られる。西辺中央と北東のものは桝形虎口とする説もあるが、地形観察からははっきりしない。しかし、西辺中央は帯郭の高さが変わる位置に合い、北西と北東は帯郭が外側の土塁状の高まりに隠され始める位置と合う点は興味深い。明確ではないが、帯郭とをつなぐ虎口の痕跡と考えることは可能だろう。現在、山道が抜ける北側の出入口は、後世の破壊と考えられる。

天正十年（一五八二）の北条氏の築城に限定される旭山砦は、築城中に放棄されたとはいえ、築城に際して何を優先させたのかを知ることのできる貴重な遺構といえる。

【参考文献】　八巻與志夫「山梨の館・城（その一）旭山城」甲斐丘陵考古学研究会『丘陵』創刊号（一九七六年）、八巻與志夫「旭山砦」磯貝正義ほか編『日本城郭大系　八　長野・山梨』（新人物往来社、一九八〇）、山梨県教育委員会『山梨県歴史の道調査報告書第五集　佐久往還』（一九八五）、山梨県教育委員会『山梨県の中世城館跡』（一九八六）、八巻孝夫「旭山城」村田修三編『図説中世城郭事典　二』（新人物往来社、一九八七）、八巻與志夫「旭山砦」萩原三雄編『定本山梨県の城』（郷土出版社、一九九一）、西股総生「旭山城」中世城郭研究会『東国の中世城郭』（二〇一〇）、北杜市教育委員会『市内城館跡詳細分布調査報告書』（二〇一一）

（渡邊泰彦）

●佐久往還を押さえる土塁のない城

源《げん》太《た》ヶ《が》城《じょう》

〔北杜市指定史跡〕

〔所在地〕北杜市須玉町上津金
〔比　高〕二五〇メートル
〔分　類〕山城
〔年　代〕――
〔城　主〕津金衆か
〔交通アクセス〕ＪＲ中央本線「日野春駅」下車、北杜市民バス「北杜市役所」で乗り換え「大和公民館」下車、徒歩一二〇分。

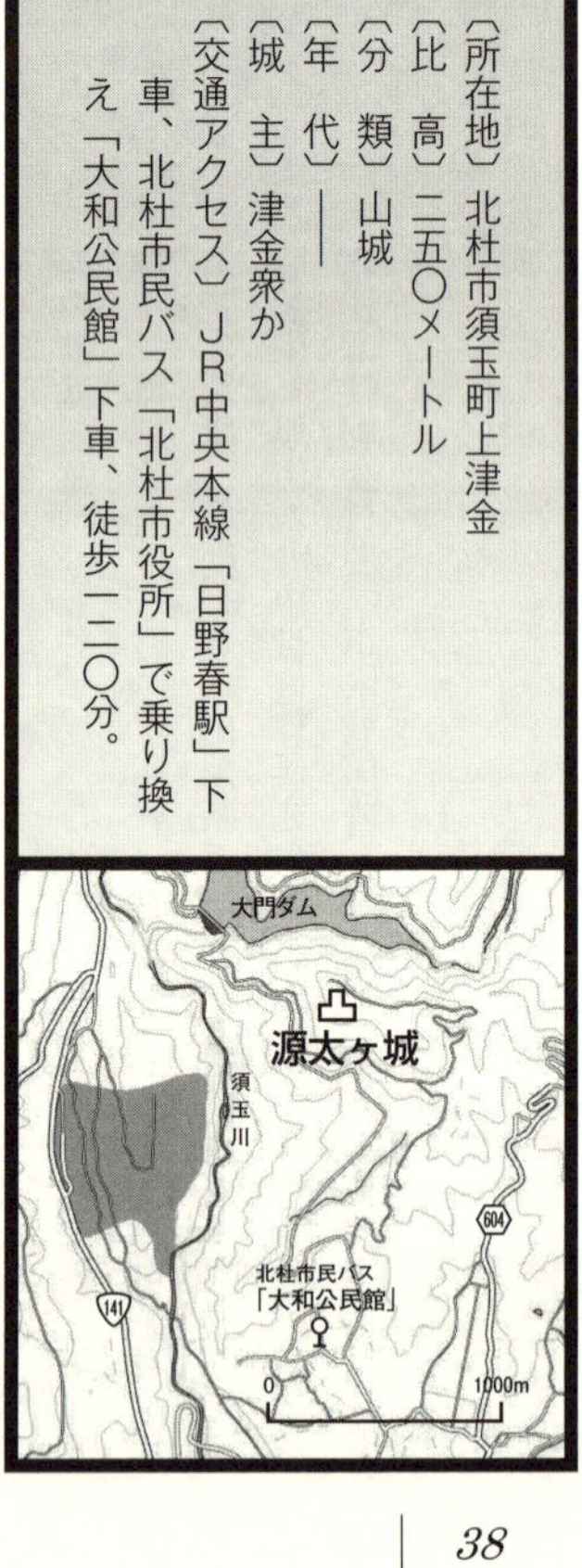

【土塁のない城】　源太ヶ城のある津金《つがね》地域は、茅ヶ岳《かやがたけ》西麓の末端に位置し、西側を須玉《すたま》川により区画される以外は、三方を山に囲まれた南北に長い平地である。城は、現在の大門ダムの南に接し、津金の北の境となる双峰にあり、西の源太山と東の石尊《せきそん》山それぞれの頂上に遺構が確認される。北の山裾を流れる大門川、西の山裾を流れる川俣《かわまた》川を城の境としており、周囲の自然環境を巧みに利用した選地をしている。

城内は、それぞれの山頂を削った主郭《しゅかく》がもっとも大きく、そこから伸びる尾根上に小さな郭を数段配置している。長い年月により埋もれてしまったためか、各郭の高低差は小さく、階段状に山頂の主郭へとつづいている。これらの郭に土塁はないため、明確に虎口《こぐち》といえる施設はみられない。源太山の郭は山頂から北西側に、石尊山の郭は山頂から南東側に向かって配置されており、傾斜が緩く弱点となる尾根上に郭を集中させている。これは、その先にある街道を意識していたのだろう。

対照的にその反対側となる両峰の間は小さな堀切《ほりきり》（地形を分断するための堀）で分断されるものの、源太山の主郭の下に二段の郭が造成される程度の軽微な守りである。堀切から見上げると、主郭までは一段と高く見えて迫力がある。

【街道を押さえる立地】　甲州韮崎と信州佐久を結ぶ佐久往還は、信州への街道の分岐点である若神子《わかみこ》（北杜市須玉町）の先で二手に分かれる。八ヶ岳南麓の台地の縁を進む西側の道は、源太ヶ城の西側で川俣川を渡河して念場原《ねんばはら》（北杜市高根

●—源太ヶ城遠景（南から）

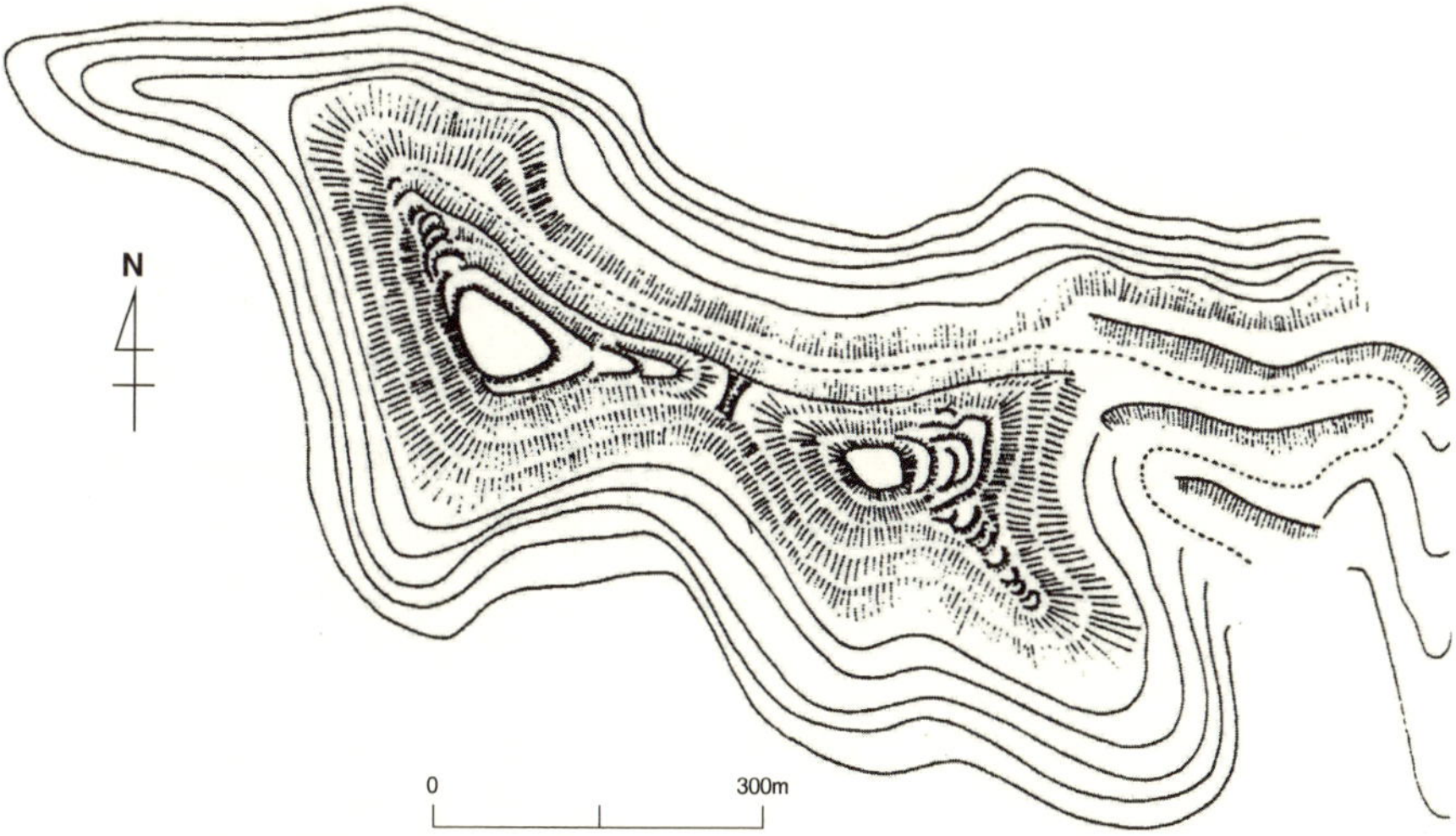

●—源太ヶ城縄張図（『須玉町史』より）

町清里）へ至り、津金の東側の山裾を通るもういっぽうの道は、城の東にある海岸寺峠《かいがんじとうげ》を抜けて平沢（長野県南佐久郡南牧村平沢）へ至る。源太ヶ城は佐久往還の二つのルートに挟まれた中間に位置しており、これらの街道を押さえるために築かれた城といえる。

【津金衆の城か】　この城に関する記録は伝わっていないが、江戸時代後期の地誌『甲斐国志《かいこくし》』は、甲斐源氏の祖である逸見清光《へみきよみつ》の城であったとの地元の伝承を紹介し、同じ津金にある古宮館《ふるみややかた》の要害《ようがい》（戦闘時に避難し、立て籠もる施設）として考えるとともに、眺望の良さから烽火台《のろしだい》とも推測している。しかし、昭和五十九年（一九八四）の発掘調査では、烽火の痕跡は確認されていない。

このほか、津金の北を区切るという立地から、ここを本拠に活動した武士団・津金衆《つがねしゅう》との関連が考えられてきた。衆とは地縁・血縁でつながった集団を意味する。津金氏は清和源氏佐竹氏《げんじさたけし》の流れで、文明年間（一四六九〜一四八七）に甲斐に入ったとされ、須玉川両岸から佐久方面にかけての広い範囲に勢力を伸ばしていた。武田信虎《のぶとら》による甲斐統一後は、佐久方面の国境防衛を担い、その拠点としてこの城が想定されている。

『須玉町史』は、複郭の構造をもつ古宮館を津金衆が入る前の国人《こくじん》領主逸見《へみ》氏の館と推測し、その要害を源太ヶ城ととらえている。逸見氏が文明四年（一四七二）に信濃勢に攻められて滅亡したのと同時に廃城となったとしており、土塁のない構造もこの時の古い様態が残ったためと考えている。

【参考文献】　八巻與志夫「源太ヶ城」磯貝正義ほか編『日本城郭大系　八　長野・山梨』（新人物往来社、一九八〇）、山梨県教育委員会『山梨県歴史の道調査報告書第五集　佐久往還』（一九八五）、山下孝司「源太ヶ城」萩原三雄編『定本山梨県の城』（郷土出版社、一九九一）、『須玉町史　史料編』第一巻（須玉町、一九九八）、北杜市教育委員会『市内城館跡詳細分布調査報告書』（二〇一一）

（渡邊泰彦）

●穂坂路を押さえる城

獅《し》子《し》吼《く》城《じょう》

〔北杜市指定史跡〕

〔所在地〕北杜市須玉町江草字城山
〔比　高〕約一二〇メートル
〔分　類〕山城
〔年　代〕元応二年（一三二〇）、一五世紀～一六世紀前葉か、天正十年（一五八二）
〔城　主〕志田小太郎実高、江草兵庫助信康、今井(浦)信元
〔交通アクセス〕ＪＲ中央本線「韮崎駅」下車、山交タウンコーチ「平」下車、徒歩二〇分。

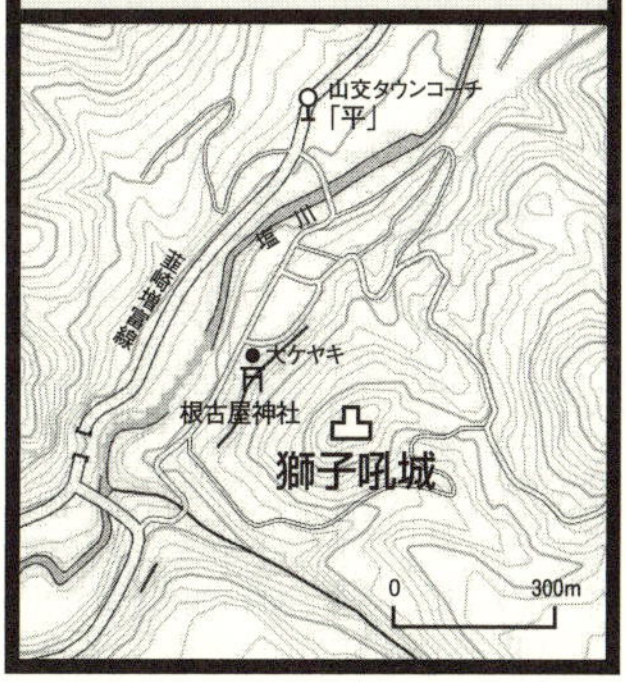

【地理的な環境】　獅子吼城は塩川左岸の独立峰に築かれた城で、西は塩川、南は湯戸ノ沢《ゆどのさわ》で区切られた要害《ようがい》である。北西の麓にある根古屋《ねごや》集落からの比高差は一二〇メートルを測るものの、東の駒ヶ入《こまがいり》集落からは四〇メートルほどしかない。山体は切り立った岩山であり、石積みや石塁、巨石を城の施設として取り込むなどの工夫が随所に見られる。

　根古屋集落のなかを穂坂路《ほさかじ》または小尾街道《おびかいどう》と呼ばれた街道が通っており、この道を押さえる目的の立地といえる。また、獅子吼城は穂坂路と佐久往還をつなぐ間道の起点となっており、その点でも重要な拠点であった。穂坂路は、甲府から茅ヶ岳《かやがたけ》西麓を北上して信州峠につながる道筋で、佐久へ抜けることができた。獅子吼城から北はほぼ塩川に沿って進むが、これと同じルートを辿って数キロおきに烽火台《のろしだい》も設置されており、獅子吼城もその中継地であった。

【獅子吼城に関する記録】　獅子吼城に関するもっとも古い伝承は、江戸時代末の嘉永六年（一八五三）に作成された『巨《こ》摩《ま》郡江草《えぐさ》村諸色明細帳』と『甲斐国社記・寺記』の見性寺《けんしょうじ》の由緒に載る信田小左衛門実正《しだしょうざえもんさねまさ》・小太郎実高《こたろうさねたか》親子の獅子吼城での討死の記事で、元応二年（一三二〇）のこととされる。同寺には、応永年間（一三九四～一四二七）の人物で、獅子吼城主であった江草兵庫助信泰《えぐさひょうごのすけのぶやす》により再建されたとの由緒もある。

　また、武田信虎《のぶとら》の甲斐統一に最後まで抵抗し、享禄五年（一五三二）に降伏した国人《こくじん》（独立した小領主）、今井信元《のぶもと》（浦《うら》

●—獅子吼城遠景（北から）

信元ともいわれる）の本拠「浦ノ城《うらのしろ》」にも比定されている。信元は、早逝した江草信泰の所領を継いだとされる弟信景《のぶかげ》から五代後の子孫である。

城の名前として『甲陽日記（高白斎記《こうはくさいき》）』永正六年（一五〇九）十月二十三日条に「小尾弥十郎江草城《おびやじゅうろうえぐさじょう》ヲ乗取」と載り、『武徳編年集成《ぶとくへんねんしゅうせい》』天正十年（一五八二）九月七日以前「服部《はっとり》半蔵正成《はんぞうまさなり》ノ組伊賀ノ士信州江草ノ小屋ヲ乗取ル……」との記録から、江草城・江草小屋と呼ばれていたことがわかる。獅子吼城の名称は、『甲斐国志《かいこくし》』編纂《へんさん》時に地元の伝承から採用したらしい。

『武徳編年集成』の記録から、天正壬午《てんしょうじんご》の乱では北条軍が入り、徳川軍により奪われたことが知られ、現在見ることのできる遺構も、この時に改修を受けたものと考えられる。

【外郭部の施設】 獅子吼城のある山は、西から南にかけて一〇〇メートルを超える高低差があるものの、行人山《ぎょうにんやま》と接する北から東にかけてはその半分にも満たない。特に東側はなだらかで、この城の弱点といえる。登城ルートとなりそうな尾根が北と西に伸び、根古屋集落とつながっている。

大手と考えられるのは城の東側で、東に伸びる細い尾根を三つの郭に分割し、尾根の北裾の一段下がったところを通路としている。通路は狭く、北側は沢となって落ちている。中央の郭とその奥の郭の間に堀切《ほりきり》があり、中央の郭には通路側と堀切側、奥の郭には堀切に面して土塁《どるい》が設けられる。この堀切により、東側からの地形的な分断を図っている。この通路は、そのまま斜面を上り、奥の郭と城内をつなぐ通路と合

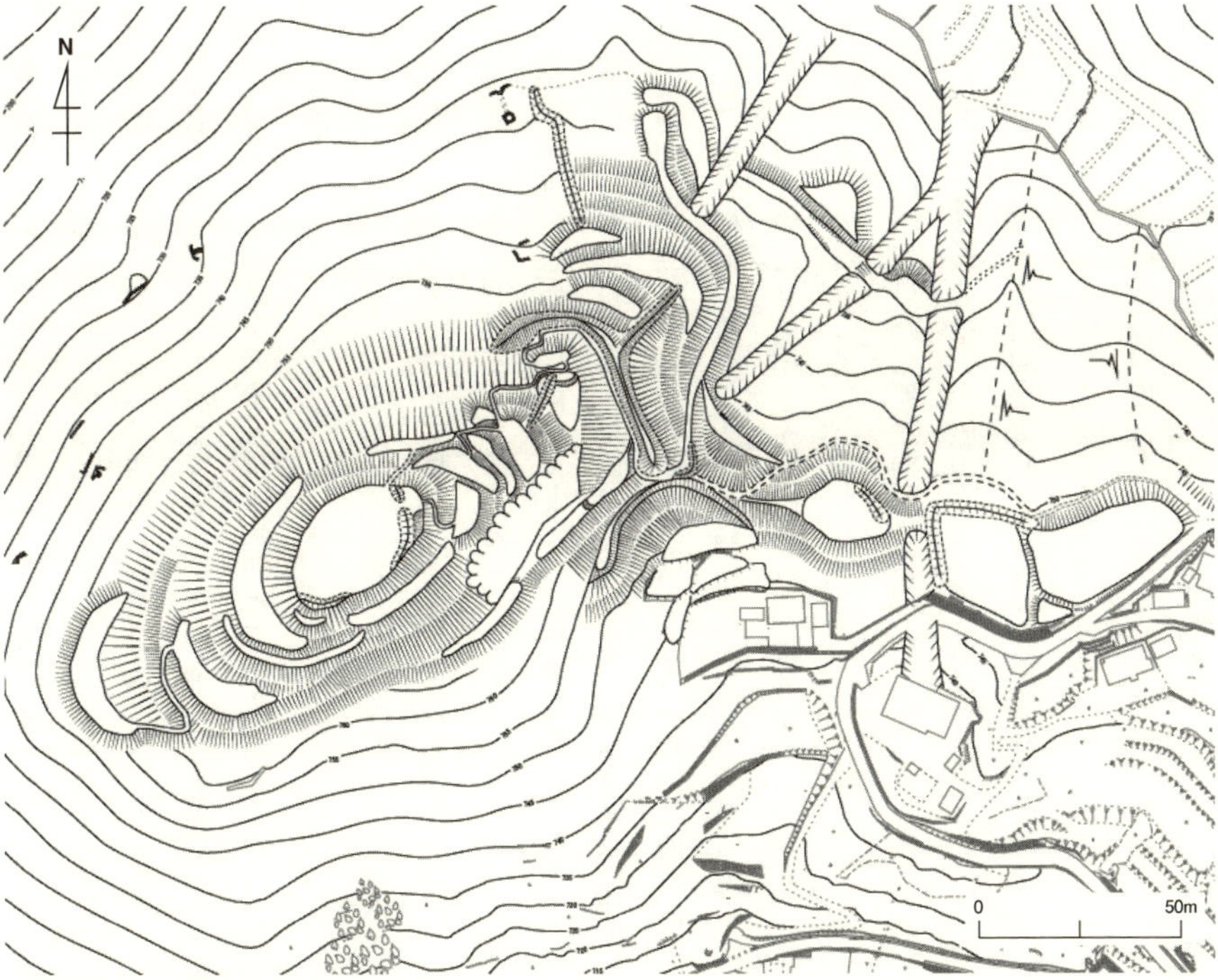

●—獅子吼城縄張図

流するが、本来は途中で北西方向へ曲がり、二本目の竪《たて》堀《ぼり》（等高線に直交して掘る堀）の縁を通って主郭部から下りてくる通路と合流していたと考えられる。

ここを北へ下りると、三本目の竪堀の縁を通って城のもっとも北に位置する郭に至る。通路西側の斜面上にも工夫があり、石塁《せきるい》（石を積み上げてつくった土塁）で中央を分割し、それより北側に三段の郭を造成し、最下の郭から北側に石塁を延ばしている。竪堀と石塁で挟まれるのは北側の尾根であり、ここを上ってきた敵の横方向の動きを制限するとともに、正面と側面から攻撃することができる。また、三本の竪堀は中間で帯郭《おびぐるわ》によってつながっており、竪堀の間を上る敵に対処できるようになっている。

主郭部からの通路の合流点から南へ上がると、左に土塁を見ながらほぼ直角に西へ曲がり、右に見える大きな土塁を北へまわりこんで狭い虎口《こぐち》に至る。東側の土塁と西側の一段高い郭に挟まれた虎口で、ここを桝形《ますがた》虎口（出入口に面して土塁で桝形の空間を作る虎口の形態）とみる説もあるが、現況の地形観察からは判然としない。この先は土塁に目隠しされた堀底道《ほりそこみち》となるが、これが主郭部と外郭部を分ける境となる。

【主郭部の守り】　堀底道を辿ると西へ斜面を上がって小さな郭に至る。ここから南へ進むと正面に小さな石塁をともなった郭となり、そこからさらに西へ、石塁に接してつくられた小さな郭の下を通って上がっていく。この部分が主郭部への入り口であり、通路を九十九折《つづらお》りに曲げている。ここから四段の腰郭《こしぐるわ》を上がると主郭の一段下の郭に至り、斜面を斜めに上がると主郭に至る。これらの腰郭は石積みにより補強されており、下から見上げると切り立った斜面に石積みが階段状に連続するのを見ることができる。

山頂の主郭は東西四〇メートル、南北二五メートルの大きさで、東側と南西側に土塁が見られる。東側には土塁から連なる巨石に挟まれた虎口があり、その外側に小郭ともいえる狭い空間がある。ここを外桝形（桝形を虎口の外側に置く形態）と見る説もあるが、現況では判断がつかない。東の帯郭から上がると、この虎口から入ることとなる。

主郭の一段下には、南側と西側に帯郭がまわされているが、その境となる南西側は岩が露出し平らに造成できていない。この岩の露出により斜面を上りやすくなっており、そのことがこの方向に土塁を設けた原因と推測される。

現在は、主郭の西側斜面に石が散乱し、そこから西側の帯郭へ下りることができるが、通路の痕跡ははっきりしない。そこから下った西側の尾根上には、何段もの帯郭が集中的かつ複雑に配され、岩盤が露出していることもあって上り下がりに苦労する。すべてが人為的な造成ではないかもしれないが、このような施設が西にあることから、主郭へ西側から入るルートを想定してもよいのではないかと思う。

獅子吼城は、細長い尾根に郭を階段状に配した縄張を基本とするが、竪堀の連続的な配置や、斜面に下ろす石塁など、峡北地域の山城では見られない要素をもつ。城の弱点となる東の守りを補強するこれらの施設が、天正壬午の乱においての改修の痕跡と考えられる。

【参考文献】　八巻與志夫「獅子吼城」磯貝正義ほか編『日本城郭大系　八　長野・山梨』（新人物往来社、一九八〇）、山梨県教育委員会『山梨県歴史の道調査報告書第一集　穂坂路』（一九八四）、山梨県教育委員会『山梨県の中世城館跡』（一九八六）、八巻孝夫「獅子吼城」村田修三編『図説中世城郭事典　二』（新人物往来社、一九八七）、山下孝司「獅子吼城」萩原三雄編『定本山梨県の城』（郷土出版社、一九九一）、『須玉町史　史料編』第一巻（須玉町、一九九八）、大久保健司「獅子吼城（江草城）」中世城郭研究会『東国の中世城郭』（二〇一〇）、北杜市教育委員会『市内城館跡詳細分布調査報告書』（二〇一一）

（渡邊泰彦）

●信玄の信濃攻略を支えた情報網

塩《しお》川《かわ》烽火《のろし》台群《だいぐん》

〈所在地〉北杜市須玉町江草・小尾
〈比　高〉―
〈分　類〉烽火台
〈年　代〉一六世紀後半
〈城　主〉―
〈交通アクセス〉ＪＲ中央本線「韮崎駅」下車、山梨交通バス「増富温泉郷」行

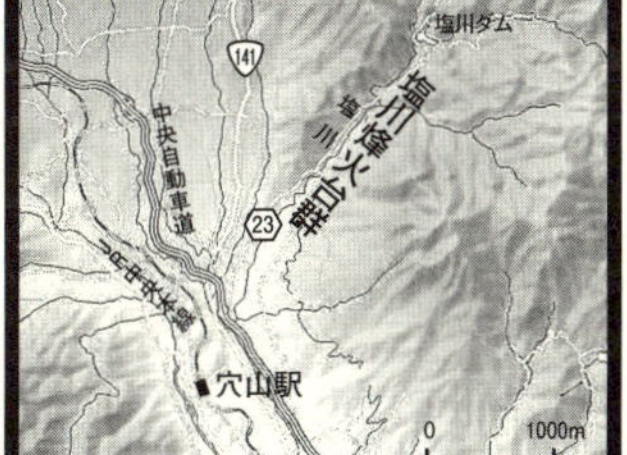

【甲信の主要交通路】　武田氏の信濃攻略の拠点、須玉《すたま》町若神子《わかみこ》から塩川に沿って北上し、信州峠を越えて信濃南佐久《みなみさく》へと抜けるルートは、古代から甲斐国と信濃国東部を結ぶ重要な交通路であり、近世には「穂坂路《ほさかじ》」あるいは「小尾《おび》街道」と呼ばれた。現在の県道韮崎増富《にらさきますとみ》線にあたる。このルート沿いには、南から獅子吼《ししく》城と烽火台《のろしだい》跡の伝承をもつ小山が点々と分布している。

【大渡の烽火台】　獅子吼城から塩川に沿い直線距離にして三キロほど県道を北上すると、やがて県道はトンネルに入る。このトンネルが掘られた「城山」の山頂が大渡《おおわたり》の烽火台（北杜市須玉町江草一六〇四二番地）である。麓の大渡集落にはかつて霊峰金峰山《きんぷさん》の第一華表（鳥居のこと）が建っていた鳥居峠と古道があり、比志《ひし》集落に通じている。この峠から九十九《つづら》折《お》りの急な山道を登ると二〇分ほどで標高八七〇メートルの頂上にいたる。

烽火台を構成した遺構は明瞭に確認できる。頂上直下の山道沿いには小さな平場が幾重にも連続している。頂上は幅五メートル足らずの細長い平場で、一角に火伏の神、秋葉神社が祀られている。頂上平場の北西端には小さな尾根切の溝が残る。頂上平場の両側は峻険な急斜面である。現在は樹木が繁茂し頂上からの眺望は必ずしも良くないが、南に丸山を背景にした獅子吼城が、北には山並みの手前に比志烽火台を望むことができる。頂上付近の平場は、この小山が烽火台以上の機能を有していたことを示唆するが、大渡集落の住民が籠城する

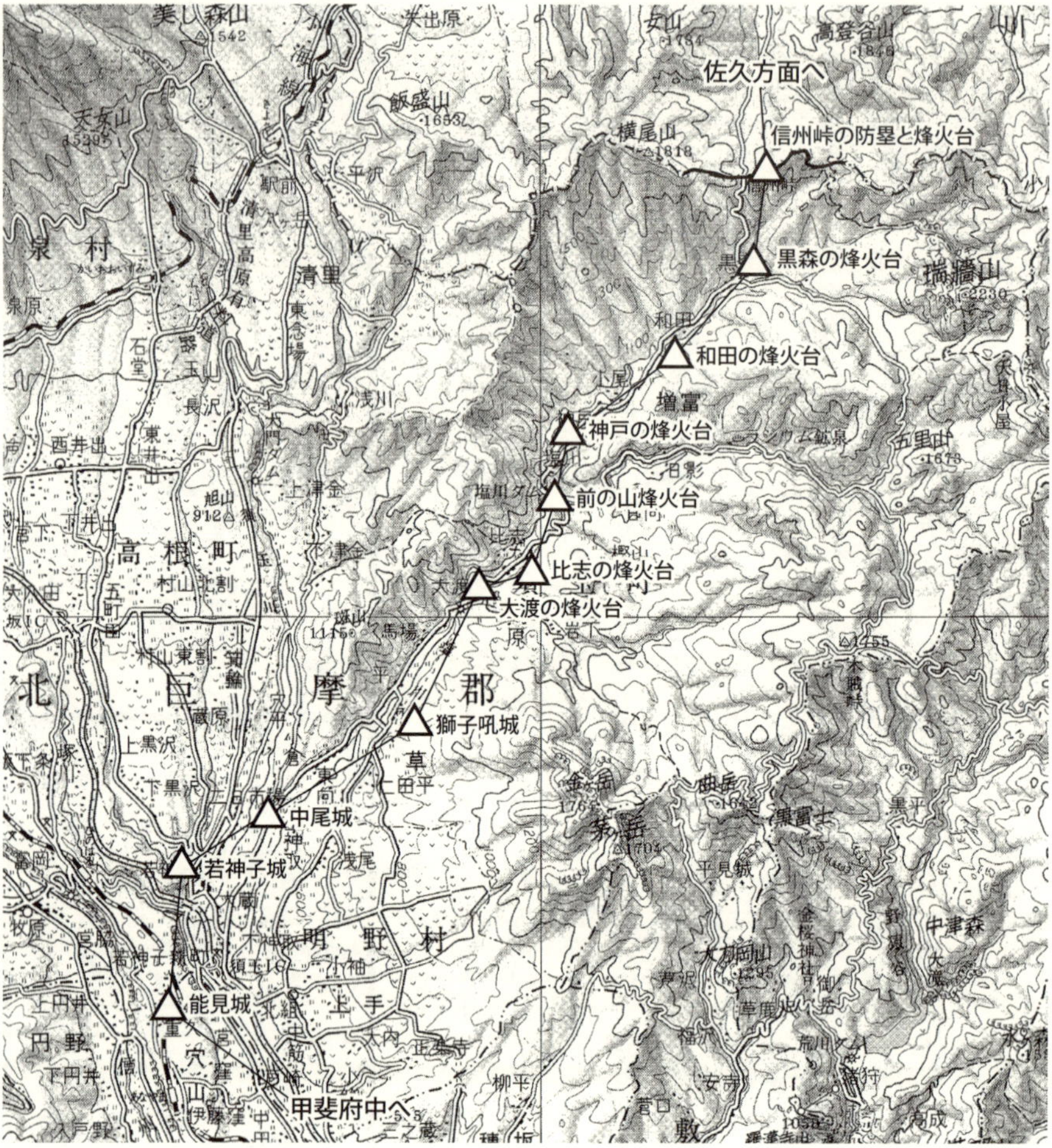

●—塩川筋の烽火台群

にはやや狭い感がある。

【比志の烽火台】 大渡の烽火台から塩川に沿ってわずか一キロ足らずに比志の烽火台がある（北杜市須玉町比志二二九五番地）。この付近では塩川の河谷は深く屈曲している。短距離であっても確実な眺望を得るために至近に複数の烽火台が設けられたのだろう。比志集落南端の谷合に徳泉《とくせん》寺《じ》があり、寺の北東側に岬状に突き出た「城山」と呼ばれる山が比志の烽火台である。徳泉寺の裏側から伸びる山道を登ると幅広い尾根筋に出て十分ほどで標高九〇九メートルの頂上にいたる。

頂上は平坦に削平されていてテレビ電波の中継アンテナが設置され、秋葉山の石祠が建っている。縁辺部には土塁《どるい》の痕跡を思わせる低く断片的な高まりがあるが、土塁であったかは判然としない。山頂部は針葉樹が高く聳え、周囲の眺望は不良であるが、木立を縫って南に大渡の烽火台、北に前の山烽火台を見通すことができる。大渡の烽火台からは塩川に向かって伸びる山並みが邪魔をして前の山烽火台をはっきりと見通すことができないから、やはり比志の烽火台で中継することが有効だったのであろう。

●—大渡の烽火台

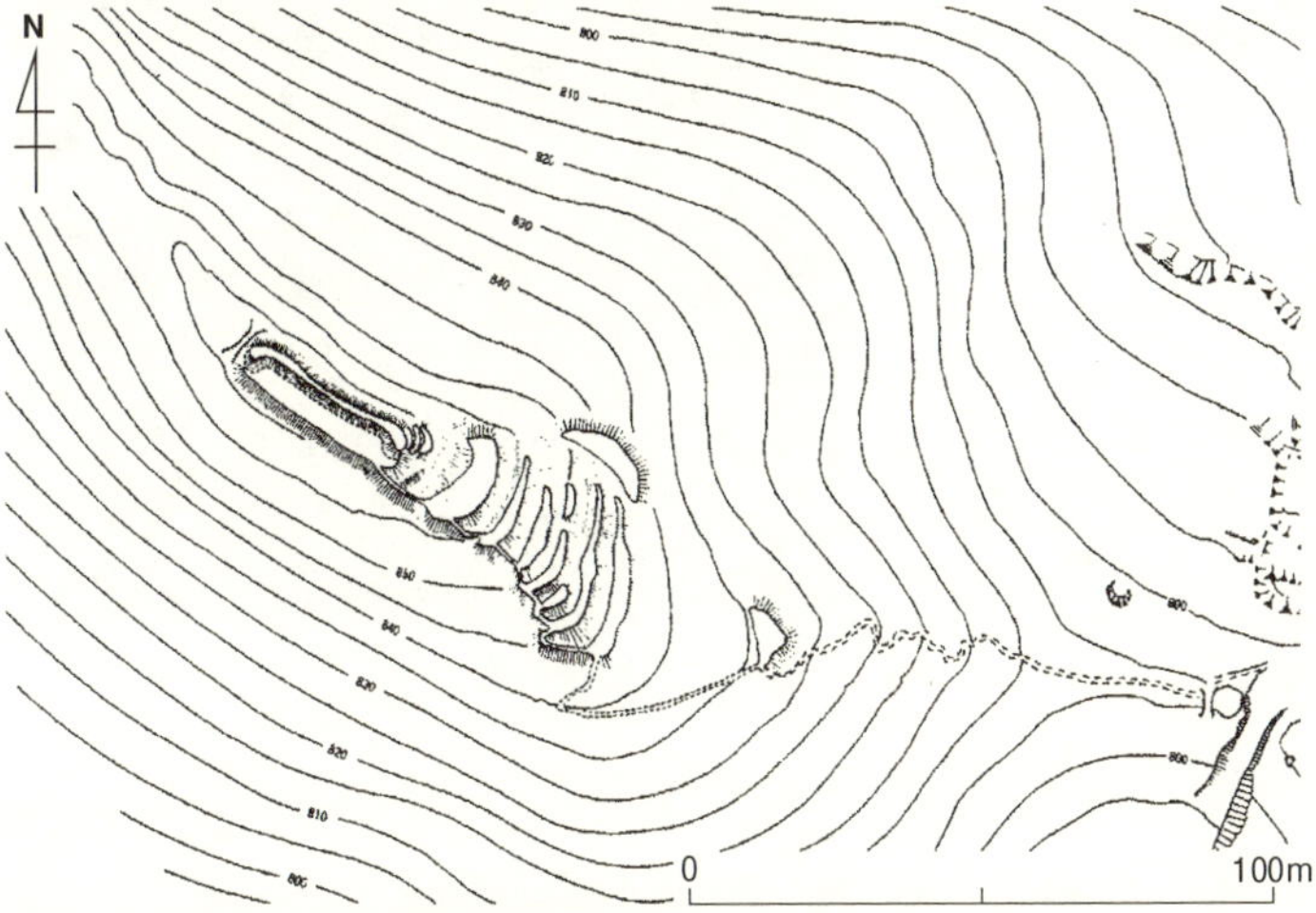

●—大渡の烽火台縄張図

【前の山烽火台】 比志の烽火台から北へ一・四キロで前《まえ》の山《やま》烽火台（北杜市須玉町比志三七三二—一番地）に至る。県道韮崎増富線は塩川ダム湖の手前で増富温泉へ通じる道路と信州峠に向かう道路に分岐する。この分岐点を左折してトンネルに入るが、このトンネル上の小山が前の山烽火台である。現在は瑞牆湖《みずがきこ》と呼ばれるダム湖のほとりにビジターセンターと駐車場があり、駐車場の西端から山頂に通じる山道がある。これを登ると五分ほどで標高九九〇メートルの山頂に辿り着く。

山頂の北西側斜面はダム建設のために山肌が大きく削り取られてコンクリートに覆われている。この工事に先立ち、平成三年（一九九一）に山梨県埋蔵文化財

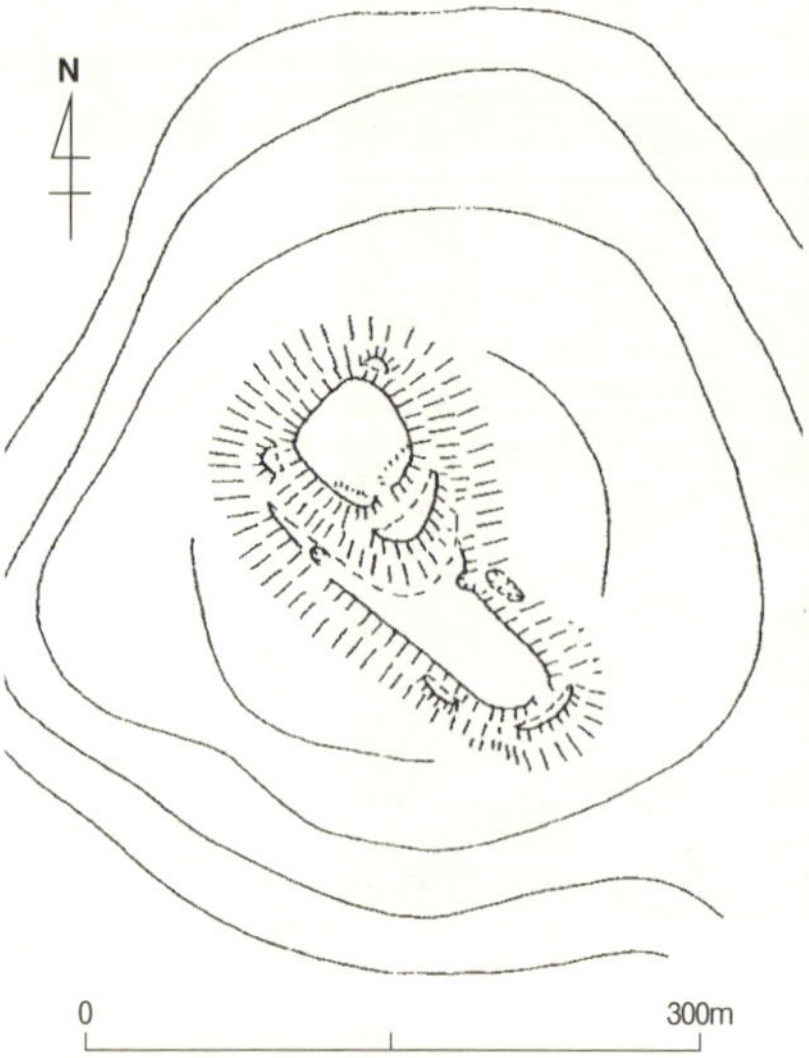

●―比志の烽火台縄張図（『山梨県史　資料編7』より）

●―比志の烽火台

●―前の山烽火台

●―神戸の烽火台

センターが山頂部を発掘調査した。調査では焼土粒子を含む土坑などが発見されたが、前の山烽火台の性格を明らかにするには至らなかった。山頂部には小御岳《おみたけ》大神と浅間《せんげん》大神の石碑が建立され、テレビ電波の中継局が建設されている。木々の合間から比志の烽火台を望むことができる。目を北に転じるとダム湖を挟んで神戸の烽火台を見通せる。

【神戸の烽火台】　前の山烽火台からダム湖を挟んで北へ一・二キロ地点が神戸《ごうど》の烽火台（北杜市須玉町小尾一四五九―一番地）で、地元では「城山」とも呼ばれる。県道韮崎増富線は、ダム湖を跨ぐ橋を越えるとほどなくトンネルに入る。このトンネルの上の山裾に烽火台がある。烽火台に至るにはトンネル手前で旧道に入り、旧い家並みが残る美しい神戸集落を抜けて、旧増富中学校跡地へと向かう。旧中学校のグラウンドあたりから南に向かうと、やや小高い山頂から東へ伸びる山裾が視界を遮る。この尾根上の小ピークに烽火台とみられる遺構が残る。山道を登るとすぐに天狗社の祠《ほこら》と石壇《いしだん》があるが、ここが烽火台跡と思われる。標高一〇七〇メートルほどである。

●―和田の烽火台

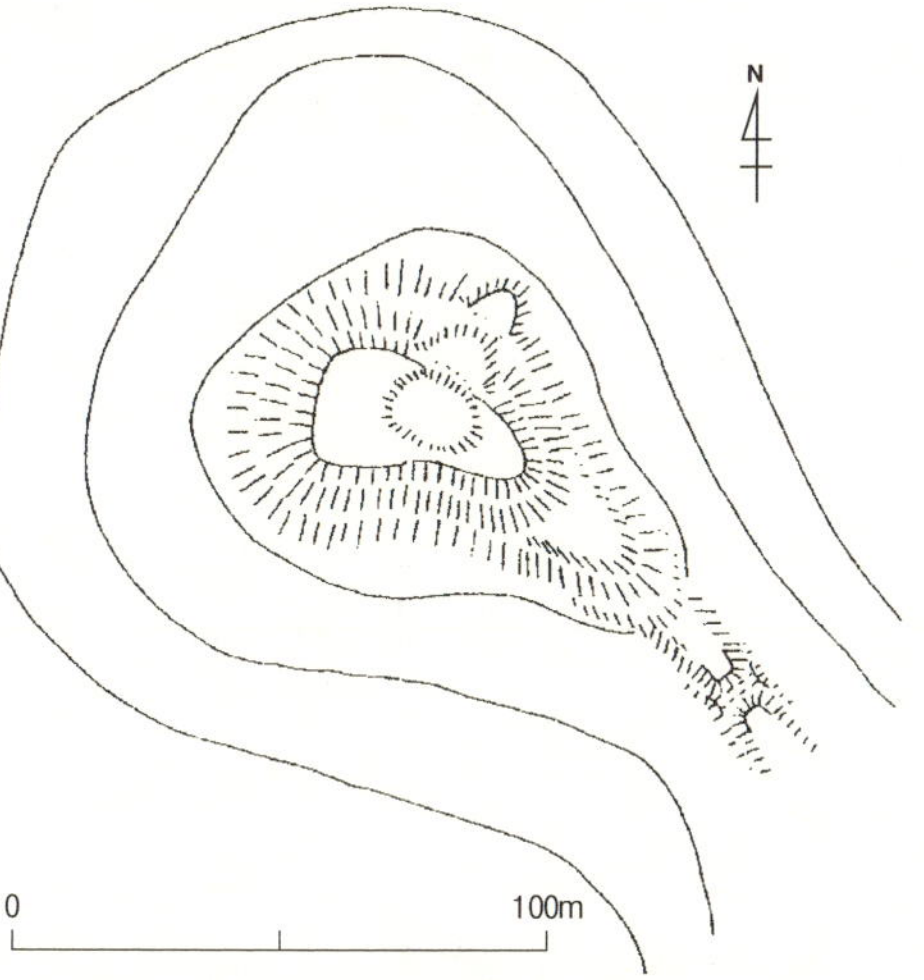

●―和田の烽火台縄張図（『山梨県史　資料編7』より）

【和田の烽火台】　神戸の烽火台の北東二・六キロ、和田集落の南端のなだらかな山体の小山に和田の烽火台（北杜市須玉町小尾七〇三三―一番地他）がある。標高一一九〇メートルのこの小山は麓から見上げてもピークがはっきりしない。県道韮崎増富線を神戸集落から北上すると、和田集落の入り口で旧道に分岐する。ここから進路を右にとって旧道に入り、一〇〇メートルほど進むと右手に橋がみえる。この橋を越えてアスファルト舗装された林道を進むとやがて道路が大きく右へ回転し、小山の反対側にまわりこむ。このあたりから進行方向右手を注意していると小山の頂上へ通じる山道が見つけられる。この山道に入り緩く幅広い尾根筋を辿ると二つ目のピークが烽火台のある山頂である。途中、堀切と思われる尾根を遮断する凹地がある。

　山頂には狭い平坦面があるが土塁《どるい》などの構造物は確認されない。堀切が唯一、山城あるいは烽火台を思わせる施設である。この和田の烽火台の先には黒森の烽火台があるが、神戸の烽火台と黒森の烽火台の間の河谷は幅広く眺望が開け、晴れた日には黒森と神戸間がよく見渡せたはずである。にもかかわらず和田の烽火台を設けたのには、黒森と神戸の間が五キロ以上を隔て、やや霧がかった日には確実な烽火中継に支障を来たすことが懸念されたのであろう。和田の烽火台は両者のまさに中間地点にあたっている。和田集落には、北杜市文化財に指定された大形の「和田の五輪塔」があり、豪族屋敷を思わせる方形区画の地割も認められる。地元に屋敷跡の伝承は残らないものの、戦国後半期以前から在地豪族が交通の要衝を支配していた気配が感じられる。

【黒森の烽火台】　塩川ダムで本谷川を分かれた塩川の河谷は黒森集落の北側で谷幅を減じて東に折れる。幅広かった河谷の行く手を阻むように聳える山の南面斜面に黒森の烽火台が想定される。和田の烽火台から北東へ二・六キロほどである。平成二十二年（二〇一〇）の市内城館跡詳細分布調査にかかわる踏査では、それらしい遺構は確認されていない。甲信国境の信州峠は分水嶺でもあるから、信濃からの烽火を中継するためには信州峠に烽火台を置くことが必須である。和田の烽火台から信州峠を見通すことは可能だが、四キロ以上を隔てており、確実な烽火の中継のためには黒森に烽火台を置くことが望ましい。信州峠と和田の烽火台の双方を見通せて、黒森集落から容易にアクセスできる山の南斜面の尾根筋が烽火台の立地にふさわしいのだが、現時点では推測の域を出ない。

【信州峠の防塁】　昭和六十一年（一九八六）に刊行された『山梨県の中世城館跡』は、信州峠の東側の尾根筋、標高一五九二メートルに設置された三角点付近に信州峠の烽火台を想定している。また『山梨県史』では、信州峠の東西尾根筋に伸びる長大な土塁の存在が指摘されている。信州峠は黒森集落から県道を辿り北へ直線距離で二キロにある。例年十一月から四月頃まで雪に覆われる甲信国境の峠である。

この峠から西へ尾根筋を辿ると標高一八一八メートルの横尾山山頂に至る。また東へ尾根筋を辿ると標高二四一八メートルの小川山山頂に至る。この信州峠の東西に伸びる尾根筋に、総延長約三キロにおよぶ土塁状の構造物（以下「土塁」と記す）がある。土塁は基底部幅が約二・五メートル、現高〇・六メートルで堀はともなわない。現存高は防衛施設としての土塁にしては低く頼りない。野生動物から農地を守る猪垣《ししがき》の可能性も疑われるが、戦後に高原野菜の栽培地が開墾されるまで守るべき農地は周囲になかった。地元に残された延享二年（一七四五）の「小尾村明細帳写」には、この構造物に関する記載は認められない。

この謎めいた土塁の性格を明らかにするため、平成二十二年十月に北杜市教育委員会が土塁の現況平面図を作成し、小規模な発掘調査を実施した。信州峠付近は秩父多摩甲斐国立公園の普通地域に該当するため、測量と調査のために所定の手続きをとった。現地を踏査すると、信州峠から尾根を東に辿り約一〇〇メートルの地点にある自然の凹地で土塁が出入り口状に途切れることが分かった。そこで、この凹地で試掘溝五本を発掘した。その結果、土塁は版築《はんちく》状に土を重ねて築かれた人工的な構造物であることが確認された。出土品は縄文時代前期の土器破片と近世以降のキセル吸《すい》口《くち》一点のみであった。試掘溝で出土した炭化材を年代測定したところ、紀元前二〇〇〇年紀から六〇〇〇年紀の測定値が示された。

●—信州峠の防塁

いずれも戦国時代からかけ離れた縄文時代の年代値である。この発掘調査で土塁の性格や年代を明らかにすることはできなかったが、人工物であることは間違いない。現存する形状から考えると実戦的な防御施設というよりも甲信国境を視覚的、心理的に明示した象徴的な施設と憶測されるが、甲信いずれの勢力が築いたものかも分からない。信州峠から甲斐国黒森集落までは直線距離でおよそ二キロ、信濃国川上までは六キロほどである。

【塩川沿いの烽火台群】　有事のさいの情報伝達のために設けられた烽火台は、その性格上、山城のような構造物に欠け、遺構として認識しにくい。それでも大渡の烽火台、比志の烽火台のように火伏の神である秋葉神社を祀る例にみられるように、地元集落には烽火台の伝承や意識が最近まで受け継がれていた。烽火台の伝承はないが、塩川沿いにある「マダラ山」は「曼荼羅山」あるいは「斑山」が訛《なま》ったものと説明されるが、「万燈火山」と読めば、烽火台の可能性も生じよう。秋、紅葉見物と山城探訪に合わせて、烽火台からの眺望を確認しながらゆっくりと甲信国境を越えてみるのも一興である。烽火台に入山する際は地元への配慮も心がけたい。

【参考文献】　北杜市教育委員会『市内城館跡詳細分布調査報告書』（二〇一一）、山梨県教育委員会『山梨県の中世城館跡』（一九八六）、『山梨県史　資料編　七　中世四　考古資料』（山梨県、二〇〇四）

（佐野　隆）

●交通の要衝・若神子を見下ろす城

若神子城《わかみこじょう》

〔古城・北杜市指定史跡〕

〔所在地〕北杜市須玉町（北城）字小手指、（古城）字古城・字小林、（南城）字西林
〔比　高〕古城六〇メートル、北城・南城五〇メートル
〔分　類〕山城
〔年　代〕北城　天正十年（一五八二）
〔城　主〕北城　北条氏直
〔交通アクセス〕（古城）JR中央本線「韮崎駅」下車、山交タウンコーチ「若神子古城入口」下車、徒歩三〇分。（北城、南城は本文参照）

【交通の要衝、若神子】　八ヶ岳南麓台地の南東裾が西川と甲川《かぶとがわ》により削られてできた、三つの半島状に突き出た尾根の先端にそれぞれ城跡があり、北から北城《きたじょう》（JR中央本線「日野春駅」下車、北杜市民バス「正覚寺入口」下車、徒歩三〇分）、古城《こじょう》、南城《みなみじょう》（JR中央本線「日野春駅」下車、北杜市民バス「須玉郵便局前」下車、徒歩三〇分）といわれている。

江戸時代後期の地誌『甲斐国志《かいこくし》』は、新羅三郎義光《しんらさぶろうよしみつ》の城跡であるとの伝承と天正壬午《てんしょうじんご》の乱（一五八二）のさいの北条氏直の本陣であったことを記し、『吾妻鑑《あずまかがみ》』に載る逸見山《へみやま》も谷戸城ではなく、交通の要衝である若神子にあったと推測している。

古城という字から、新羅三郎義光の伝承をもつのは中央の古城と考えられ、北東の方角にある正覚寺《しょうかくじ》には、義光・義清親子の位牌が安置される。また、『甲斐国志』で大城とよばれる城は、郭の広さや堀の大きさから北城を指すものと推測され、北条氏直が本陣としたのもこの城と考えられる。

若神子は諏訪・佐久方面への街道が交差する交通の要衝であった。北西に八ヶ岳南麓台地を登る棒道《ぼうみち》、北に須玉川沿いを進む佐久往還、北東へ塩川沿いを行く穂坂路《ほさかじ》があり、南へは塩川沿いを下って韮崎から府中（甲府）へと至る。北条氏直が本陣をこの地に置いたのも、佐久または諏訪のどちらへの退路も選択できる場所であったことが大きな要因であったと考えられる。

【義光の伝承が残る古城】　古城は、周囲との比高六〇メートルほど

の尾根上に位置している。上の棒道は、若神子からこの城へ向かって上り、北側で分岐して八ヶ岳南麓台地を進む。

明治時代に若神子に大火事があったさいに壁土の採取が大規模に行われ、その後に開墾《かいこん》されたこともあり、遺構の残りはよくないと推測される。

昭和五十七年（一九八二）に発掘が行われ、中央付近で薬《や》研堀《げんぼり》の一部、南東の東斜面縁辺で櫓《やぐら》らしき四本の柱穴が確認された。薬研堀は小規模であったため、天正壬午の乱にさいして掘削途中で放棄されたと考えられているが、出土品から城の使用年代を推定することはできなかった。

城のある尾根は北を除く三方を急崖《きゅうがい》に囲まれており、地形的な分断を図るため、北に堀切《ほりきり》を配していると推測される。その痕跡を見ることはできないが、城の北に接する古道が堀切跡ではないかと考えられている。城内は起伏があるが、壁

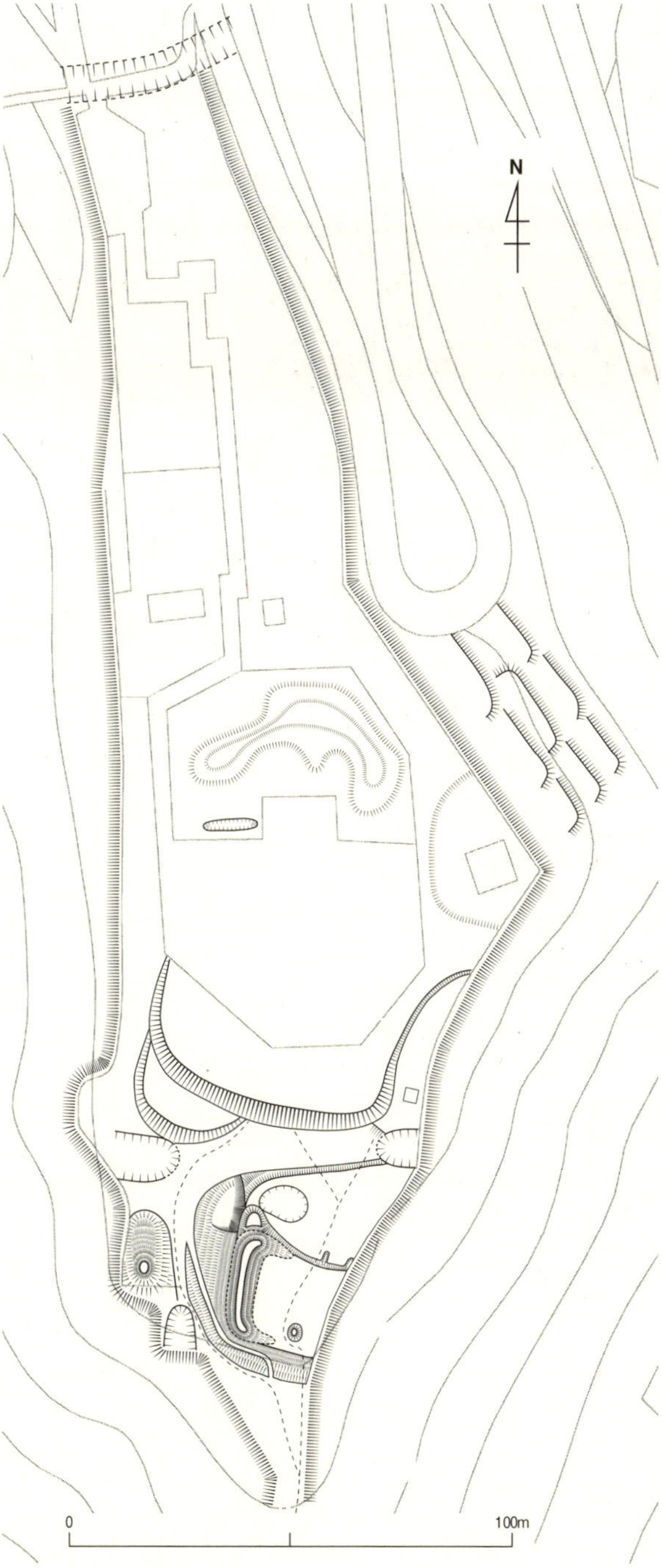

●—若神子古城縄張図

土の採取によるものなのかは判断がつかない。発掘で見つかり復元された薬研堀を過ぎて、整備された公園を南へ抜けると、幅一〇メートルほどの一段低い低地により、南側の区画との地形が分断されている。この低地は南の区画の北辺と西辺をL字に囲んでおり、東、西、南の端は空堀《からぼり》で区切られている。南の区画は高さの違いで南北二段に分けることができる。低い北側の平場は南北二〇メートルほどで凹凸があり、低地より三〇センチほど高い。その南に接する長方形の平場が主郭と考えられるが、北側の平場とは四〇センチ程度の高低差しかない。

●—若神子城遠景（東から　明野町浅尾新田字陣場から望む）

主郭内の西側に不整形な土塁《どるい》があるため、西側斜面の高低差は大きい。この土塁は、主郭の北辺と南辺を低くなりながらコの字に囲んでいるように見える。土塁の北西角が最高所となっており、ここに立つと北側の郭がよく見える。そこからさらに土塁は北側に伸びて、張り出した形となる。主郭北側からは、数十センチの高さながら、同様に北へ張り出す高まりが数ヵ所で見られる。しかし、主郭東側を防御する施設は見当たらず、北と西に防御の重点をおいている。

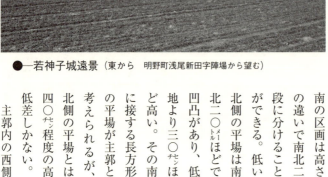

主郭内の南東には小さい高まりがあり、南側から見るとこの高まりが視界を遮る。南側から主郭に入る場合、現在の通路はこの高まりにぶつかって西に折れており、かつての虎口《こぐち》の導線を踏襲《とうしゅう》しているようで興味深い。

【北条氏直の本陣、北城】　北城は西川を挟んで古城の北側の尾根上にあり、正覚寺の裏山にあたる。周囲との比高は五〇メートルを測り、北側を除く三方を急崖に囲まれている。

佐久往還は二日市場《ふつかいちば》で分岐して、一方は小手指《こてさし》の坂から八ヶ岳南麓台地へ上がり、この城の北東に至る。また、城のある尾根の西を流れる西川に沿って北上すると大坪砦《おおつぼとりで》にぶつかることから、かつては川沿いに台地の中へ入る道があったと考えられる。

戦時中には兵舎が置かれ、昭和二十年代までは畑とされて

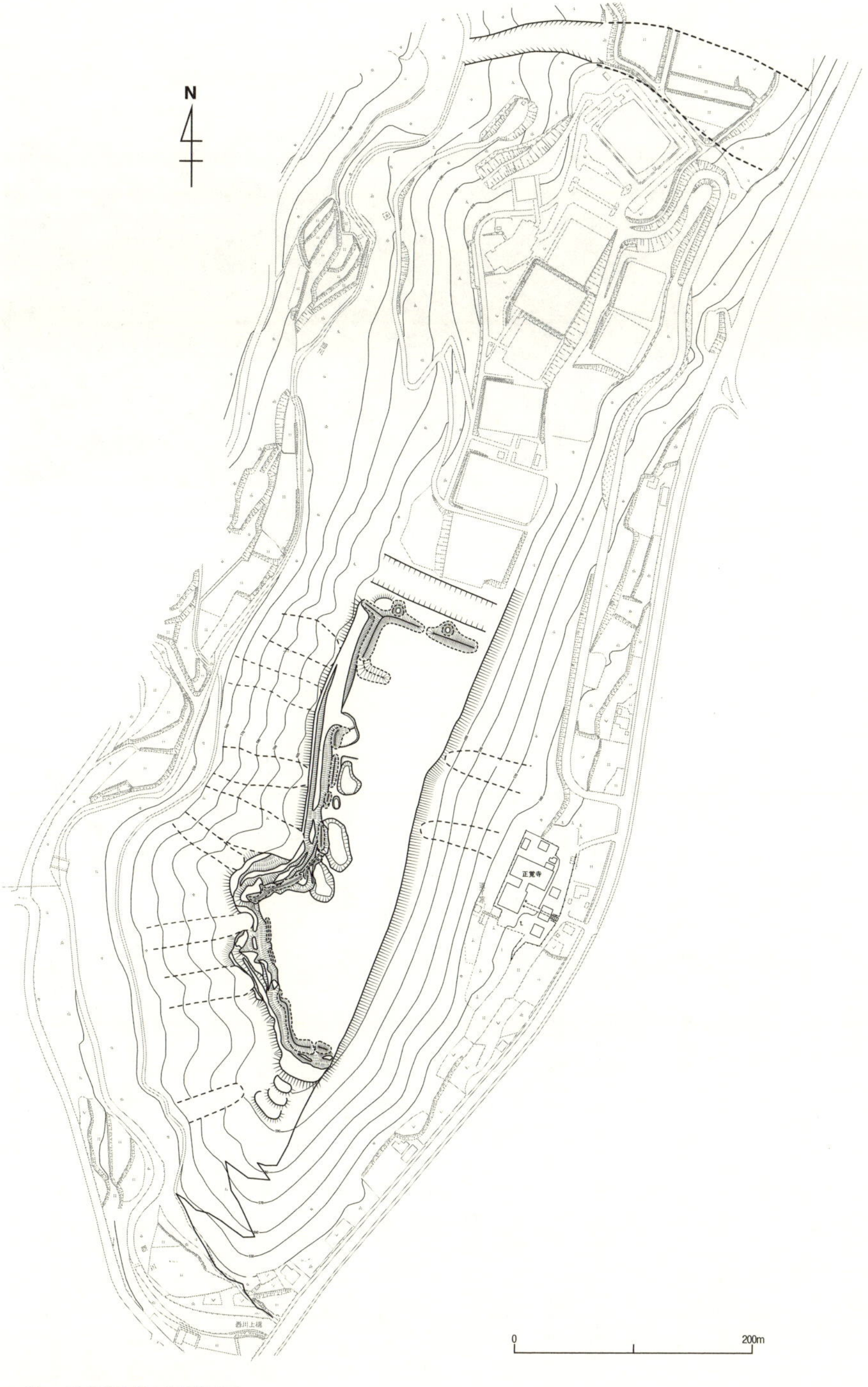

●―若神子北城縄張図

●—若神子城（南から　道路左の手前の山が古城、奥が北城）

いたため、部分的に遺構は破壊されていると推測される。

城内の北側にテニスコートを建設するさいに発掘が行われ、尾根西寄りに南北方向の浅い溝と門跡を伴う柱穴列が確認されている。これらの遺構の性格や年代は不明だが、北条氏直の本陣と関連するものと考えられている。

現在はこのテニスコートの敷地を挟んで北側に尾根を切る堀切が想定され、南は尾根の先端までの南北四〇〇メートルの範囲に遺構が残る。城内の南側を尾根から切り離す幅二五メートルほどの空堀が東西方向に掘られ、それに接して高さ二〜三メートルの土塁が築かれている。中央の二ヵ所から北側へ張出が設けられており、この張出の間が虎口となっている。虎口は土塁が周囲より低くなっているだけで完全に切れていない。これらの規模から、北側が大手と考えられる。土塁は西端から南へ折れ、そのまま尾根の西側から南端の外縁を断続的に囲んでいる。南端の土塁は厚く、高いつくりで、北側と同じく中央がやや窪んで虎口となっている。西側斜面の北側は幅の広い帯郭を通すが、南側は自然地形と考えられる竪堀《たてぼり》状の沢を取り込みながら、腰郭《こしぐるわ》と帯郭を複雑に配置している。対照的に、東側に土塁はなく、斜面の防御もほとんど何もない状態である。

北側の虎口から城内へ進むと、広大な郭の中に遺構とも判断のつかない凹凸が多くみられる。西側土塁に接する部分では、その外側の帯郭が細くなるところを境として長軸一〇〜四〇メートル、短軸五〜二〇メートルほどの長円形の浅い窪みの区画が南に連続して配置され、尾根の地形が西へ張り出す位置までつづく。城内は北から南へ緩やかに傾斜するため、北側が深く削られ、南側の掘り込みはごく浅い。この区画の間は三〜五メートルほど空いており、城内と繋がっている。これに合う位置で外縁の土塁も切れており、城内と西斜面の腰郭・帯郭を結ぶ通路であったと考えられる。この区画の用途ははっきりしないが、単なる土塁の土取り跡でもなさそうである。もっとも北側の区画は帯郭との出入口となっていて注目されるが、いくつも設けられた虎口を守る郭としての機能も想定しておきたい。この区画が終わり、地形が西へ張り出すところから南側虎口までの間は何も確認できない。また、城内の東側でも目立った施設の痕跡は確認できないが、今後新たな発見があるかもしれない。

　北城は、明確に北と西に防御の重点をおいている。尾根の東側のやや離れた位置を通る佐久往還がもっとも城と接近するのは台地を登りきった北側であり、こちらに大手《おおて》を構えている。西側は、前述のとおり大坪砦の配置からも尾根裾を通る道があったと推測され、こちらから侵入されることを想定した造りになっているのではないかと考えられる。

【謎の多い南城】　南城は鯨沢《くじらざわ》を挟んで古城の南西尾根上にあり、周囲との比高差はおよそ五〇メートルである。若神子集落にある臨済宗《りんざいしゅう》東漸寺《とうぜんじ》の旧地であるとの伝承が地元に伝わる。昭和五十七年の無届けの土砂採取により遺構の大半が消滅しているが、東側斜面には竪堀状の沢地形が一本確認できる。過去の踏査記録をあたると、山頂は平坦で中央に土橋《どばし》のある空堀により南北二つの郭に分けられていた。山頂の東側裾ではこの堀を挟んで帯郭状の平坦面が数段設けられ、堀はそのまま東側斜面を竪堀状に落ちていたとされる。また、土砂採取後には、常滑焼《とこなめやき》の破片と茶臼《ちゃうす》を拾うことができたという。

【参考文献】　八巻與志夫「山梨の館・城（その三）若神子城」甲斐丘陵考古学研究会『丘陵』一―三・四合併号（一九七七）、八巻與志夫「若神子城」磯貝正義ほか編『日本城郭大系　八　長野・山梨』（新人物往来社、一九八〇）、山梨県教育委員会『山梨県歴史の道調査報告書第一集　穂坂路』（一九八四）、山梨県教育委員会『山梨県歴史の道調査報告書第四集　甲州街道』（一九八五）、山梨県教育委員会『山梨県歴史の道調査報告書第五集　佐久往還』（一九八五）、山梨県教育委員会『山梨県の中世城館跡』（一九八六）、八巻與志夫「若神子城」萩原三雄編『定本山梨県の城』（郷土出版社、一九九一）、『須玉町史　史料編』第一巻（須玉町、一九九八）、北杜市教育委員会『市内城館跡詳細分布調査報告書』（二〇一一）

（渡邊泰彦）

●絵図の残る河岸段丘上の城

中《なか》尾《お》城《じょう》

〔所在地〕北杜市須玉町小倉《こごえ》字中尾
〔比　高〕須玉川から三〇メートル
〔分　類〕山城
〔年　代〕一四世紀代
〔城　主〕丸茂弾正か
〔交通アクセス〕JR中央本線「韮崎駅」下車、山交タウンコーチ「中尾」下車、徒歩〇分。

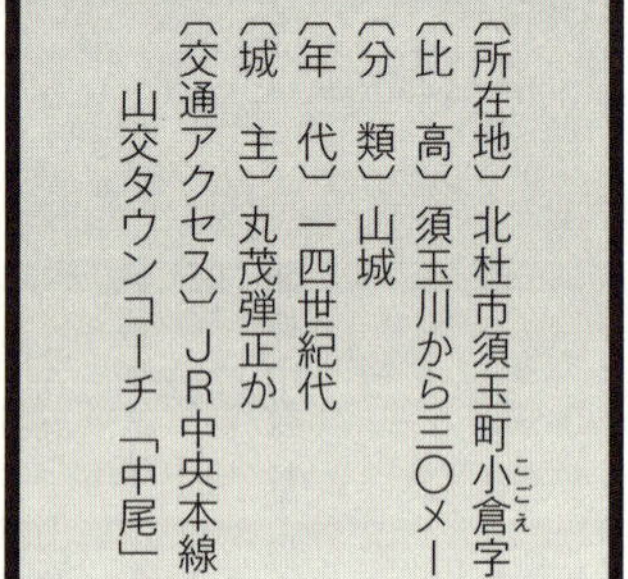

【消滅した河岸段丘上の城】　秩父山系の斑山《まだらやま》から南に伸びた山体は、斑山の東を流れる塩川と西を流れる須玉《すたま》川により削られ、両側に河岸段丘を発達させながら、細長く突き出した形となる。中尾城は、この尾根状に伸びた山体が終わる地点の西側河岸段丘の最上段（五九七メートル）に築かれていた。現在は工場、宅地、水田となっており、城の面影を見ることはできないが、若神子《わかみこ》城、獅子吼《ししく》城、中山砦《なかやまとりで》、新府《しんぷ》城のほか、佐久往還、穂坂路《ほさかじ》などの街道も一望できる眺めの良さは、城を築くには絶好の場所であったことを示している。

佐久往還は大豆生田《まみょうだ》（北杜市須玉町）から須玉川を渡って北西の若神子（同町）に向かうが、川を渡らずに北上すると、中尾城の脇を通って獅子吼城のあたりで穂坂路と合流することができる。中尾城には、この穂坂路と佐久往還を結ぶ間道を押さえる目的があったと考えられ、斑山の東と西の山裾を通る道の合流点にもあたる。

【絵図と発掘調査の成果】　昭和五十八年（一九八三）に一部の発掘調査が行われているが、この時までに城域の半分以上が工場、宅地、道路となっていた。調査では堀二本、掘立《ほったて》柱建物跡《ばしらたてものあと》（掘った穴にそのまま柱を立てる簡単な建物）九棟、井戸跡三基とそれに付随する溝などが見つかるとともに、調査区外である工場内と南側の水田にある湿地帯も堀跡と推測された。北側で見つかった堀は東西七五メートル、最大幅九メートル、深さ二〜四メートルと規模が大きく、地形を分断するように掘られており、城を区画する堀切と考えられる。この発見により、南

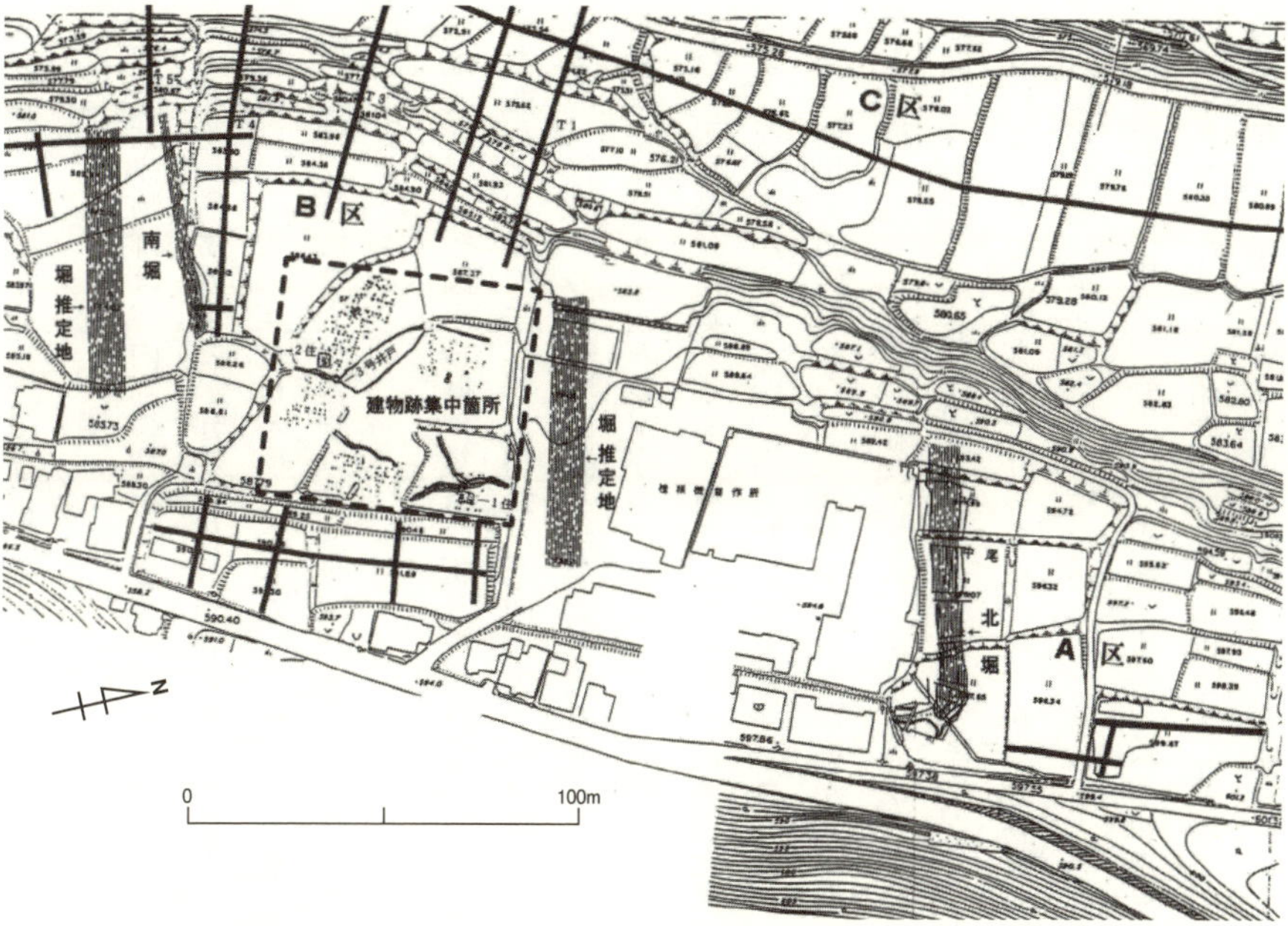

●—中尾城遺構図

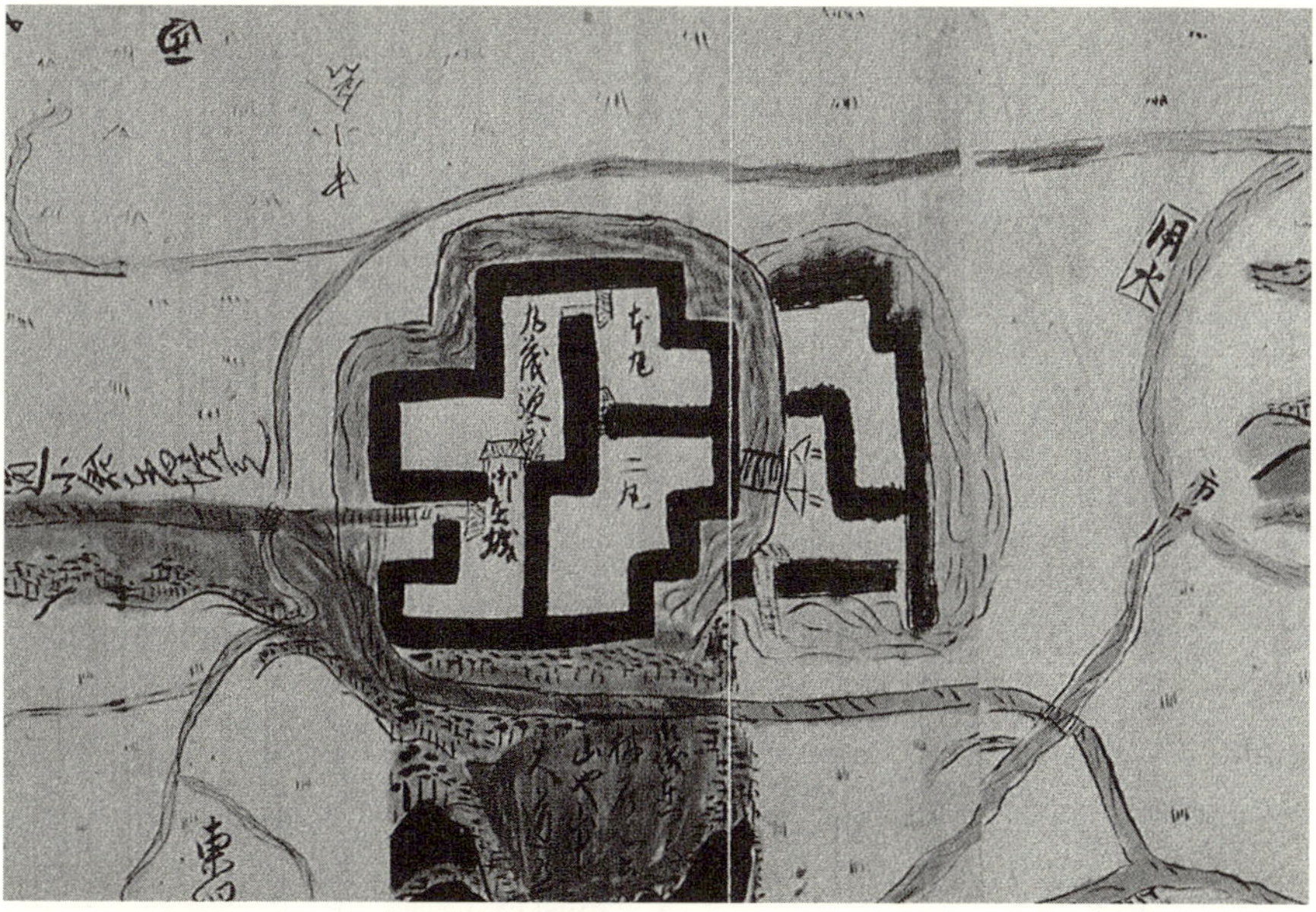

●—中尾城古絵図（一部，篠原祐雄氏蔵）

北二三〇メートル、東西九〇メートルが城域であると考えられるようになった。

掘立柱建物跡は、内部の柱が少なく、平側（建物の長い方）に廂《ひさし》をもつ特徴がある。建物に伴う遺物の出土がほとんどなかったため、その年代は不明であったが、研究の進展により、このような特徴をもつ建物は一四世紀代のものと推測されるようになった。

地元に残る絵図からは、複雑に折りをつけた土塁《どるい》とその周りを囲む堀、虎口《こぐち》すべてに描かれた門のような建物、北側の外郭部へ行くための空堀を渡る橋などを読み取ることができ、非常に守りの堅い城の姿がうかがえる。この絵図にある中尾城は、戦国時代の城のように見え、北の堀を調査中に鉄砲玉のような鉄玉が耕作土から出土したことは注目される。

発掘と現況の観察から、東西方向の大きな堀が三本あることが推測されているが、絵図にも三本の堀が描かれている。絵図に合わせると、北の出郭が現在の工場用地にあたり、発掘調査区が本丸と二の丸あたりになるだろうか。建物跡の間の空白地が絵図に描かれた土塁跡を示しているのかもしれない。

【誰の城か】『甲斐国志《かいこくし》』は、地元に甲斐源氏の祖逸見清光《へみきよみつ》の伝承があったことを紹介し、北杜市内の多くの城砦の記述に見られるように、天正壬午《てんしょうじんご》の乱（一五八二）による修築を推測している。『北巨摩郡誌《きたこまぐんし》』は逸見清光の孫武田信光《のぶみつ》とともに、武田家臣小幡主税頭又兵衛《おばたちからのかみまたべえ》の名前も挙げているが、根拠は薄そうである。

また、中尾城周辺がかつて西裏と呼ばれていたことから、国人領主今井信元《いまいのぶもと》（浦《うら》信元ともいわれる）が武田信虎《のぶとら》に抵抗する拠点とした「浦の城」をこの中尾城に比定する説もある。絵図には、城内に「丸茂弾正殿《まるもだんじょうどの》御在城」と記されている。『甲斐国志』には、小倉《こごえ》村に縁のある人物として丸茂右衛門尉《うえもんのじょう》を挙げ、小笠原長清《おがさはらながきよ》の子孫であると記しているが、丸茂弾正がどのような人物であったのかは不明である。

城主については諸説飛び交っており、はっきりしない。

【参考文献】 八巻與志夫「中尾城」磯貝正義ほか編『日本城郭大系　八　長野・山梨』（新人物往来社、一九八〇）、須玉町教育委員会『中尾城遺跡・塚田遺跡』（一九八四）、山下孝司「中尾城」萩原三雄編『定本山梨県の城』（郷土出版社、一九九一）、『須玉町史　史料編』第一巻（須玉町、一九九八）、室伏徹「第六節　山梨県の中世掘立柱建築」甲州市教育委員会『史跡勝沼氏館跡　内郭部』（二〇一〇）、北杜市教育委員会『市内城館跡詳細分布調査報告書』（二〇一一）

（渡邊泰彦）

●近世初頭の旗本陣屋

屋《や》代《しろ》氏《し》陣《じん》屋《や》

〔北杜市指定史跡〕

〔所在地〕北杜市明野町上神取字諏訪原
〔比　高〕五五〇メートル
〔分　類〕陣屋
〔年　代〕慶長十九年（一六一四）頃～寛永八年（一六三一）頃
〔城　主〕屋代秀正・屋代忠正
〔交通アクセス〕ＪＲ中央本線「韮崎駅」下車、山梨交通バス「浅尾中」下車、徒歩三〇分。

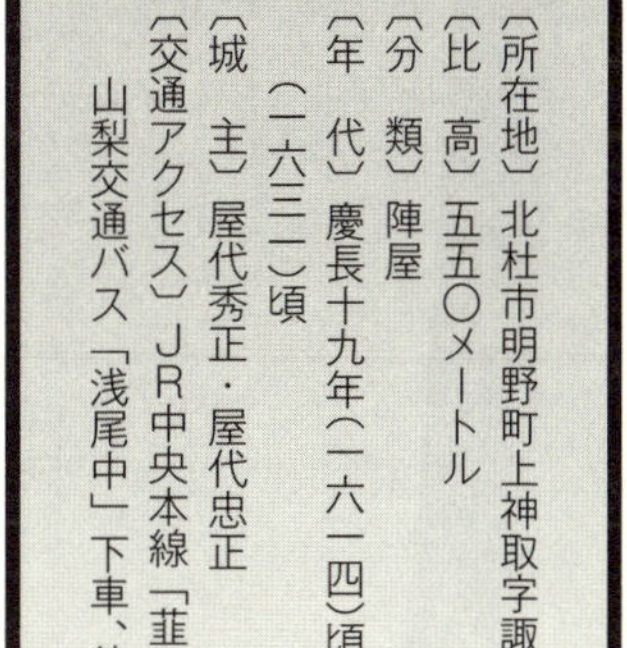

【方一町の陣屋跡】　屋代氏陣屋は、山梨県北杜市上神取字《かみかんどりあざ》諏訪原《すわはら》に所在する。周囲は塩川左岸の河岸段丘面で、緩やかに南に傾斜するほぼ平坦な土地である。およそ方一町の陣屋域は現在の地割によく遺存し、土塁《どるい》の一部が旧状を留めて、北杜市史跡に指定されている。現在は水田となっているが、平成二十三年（二〇一一）に陣屋域の大半を含む水田で土地改良事業が計画され、それにともない北杜市教育委員会が発掘調査を実施した。

屋代氏陣屋は、「屋代氏屋敷」あるいは「屋代氏館」と呼ばれていたが、発掘調査の成果から、屋代氏自身が居住した館ではなく、知行地《ちぎょうち》経営のための陣屋としての性格が強いことが推測されたことに従い、ここでは「屋代氏陣屋」と呼ぶ。

【屋代氏の来歴】　陣屋の主である屋代氏は、信濃国埴科《はにしな》郡屋《や》代《しろ》郷（現在の長野県千曲市屋代）を本貫地《ほんがんち》とする武将である。屋代正国《まさくに》は村上義清《よしきよ》配下であったが、天文二十二年（一五五三）、武田晴信《はるのぶ》（信玄）が北信濃攻略に乗り出すと武田方へ帰順し、以後、信濃先方衆として七〇騎を従えて活躍し、川中島の合戦、長篠の合戦などに参戦したという。

天正十年（一五八二）に武田氏が滅亡し、織田信長の家臣森長可《もりながよし》が甲斐国を支配すると、屋代秀正《ひでまさ》はその配下となるが、本能寺の変で信長が自害し森長可が去ると、屋代氏は最初北条氏に属し、その後上杉景勝《かげかつ》に服した。天正壬午《てんしょうじんご》の乱の折には上杉氏のもとで北信濃の権益強化を図った。しかし上杉

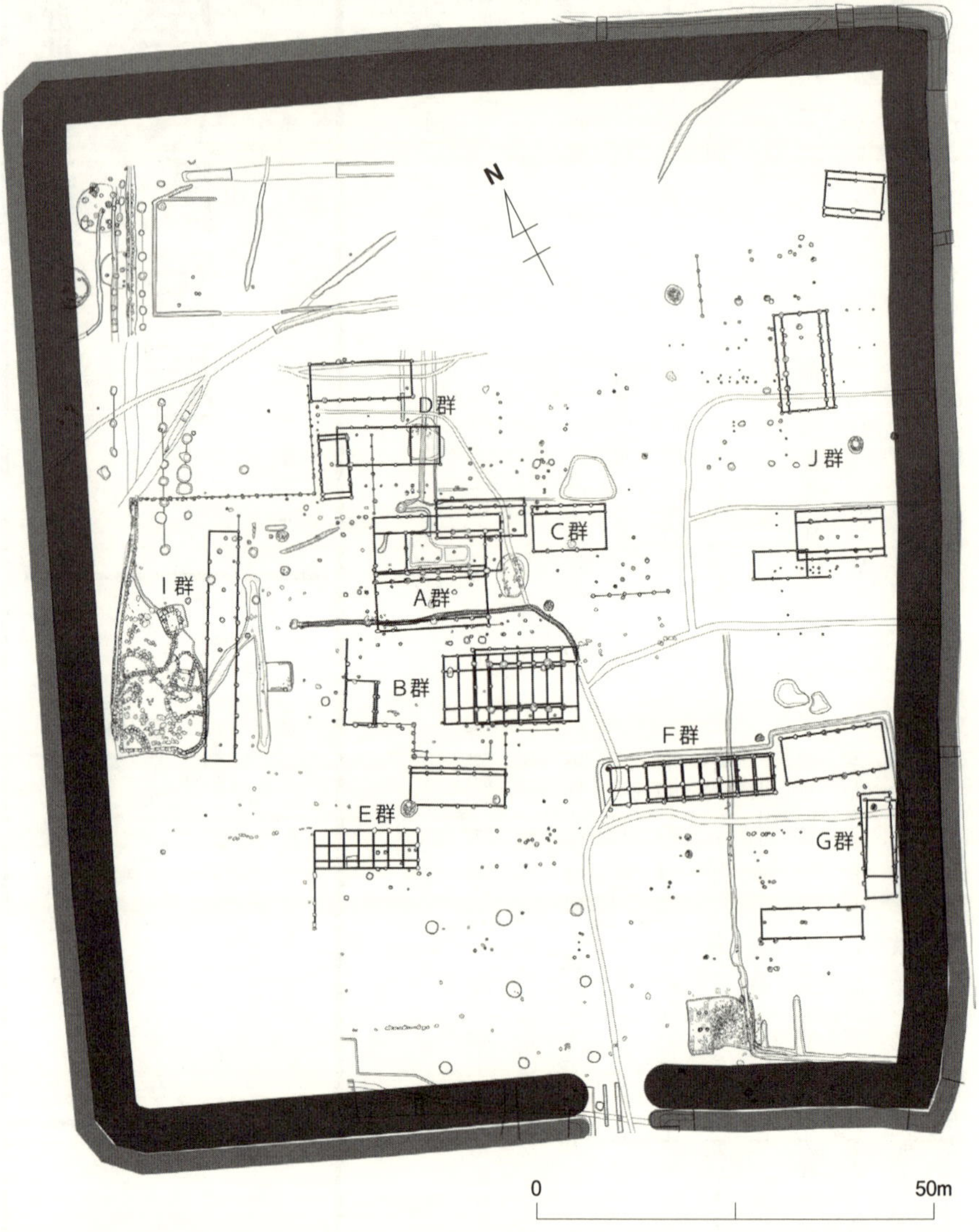

●—屋代氏陣屋全体図

●―発掘された屋代氏陣屋

氏のもとで屋代氏に宿怨を抱く村上国清の副将となったことから、天正十二年に徳川家康に帰順することとなった。その後、屋代秀正は嫡子忠正《ただまさ》とともに関ヶ原の合戦、大坂冬の陣、夏の陣に参陣し、大坂の役では御旗奉行《おはたぶぎょう》を務めた。

【甲斐国巨摩郡領の拝領と陣屋建設】 徳川家康の甲斐国支配は、重臣らによる集団指導（四奉行支配）や徳川義直《よしなお》の甲府城主、甲府城番制と変遷したが、実質的な支配は大久保長安《ながやす》らを筆頭とする旧武田遺臣の実務官僚が担った。慶長十九年（一六一四）には、屋代秀正、真田信昌《のぶまさ》（真田信尹《のぶただ》）、三枝《さいぐさ》昌吉《まさよし》が甲斐国巨摩《こま》郡に一万五〇〇〇石を宛行《あてが》われる。この宛行の背景は詳らかではないが、大坂冬の陣を目前にして信濃小県《ちいさがた》の真田信繁《のぶしげ》（幸村）らを牽制するために旧武田遺臣を甲信国境に近い巨摩郡に配した可能性が考えられる。この知行地のうち屋代氏の知行は六〇〇〇石と最大である。屋代氏が北杜市明野町上神取の地に陣屋を構えたのは、この慶長十九年の宛行直後のことと推測される。

【所領没収と陣屋の廃絶】 元和二年（一六一六）、徳川忠長《ただなが》が甲斐国を拝領し、元和八年に小諸城七万石を加増されると、屋代秀正は三枝氏とともに忠長の家臣団に編入された。秀正は、元和九年八月三日、六六歳で没し、菩提《ぼだい》寺の勝永《しょうえい》寺に葬られた。臨済宗龍樹山勝永寺は現在も陣屋跡の南東に法灯《ほうとう》

●—池泉状遺構（庭園の一部か）

を守っている。寛永八年（一六三一）、忠長が謀反の嫌疑をかけられて蟄居《ちっきょ》追放されると、屋代忠正も所領を没収され、松平光長《みつなが》に預けられて蟄居の身となった。その後、寛永十二年に赦免され、寛永十五年には安房国に一万石の所領を得て転封《てんぽう》となった。

以上のことから、屋代氏陣屋跡は慶長十九年（一六一四）か二十年頃に造営され、寛永八年に廃絶したと推測される。この間、わずか一八年足らずであり、陣屋経営は短期間に終了した。

【近世初頭の陣屋構造】　屋代氏の陣屋経営は短期間で終了したが、そのために遺構の配置と構造は単純明快で、出土品も一七世紀前半代でまとまる。近世初頭の陣屋構造がかえって理解しやすい。

発掘調査により、外堀《そとぼり》、礎石建物跡二棟、掘立柱建物跡三〇棟、ピット列一二条、竪穴《たてあな》状遺構六基、井戸跡四基、溝跡二八条、石組遺構三基、埋設土器一基が検出され、それらに付随して近世陶磁器類と石造物、木製品が出土した。主郭《しゅかく》の外部でも掘立柱建物跡六棟、竪穴状遺構、土坑《どこう》とピットが検出された。これらの遺構群は分析され、発掘調査報告書に成果が報告されている。以下、これに従い、屋代氏陣屋の構造をみたい。

陣屋内の建物跡はその規模と配置をもとに九群に分類された。A群は主郭内で最大規模の庇《ひさし》付建物と礎石建物が配置され、居住と接客機能を有する中心的建物群とした。B群はA群前面に位置する執政機能の中心的建物群。C群はA群に従属する台所的施設群、C群の背後に位置するD群は陣屋跡の中心人物の妻子家族のための日常的生活施設、E群は礎石建物が配置され、領民接待のための「百姓腰掛《ひゃくしょうこしかけ》（百姓待合）」としての建物群。F群は馬屋を中心とした施設群、G群はF群の付属施設で飼料倉庫や飼育管理者の詰所、I群は当初、米蔵など倉庫として建築され、後にE群に関連した接客空間として池泉状遺構が整備されたとした。J群は居住用建物から馬屋などの建物へと利用が変化した、と推測した。

【戦国時代から近世への過渡的建築】 屋代氏陣屋は発掘調査成果から、少なくとも二段階の施設群の変遷が想定されているが、I群とJ群を除いて、その機能を大きく変えていない。報告では以上の分析結果を近世甲斐国内の市川代官所、清水家陣屋、田安家陣屋と比較して類似点と相違点を指摘し、屋代氏陣屋は、戦国時代の上級家臣屋敷の建物配置を基本として設計されながらも、近世の陣屋建築の建物配置にも類似し、江戸時代初期の武家屋敷建築と、在地支配の拠点となる陣屋建築の双方の性格を併せもつ施設群と位置づけた。これらの分析についてはさらなる検討が期待されるが、短期間で廃絶した遺跡であるだけに、当該時期の武家屋敷、陣屋を考察する際のモデルになると思われる。

【陣屋の現状】 屋代氏陣屋は廃絶後、寛永寛政年間の新田開発のなかで急速に水田化されたと推測される。現在、遺跡は史跡に指定されている土塁を残して圃場整備工事が施工されて水田となっている。

【参考文献】 室伏徹「屋代氏館跡の建物跡と変遷」北杜市教育委員会『諏訪原遺跡・屋代氏館跡』（二〇一四）、『山梨県史　通史編三　近世一』（山梨県、二〇〇六）、北杜市教育委員会『市内城館跡詳細分布調査報告書』（二〇一一）、平山優『天正壬午の乱』（学研パブリッシング、二〇一一）、八巻與志夫「屋代氏屋敷」磯貝正義ほか編『日本城郭大系　八　長野・山梨』（新人物往来社、一九八〇）

（佐野　隆）

●武川衆が守る国境防衛の拠点

中《なか》山《やま》砦《とりで》

〔北杜市指定史跡〕

〔所在地〕北杜市武川町三吹、白州町横手・白須・台ヶ原
〔比　高〕二四〇〜二九〇メートル
〔分　類〕山城
〔年　代〕天正十年（一五八二）廃城か
〔城　主〕武川衆
〔交通アクセス〕ＪＲ中央本線「日野春駅」下車、北杜市民バス「台ヶ原中」下車、徒歩六〇分。

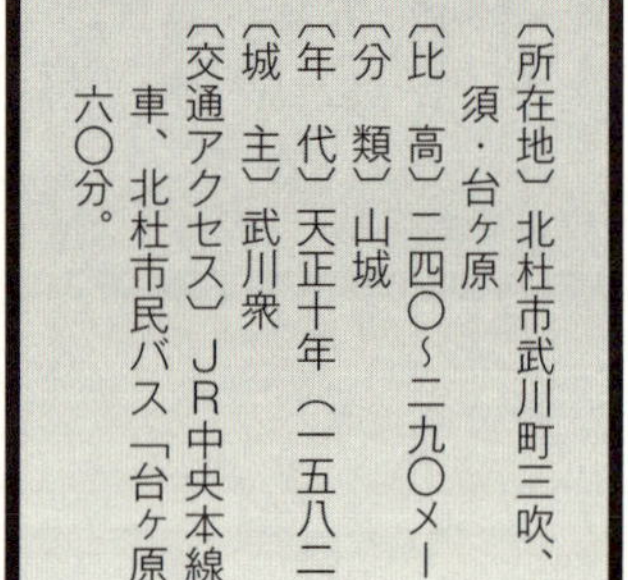

【眺望に優れた天然の要害】　信州諏訪と国境を接する釜無川《かまなしがわ》右岸域に割拠したのが武川衆《むかわしゅう》であった。その武川衆が防衛拠点として中山の山頂（標高八八七《メートル》）に築いたのが中山砦である。

釜無川右岸は、西の巨摩《こま》山地と東の釜無川に挟まれた南北に細長い地形をしている。釜無川により形成された河岸段丘が発達するとともに、巨摩山地からは幾筋もの河川が流出し、これにより形成された扇状地《せんじょうち》が西から東へ緩やかな勾配でつづく。中山はこの釜無川右岸にある唯一の山で、北から東の山裾を尾白川《おじらがわ》とそれに合流する釜無川、南の山裾を大武川《おおむかわ》が流れる、三方を川に囲まれた天然の要害《ようがい》である。また、独立峰のため眺望がとても優れている。

中山の北側には、釜無川に沿って甲州街道《こうしゅうかいどう》（現在の国道二〇号線）が通っている。しかし、江戸時代にこの街道が整備される以前は、釜無川沿いの道は花水坂から八ヶ岳南麓台地へ上がっており、この坂から東に街道はなかったとされる。花水坂は中山北裾のほぼ中間の対岸に位置し、それより西側の山裾に根古屋《ねごや》（寝小屋の意で、城兵の駐屯地を示す）、陣《じん》ヶ原《はら》という地名が残っている。山頂の砦までは遠いため、ここが街道に面した前線基地の役割を担っていたと考えられる。

【東に向いた頂上の縄張】　砦は、南北に細長い中山の頂上を削って長円形の郭をつくりだし、ここを土塁《どるい》で囲んでいる。中央を高い土塁で区切り、南北に郭を分けているが、北側の郭は五〇《センチ》ほどの段差でさらに南北に分けられることから、

●—中山砦遠景（南から）

山頂は三つの郭に分けられていた可能性が高い。

主郭《しゅかく》と考えられるのは南の郭である。東側を除いて土塁に囲まれ、特に南の土塁は厚く、高く造られている。土塁上は広く、南側の尾根道を監視する物見台《ものみだい》を兼ねていたのだろう。

そのままの厚さで郭の東辺を巻いていくが、徐々に低くなり、途中でなくなってしまう。昭和五十六年（一九八一）の発掘調査では、土塁は一度補強されていることがわかっている。また、土塁のないところで二つの小さな穴が見つかったが、柵列の痕跡とは断定できなかった。西の土塁は一《メートル》程度の高さのまま北の副郭へつづいていく。北の土塁は山頂を南北に分けるもので、物見台を兼ねた厚く、高い造りである。この土塁の中央が開いており、北の副郭と連絡する虎口《こぐち》となっている。

北の副郭は、主郭西辺からつづく土塁がめぐり、東辺の南寄りの位置で切れている。ここから東の斜面下の帯郭《おびぐるわ》に向かって緩やかに下る通路がつづいており、山頂の郭の虎口となっている。西の土塁にも切れた部分があるが、後世の通路だろう。副郭で注目されるのは、さらに南北の郭に分けられる可能性のある点で、前述のとおり、五〇《センチ》ほどの段差で北側が高く、その段差に接して西側の土塁がやや内側に張り出している。おそらく、山頂の虎口に面して小さな郭を設け、それを主郭と副郭で挟むという構造であったと推測される。

これら頂上の遺構から下は、東側に二段の帯郭（斜面の等高線に沿って設けられる細長い郭）、南側には物見となる土塁の下にやや大きな腰《こし》郭（斜面上に設けられる小さな郭）、さら

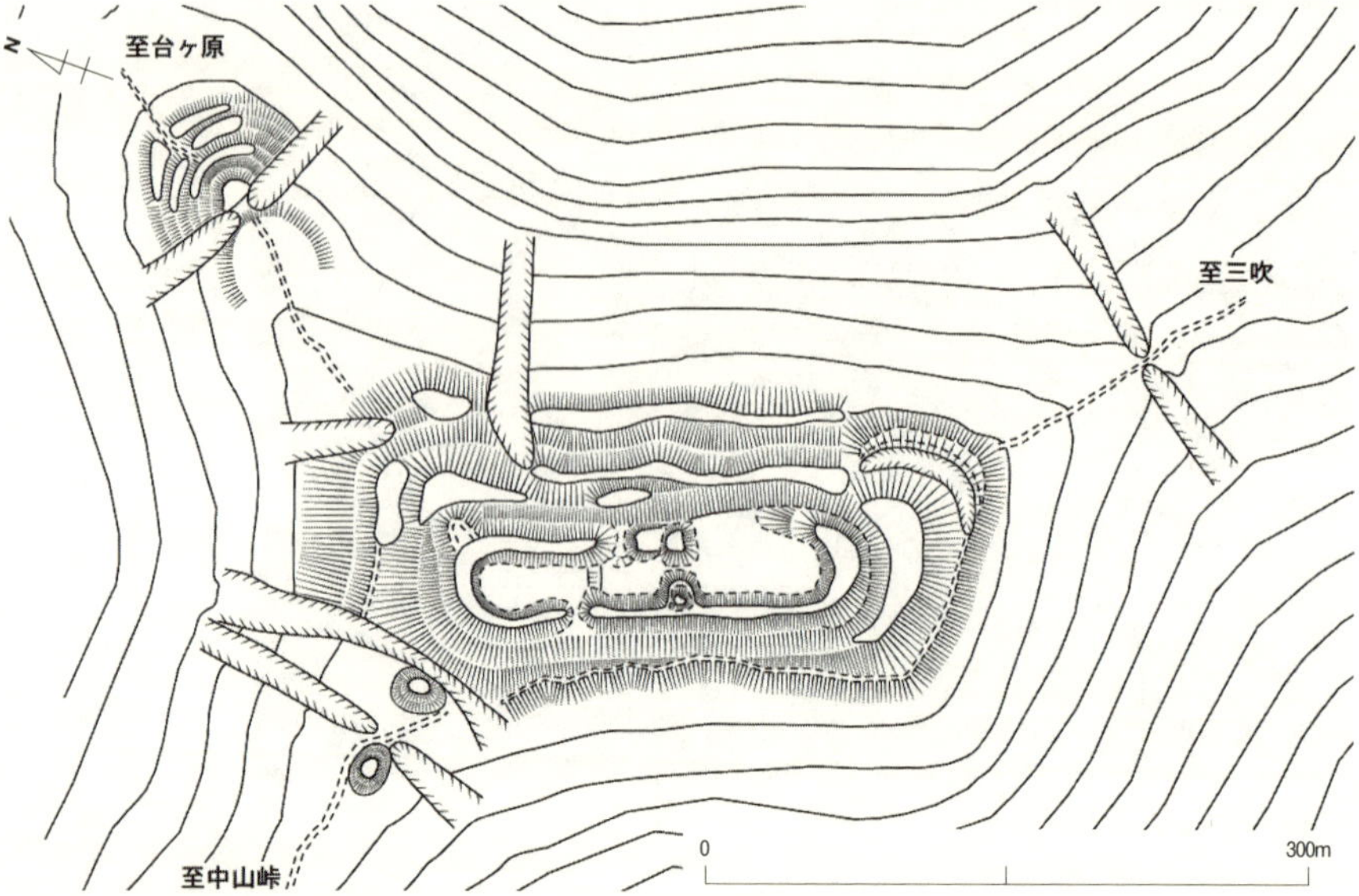

●―中山砦縄張図

にその下に三日月型の空堀《からぼり》が掘られている。堀の外側には低い土塁が備わっており、塹壕《ざんごう》のような雰囲気がある。西斜面は周囲と比べても急傾斜というわけではないが、帯郭のような施設はない。南の腰郭が尾根道に対して正面ではなく、やや西に伸びているのは、西斜面にまわりこまれるのを防ぐためと考えられる。郭と虎口の配置からは、東への備えに重点を置いた縄張に見えるが、尾根道の守りはそれとは違うようである。

【バラエティに富む尾根道の守り】　山頂へは三本の尾根がつづいており、それぞれの守りに工夫が凝らされている。

中山の東麓にある萬休院《ばんきゅういん》から登ると、その裏には平坦な台地が広がっている。中世の遺物の散布地であり、こちらも根古屋のような機能が備わっていたように思える。これをそのまま西へ進むと尾根道があり、山頂南の堀切《ほりきり》（地形を分断するための堀）に至る。この堀切は通路を挟むように掘られた単純な構造だが、これを抜けると長く傾斜のきつい坂道を登らなければならず、塹壕のような三日月形の堀の正面にぶつかる。堀の背後の斜面は高く、完全に視界をさえぎる。

萬休院裏の台地を北西方向に進むと、もう一つの西へ上る尾根道にあたる。ここは、台地と北の山裾にある根古屋集落のちょうど中間に位置する。この道は山頂北東の堀切に至るもので、通路を挟んで掘られた堀切の前面には、段差は低いものの三段程度の段切りの造成が見られ、人を配置できるようになっている。ここを抜けるとそのまま二本の竪堀《たてぼり》（等高線に直交する堀）の間に入ることとなり、横の移動が制限され、一方向からの侵入を余儀なくされる。

前述のとおり中山の北の麓には根古屋の地名があり、その西には陣ヶ原という字《あざ》も残る。ここは中山のなかでももっとも旧街道に近い位置と推測され、この山の大手口といえる場所だったのだろう。この背後から山頂に伸びる道はもっとも厳重に守られており、二本の堀切を抜けると山頂北西を切る二重の堀切にぶつかる。手前の堀切は通路を挟んで掘られたものだが、奥の堀は完全に掘り切っている。しかも、手前の堀切の前面に一メートルほどの高さの高まり、手前と奥の堀切の間に二メートルほどの高まりがあり、これらが若干ずれた位置にあるため、侵入の導線が喰違虎口《くいちがいこぐち》（虎口に面する土塁の軸をずらして、まっすぐ出入りできないようにした虎口）を通る場合と同じような効果となっている。この高まりが人為的なものなのか、自然地形をうまく取り込んだものかは不明である。

【武川衆とは】　武川衆は、諏訪方面の国境防衛を担った武士団で、甲斐守護であった一条源八時信《いちじょうげんぱちときのぶ》（？～一三二一）が男子を武川筋に分封したのが始まりである。衆とは地縁・血縁でつながった集団を意味する。詳しい活動の実態を知ることはできないが、武田氏に敵対したような記録はなく、戦国大名となった武田氏の組織に組み込まれていったようである。

武田家滅亡後は徳川家康に味方し、天正壬午の乱《てんしょうじんご》（一五八二）で北条氏と戦っている。『家忠日記《いえただにっき》』八月二十九日条には、武川衆が花水坂で北条の間者中澤某《なかざわなにがし》を討ち取ったとの記録がある。花水坂との位置関係から、この時には中山砦に籠っていたものと推測される。この乱の後、家康の関東移封に伴い、武川衆も甲斐を離れることとなり、中山砦はそのまま廃城となったのであろう。

【参考文献】　田代孝「中山砦」磯貝正義ほか編『日本城郭大系八　長野・山梨』（新人物往来社、一九八〇）、武川村誌編纂室・中山砦発掘調査団『中山砦』（一九八四）、山梨県教育委員会『山梨県歴史の道調査報告書第四集　甲州街道』（一九八五）、『武川村誌』（武川村、一九八六）、山下孝司「中山砦」萩原三雄編『定本山梨県の城』（郷土出版社、一九九一）、北杜市教育委員会『市内城館跡詳細分布調査報告書』（二〇一一）

（渡邊泰彦）

●鬼美濃、馬場信春の館跡

教《きょう》来《ら》石《いし》民《みん》部《ぶ》館《やかた》

〔所在地〕北杜市白州町鳥原字上小用
〔比　高〕五メートル
〔分　類〕居館
〔年　代〕一四世紀前半～一六世紀中頃
〔城　主〕教来石民部少輔景政（馬場美濃守信春）
〔交通アクセス〕ＪＲ中央本線「日野春駅」下車、北杜市民バス「松原上」下車、徒歩一五分。駐車場有

【館の立地】　中世、武川衆《むかわしゅう》が本拠としたのは、信濃と境を接する釜無川《かまなしがわ》右岸であった。ここは、南流する釜無川が西の際《きわ》となる巨摩《こま》山地を削ってできた河岸段丘が細長く発達している。また、巨摩山地から釜無川に向かって流れ込む幾筋かの中小の河川により、河岸段丘は南北に分割されている。教来石民部館の立地する、鳥原平と呼ばれる台地もこのように形成されたもので、西は山に接し、他の三方を河川と断崖に囲まれる天然の要害《ようがい》となっている。

　現在はほとんどが畑となっているが、主郭《しゅかく》部分が保存され、南側の堀や出構えを見ることができる。

【鳥原の城山と万燈火山】　西の山の上にある石尊《せきそん》神社から、さらに西へ尾根を登ると鳥原の城山《じょうやま》または鳥原の塁《るい》と呼ばれる、土塁《どるい》状の高まりのある平場に至る。さらに南へ尾根を辿ると、また土塁状の高まりと平場があり、ここが万燈火山《まんとうびやま》とされる。烽火台《のろしだい》の伝承があるが、釜無川を挟んだ対岸にある笹尾砦《ささおとりで》で鐘を撞くと、こちらで太鼓を打ち鳴らして応じたという。

　注目されるのは、万燈火山を尾根筋に進んだ先には平坦な地形が広がっている点で、前面に物見のような施設、その後背に平坦地という組み合わせは、同じ釜無川右岸にある星山《ほしやま》古城《こじょう》と共通している。ここは村人が戦乱を避けるために逃げ込む場所と考えられ、鳥原の城山と万燈火山にも同じような役割があったのかもしれない。

　村の城とも表現されるこのような施設と領主の館、館に接

●—教来石民部館（北から）

する一段下の段丘面に広がる集落が狭い範囲に一体となった景観を見ることができる。

【教来石氏と馬場美濃守信春】 教来石氏は武川衆を構成する一族で、教来石および島原（北杜市白州町）を本拠とした。武川衆は甲斐守護一条源八時信《いちじょうげんぱちときのぶ》（?〜一三二一）を祖とし、時信により釜無川右岸に男子が分封されたのがはじまりとされる。

教来石《きょうらいし》民部《みんぶ》少輔《しょうゆう》景政《かげまさ》について、江戸時代後期の地誌『甲《か》斐国志《いこくし》』には、武田信虎《のぶとら》の代に絶えていた馬場氏を、子の信玄が景政に継がせたとあり、後に信玄の名前晴信の一字を与えられ信春と名乗ったとされる。しかし、教来石を本拠としたことで、馬場姓から教来石姓に変えたとの記述もあり、このあたりははっきりしない。信虎、信玄、勝頼の三代に仕えた武田家の重臣であり、山本勘助《かんすけ》から兵法を伝授されたと伝えられ、築城の名手としても有名である。最期は天正三年（一五七五）の長篠《ながしの》の戦いにおいて討死している。

教来石氏の屋敷、または馬場氏の屋敷と伝承される場所は多い。『甲斐国志』には教来石氏屋敷として、上教来石字内《うち》杭根《くいね》・外杭根《そとくいね》・裏門《うらもん》と下教来石字上屋敷・下屋敷・裏門の地名が紹介されるが、明確な場所はわからない。『山梨県の中世城館跡』では下教来石の比定地を来福寺《らいふくじ》境内を中心とする

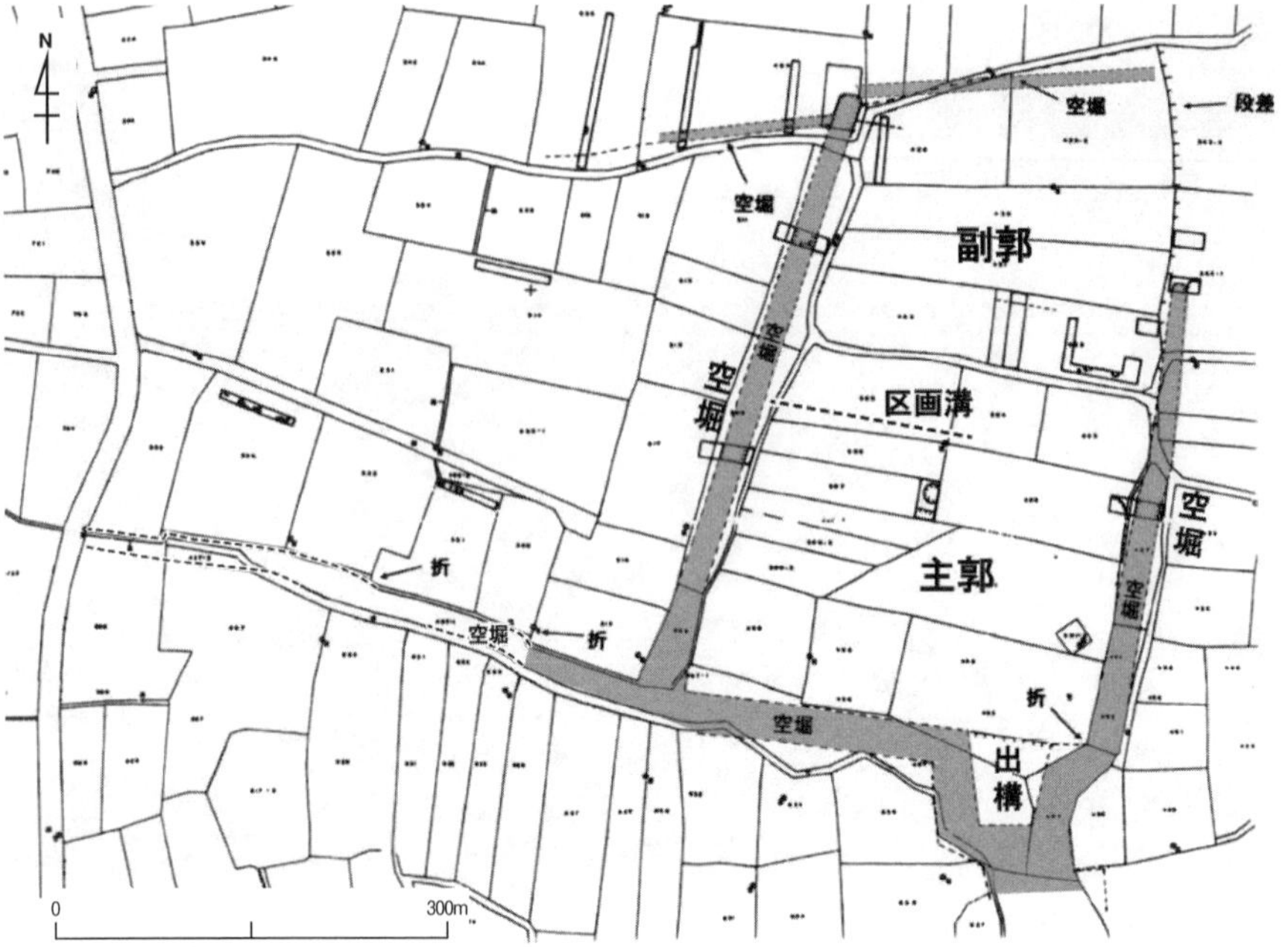

●—教来石民部館遺構配置図

範囲にあてている。馬場氏屋敷としては、白須《しらす》（北杜市白州町）にある信春開基の自元寺《じげんじ》が比定されるが、同じ白須にある市立白州保育所付近には大庭《おおにわ》、殿町《とのまち》という小字《こあざ》が残っており、『甲斐国志』のいう馬場氏屋敷の記述と一致する。また、小淵沢町字殿平《とのだいら》も馬場美濃守の屋敷跡と伝えられる。いずれも教来石氏の本拠地に近い場所といえるが、はっきりとした館の痕跡はみられない。

【部分的に発掘された館】　教来石民部館は鳥原屋敷《とりはらやしき》とも呼ばれる。南は段丘に接し、松山沢川までの一段下がった土地に現在の鳥原の集落がある。

館の範囲として想定されていたのは、南側に埋まりきっていない空堀《からぼり》跡、東側と西側も空堀の痕跡と考えられる南北方向の細長い地割りで囲まれた「殿畑《とのばたけ》」と呼ばれる畑の一角で、南東隅には出構《でがま》えのような南側に傾斜した突出部があり、そのまま館外につづく虎口《こぐち》と考えられていた。しかし、北側の区画が確認できないこと、長さ約三〇〇メートルの南側の空堀は、殿畑の区画を越えて西側に伸びていることから、はっきりした館の範囲は不明となっていた。

これまでに行われた数回の発掘調査から、東と西を区画する細長い地割りが幅約五メートルの薬研堀《やげんぼり》で、全長一六〇メートルあることが確認された。堀の終点から東西方向に幅約三メートルの小規模な空堀が出ており、これが北側を区画する施設と考えられる。これにより、南北一六〇メートル、東西一一〇メートルの長方形の区画がはっきりした。この区画をほぼ中央で南北に分ける溝のデータが地中探査レーダーで検出されており、ここを境に空堀が深く防御が厳重な南側を主郭《しゅかく》、北側を副郭《ふくかく》と想定している。主郭・副郭の西側に空堀を挟んで接する土地も北側の一部と南側が空堀で囲まれており、教来石氏に関係する施設が展開していた外郭部《がいかくぶ》と位置付けられている。

副郭と外郭部は部分的に発掘調査が行われている。副郭の施設の主だったものとして、二棟の建物跡、副郭のなかをさらに区画するような溝、中世の竪穴《たてあな》式の住居と考えられる掘り込み四基、柱穴と想定される多数の小さな穴が確認されている。二棟の建物跡は副郭のなかでも北と南の離れた位置にあるが、ともに柱の間の寸法は一九〇センチと共通しており、南の主郭に近い建物跡は唯一確認されている礎石建物《そせきたてもの》（柱の下に石を据えた建物）である。小さな穴も掘立柱《ほったてばしら》建物を構成する柱穴だった可能性は充分考えられる。竪穴式の住居のなかには、出土遺物から一三世紀代と武川衆より古い時代に比定される遺構もあり、注目される。

外郭部では副郭との境近くで二棟の掘立柱建物跡、主郭と副郭を分ける溝の延長上に重なる溝が確認された。建物跡は近接しているが、主軸は異なり、柱の間の寸法も共通しないことから、違う時代のものかもしれない。溝の発見により、外郭部も南北に分けられている可能性もあるが、どこまでつづいているのかは分からず、外郭部西側を区画する施設も見つかっていない。そのため、現況地形の観察から三〇〇メートルの長さと推測される南側の空堀との関係も不明のままである。

このように、さまざまな時代の遺構を含む館の全容は解明されていないが、出土遺物から館の存続期間は一四世紀前半から一六世紀中頃と推測されており、天文十五年（一五四六）に景政が馬場家を継いだ頃に廃絶されたと考えられている。あるいは、その時に馬場氏屋敷と伝承される場所へ移ったのかもしれない。

【参考文献】　山梨県教育委員会『山梨県の中世城館跡』（一九八六）、『白州町誌』（白州町、一九八六）、白州町教育委員会『教来石民部館跡』（一九八九）、白州町教育委員会『教来石民部館跡』（一九九〇）、畑大介「教来石民部館」萩原三雄編『定本山梨県の城』（郷土出版社、一九九一）、北巨摩市町村文化財担当者会『八ヶ岳考古』平成一三～一五年度年報（二〇〇二～二〇〇四）、北杜市教育委員会他『鳥原平遺跡群二～五』（二〇〇五～二〇〇七）、北杜市教育委員会『市内城館跡詳細分布調査報告書』（二〇一一）

（渡邊泰彦）

●領国経営の中心となる武田氏最後の居城

新府城《しんぷじょう》

〔国指定史跡〕

〔所在地〕韮崎市中田町中条字城山・藤井町駒井
〔比　高〕約六五メートル
〔分　類〕平山城？
〔年　代〕戦国期（天正九年〈一五八一〉～一〇年）
〔城　主〕武田勝頼
〔交通アクセス〕ＪＲ中央線「新府駅」下車、徒歩約一五分。駐車場有

【七里岩台地上の要害に立地】　新府城は、八ヶ岳南麓から甲府盆地に向って南東方向に楔形に伸びた七里岩台地上の南西端に立地する「西の森」と呼ばれた小円頂丘上に占地する。標高は五二四メートルで、城の西側は釜無《かまなし》川が流れ、川によって浸食された比高一二九メートルの断崖となっており自然の要害をなす。城跡西側の崖下には祖母石の集落が形成され旧甲州街道が通り、東側台地上には中条上野《なかじょううえの》の集落があり、かつては原路《はらじ》と呼ばれる脇往還《わきおうかん》が堀際を通っていた。新府城から南に三・七キロ離れたところには白山城、東に二・四キロのところに日之城、北に一・九キロ離れて能見城がある。

【武田勝頼の府中移転】　武田勝頼によって新府城が築かれたのは天正九年（一五八一）のことである。

武田信玄の跡を継いだ勝頼は、天正三年（一五七五）に三河の長篠城（愛知県新城市）をめぐる織田・徳川連合軍との攻防戦の末、設楽原《したらがはら》（同市）で敗戦を喫する。この長篠の戦いで武田氏は大打撃を受けたが、勝頼は天正五年（一五七七）に相模の北条氏政の妹を娶《めと》ることで同盟関係を築き、天正七年（一五七九）には越後の上杉謙信亡き後の相続争いで主権を執った上杉景勝に妹を輿入《こしい》れさせ甲越同盟を結ぶなど、積極的に近隣諸国と外交政策を展開する。ところが、謙信の後継者争いで景勝に敗れた上杉景虎は、北条氏政の弟であったため、甲越同盟は結果として甲相関係を破綻させ、氏政は徳川家康と結び、武田氏と北条氏は全面戦争に突入する。さらに天正八年（一五八〇）には、織田信長と対立していた本願《ほんがん》

寺光佐《じこうさ》（顕如《けんにょ》）が信長側と和睦し、上方方面における武田氏の同盟国がなくなってしまい、勝頼は関東を制圧する北条氏政、東海の徳川家康、甲信侵攻を狙う織田信長たちに直接対抗しなければならなくなってしまう。このような情勢のなか、本拠地甲府の防備の要となる要害城の再整備や防衛態勢の強化が進められ、そして、新府築城が決行される。

新府築城を示す唯一の史料は、天正九年一月二十二日付けで真田昌幸《まさゆき》が普請《ふしん》人足の動員を告げたものである（「真田昌幸書状」『長国寺殿御事蹟稿』など）。家一〇間あたり一人を召出し、同年の二月十五日に着府するように命じ、軍役衆には人足分の食糧を申し付け、三〇日の普請日数を定めている。このような書状は武田領国中に発給されたものとみられ、普請の人足が徴発され新府築城が開始される。

二月に始まった築城工事は、同年九月には一応の完成をみる。新城に即刻移居するつもりの勝頼ではあったが、北条氏家臣の伊豆徳倉《とくら》城（静岡県駿東郡清水町）城主笠原新六郎が内応してきたため、その処分に出馬していて引越しが遅くなったようである。新城への移転は十二月二十四日に行われた。

翌天正十年に、武田氏の外戚である木曽福島城（長野県木曽郡木曽福島町）城主木曽義昌《よしまさ》が信長方に寝返ったことを伝え聞き、勝頼は二月二日に軍を率いて新府城を出発し諏訪の上原城（長野県茅野市）に陣を据えた。ところが、義昌援護のために織田軍が信濃に侵攻してくると、武田勢は敵方に内通したり、投降・敗走したりするものが続出し瓦解していった。留守を預かる勝頼の夫人北条氏は、戦闘に臨んでいる夫の武運と勝利、子孫の繁栄を哀願し、二月十九日に武田氏の氏神である武田八幡宮（韮崎市）に祈願文《きがんもん》を奉納した。けれども厳しい情勢は変わらず、二月二十八日に勝頼は上原城を引き払い新府城に戻った。

三月二日、勝頼の弟仁科盛信《にしなもりのぶ》の拠る高遠城（長野県伊那市高遠町）が、織田信忠《のぶただ》率いる織田軍の攻撃によって落城する。その報せを受けた新府城では、善後策について評定《ひょうじょう》が行われ、嫡男信勝は新府城での自害を望んだ。真田昌幸は上州吾妻（群馬県吾妻郡吾妻町）へ退去することを進言し、小山田信茂は郡内の岩殿城（大月市）へ立て籠ることを申し出たという。岩殿城への撤退を決断した勝頼は、翌三日早朝、新府城に火を放ち城を逃れ出た。在城わずか六八日であった。新府城を後にした一行は、小山田氏の変心に遭い途中から天目山《てんもくざん》（甲州市）をめざすが、十一日田野（同市）において信長方の滝川一益《たきがわかずます》に囲まれ、勝頼は夫人と嫡男信勝《のぶかつ》とともに自害し武田氏は滅亡する。

【天正壬午の乱】　武田氏滅亡後、信長は穴山氏の所領であった河内領を除いた甲斐国の新領主に河尻秀隆を任命する。しかし、六月二日に信長が明智光秀によって討たれる本能寺の変がおこり、秀隆は一揆によって殺されてしまう。全国的な動揺が広がるなか、北条氏と徳川氏は旧武田領国の奪取をかけて争い、甲斐国内は戦場となる。

この戦いはその年の干支をもって天正壬午《てんしょうじんご》の乱と呼ばれ、北条氏直率いる北条軍は上野から信濃に入り甲斐に向って南進し、これに対して甲府を押さえた家康は七月に諏訪に兵を出した。しかし、徳川軍は北条軍の進行によって八月六日には新府城まで撤退し、北条方の本隊は若神子城（北杜市須玉町）に陣取った。また、郡内も北条氏に制圧され、北条氏忠は御坂峠《みさかとうげ》に御坂城を構えた。十日家康は新府城を本陣にし、両軍は対峙することになる。十二日には黒駒（笛吹市御坂町）において徳川方が御坂城から甲府を目指し出兵して来た氏忠の軍を撃退する。これ以降両軍の間に大きな武力衝突はなく、二ヵ月半程の対陣の末十月二十九日に家康と氏直は和議を結び、北条勢は退却し、徳川氏は甲斐国を領有するにいたる。家康は甲斐国の支配を平岩親吉に命じ、甲斐の府中はふたたび甲府の地に戻ることになる。戦後処理を行った家康は十二月十二日に甲府を発っている。

【一山全体におよぶ縄張】 新府城は、おおよそ一山全体を利用して構築されている。山頂の本丸を中心に、西側には二の丸、南側に西三の丸・東三の丸といった比較的大きな郭がある。北側から東側の山裾には堀と土塁《どるい》によって防御された帯《おび》郭《ぐるわ》がめぐり、南端には桝形《ますがた》虎《こ》口・丸馬出《まるうまだし》・三日月堀を備えた大手《おおて》、北西端は桝形虎口の乾《いぬい》門（搦手《からめて》）を付設した郭が配され、これら主要な施設に付帯する郭・土塁・虎口等から成り立っている。ただし、東側山裾を南北に走る県道は昭和七年（一九三二）に新しく建設され、その県道から本丸へ至る道は昭和三十七年（一九六二）に開削されたものであり、部分的に遺構を壊している。

【本　丸】 本丸は東西約九〇メートル、南北約一五〇メートルの広さの郭である。中央部分から北にかけては窪地があり、北側半分の西縁は一段高い平坦地となっている。中央から北東側には藤武神社が鎮座しており、地形的に低くなっている。周囲には一～一・五メートル程の高さの土塁がめぐるが、神社東側は参道と拝所の空間で土塁は途切れている。藤武神社は、廃城後江戸時代に祀られ、参道の石段は近世以降につくられたようである。南西隅は東西約一〇メートル、南北約五〇メートルの、北側から南に向かって漸次低くなる長方形に区画された虎口空間で、蔀《しとみ》の構と呼ばれる。一部道路によって破壊され不明瞭となっているが、蔀の構は変則的な桝形の類と考えられる。このほか

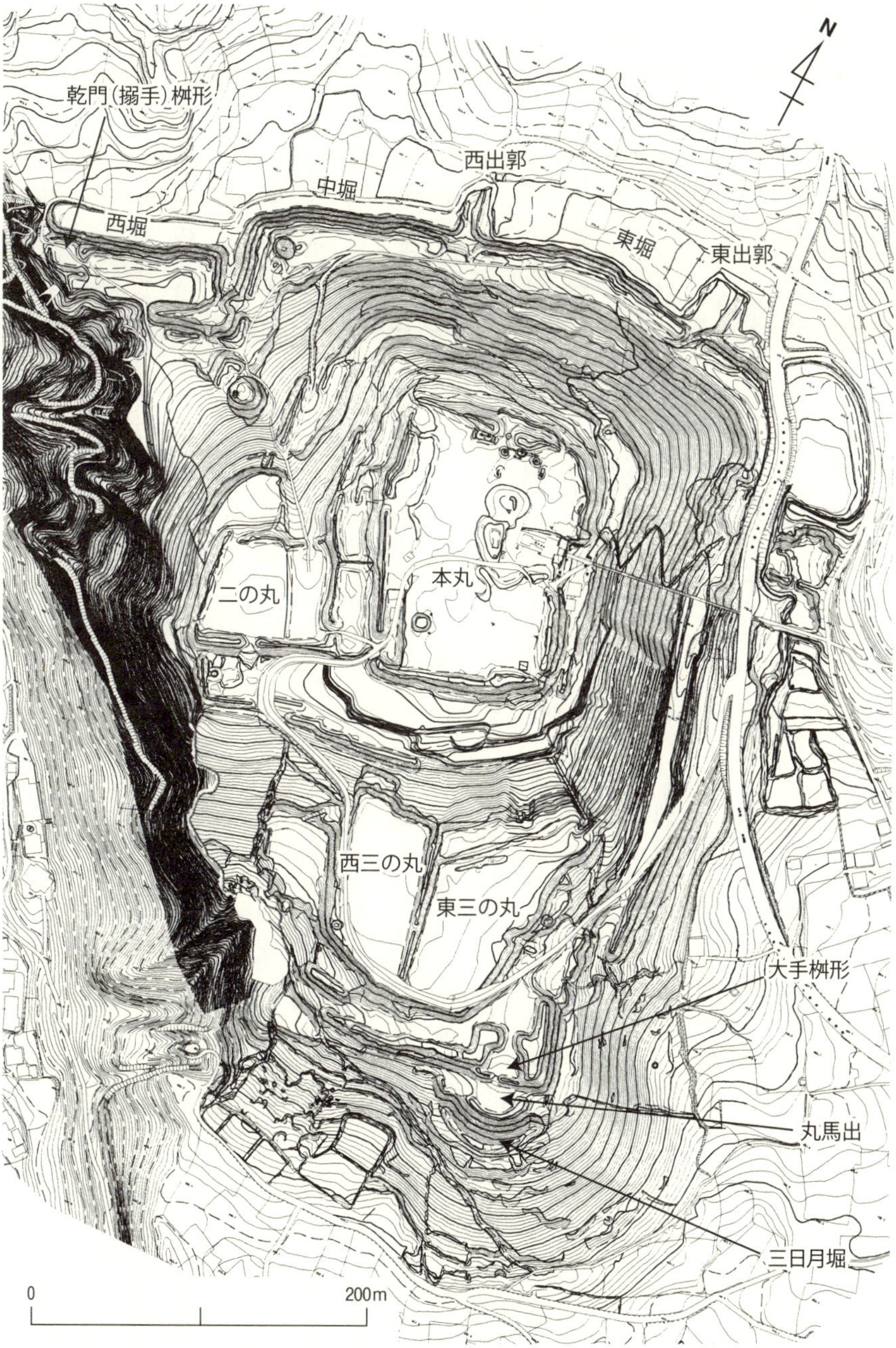

●—新府城測量図（提供：韮崎市教育委員会）

北側中央、北西隅、西側中央、南東隅に土塁の開口した個所があり、それぞれに斜面や腰郭、他の郭に通じており、虎口と思われる。なお、蔀の構の東側にある直径一〇メートル程の穴は、江戸末期から明治にかけてここに芝居小屋が建ち、そこで使用されたまわり舞台の奈落《ならく》の跡である。

本丸の発掘（試掘）調査では、石積みや石築地、柱穴などが確認されている。藤武《ふじたけ》神社南側のトレンチ調査で柱穴の確認された周囲には焼土があって、その中に炭化した米粒が認められた。廃城時の様子を物語る貴重な発見といえる。

【二の丸】　二の丸は東西七〇メートル、南北五五メートル程の広さで土塁に囲まれており、西側が高く、東側は約二〇メートルの幅で一段低い。西端は七里岩の急崖となっている。南側には一段低く土塁で画された郭が付設されており、本丸南側山腹の腰郭へ通じている。北側には長さ約四五メートルの三角形状の平坦地がある。

【三の丸】　三の丸は、本丸から南側に一〇〇メートル程離れた中腹にあり、その間には、竪堀のような浅い溝や二〜三段程の腰郭がみられる。南北一〇〇メートル、北辺の東西一三〇メートル、南辺の東西七〇メートルの台形を呈する郭で、中央を南北方向に土塁がのび東三の丸と西三の丸にわけられ、東三の丸は、西三の丸に比して一メートル程低い。西三の丸の西側には、五メートル程下がって東西四〇、南北五〇メートルの三角形状の平坦な郭がある。

【大　手】　大手は東南端の中腹にあり、東西一四メートル、南北二〇メートルの空間をもつ桝形虎口で、南側に三日月堀と丸馬出がともなう。桝形の内側は基底部の幅約一〇メートル、高さ約三・四メートルの大きな土塁が鉤の手形に配され、外側の馬出側は基底部の幅約五メートル、高さ約一・二メートルの低い土塁で西側が短く東側が長くなっており、桝形の前後で虎口の位置をずらしたつくりとなっている。丸馬出しは東西三〇メートル、南北一五メートルで外側に低い土塁がめぐり、約一〇メートルの比高差で三日月堀が付設されている。大手から西側の崖縁には、東西三〇メートル、南北二〇メートル程の三角形状の平坦地があって、北東側に一段高く土塁に挟まれた虎口があり、大手桝形内側の二五メートル四方程の平坦地と帯状の郭でつながっている。大手と三の丸の間の空間は道によってわかりにくくなっているが、段状に整地された平場や虎口状の遺構がみられる。

【乾門（搦手）】　乾門（搦手）は城の北西隅にあり大手と同様に内側が高く大きな土塁、外側が低い土塁で、一三メートル四方程の空間をもった変則的な桝形となっており、西側の七里岩の断崖と、東側の水堀とに挟まれた土橋で城外と連絡している。なお、乾門は従来搦手と呼ばれていたが、城の裏門を意味する搦手の呼称は門の機能を限定してしまうことから、史跡整備事業では、城跡での方位を冠して、乾（北西）門としている。

乾門（搦手）の桝形虎口の一之門（外側門）は北西角、二之門（内側門）は南東隅寄りに設けられており、一之門の調査では、直径四五センチ前後の円形の柱穴《ちゅうけつ》が、中心で約一・九メートルの間隔で南と北の二ヵ所に検出された。二之門の調査では、方形に配された六個の礎石が確認された。礎石の中心での間隔は二・五メートル×二・八メートルあり、間口に対して奥行きが長い配置となっている。礎石際と土塁の間には石積が施されていたが崩れた状態であった。礎石にともなって散在した状態で焼土や炭化材、角釘が出土しており、新府廃城時の様子を伝えている。門にとりつく土塁は、傾斜のきつい切り立った土塀状であったことも推定されている。

乾門（搦手）桝形の内側は、北側を水堀と土塁、東から南側は水堀から鉤の手に入り込んだ深い空堀によって囲まれた東西六五メートル、南北二〇メートルの郭となっている。この郭と二之丸の間には、上端の直径約三二メートルの擂鉢《すりばち》状の井戸跡がある。

●—東堀発掘状況（提供：韮崎市教育委員会）

●—三日月堀

●—乾門二之門の礎石と炭化材（提供：韮崎市教育委員会）

【堀と出構・帯郭】　北側の堀には、出構と呼ばれる盛り土による土手状の施設があり、長さ三五メートル、幅二五メートル、高さ三メートルの西出構、長さ三五メートル、幅三〇メートル、高さ五メートルの東出構の二基が一一〇メートル程隔てて突出している。西出構の東側は、一段低く小段状の平坦地となっている。この特異な構造の出構は、新府城のみにみられる遺構とされる。北側の堀は東へめぐり水の溜まった池となり、池の南側は大きな土塁が東西方向に築かれている。この土塁を越えた南側は、東西三〇メートル南北二〇メートル程の空間で、中央に開口部のある東西方向にのびた高さ一メートル余りの土塁によって区画された桝形状の遺構となっている。桝形状の遺構から南側は階段状の地形となり、堀はなくなって南東方向への傾斜地形となってしまう。

堀の遺構は西堀のみが水堀として認識されていたが、発掘調査によって中堀・東堀の存在が明らかとなった。確認された堀は、幅は六～七メートルほどで、堀底までおよそ地表面から二～二・五メートルの深さがあり、上半部が緩やかで下半が急傾斜となる二段の逆台形を呈する箱堀であった。中堀は、西堀（水堀）から西出構までつづき、西出構の西側で閉じている。西出構と東出構に挟まれた東堀は、約一二〇メートルの長さで、東側は東出構の西側で閉じてしまう。西側では西出構の東側小段の下部に堀がもぐりこんでいることが判明し、小段と堀の形成時期に差が認められる結果となっている。発見された深い堀の北側には、深田状の湿地帯が広がっていたことも確認され、それらを含めて城の防御施設としたとみられる。また、堀は直線的ではなく、帯郭と土塁とともに折れをもつ構造となっている。

堀の内側につくられた帯郭は、幅一〇～二〇メートルで、堀側に高さ二メートル前後の土塁が築かれている。ただし、出構の部分の土塁は途切れており、虎口状に開口している。帯郭の西端には擂鉢状の大きな窪地がみられる。帯郭は山裾をめぐり、大手から八〇メートル程北に位置する土塁によって挟まれた虎口とつながっている。この虎口へは、東側から至る通路状の遺構が確認できる。

【戦国大名武田氏の格を示す出土遺物】　新府城跡は昭和四十八年（一九七三）に国史跡に指定され、平成十年（一九九八）度から史跡環境整備事業に伴う発掘調査が継続されている。

出土遺物に関しては、陶磁器類は一五世紀後半～一六世紀代のものが多く、躑躅ヶ崎館《つつじがさきやかた》（武田氏館跡）からの移転にともない新調したものではなさそうで、日常的什器類はそのまま持ち込んで使用した可能性が高い。本丸からは一六世紀中葉から後半にかけての漳州《しょうしゅう》窯系（現福建省南部の都市）の碗・皿類が数々出土し、それらの多くは被熱を受けた状態であったことから、新府廃城時の火災の事実が確認できる。さらに本丸の出土陶磁器からは、青磁の盤・琮形瓶や褐釉龍《かつゆうりゅう》文壺《もんこ》といった、一三・一四世紀製作の骨董的品々や一六世紀の流行品などを使用していた様子が垣間見え、それらは権威や富をあらわす威信財として戦国大名などに用いられており、勝頼も武田氏としての格や文化の高さを保持していたことが窺える。

【新府城の外郭能見城】　新府城の北方にある能見城《のうけん》は、七里岩台地上に形成された小円頂丘の城山に占地する。昭和三十年代の乱開発によって、城山は大規模に造成されてしまい、大方の遺構は破壊・消滅したと考えられている。山裾の北をめぐり七里岩台地上を横断するように土塁と堀が現在も部分的に残っており、延長約一・五キロの防塁遺構として認識できる。平成九年（一九九七）に、送電線建替えにともなう発掘調査が西側山裾の部分で行われ、帯郭の一部が確認された。また、平成十六年（二〇〇四）には、県道のバイパス工事によって、防塁西端において発掘調査が行われ、郭・土塁・空堀等の遺構が確認されている。『甲斐国志』は能見城を新府城の外郭とする。

●―新府城からみる能見城

●―能見城の土塁と堀

【新府中と隠岐殿遺跡】　新府という名称は新しい府中と言う意味であり、新府城の名は廃城とともに新城を置いた韮崎の地が府中として定着しなかったことを物語っている。七里岩台地上に勝頼は新府城を中心とした新府中を造営しようとしたことは確実と思われ、東と西と北の三方を山で囲まれた相川扇状地の北辺開析部に居館（躑躅ケ崎館）を据えて、そこから南側の扇端部分

●―隠岐殿遺跡（見学会風景）

にかけて城下が展開する戦国城下町甲府に対して、新府は、東と西を塩川と釜無川、南側を両河川による侵食によってつくられた七里岩台地上に占地し、新府城は穴山と台地南端の間の中央から北寄りの西端に位置しており、その景観からは同じ府中とはいっても、異なった都市計画による城下町であったことが推察される。

新府城跡から北東方向に八〇〇メートル離れた隠岐殿遺跡では、平成二十年（二〇〇八）度の調査において、台地の東斜面を段状に造成したなかに二棟の礎石建物と一棟の掘立柱建物がきちんと並んだ遺構が発見された。建替えはなく一時期だけで廃絶された模様で、出土遺物は青磁や白磁や染付《そめつけ》（青花）の碗・皿といった貿易陶磁器類、天目茶碗《てんもくぢゃわん》・茶入れなどの国産陶磁器、碁石、硯、金属製品、漆椀などで、骨董的な青磁のほかは、その年代は一六世紀後半の時期であることから、新府城とほぼ同時期であることが判明した。造成された区画内に規則的に配置された建物構成と礎石建物の存在、高級陶磁器の出土等々から寺あるいは格式のある屋敷跡と考えられ、新府移転にともなって、新たにこの地に越してきた武士の屋敷の可能性も想定されるところとなっている。隠岐殿遺跡の発掘成果のように、勝頼の築いた新府中の様相は、新府城跡周辺の今後の調査の進展によって明らかになっていくであろう。

【参考文献】　韮崎市教育委員会ほか『能見城跡』（一九九八）、韮崎市教育委員会『史跡新府城跡―環境整備事業にともなう発掘調査報告書Ⅰ―』（一九九九）、韮崎市教育委員会『同Ⅱ』（二〇〇〇）、韮崎市教育委員会『同Ⅲ』（二〇〇一年）、韮崎市教育委員会『同Ⅳ』（二〇〇二）、網野善彦監修『新府城と武田勝頼』（新人物往来社、二〇〇一）、『山梨県史　資料編七　中世四　考古資料』（山梨県、二〇〇四）、萩原三雄・本中眞監修『新府城跡の歴史学』（新人物往来社、二〇〇八）、原田和彦「新出史料紹介　真田昌幸書状」（長野市立博物館『博物館だより』七四　二〇〇九）、山下孝司「史跡新府城跡の調査」（「特集　甲斐の中世考古学研究」『山梨県考古学協会誌』二〇　二〇一一）

（山下孝司）

●甲斐武田氏の祖、信義の要害伝承の城

白《はく》山《さん》城《じょう》

〔国指定史跡〕

〔所在地〕韮崎市神山町鍋山・北宮地
〔比　高〕約一二〇メートル
〔分　類〕山城
〔年　代〕鎌倉～戦国期
〔城　主〕武田信義・青木信種等
〔交通アクセス〕JR中央本線「韮崎駅」下車、韮崎市民バス「韮崎大村美術館前」下車、徒歩約一五分で登城口の白山神社。

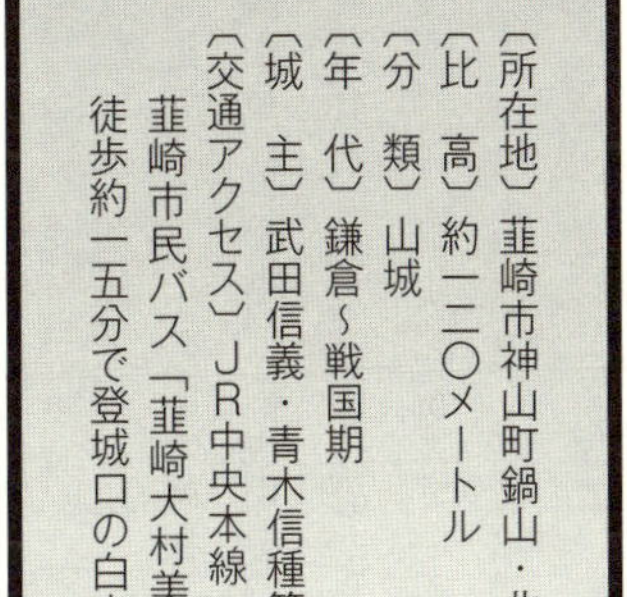

【城の名前と城主】　白山城という名前は、実は中世はおろか近世の古文書のなかにも登場しない。この名前が一般的になったのは昭和五十三年（一九七八）に『韮崎市誌』が刊行されてからである。それまでは、鍋山の砦、為朝《ためとも》の城跡、城山、菱岩城と呼ばれていた。『寛永諸家系図伝』などでは武川衆の青木信種《のぶたね》が守備した「鍋山の砦」と伝えられ、『裏見寒話《うらみかんわ》』では源為朝の伝承とともに「為朝の城跡」と紹介され、『甲《か》斐国志《いこくし》』では武田信義《のぶよし》の要害として「城山ハ八幡《はちまん》ノ南ナル山ヲ云要害城ト見タリ」と記されている。近年では地名等の検討から武川衆の山寺氏が管理した可能性も指摘されている。

　検討された各時期により城主をはじめとする城郭の位置付けが異なることも白山城の特徴の一つである。

【白山城の縄張】　当城は小規模ながらメリハリのある縄張をもつ白山城（以下「本城」）を中心にして、ムク台と北烽火台《のろしだい》という南北二つの烽火台とセットで構成されている。

　本城は、地元で鍋山や城山と呼ばれる標高五七〇㍍余りの山頂に二〇×三〇㍍程の方形の主郭《しゅかく》がありその周りにL字形に腰郭《こしぐるわ》がつくられている。この腰郭の一段下にも腰郭がめぐり、放射状竪堀《たてぼり》が施されている。主郭の北には土橋《どばし》でつながる馬出《うまだし》郭があり、掘込式桝形虎口《ますがたこぐち》を設けている。主郭の南側には不整形の郭が二段あり、西につづく尾根との境には二〇㍍の幅を持つ堀切《ほりきり》があり、さらにつづく尾根上に幅八㍍の堀切を設けて、背後からの侵入路を断ち切っている。

　本城の主郭への登城道としては、白山神社の社殿の隣から主郭の南側の郭に向かう九十九折《つづらお》りの道があり、主郭に近づくにつれ、狭小な平坦部が設けられている。また、北側から馬出郭へ向かう道もある。この二つのルートについては現在も遊歩道として使われている。この他に地籍図上で確認されている大慈寺の裏手から馬出郭へ到るルートがある。

北烽火台は、本城の北にある武田八幡宮背後の標高六〇二メートルの山の尾根上に立地している。主郭は東西一〇メートル、南北五〇メートルの規模を持ち三段構造で、中央付近に直径二メートルの窪地がある。主郭から西に伸びる尾根には空堀があり背後からの侵入に備えている。また主郭の東には十数段の平坦面が連続している。なお、主郭にいたる尾根は極めて狭く、危険を伴う。

ムク台は、本城から約一・四キロ南側の東に向かって突き出

●—白山城全景

●—白山城（本城）測量図（『白山城の総合研究』より）

した尾根上に立地する。標高六九五メートルにある主郭は三角形で東西三〇メートル、南北三五メートルの規模を持つ。主郭北東部には直径二メートルの窪地がある。主郭の西に伸びる尾根に堀切があり、東の尾根には三本の堀切がある。

【白山城と山寺氏】　武川衆として知られる山寺氏の一門に山寺甚左衛門がおり、その屋敷は『甲斐国志』には鍋山村の殿小路にもともとあったと記されている。『寛政重修諸家譜』にも「甲斐国鍋山郷百間分の本領」とあり、山寺氏の本領が鍋山にあったことは疑いなく、そこに居を構えていたのは事実であろう。白山城東山麓には実際に、古山寺という地名も

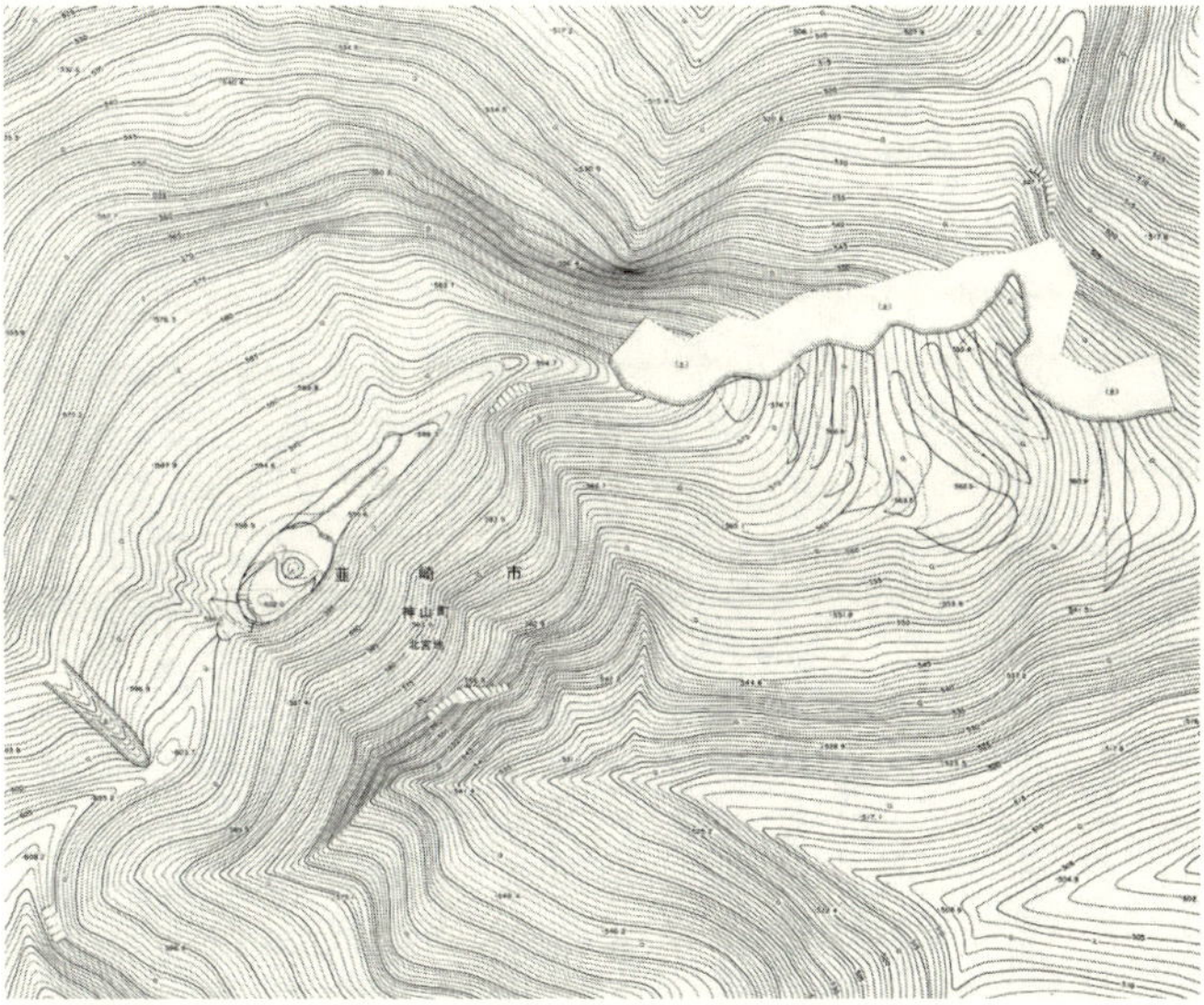

●—白山城（北烽火台）測量図（『白山城の総合研究』より）

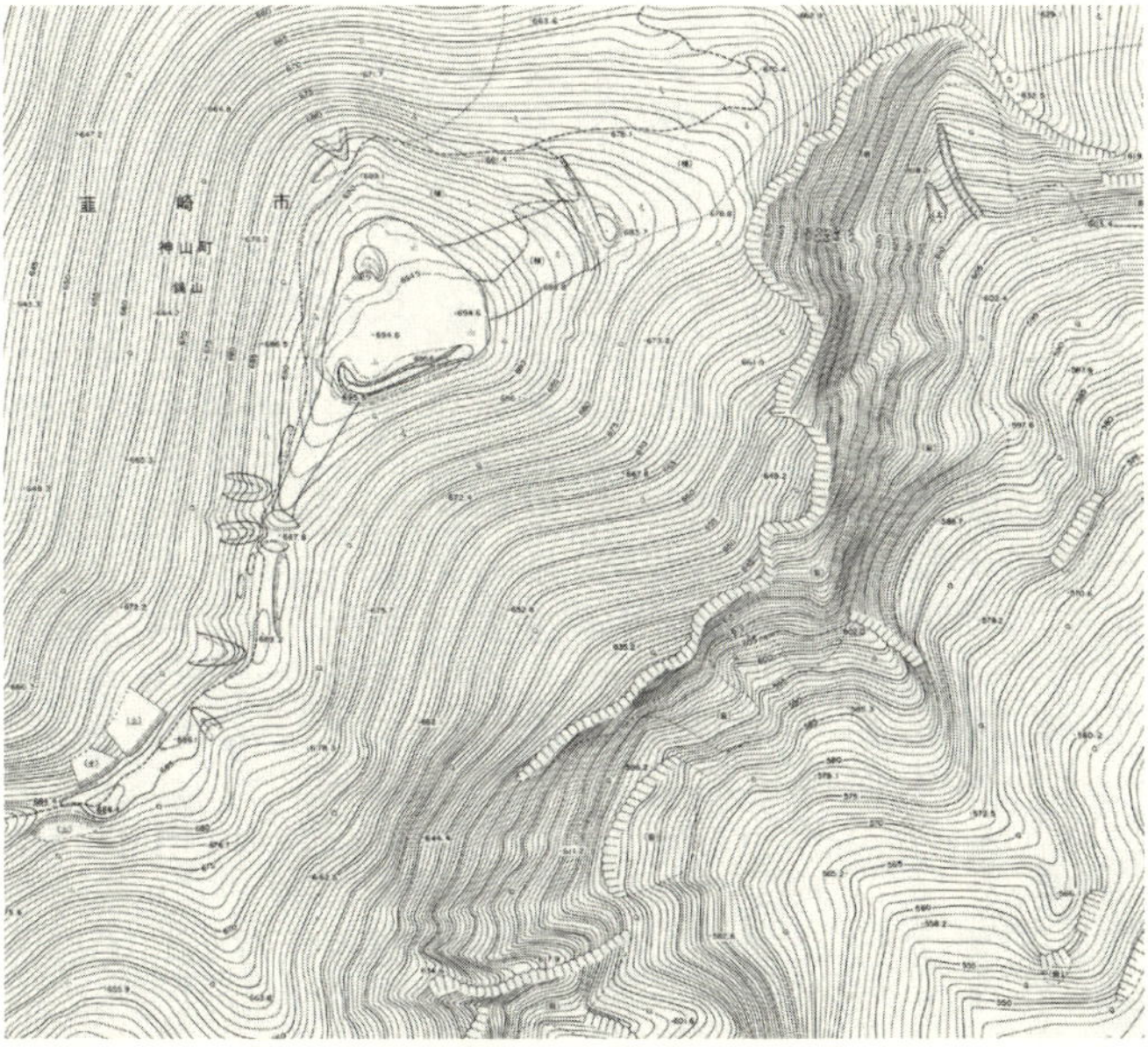

●—白山城（ムク台）測量図（『白山城の総合研究』より）

残っており、そこには方形区画の地割の存在を認めることができる。前述した大慈寺から馬出郭への道と古山寺の地区は他の登城ルートと比較すれば有機的なつながりがあるものと考えられる。また、この山寺氏の初代は「鍋山の砦」を守備したという青木信種の二男信明《のぶあき》であり、戦国期には山寺氏が白山城を守備していた時期もあったことを想定できる。

【武田氏と関わりの深い武田八幡宮】　当城と武田氏との関連性の深さをうかがわせる文化財として、武田信義が元服したと伝えられる武田八幡宮がある。白山城北烽火台の東側山裾に位置し、三間社流造の本殿（国重要文化財）は武田信玄の時代に再建されたものである。さらに、織田信長の武田領国侵攻にさいして天正十年（一五八二）の二月には武田勝頼の夫人が祈願文を当宮に奉納しており願文も現存している（「武田勝頼夫人北条氏祈願文」県指定文化財）。『甲斐国志』で白山城が武田信義の要害と位置付けられた背景には、武田八幡宮の持つ歴史や立地条件などが大きく影響したのであろう。

　当城は、武田氏の築城技術を特徴的に反映した縄張を持つとされているが、その築城時期や変遷は未解明な部分が多い。発掘調査などの新たな検討資料の蓄積によって解明されるであろう。

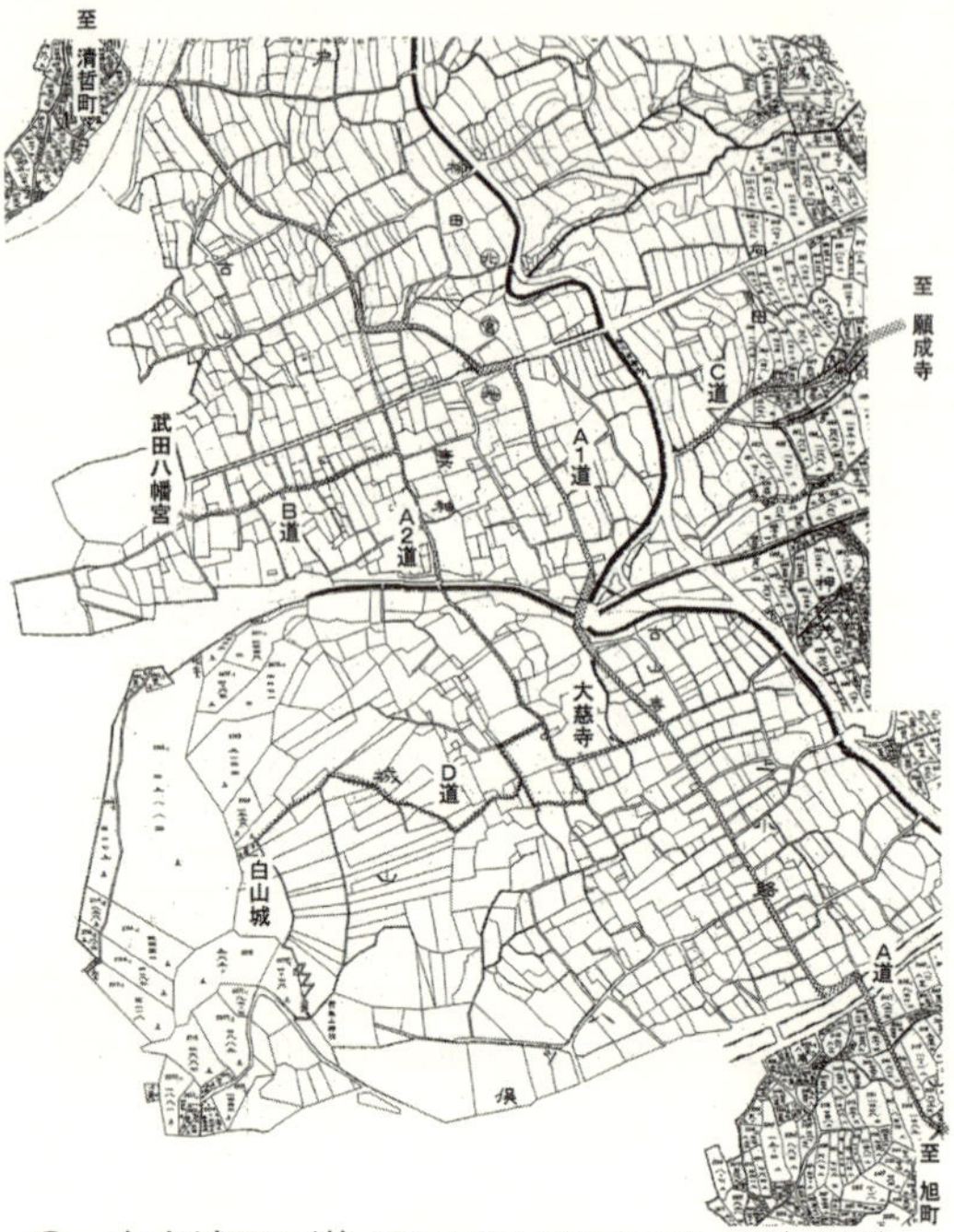

●—白山城下の道（「白山城と城下をつなぐ道」より）

【参考文献】　宮坂武男『甲斐の山城と館』上巻（戎光祥出版、二〇一四）、白山城跡学術調査研究会編『白山城の総合研究』（韮崎市教育委員会、一九九九）、閏間俊明「白山城と城下をつなぐ道」『武田系城郭研究の最前線』（山梨県考古学協会二〇〇一年度研究集会資料集、二〇〇一）、田代孝「白山城」磯貝正義ほか編『日本城郭大系　八　長野・山梨』（新人物往来社、一九八〇）、本田昇「白山城」村田修三編『図説中世城郭事典　二』（新人物往来社、一九八七）、中田正光『戦国武田の城』（有峰書店新社、一九八八）

（閏間俊明）

●甲斐武田氏の祖 信義の館

武田信義館《たけだのぶよしやかた》

〔韮崎市指定史跡〕

〔所在地〕韮崎市神山町武田
〔比　高〕〇《ゼロ》メートル
〔分　類〕居館
〔年　代〕古代末期から鎌倉
〔城　主〕武田信義か
〔交通アクセス〕ＪＲ中央本線「韮崎駅」下車、韮崎市民バス「御堂住宅」下車、徒歩約一五分。

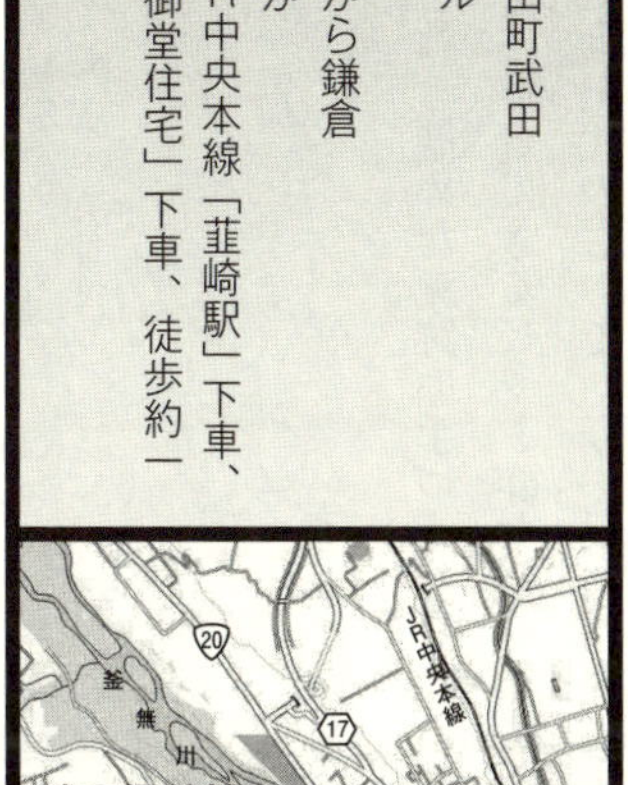

【館をめぐる伝承と武田信義】　武田信義《のぶよし》の館の位置は、釜無川右岸段丘上の縁辺部で、標高三九〇メートル、北側の竪沢と南側の具足沢とによって画された武田集落の一角を占める。江戸時代後期の地誌『甲斐国志《かいこくし》』には、「武田氏館迹」として、御屋敷・御庭・御旗部屋・御酒部屋・的場・御湟《ほり》・具足《ぐそく》沢・金精水などの地名があり、武田信義がこの地に居館を構えたことを伝え、これらの地名は現在も地域に継承されている。

　武田信義は、大治三年（一一二八）に新羅三郎義光《よしみつ》の孫の源清光《きよみつ》の次男として誕生した。甲斐源氏の棟梁として活躍し、文治二年（一一八六）に没したとされている。

　一方、近年、その根拠となっている『吾妻鏡《あずまかがみ》』に、建久元年（一一九〇）の源頼朝上洛の隋兵に武田信義の名があり、建久五年（一一九四）の東大寺造営や小笠懸《こかさがけ》の射手《いしゅ》にも信義の名が見られることから、一二〇〇年頃まで生存していた可能性が指摘されている。

【古地名と地割から見る館跡】　『甲斐国志』には館に関連する地名ごとに「御屋敷芝地方一町程」などのように規模が記されている。

　この記述をもとに、現地にある江戸期の石造物の集積している土塁《どるい》が館の境界の一部として考えられてきた。土塁の成立年代は現在のところ詳らかでないが、地元ではかつて寺院の存在したことが伝えられ、実際江戸期の三界万霊塔《さんかいまんれいとう》（寺院の入口に設置される石塔）が存在する。現存する土塁は江戸期以降につくられた可能性も視野に入れておく必要があ

●—武田信義館近景

る。また、土塁の存在する地点とは異なる場所を地元で「御屋敷」と呼ぶ点も注意を払うべきであろう。

古地名や土塁痕跡の地割が残るものの館の規模や構造は明らかとなっていない。しかし、地域に伝わる古地名が歴史的背景をもとに成立したことを裏付ける中世前半の遺跡が近年発掘調査で明らかとなった。

【発掘調査と館跡】　武田信義館跡を含む武田東畑遺跡では個人住宅建設などにともなって随時発掘調査が実施されている。地元で「御屋敷（「おやしき」・「おおやしき」）」と呼ばれている地区では、狭小な調査面積であるが、手づくねかわらけ、貿易陶磁器や常滑《とこなめ》などの国産陶器が出土している。床面に石を敷き詰めた蔵跡や手づくねかわらけの廃棄土坑、建物の柱跡と推定できるピット群なども検出されている。いずれも一三世紀代のものであり、武田信義の次世代を中心とした

●—神山町付近の名所・旧蹟分布図（『ふるさと神山』より再トレース）

遺構・遺物である。

信義段階の遺物が検出されていないことは、信義の館自体は地元で伝承されている「御屋敷」以外の場所にあった可能性が高いことも示すが、発掘調査成果からは、武田信義没後、武田氏が甲府盆地の中央に拠点を求めて以降も、この地に勢力を残したことがうかがえる。

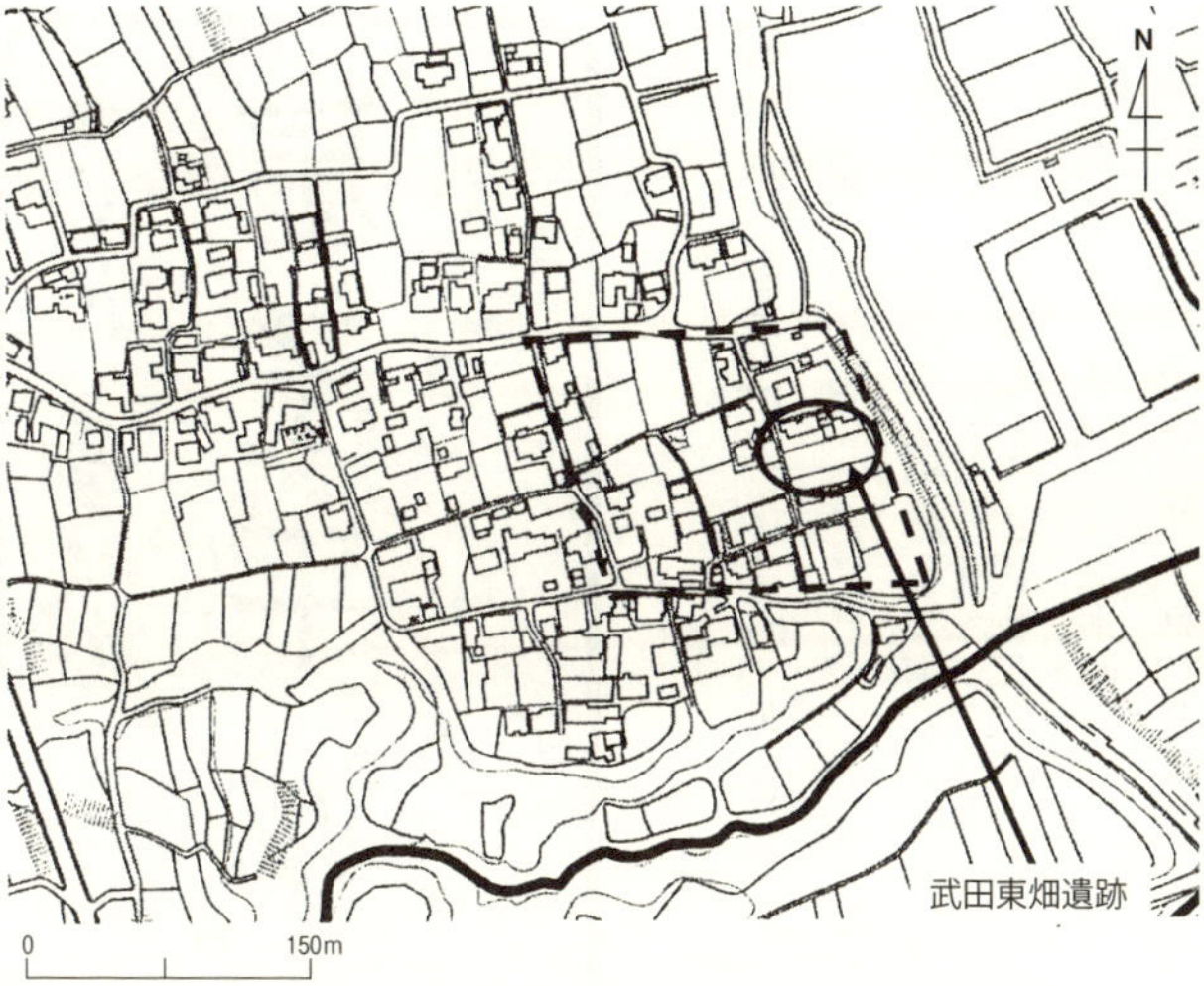

●—武田信義館周辺地積図（破線部分は館推定地）

●—武田東畑遺跡出土遺物（中国から貿易によってもたらされた青磁・白磁）（韮崎市教育委員会所蔵）

【信義時代を伝える周辺の文化】 館跡から南に数キロ離れた願《がん》成寺《じょうじ》は信義の菩提寺といわれ、武田信義の墓と伝えられる五輪塔《ごりんとう》（市指定文化財）がある。同寺には定朝《じょうちょう》様式の阿弥陀三尊像（国重要文化財）があり、中央の造仏師の作風であることが指摘されている。また、武田信義の子、一条六郎信長が武田八幡宮に大般若経（市指定文化財）を奉納しており、信義没後も、甲斐源氏が当地と深いかかわりを持っていたことを示している。

【参考文献】 宮坂武男『甲斐の山城と館』上巻（戎光祥出版、二〇一四）、白山城跡学術調査研究会編『白山城の総合研究』（韮崎市教育委員会、一九九九）、韮崎市立神山公民館『ふるさと神山』（一九九二）、閏間俊明「中・近世村落景観復元への一試論—甲州武川筋武田村の地名と地割りの検討—」『八ヶ岳考古』平成十一年度年報（二〇〇〇）

（閏間俊明）

●甘利氏の要害城か

扇子平城《おうぎだいらじょう》

〈所在地〉韮崎市旭町上条中割
〈比　高〉約二〇〇メートル
〈分　類〉山城
〈年　代〉戦国期か
〈城　主〉甘利氏か
〈交通アクセス〉JR中央本線「韮崎駅」下車、韮崎市民バス「旭中央公民館」下車、徒歩約二〇分で登城口。

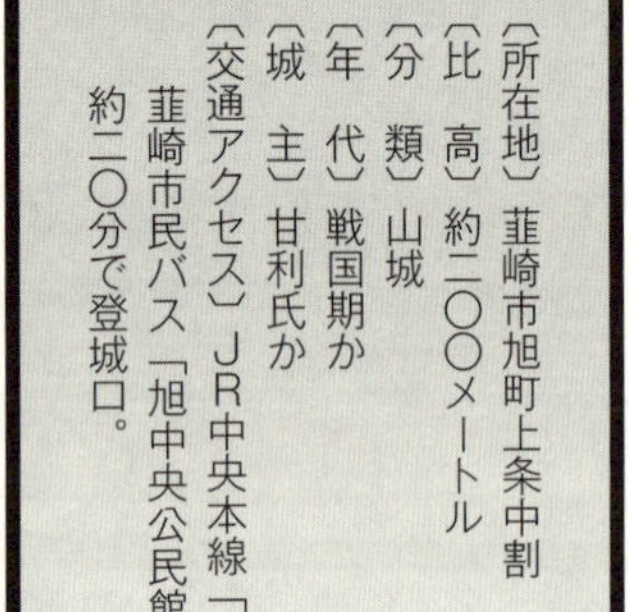

【甘利氏の要害か】　扇子平城の城主については甘利氏とする説が定説となっている。これは、扇子平城をとりまく地域の地形と歴史が深くかかわる。本城は南アルプスの前衛の甘利山を源とする御坊沢《おんぼうさわ》と大門沢《だいもんさわ》に挟まれた独立峰的な標高六四五メートルの尾根上に占地し、甘利荘一帯を一望できる位置にある。甘利氏は、一二世紀後半、武田信義《のぶよし》の子一条忠義《ただよし》の二男行忠が甘利荘を治めたことにはじまるが、両河川はこの一帯の生産地の水利に一役買っており、本城は甘利地域を治めた甘利氏にとり最重要水源の一つをおさえるに適した立地にある。

『甲斐国志』は「扇子平」の項を立て「甘利左衛門尉ノ亭候ヲ置ク処ナリ」と、甘利左衛門尉昌忠《まさただ》が物見台《ものみだい》を構えたとし、さらに「大輪寺《だいりんじ》有之」と当時そこは大輪寺の所有となっていたことを記している。大輪寺は、扇子平から東に約一・五キロの釜無川《かまなしがわ》右岸段丘上にあり、天正十八年（一五九〇）に、昌忠の二男三郎次郎が甘利氏の館跡に別の場所から移したとされている。

【近年発見された遺構】　甘利地域の城として地誌等に報告されてきたものの、実在が確認されたのは一九九〇年代であり、遺構が把握されたのは比較的新しいことである。山城としての構造はしっかりとしたもので、明瞭な三つの堀切り構造を持ち大きく四つの空間で構成されている。

本来の登城口は現段階で断定しえないが、御坊沢右岸の尾根の先端から急登するルートが妥当であろう。尾根先端部には虎口状の空間を有している。西側につづく尾根上には、両

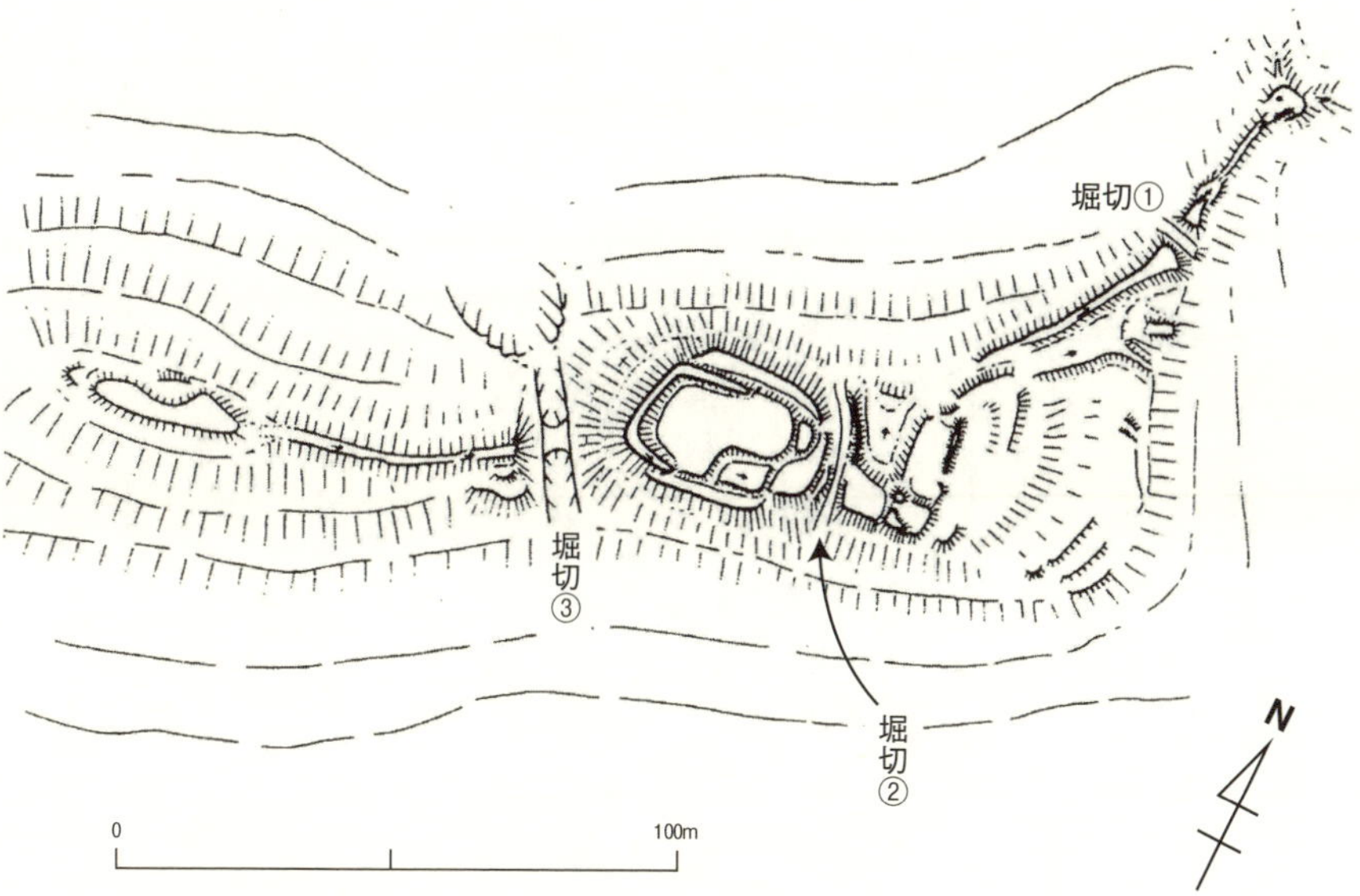

●—扇子平城縄張図（『定本山梨県の城』より，一部加筆）

●—扇子平城遠景

端に土塁を持つ幅一〇メートルの堀切①がある。堀切①の西側の尾根幅は広がり、その東側に数段のひな壇造成の扇の形をした郭がある。堀切②をへだてこの郭の一段上に桝形虎口や腰郭をもつ主郭が配置されている。主郭の西には幅十数メートルの堀切③があり、背後の尾根との関係を遮断している。

【甘利氏の居館伝承地と発掘調査】　大輪寺およびその周辺は甘利氏館跡として伝えられ、『甲斐国志』には「東西百間南北弐百間余《あまり》ナルベシ南ヲ大庭北ヲ北門ト云《いう》東ニ矢立的場西ニ大堀ト呼ブ地名アリ」と記されている。現地には、土塁の一部とみられる遺構や『甲斐国志《かいこくし》』に登場する地名が残り、地割の検討からもやや不整だが方形の区画を確認できる。

　方形区画の一部を縦断する形で行われ

た大輪寺東遺跡の発掘調査では、一五～一六世紀代の館の一部と考えられる遺構および一三世紀代の土器が出土し、一六世紀後半以降に継続した形跡は認められていない。

甘利氏の発祥が一二世紀後半であることや、戦国期に甘利備前守虎泰《とらやす》（天文十七年没）や子左衛門尉昌忠（永禄十七年没）が活躍した時期と発掘調査成果が一致している。このことから、大輪寺東遺跡一帯は甘利氏による居館として使用された空間である可能性が極めて高いといえる。

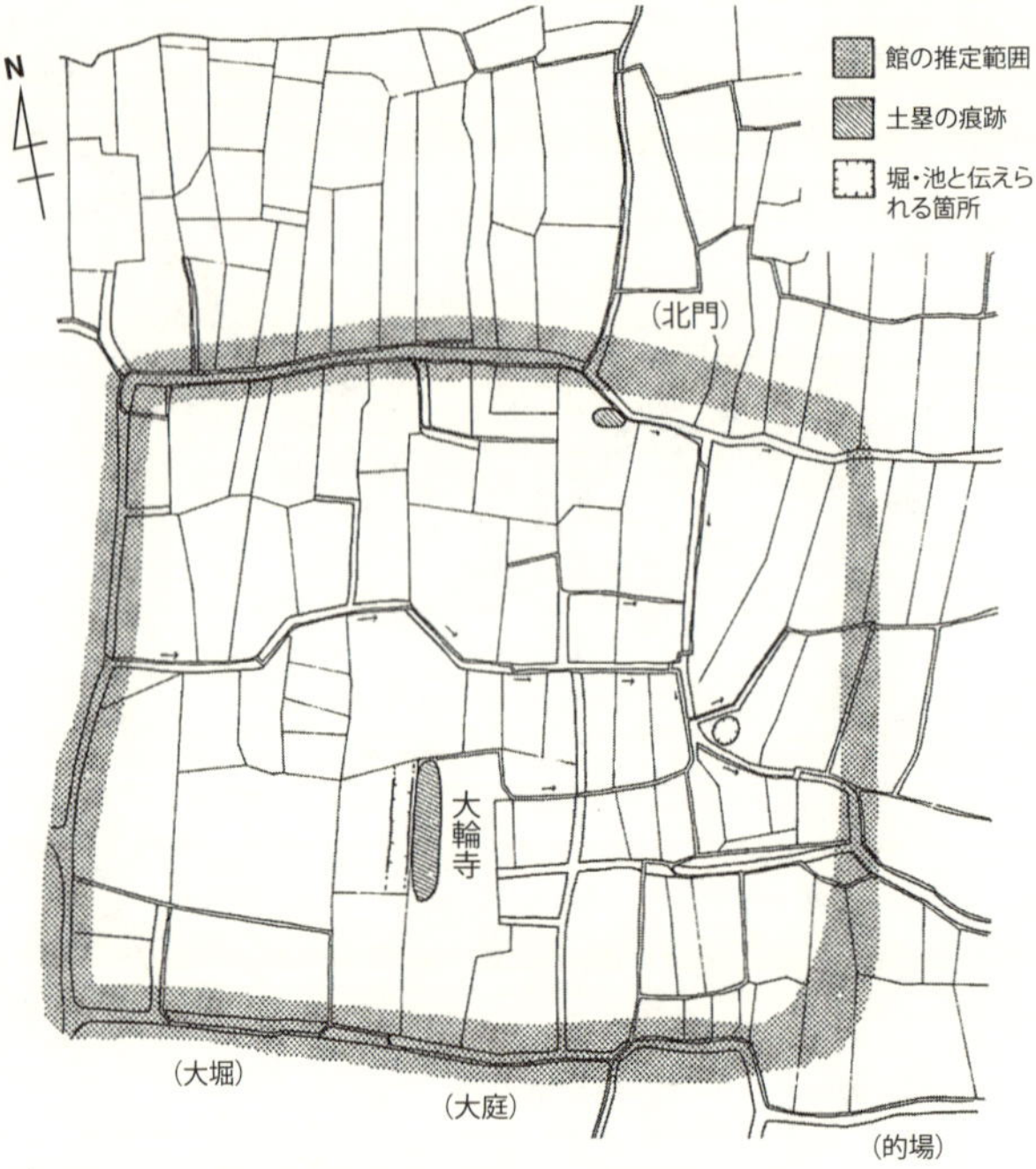

●―甘利氏館跡地籍図（『大輪寺東遺跡』より）

【地域に伝わる甘利氏伝承】　本城の背後にある甘利山山中のさわら池には「池の主《あるじ》が甘利左衛門尉昌忠の子の命を奪い、その報復として池を埋め立て池の主を退治した」といった甘利氏と関連する伝承が残る。また地元に伝えられた「甘利左衛門許状」の文書は後世に作為的につくられたものではあるが、甘利氏が治めた山であることを正当化し、山の資源の所有権が甘利三ヵ村にあることを語っている。甘利山をめぐる山論争いを題材とした綾棒《あやぼう》踊り（市指定無形文化財）の歌詞にもその主張が込められており、本城をとりまく歴史的環境の深さを物語る。

【参考文献】　山梨県教育委員会『大輪寺東遺跡』（一九九〇）、萩原三雄編『定本山梨県の城』（郷土出版社、一九九一）、『山梨県史　資料編七　中世四　考古資料』（山梨県、二〇〇四）、宮坂武男『甲斐の山城と館』上巻（戎光祥出版、二〇一四）、白山城跡学術調査研究会編『白山城の総合研究』（韮崎市教育委員会、一九九九）

（閏間俊明）

お城アラカルト

武田氏築城法

萩原三雄

戦国大名甲斐武田氏に特徴的な築城法に「丸馬出《まるうまだし》」がある。この丸馬出とは、城館の虎口《こぐち》前方に円形を呈した土塁《どるい》を築造し、その前面に土塁に沿うようにやはり弧状の堀をめぐらすものである。この堀は半円形を呈しているために「三日《みか》月堀《づきぼり》」とも呼ばれている。この丸馬出は、設けられている位置からみても虎口の防御のためにあることは明白で、城館内への敵の浸入を妨げるものである。

丸馬出に関する研究は多く、活発な議論がなされてきた。小田原に本拠をもつ後北条氏が多用した「角《かく》馬出」と対比されてきたこともあった。かつて筆者は、「丸馬出の研究」という小論を発表したことがあり、そのなかで甲斐武田氏特有な技術であること、本国甲斐国よりも信濃・駿河・西上野《こうづけ》方面の侵攻地に多く見られることを指摘し、侵攻地で発達していったことを述べた。甲斐国内では武田氏最末期築城の韮崎新府城しかみられないからである。しかし近年、武田氏の本拠の甲府躑躅ヶ崎館《つつじがさきやかた》の大手《おおて》虎口の前面から発見され、武田信玄の時代にも用いられたことが判明し、従来の見解の再検討が必要になってきた。

甲斐武田氏以外の戦国大名でも使用していたようである。その代表的な大名は徳川氏で、三河方面の城館には数多くの丸馬出が用いられている。武田氏の技術に触発されたのであろうか。

縄張も特徴的である。信濃川中島に築かれた海津《かいづ》城にみられるように、主郭《しゅかく》を核に周りを二の郭がとりまくといういわゆる「梯郭《ていかく》式」の構造を呈しているものが多い。その縄張の利を認め、採用していったのであろう。もちろん、山城などは地形などにも制約されて、こうした縄張はあまり採用されていない。

右のほかにも武田氏築城法の特色にはさまざまなものが提示されてきた。著名な戦国大名であり、わかりやすい技術を採用しているからであろう。ただし、戦国大名研究のなかにこうした築城技術がいかに関わるのか研究課題は多い。

お城アラカルト

天正壬午の乱

平山　優

天正壬午《てんしょうじんご》の乱とは、本能寺の変を契機に勃発した、東国の織田領国（旧武田領国の甲斐・信濃・上野・駿河）をめぐる徳川・北条・上杉三氏の争奪戦を指す。その時期は、六月二日を起点に、家康と氏直が甲斐国若神子で和睦する十月二十九日までである。

天正十年三月十一日、武田勝頼は織田・徳川・北条連合軍の侵攻により滅亡した。かくて旧武田領国は、織田領国に編入され、信長は以下のような知行割を実施した。河尻秀隆（甲斐〈穴山梅雪知行分を除く〉、信濃諏訪郡）、毛利長秀（信濃伊那郡）、森長可（信濃高井・水内・更級・埴科郡）、木曾義昌（信濃木曾郡安堵、筑摩・安曇郡加増）、穴山梅雪（甲斐河内領安堵）、徳川家康（駿河）、滝川一益（上野国、信濃佐久郡、関東取次役）。

旧武田領国の支配を開始した河尻、毛利、森、滝川、木曾らであったが、彼らは領域の武士たちをほとんど家臣に迎え入れることができておらず、むしろ軋轢を起こしていた点で共通している。ちょうどそのころ、本能寺の変（六月二日）が発生したのである。

主君信長の死を知った森・毛利・滝川らは動揺し、自領に逃げ帰った。ただ一人、河尻秀隆は甲斐に留まったものの、一揆に惨殺された（六月十八日）。かくて、東国の織田領国は完全に崩壊し、旧武田領国は無主の地と化したのだった。

この情勢を好機と捉え、いち早く動き出したのが、上杉景勝と北条氏政・氏直父子であった。北条氏は、甲斐国都留郡に続々と軍勢を送り込み、その全域を制圧した。さらに、北条氏直は自ら大軍を率いて、滝川一益を放逐すると上野国の諸将を従えた。

いっぽう、上杉景勝は、北信濃の諸将を取り込み、川中島四郡をほぼ従えると（六月下旬）、上杉家に匿っていた小笠原洞雪斎（長時の弟）を擁立し、深志城と筑摩・安曇郡（小笠原氏旧領）の簒奪《さんだつ》を成功させた（七月初旬）。このため信長より深志城を拝領していた木曾義昌は、本領の木曾に追いやられてしまった。この時、小県郡の国衆真田昌幸は、景勝に従属した。

ところが北条氏直の大軍が、碓氷峠を越えて、七月十二日、信濃へ侵攻を開始すると、情勢は一変する。佐久・小県郡の諸士は続々と北条氏に従属を申し出たのである。真田昌幸も北条方に転じた。しかしただ一人、依田信蕃だけは徳川家康に従属することを選択し（信蕃は武田氏滅亡後、家康に匿われていた経緯がある）、北条軍の攻撃を一身に受けながらも、佐久郡三澤小屋に籠城して徳川軍の来援を待つこととなる。

そして北信濃と西信濃を制圧した上杉氏と、東信濃を制圧した北条氏は、川中島で対峙した。両軍ともに決戦の構えを見せていたが、氏直はこれを回避し、七月十九日頃、甲斐に向けて転進する決断を下した。この時氏直は、上杉軍への押さえとして、真田昌幸を本領に残留させたのである。これが後に北条氏の死命を制すこととなる。

この争乱で、最も出遅れたのが徳川家康であった。家康は、本能寺の変時、上方に滞在していたが、和泉国堺から伊賀越えを経て命からがら脱出し、六月四日、本国三河への帰還に成功した。家康は、七月二日に浜松を出陣し、同七日に羽柴秀吉より旧武田領国を北条氏に渡すべきではない、家康が確保して欲しいとの要請を受けると、八日に甲斐に侵攻し、北条軍と対決することとなる。

この間、北条、徳川に先んじていた上杉景勝は、織田信長と結んで天正九年以来叛乱を起していた新発田重家の活動が活発化してきたとの知らせを受け、信濃での作戦を切り上げ、越後へ帰還せざるをえなくなった。以後、景勝は新発田に拘束され、信濃へ出陣する余裕がなくなってしまい、上杉氏の影響力低下を招いた。とりわけ、深志城の小笠原洞雪斎は小笠原旧臣団の糾合に失敗し、徳川家康の援助を受け、筑摩郡に侵攻してきた小笠原貞慶（長時の子、洞雪斎の甥）に越後へ追放されてしまう。貞慶はその後、木曾義昌の攻撃を撃退し、旧領回復に成功するのである。

こうした情勢下、徳川家康は北条氏直軍と対決するため、匿《かくま》っていた武田遺臣らに、隠れている仲間を糾合するように指示し、先遣隊を派遣して各地で蜂起していた一揆を鎮圧したり、味方につけたりすることに成功した。かくて、都留郡を除く甲斐はほぼ徳川方の手に落ち、家康は大久保忠世・酒井忠次らと、味方となっていた信濃伊那の下条頼安（吉岡城主）・小笠原信嶺（松尾城主）・知久頼氏（神之峰城主）らに諏訪出陣を命じた。これは高嶋城主諏訪頼忠を従属させるためである。だが頼忠は北条方に与し、氏直に救援を要請した。これを受けて北条氏直の大軍は、諏訪に向けて進軍を開始し、徳川軍は甲斐へ撤退を余儀なくされたのである。

北条の大軍は、徳川軍の先手を追撃しつつ、八月六日に甲斐の北部に侵攻し、本陣を若神子城（山梨県北杜市）に置いた。北条軍は若神子を中心に七里岩台地上の各地に点在する城砦に陣を敷いた。これに対して徳川軍は、武田勝頼が最後に築いた新府城と能見城（韮崎市）を中心に、北条軍の進路を塞ぐ場所に所在する城砦を押さえ、敵の侵攻に備えた。だが北条軍は二万（一説に四万）、徳川軍はわずか八千ほどで兵力差は歴然であった。しかし家康は、地の利を知悉している武田遺臣を積極的に作戦に投入し、獅子吼城（江草小屋）、小尾小屋（和田の烽火台）などを攻略して北条軍の補給路を遮断させ、さらに信濃佐久郡に進んで孤軍奮闘を続けていた依田信蕃と合流させた。

焦った氏直は、八月十二日に徳川軍の背後に布陣する御坂城の北条氏忠ら一万人に甲府侵攻を命じたが、氏忠軍は、徳川方の鳥居元忠らに撃破され、這々《ほうほう》の体で御坂城に逃げ帰った。その後も北条軍は、各地で徳川軍に敗れ、次第に打つ手がなくなっていく。

家康は北条軍の戦闘継続能力を奪うべく、信濃の補給路遮断を画策する。その決め手として、真田昌幸への調略に乗り出し、これを成功させた。この結果、昌幸は依田信蕃らとともに佐久・小県郡の北条方を次々に撃破し、碓氷峠を封鎖して、北条軍の補給路遮断を成し遂げたのである。この結果、兵糧に窮した氏直は作戦の続行を諦め、十月二十九日に家康と和睦、同盟することで合意した。

この時、家康と氏直は①北条氏は、占領していた甲斐国都留郡と信濃国佐久郡を徳川方に渡す、②徳川氏は、北条氏の上野国領有を認め、真田昌幸が保持する沼田・吾妻領を引き渡す、③北条氏直の正室に、家康息女督姫《とくひめ》を輿入れさせ、両氏は同盟を締結する、との条件で同盟を締結し、天正壬午の乱は終結した。だが、この天正壬午の乱は、さまざまな禍根を残した。まず、徳川・北条同盟の成立により、家康は上杉景勝と断交、対立することとなる。さらに最大の問題となったのが、真田昌幸との関係であった。家康は、北条氏との同盟締結時に、上野国沼田領の割譲を承認してしまっていたが、昌幸はこれに納得せず、遂に徳川と断交する。この問題を徳川、北条、真田ら当事者では遂に解決できず、天下一統を目前とした政治情勢を規定し続け、やがて羽柴秀吉による小田原出兵の引き金となっていく。

また忘れてならないのは、天正壬午の乱が山梨・長野・群馬・静岡の城郭に与えた影響である。この合戦で、各地の城郭には大規模な改修工事が加えられたと想定されている。この地域の城郭研究には、この争乱が与えた影響をどう捉えるかという視点が求められているといえよう。

峡西

金丸氏館と徳永集落

●高師冬終焉の城

須《す》沢《さわ》城《じょう》

〔南アルプス市指定史跡〕

〔所在地〕南アルプス市大嵐
〔比　高〕一八〇メートル
〔分　類〕山城
〔年　代〕一四世紀
〔城　主〕逸見孫六入道か
〔交通アクセス〕山梨交通バス「旭入口」下車、徒歩一一〇分

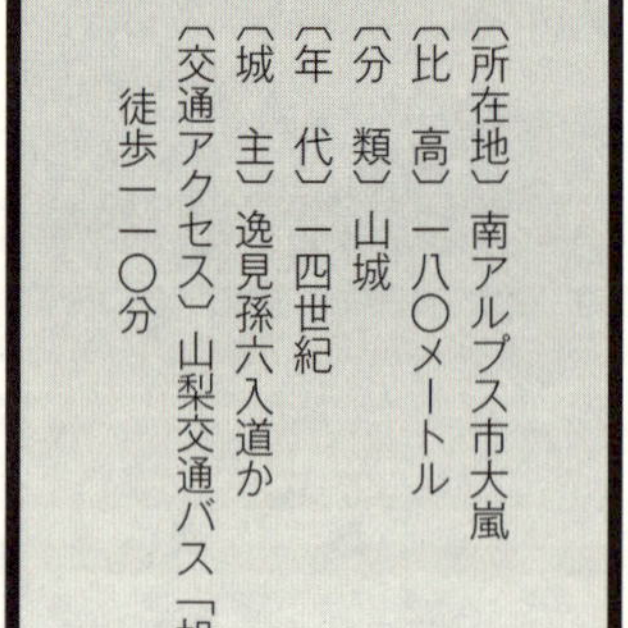

【須沢城周辺の立地】　須沢城は甘利山南側、御勅使川《みだいがわ》の左岸の高位段丘上に位置する。西には御庵《ごあん》沢、東には小谷を挟んで塩沢が流れ、南側は御勅使川が東流し急崖が形成されるなど、天然の要害となっている。須沢城が立地する段丘は山の傾斜にそって北西から南東にゆるやかに傾斜する。段丘上の山際をはじめ周辺には湧水地《ゆうすいち》が多く、とりわけ城から北東へ二・二キロの地点に位置する大笹池は水量も豊富で、近世において御勅使川扇状地に立地する村々の雨乞い場所となっていた。

【須沢城の築城】　須沢城がいつごろ築城されたのか、明確な資料はない。伝承としては『甲斐国志』に「里人相伝テ御勅使十郎・塩ノ谷三郎ナル者此墟ニ拠ルト云東鑑《あずまかがみ》ニ建暦三年和田《わだ》一味討死ノ人々ノ中ニ逸見《へみ》五郎・同次郎・同太郎・塩ノ谷三郎維時《これとき》・白根与三次郎トアリ　塩ノ谷三郎トハ蓋《はなはだ》シ是ナルベシ」の記述が見られる。この記述から少なくとも鎌倉時代の建暦年間（一二一一〜一二一三）、御勅使十郎・塩ノ谷三郎が須沢城を拠点とし、後者らは甲斐源氏である逸見氏とともに『吾妻鏡《あずまかがみ》』にもその名が挙げられている武将という。いっぽう御勅使十郎は他の文献に登場しないため詳細は不明だが、城の南を流れる御勅使川の文字が使われている点がその語源と合わせて注目される。

【善応寺と須沢城】　城が位置する段丘の西北には、鎌倉時代に創建された臨済宗の善応寺《ぜんのうじ》が立地する。『甲斐国社記・寺記』によれば、笹見浦政綱《ささみうらまさつな》が大嵐の城主であり、城の没落後、

●—須沢城遠景

円覚寺《えんがくじ》二世の大休仏源《だいきゅうぶつげん》禅師が開山、政綱《まさつな》が開基となり、城守山善応寺が開かれたという。円覚寺は弘安五年（一二八二）に創建され、大休仏源は正応二年（一二八九）に示寂《じじゃく》していることから、この時期、城跡地に善応寺が建立されたことになる。しかし、善応寺に祀られている千手観音像は一木《いちぼく》造りで平安時代の作とされており、善応寺がかつて真言宗寺院であったとの地域の伝承も残る。さらに善応寺北側山中の尾根上では、一二世紀と推測されている土製経筒《きょうづつ》および刀子《とうす》や鉄製磬《けい》が埋納された石積みの経塚《きょうづか》が大正二年（一九一三）に発見され、平安時代の水場遺構も山梨県が実施した中世寺院分布調査によって発見されている。以上のことから、平安時代、段丘上には一木造りの千手観音菩薩像を祀る善応寺の前身となる寺が立地し、周辺で経塚などの造営が行われるなど、信仰上の重要な拠点であったと考えられる。他の中世城郭の研究でも指摘されているとおり、こうした古代の山岳寺院を基盤として、鎌倉時代に須沢城が整備された可能性がある。なお『甲斐国社記・寺記』では、善応寺の由来として大笹池の西都沢に現れた千手観音を祀り堂宇《どうう》を建立した人物に前述した塩ノ谷三郎を挙げている。

【城の遺構と遺物】　城址にかかわる明確な遺構は現在まで発見されていない。平成元年（一九八九）、旧白根町教育委

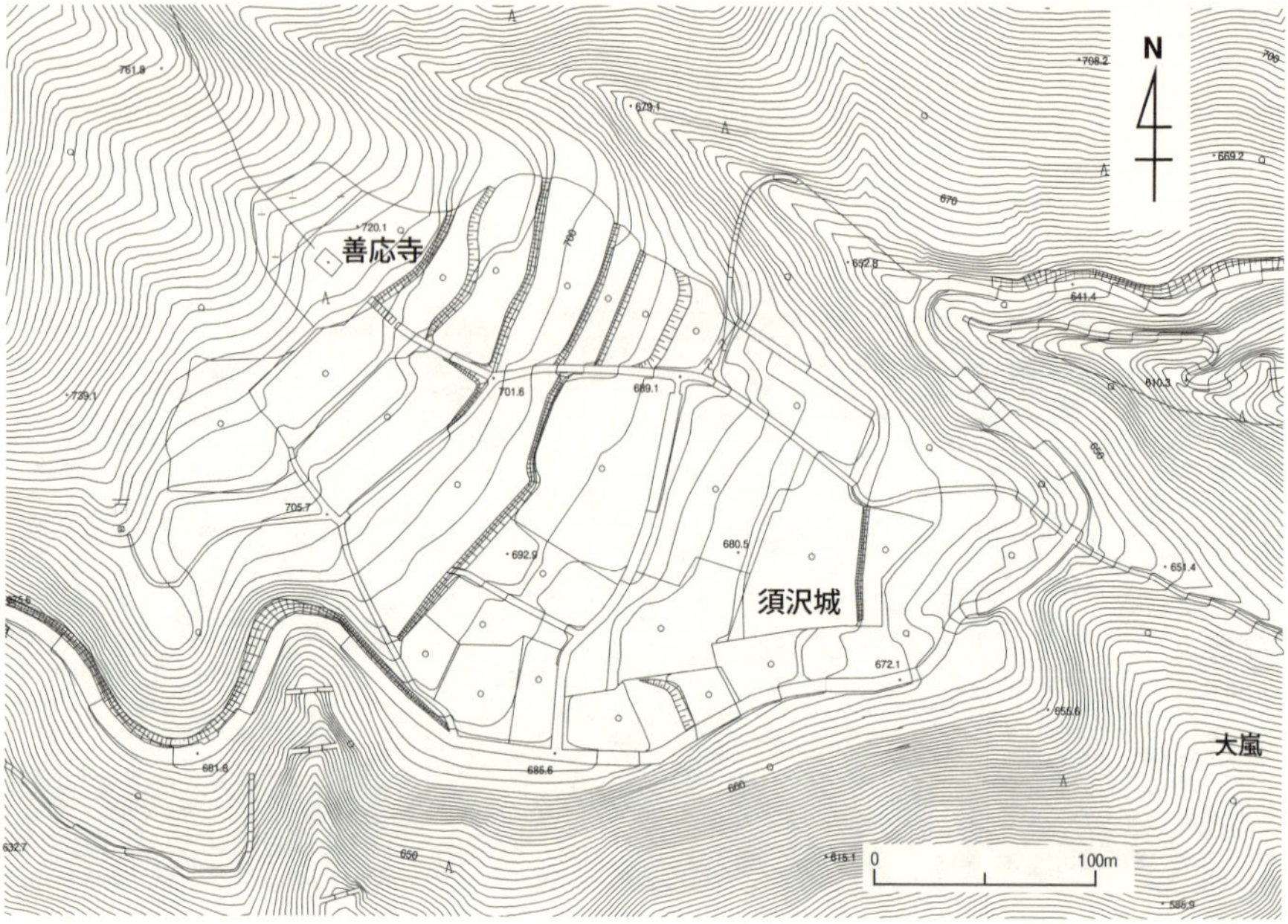

●—須沢城周辺地形図

員会によって土塁ともみられていた塚状の土盛りの発掘調査が行われたが、人為的な盛り土である以外、時代や機能を示唆する資料は得られなかった。いっぽうで周辺からは古代の土師器や須恵器とともに中世陶磁器が採取され、同時に行われた地中レーダー探査では、複数の溝跡と推定されるデータが得られた。善応寺には鎌倉時代から南北朝時代とされる宝《ほう》篋印塔《きょういんとう》もあり、わずかながら南北朝時代の人々の営みを示す手がかりが得られている。

【観応の擾乱の舞台】 遺構自体は明確でないが、須沢城が注目されるのは南北朝時代に起きた室町幕府の内紛である観応《かんのう》の擾乱《じょうらん》の舞台となったからである。観応の擾乱は足利尊氏および尊氏の執事高師直《こうのもろなお》と弟の足利直義《ただよし》との対立から起こった争いで、さらに師直の猶子《ゆうし》（仮に結ぶ親子関係）であり鎌倉公方《かまくらくぼう》を補佐する高師冬《もろふゆ》と直義方の上杉憲顕《のりあき》が激しく対立した。高師冬は、鎌倉公方を擁立して上杉憲顕を攻めるが形勢が不利となり、甲斐国の須沢城へ落ち伸びることとなった。『太平記』「師冬自害事付諏訪五郎事」には、観応二年（一三五一）一月、上杉憲顕の子能憲《よしのり》と諏訪の祝部《ほうりべ》六〇〇〇人もの大軍に攻められ、自決するまでの状況が記述されている。また、直義方であった北信濃の武将市河泰房《やすふさ》が高師冬を攻め落とした功により直義の証判を得た文書「市河頼房代泰房軍忠

●—段丘南東に残る土盛り。塚上には宝篋印塔や五輪塔が見られる

状」や同じ市河氏である市河経助の「市河経助軍忠状」（観応二年三月）から、師冬とともに城主とも考えられる逸見孫六入道が籠城していたことを確認できる。

須沢城は甲斐国で唯一南北朝時代の史料に登場する城であり、その重要性はこれまでの研究で指摘されてきた。具体的な城の構造や変遷を明らかにするためにも、考古学的な調査が待たれる。

【参考文献】 山梨県教育委員会『山梨県内中世寺院分布調査報告書』（二〇〇九）、信濃史料刊行会『信濃史料　六』（一九六九）、『白根町誌』（白根町、一九六九）、白根町教育委員会『将棋頭遺跡・須沢城址』（一九八九）、田代孝「須沢城」磯貝正義ほか編『日本城郭大系　八　長野・山梨』（新人物往来社、一九八〇）、萩原三雄「須沢城」萩原三雄編『定本山梨県の城』（郷土出版社、一九九一）、『山梨県史　資料編七　中世四　考古資料』（山梨県、二〇〇四）

（斎藤秀樹）

●甲斐源氏甲府盆地西部初の拠点

加賀美《かがみ》氏《し》館《やかた》

〈南アルプス市指定史跡〉

〈所在地〉南アルプス市加賀美
〈比　高〉――
〈分　類〉居館
〈年　代〉平安時代末期
〈城　主〉加賀美遠光
〈交通アクセス〉山梨交通バス「小笠原」下車、徒歩約四〇分。

【館跡の伝承】　江戸時代の地誌『甲斐国志』に「法善《ほうぜん》寺ノ境内即遠光《とおみつ》ノ館迹《あと》ナリト云」とみえる。現在も加賀美《かがみ》地区の集落の中心に位置する高野山真言宗の古刹《こさつ》、法善寺が甲斐源氏加賀美遠光の館跡と伝えられ、現在のところ他に伝承地はなくこれが通説となっている。

【法善寺と加賀美氏館跡】　法善寺は『甲斐国社記・寺記』に「大同元年沙弥《しゃみ》神徳《しんとく》逸見《へみ》之地に草創す　于今其地之郷名大坊ト云　後又山寺　并《ならびに》寺部《てらべ》村ニ移ト云」とみえ、これによれば大同元年（八〇六）、神徳によって逸見之地（地名から現在の北杜市白州町大坊付近と推定される）に創建され、後に加賀美氏の支配域であった現在の南アルプス市山寺ないし寺部に移された。その後『甲斐国志《かいこくし》』が法善寺の旧記などを引いて「承元二年戊辰《ぼしん》七月加賀美次郎遠光ノ館跡へ遷レ寺《てらをうつす》」と記すように、遠光の孫にあたる遠経によって、承元二年（一二〇八）に遠光の館跡に法善寺が移されたといわれている。

【遠光の拠点、加賀美荘】　常陸国から甲斐国に配流された源氏の一流、遠光の祖父源義清《よしきよ》、父清光《きよみつ》は、自らの血流を甲斐国各所に配してその基盤を固めたことが知られる。その過程で甲府盆地西部域に初めて拠った甲斐源氏が遠光であり、その遠光が拠点としたのが加賀美荘であった。その荘域について『甲斐国志』は、寺部村八幡宮の天正年中の板記を引いて「加賀美ノ庄七村引佐久保《ひさくぼ》・野呂瀬《のろせ》・小柳・藤田・加々美中条・加賀美・寺部是ナリ」とするが、そこは半径八・五キロにおよぶ御勅使《みだい》川の広大な扇状地の扇端を北に置き、現在の滝

●—加賀美氏館跡全景

沢川の左岸を占める一帯であり、館跡とされる法善寺はその中心域に位置している。

【遠光を支えた農業基盤】 加賀美周辺は、御勅使川扇状地の扇端部に弧状に連なる扇状地の伏流水を水源とした湧水帯に位置し、弥生時代以降水稲耕作の伝播《でんぱ》に呼応していち早く開発が試みられた地域のひとつとして知られている。法善寺境内にも湧水があり、現在も下流の水田を潤している。この井泉は弘法大師がその水を湧かしたという、いわゆる弘法清水《こうぼうしみず》の伝説をもつが、このような逸話の存在は、井泉がおそらくは館が置かれる以前から人びとの営みに欠くことのできない場所として神聖視されてきたことを表している。居館は、この湧水を取り込む形で設けられている。

また周囲には、かつての農業基盤整備の痕跡ともいえる一町(約一〇九メートル)四方の碁盤の目状の土地割り、いわゆる条里型の土地割りが色濃く残る。その施行時期は必ずしも明確でないが、近年の発掘調査の成果からは、その萌芽が平安時代(一〇世紀代)にまで遡る可能性も指摘されており、いずれにしても館跡周辺が原始以降、継続的に開発が試みられてきた地域であることがわかる。

【遠光を支えた軍事的基盤】 いっぽうで館跡の後背に広がる扇状地の扇央部は、地下水位の低い干ばつ地帯だが、近年の

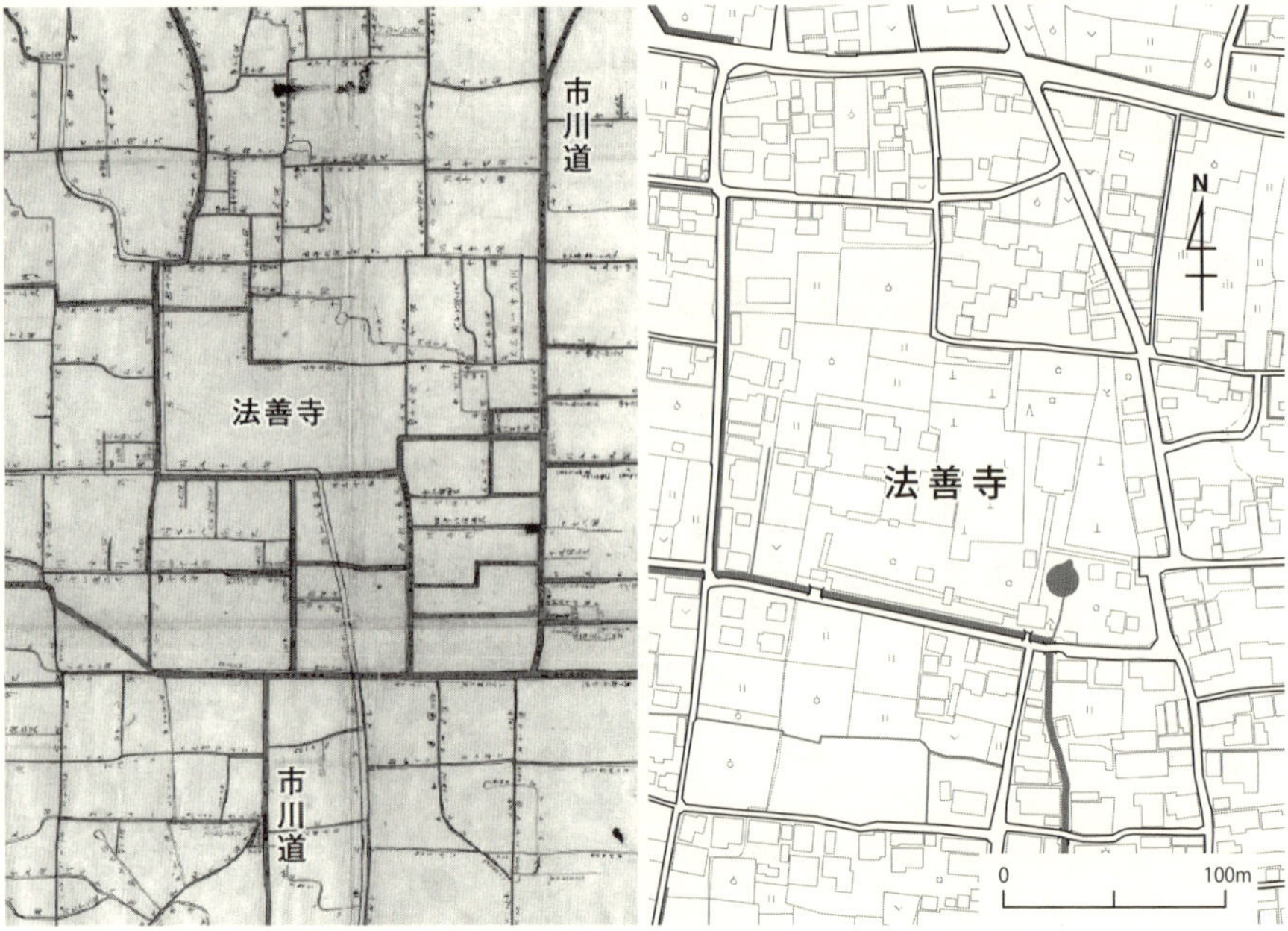

●—加賀美分間図（部分）明治26年（1893）調製と現在の法善寺境内

発掘調査によって平安時代以降、牛馬の飼育施設＝「牧《まき》」という手段により開発が進んだことが明らかにされている。後に「八田牧」と称されるこの牧の存在が、軍馬の供給という形で加賀美氏の軍事的側面を支えていたことは想像に難くない。

【経済、流通の要衝】 館跡周辺はまた、扇状地と氾濫原《はんらんげん》との境界、さらには富士川を遡ってきた文化の到達点でもあり、考古学的に見ても駿河、信濃の文化を結ぶ結節点であったことが明らかにされている。現在も館跡の北東約八〇〇㍍に位置する県道では毎年二月十・十一日の両日に「十日市」が開かれている。この市の起源は、十日市場にある法幢院《ほうどういん》の本尊地蔵菩薩坐像の厨子《ずし》に天文三年（一五三四）の年記とともに「十日市場」の村名がみえることから、少なくともこれ以前に遡ることが明らかにされているが、おそらくこのような地理的環境からさらに遡ることも可能であろう。

また、館跡の東側を北から下ってきた、近世には「市川道」と呼ばれる往還道は、館跡の前面でクランクしてさらに南下し、最終的には富士川に沿って駿河へ至る河内路に接続する。河内路沿いの身延《みのぶ》町大聖寺《だいしょうじ》に安置される不動明王像は、『甲斐国社記・寺記』にみえる同寺の縁起によれば、遠光が宮中警護の功により高倉天皇から下賜されたものといい、

峡西

こうした伝承は遠光と京との関係を物語るとともに、当時から富士川に沿って駿河に繋がる主要なルートがあったことを教えてくれる。

これらのことから、加賀美氏館跡周辺が甲斐源氏の一流がまず拠点とするに足る立地を備えていたことがわかる。

【現在の寺域と館跡】 寺域の西辺、南辺には水路がめぐり（西辺の水路は近年の改修工事により暗渠《あんきょ》となっている）館跡をめぐる水堀の名残《なごり》と伝えられてきた。現在のところ考古学的な発掘調査などは行われていないため、これら水路や今の区画が、法善寺の寺域が整備される過程で整えられた可能性を否定できないが、現在も周囲に残る条里型の土地割りや水田と調和し落ち着いた景観を見せている。

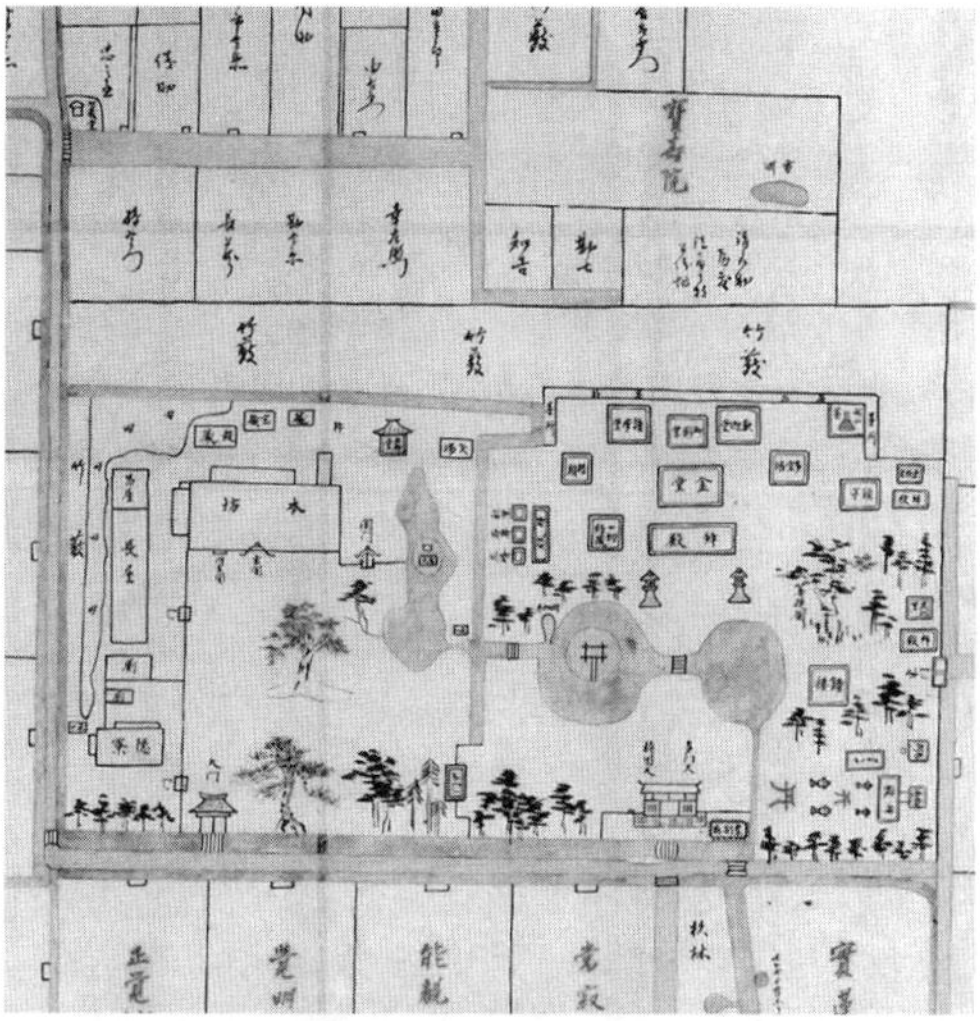

●—加賀美法善寺境内図（部分　法善寺蔵）天保10年（1839）調製を明治期に写したもの。寺域を巡る水路や，庭園の中島には弘法大師ゆかりの井泉も描かれ，下流の耕地を灌漑していることがわかる

寺域の南面に一部土塁の痕跡ともみえる高まりがあるほか、東辺にある墓域が一段高くなっており、土塁の痕跡とされてきたが判然としない。天明三年（一七八三）刊行の『甲斐名勝志』には「寺の後に築地堀の形残れり」ともみえるが、現在は居館の痕跡を見つけることは難しい。推定されるその領域は、天保十年（一八三九）年の状況を示した境内図、明治期の分間図、現在の地形図等に鑑みれば、東西約二町（約二一八メートル）。その南・東・西辺は水路がめぐるなどして比較的明瞭である。しかし、北辺は必ずしも明らかではなく、館跡の南北の規模は、天保の境内図をみれば約一町、分間図や現在の地形図を見れば約一町半、さらには約二町四方の区画も想定しうる。

【参考文献】 秋山敬『甲斐源氏の勃興と展開』（岩田書院、二〇一三）、磯貝正義ほか編『日本城郭大系　八　長野・山梨』（新人物往来社、一九八〇）、萩原三雄編『定本山梨県の城』（郷土出版社、一九九一）、山梨県教育委員会『二本柳遺跡』（二〇〇〇）、山梨県教育委員会『百々遺跡三・五』（二〇〇四）

（田中大輔）

●上野盛長、大井信達伝説の地「椿城」

上《うえ》野《の》城《じょう》（椿城《つばきじょう》）

〔南アルプス市指定史跡〕

〔所在地〕南アルプス市上野
〔比　高〕—
〔分　類〕居館
〔年　代〕一三世紀～一六世紀
〔城　主〕上野盛長、秋山氏、大井氏
〔交通アクセス〕JR中央本線「甲府駅」下車、徒歩
　山梨交通バス「小笠原下町」下車、徒歩三〇分。

【椿城と上野盛長】　甲府盆地の西縁、櫛形山《くしがた》の東麓に発達した市之瀬《いちのせ》台地上にあり、北の市之瀬川、南の堰野川《せきのがわ》によって挟まれた舌状台地上、標高約四一〇メートルに立地する。別名「椿城」とも呼ばれており、台地の北側に基壇上に並ぶ五輪塔群があって、やや南に下り本重寺が所在し、南側斜面を中心に上野集落が展開する。

台地先端では比高差約一〇〇メートルの崖線をもって扇状地《せんじょうち》と接し、眼下に広がるこの一帯には甲斐源氏小笠原家の本拠とされる南アルプス市小笠原がある。小笠原家の始祖である小笠原長清《ながきよ》は父加賀美遠光《かがみとおみつ》とともに鎌倉幕府において重用された有力御家人のひとりである。

江戸時代後期の地誌『甲斐国志《かいこくし》』古跡部には「上野ノ城墟古伝ニ上野《うえの》六郎盛長《もりなが》ト云者ノ所築ナリ（中略）域内二三町歩林薄中ニ塁湟歸然トシテ存セリ、塁の南面ハ村居東ハ畠ナリ本重寺ノ境内ニモ古塁アリテ子城《しじょう》ノ如《ごと》シ地多山茶花ヲ以テ名山茶城トモ云北ハ一瀬川ニ枕ミ崩摧絶壁数丈（以下略）」とみえ、周囲に椿が多かったことや土塁の存在などとともに上野盛長の築城などを伝えている。小笠原長清の孫の六郎盛長が上野を本拠とし上野氏を称したとされるが、三代政長の後に秋山より養子をとり秋山に改称したという。

【本重寺】　秋山氏は加賀美遠光の長男光朝《みつとも》が同じ市之瀬台地の秋山を本拠としたことに始まり、源頼朝による甲斐源氏の排斥により光朝も自害したことが伝承されている。本重寺の創建は弘安年間（『甲斐国志』）とも正中二年（一三二五『甲斐

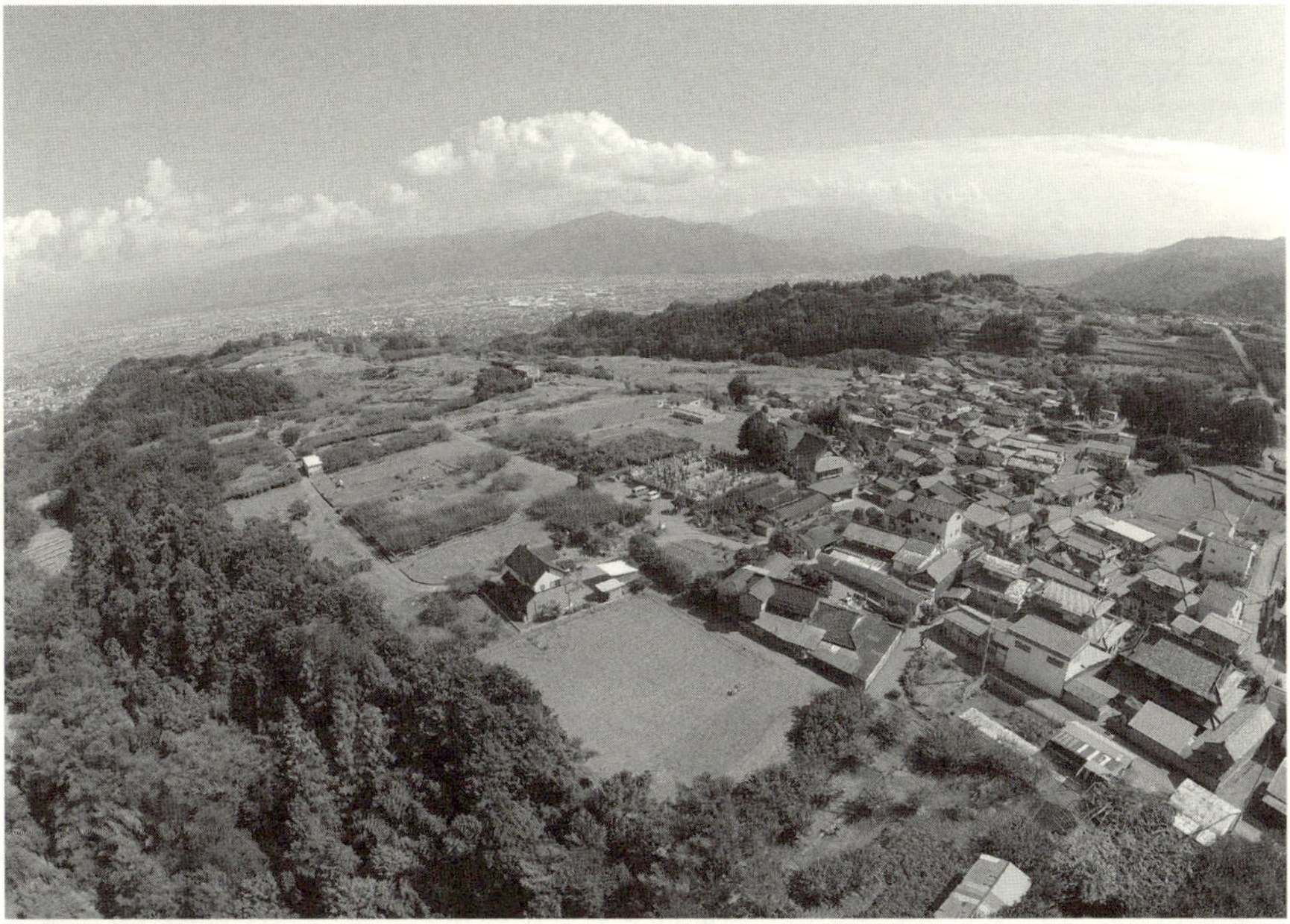

●―上野城全景

国社記・寺記』）ともいわれ、日蓮の弟子日興《にっこう》の開山、開基は光朝の子光定《みつさだ》とされ日興上人から光定へ与えたとされる「板本尊」（南アルプス市指定文化財）が現存する。また、前述した五輪塔《ごりんとう》群には「比丘尼《びくに》妙意《みょうい》　嘉暦三（一三二八）年十月十三日」の刻銘がある五輪塔があり、天明四年（一七八四）の『当村古城跡由緒《ゆいしょ》御《お》尋《たずね》ニ付書上』にある秋山光吉《みつよし》についての嘉暦年間の記述と符合する。この五輪塔群は現在も上野在住の秋山氏によって祀られている。

【大井信達居城説】『甲斐国志』では戦国期の記述として大井信達《のぶさと》の居城説も伝えており、これは本重寺の名を大井信達の法号「本習院《ほんじゅういん》能岳宗芸」の転化と考えたことを根拠としている。信達は西郡に勢力を持った土豪で武田信虎正室の父にあたるが、『勝山記』などに信虎との抗争の様子を見ることができる。永正十二年（一五一五）の記述に「屋形《やかた》方大勢ナリト云ヘトモ、彼ノ城ノ廻リヲ不被知間、皆深田ニ馬ヲ乗入テ、無出打死畢ヌ」とあり信虎勢の大敗が記されている。深田に囲まれたという点から、この戦いの舞台は上野城ではなくむしろ台地下の「田方」と呼ばれる湧水地帯で、大井氏ゆかりの「大井」の地を舞台にしたものとの指摘もある。

【城の構造と既往の調査】『甲斐国志』では「此ノ墟東辺ノ土塁屹立《きつりつ》セシ躰ヲ視ルニ、天正慶長ノ間修理ヲ加ヘ（以下

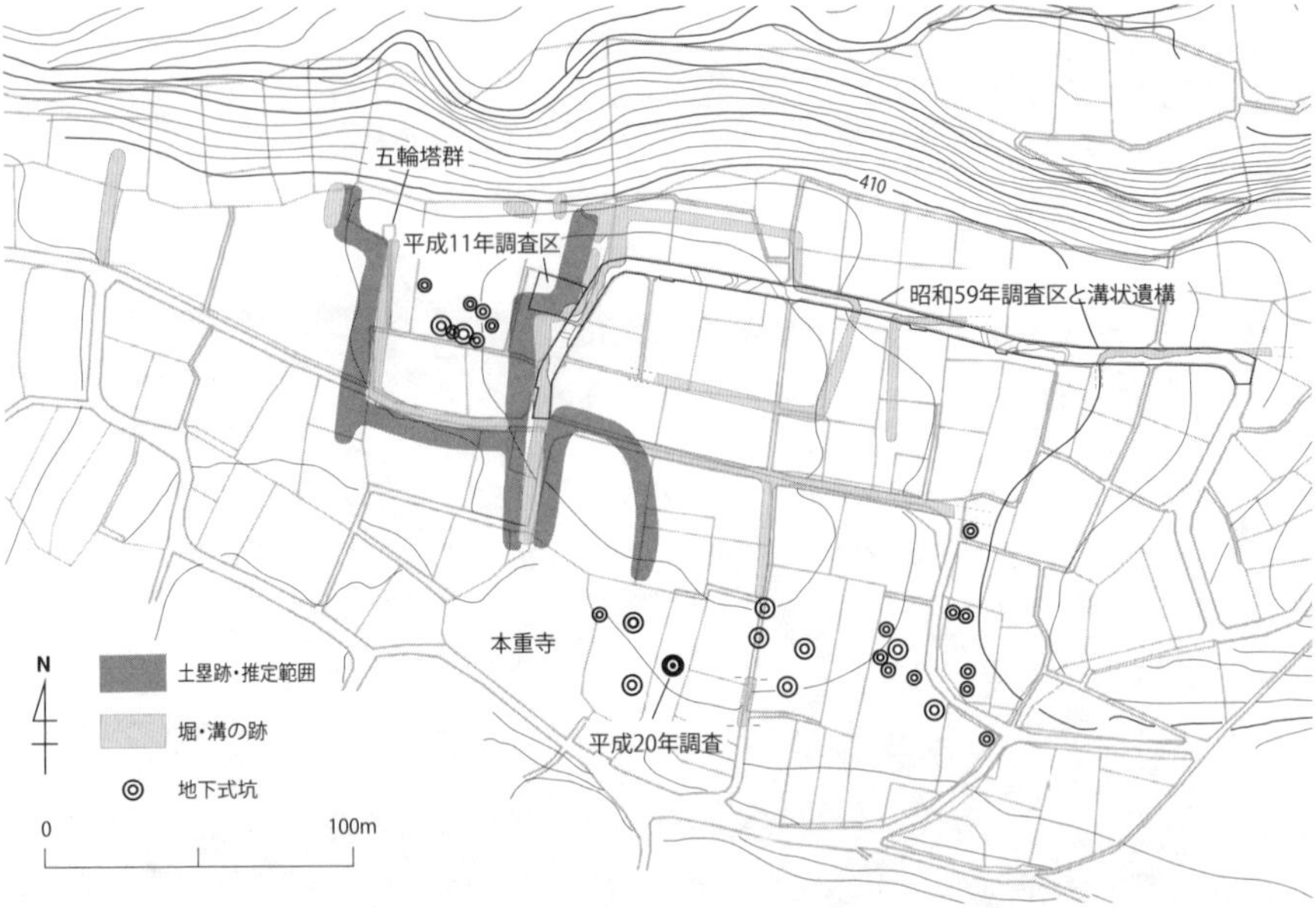

●—レーダー探査や発掘調査の成果、聞き取り調査などを元に上野城内の遺構が想定されている（『椿城跡』1991 第13図，第16図を元に近年の調査成果を加え作成）

略)」とあり上野城あるいは土塁に関する下限の時期が示唆されている。土塁のほとんどは遺存していないが、聞き取りおよび考古学的な調査等から城の構造が少しずつみえてきている。

旧櫛形町教育委員会では、昭和五十九年（一九八四）に農道改良工事に伴って台地の北縁沿いで二五〇メートルにわたり発掘調査を行っている。中世の遺構としては幅四～五メートル、深さ二～三メートルの薬研堀《やげんぼり》を数条検出し、遺物は天目《てんもく》茶碗片やかわらけなどが出土している。また、平成十一年（一九九九）に農道に隣接して個人住宅の建設に伴って調査を行い溝状遺構を検出している。

昭和六十三年（一九八八）から地中レーダー探査を実施し、東西南北に軸線をもつ複数の溝跡を確認し、東西三〇〇メートル以上、南北二〇〇メートルにおよぶ複郭構造の城郭（居館）が想定されている。さらに、二七基におよぶ地下式坑の存在も指摘されており、当地では度々地面が陥没することから上野城の「抜け穴」として伝承されてきたが、これらも地下式坑によるものと考えられる。昭和五十四年に畑地内での陥没が原因で発掘調査が実施され、竪坑《たてあな》は直径約一メートル、深度約三メートルで、主室は奥行き約二メートルの正方形を呈していた。また、平成二〇年（二〇〇八）にもこれまで把握されていなかった新たな地下式坑が陥没により検出され発掘調査を実施している。竪坑は直径約一メートルで、深度三・八メートル地点で熙寧元宝《きねいげんぽう》（篆書《てんしょ》体）を含む古銭が四枚重ねて出土したが安全面の確保からその深度で掘り止めている。竪坑からは耳部下に張出をもつ茶釜の耳部破片が出土している。

調査からは、これらのほか台地南端の堀状の遺構や、五輪塔群の東には土塁と溝を伴った方形区画が存在していたことなどが想定されている。この方形区画内と本重寺東側の二つのエリアに地下式坑の分布が集中している。確認された中世の出土遺物は一六世紀前後を中心としており、鎌倉期に遡るものはほとんど確認できていない。

●—基壇上に配列された五輪塔群。各輪には妙法蓮華経の文字が刻まれている。うちひとつの地輪に嘉暦の銘が刻まれている

【上野城の性格】　鎌倉期の遺物が出土していない点や規模の大きな複郭構造を示す点などから『山梨県史』では一六世紀代の土豪屋敷、さらには甲斐国一円支配確立以前の国人クラスの屋敷と推定している。ただし直接結びつける資料はないため大井氏との関連については言及していない。確かに鎌倉期の出土資料は少ないが、嘉暦年間銘の五輪塔や板本尊など鎌倉期における秋山氏（上野氏）との関連を示す資料も伝えられており、また、徐々にではあるが地下式坑などの考古学的調査を重ね新たな知見も蓄積されつつある。城域全般でかなりの工事事業が行われていたことは確かであり、まだ結論付ける段階ではない。やはり今後の調査事例の増加ならびに成果の蓄積に期待したい。

【参考文献】　磯貝正義ほか編『日本城郭大系　八　長野・山梨』（新人物往来社、一九八〇）、萩原三雄編『定本山梨県の城』（郷土出版社、一九九一）、「上野城」『山梨県史　資料編七　中世四　考古資料』（山梨県、二〇〇四）、櫛形町教育委員会『上の山遺跡』（一九八五）、櫛形町教育委員会『椿城跡～上野地区地中レーダー調査及び詳細分布調査報告書～』（一九九一）、「当村古城跡由緒御尋ニ付書上」『櫛形町誌史料篇』（櫛形町、一九六六）

（保阪太一）

●甲斐源氏秋山光朝の要害と伝わる

中《なか》野《の》城《じょう》

〈所在地〉南アルプス市中野
〈比　高〉約五二〇メートル
〈分　類〉山城
〈年　代〉戦国期か
〈城　主〉――
〈交通アクセス〉県道〈県民の森公園線〉から県営林道〈伊奈ヶ湖大久保平線〉に入り徒歩約六〇分。駐車場有

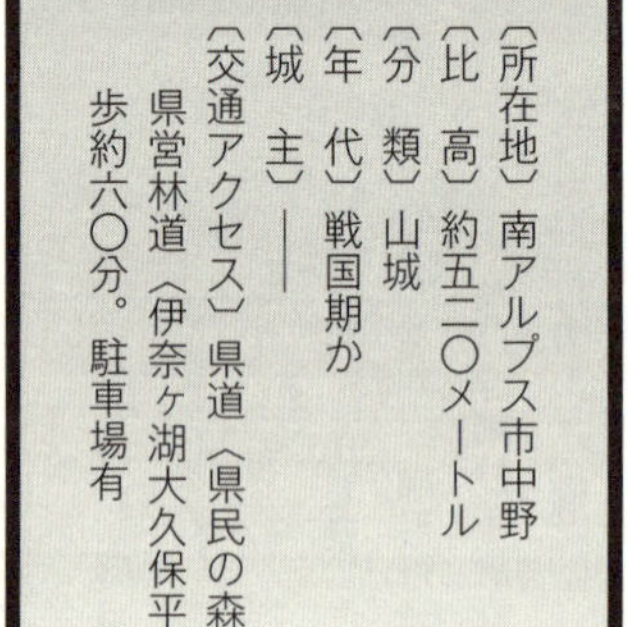

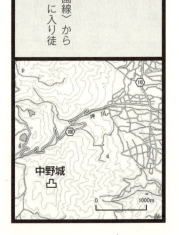

【甲斐源氏秋山光朝の要害という伝承】 中野城は、甲府盆地の西縁にそびえ、櫛形山の前衛をなす城山《しろやま》の山頂域に築かれている。近世の地誌である『甲斐国志《かいこくし》』は、「中野城跡」を「秋山太郎光朝《みつとも》要害ノ城墟ナリ」としており、ここが甲斐源氏秋山光朝の要害とされてきたことを伝えている。

『甲斐国志』はまた、この城について「遥ニ西山（甲府盆地西辺の山地）ノ中腹ニ懸《かか》リ東面垂崖数十丈名云二大缺《かけ》一」と記し、西山の「大缺」と呼ばれた急峻な崖の上に築かれていたとするほか、麓の中野村・秋山村からの距離「山足三四十町」、北側は急峻で郭が高くそびえ、南側は相対的に平坦で郭も広く、「曲城等《くいちがい》」を設けていたほか、「東南へ一級下リ馬冷場ト云処三面ニ塁ヲ設ク」とし、東南に一段下った「馬冷場」と呼ばれる場所にも三面に土塁を設けた郭があったこと、さらには城内に水を得る場所がなく、北側の渓流を「桔槹《はねつるべ》」で汲み上げていたとも、西方の「儀丹瀑《ぎたんがたき》」という滝の水を埋樋によって引き入れたとも伝えられることなどを記している。

【甲斐源氏秋山光朝】 秋山光朝は甲斐源氏の一流、加賀美遠光の長男として生まれ、現在の南アルプス市秋山に拠って名字の地とした。現在南アルプス市秋山にある熊野神社が光朝の居館跡と伝えられるが、この人物に関する記録は少なく謎が多い。それは、『甲斐国志』が「旧説光朝甞《かつ》テ平家ニ仕へ小松内府ノ婿トナル以《ゆえをもって》レ故鎌倉ニ疎斥《そせき》セラレテ其名顕《あら》ハレズト」と記すとおり、加賀美遠光《とおみつ》の長男であったが、平重盛の

●―中野城・雨鳴城遠景（後背は櫛形山）

女を娶《めと》るなど平家との関係が深く、また弟の長清とともに京にあったが、頼朝の挙兵にさいし長清がいち早く参着したのに対し、引きつづき在京したことなどを理由に、甲斐源氏勢力の分断を図る頼朝の政策の過程で、排斥されてしまったからであろうといわれている。これを端的に表すように、『吾妻鏡』には頼朝が、平家を追って西国へ下っていた弟範頼に宛てた手紙として「甲斐の殿原《とのばら》の中には、いさわ殿・かゝみ殿、ことにいとをしくし申させ給へく候、かゝみ太郎殿は、二郎殿の兄にて御座候《ござそうら》へ共、平家に付、又木曽に付て、心ふせんにつかひたりし人にて候へは、所知《しょち》なと奉るへきには及はぬ人にて候なり、たゝ二郎殿をいとをしくして、是をはくゝみて候へきなり（文治元年正月六日条）」と記され、光朝は、長清の兄ではあるが、平家に味方したり、木曽義仲に味方したりして心が不善であるから所領などを与えるべき人物ではないとし、甲斐源氏の中では、長清と石和信光を用いよと指示している。このような事情から、地元における伝承では、光朝は頼朝の追討を受けて、ついには追い詰められ、「雨鳴城」で自害したと伝えられている。

【雨鳴城と中野城】 城山と南東下方に位置する雨鳴山とを結ぶ尾根のピークにも山城の跡があり、そこが光朝の自害した雨鳴城であるとする説があるいっぽう、中野城址である城山

●—城域南端の虎口

が、光朝終焉の地とする伝承もあり、さらには『甲斐国志』に中野城の一部として、東南に下った「馬冷場」に「三面二塁」を設けたと記される施設が、その位置、構造からみて雨鳴山の遺構に比定できることから、雨鳴山の遺構は中野城の一部であるとする説もありはっきりしない。本書では、とりあえず城山山頂域の遺構を「中野城」、その南東下方の遺構を「雨鳴城」として記載している。

【城の構造】 中野城が築かれた城山山頂部は標高一〇二〇メートル。南北に伸びる細長い尾根状を呈し、特にその東側は急峻な崖となり敵の侵入を阻んでいる。この急峻な崖がおそらく『甲斐国志』にみえる「大缺」であろう。いっぽうで山頂域北端と南端付近には平坦地があり、南端付近には、現在もこの平坦部を囲む土塁《どるい》の痕跡を認めることができる。虎口《こぐち》はこの土塁を切って設けられ、こちらも比較的明瞭にその痕跡を認めることができる。南側から入り「大缺」を東に見ながら奥へ進むと、尾根沿いには崖線上端に沿って長さ一〇〇メートル程の土塁状の高まりがつづく。「大缺」の崩落は現在も進行しており、当時は東方に現在は失われた施設があった可能性もある。さらに進むと山頂部を削平して東西約四〇メートル、南北約三〇メートル程の平坦面が造り出されている。その北側には中野集落方面からの侵攻を防ぐ幅四メートル程の帯郭《おびぐるわ》がめぐり、この帯郭東端

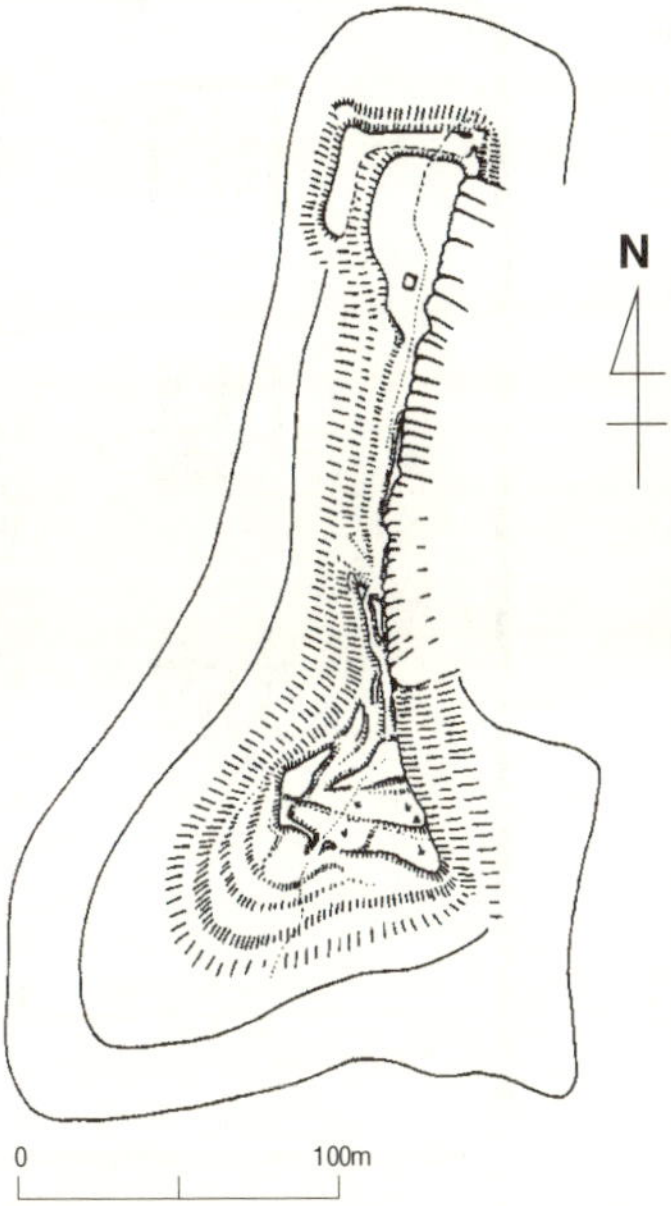

●—中野城縄張図（『山梨県史　資料編７』より）

●—尾根上にのびる土塁状の高まり

にもやや不明瞭ながら虎口が設けられることがわかる。

【築城の時期】中野城において発掘調査等が行われた事例はなく、築城の時期は必ずしも明確でないが、一般にこのような山城の出現は南北朝時代以降とされており、平安時代末から鎌倉時代初め頃の秋山氏の築城とは考え難い。その築城時期は戦国期、さらには五〇〇《メートル》を超える比高や、堀切などがみられず傾斜面を残す郭の削平など、地形の改変度が相対的に少ないことなどに鑑《かんが》みて、南北朝期に遡る可能性も指摘される。

【城址へのアプローチ】中野城へは、その南東に位置する雨鳴城から尾根に沿って登ることも可能だが、県道県民の森公園線（通称伊奈ヶ湖《いながこ》線）から、林道伊奈ヶ湖大久保平線を登った先の「桜池」付近から道標や説明板の設置された遊歩道（歴史にふれる遊歩道）が整備されており登りやすい。山頂へは、この遊歩道の入口から三〇分程で到達することができる。

【参考文献】秋山敬『甲斐源氏の勃興と展開』（岩田書院、二〇一三）、磯貝正義ほか編『日本城郭大系　八　長野・山梨』（新人物往来社、一九八〇）、萩原三雄編『定本山梨県の城』（郷土出版社、一九九一）、村田修三編『図説中世城郭事典　二』（新人物往来社、一九八七）、『山梨県史　資料編七　中世四　考古資料』（山梨県、二〇〇四）

（田中大輔）

●甲斐源氏秋山光朝ゆかりの山城

雨《あま》鳴《なり》城《じょう》

〈所在地〉南アルプス市湯沢・中野
〈比　高〉約三八〇メートル
〈分　類〉山城
〈年　代〉戦国期か
〈城　主〉――
〈交通アクセス〉県道〈平林青柳線〉富士川町隆運寺裏から徒歩約四〇分。

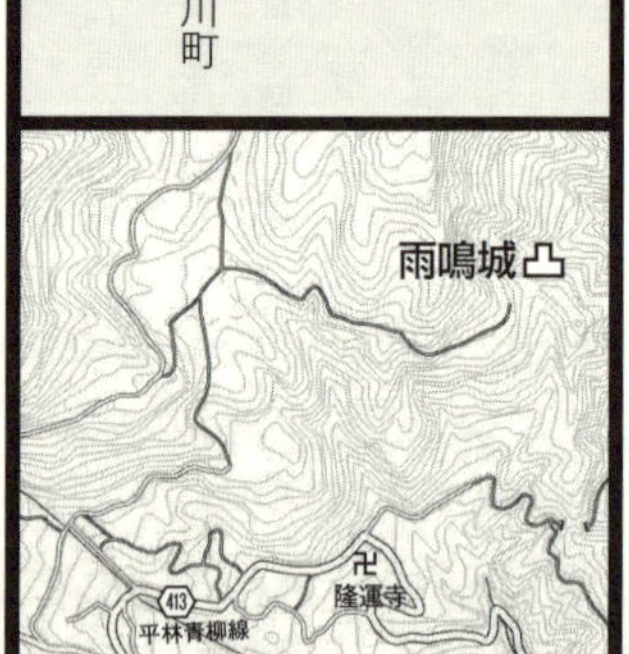

【秋山光朝と雨鳴城】　『甲斐国志《かいこくし》』に「中野城跡」の一部として「東南へ一級下リ馬冷場ト云処三面ニ塁ヲ設ク」と記載された遺構がここでいう雨鳴城とされ、中野城のある城山（一〇二〇メートル）と雨鳴山（七七六メートル）を結ぶ尾根のピーク付近、標高八三三メートルに設けられている。中野城とともに、甲斐源氏秋山光朝《みつとも》が、源頼朝の追討を受けて自害した地と伝承され、光朝ゆかりの城として知られる。

【秋山氏館】　雨鳴城、中野城の麓には、かつて光朝が拠点とした現在の南アルプス市秋山地区があり、光朝の館は『甲斐国志』に「産霊《うぶすな》熊野《くまの》権現《ごんげん》ノ社地即是ナリト云」と記されるとおり秋山の熊野神社周辺に比定されている。境内は、東西、南北とも約八〇メートル、標高二九三メートル、集落との比高約一三メートル程の半独立丘となっており、西側を除く三方が崖で秋山集落を見下ろして、はるか富士川を望む絶好の眺望を誇る。残る西側は後背の山地に接続しており、要害とされる中野城、雨鳴城はそこからつづく尾根沿いに連なる。

熊野神社境内からは、江戸時代の慶安年間（一六四八～五二）に銅製の経筒二点が常滑《とこなめ》焼の甕《かめ》などとともに出土し（山梨県指定文化財　銅製経筒および付属品）、そこに刻まれた銘文から、「源朝臣光経」らが施主となって、一族の繁栄を願って建久八年（一一九七）に埋納したことがわかる。光経は、加賀美遠光《かがみとおみつ》の四男で、光朝の弟にあたり、埋納された場所が秋山氏館と伝えられる熊野神社であることから、光朝供養のために埋納されたともいわれている。周辺には、光朝開基と伝えられる光昌寺や光朝の廟所などもあり、秋山氏とのゆかりを色濃く伝えている。

【雨鳴城の名称】 城の呼称は、もとより中野城の占地する城山と、雨鳴山とを結ぶ尾根上にあることに由来するが、雨鳴山について『甲斐国志』には「此山《このやま》時アリテ鳴ル夏日雨降ラントスル時最モ多シ山名ヲ得ル所以《ゆえん》ナリ里人コレヲ阿《お》遠光ガ鳴ルト云其ノ説ニ曰ク加賀美遠光ノ霊所《れいしょ》為ニシテ秋山村ニハ其声聞ユルコト稀《まれ》ナリ若《も》シ聞ユル時ハ必ズ災アリ百年前大ニ鳴震シ即日暴雨洪水シテ民屋多ク流亡スト云」とみえ、雨が降る前に「鳴る」ことがあることからこの名があると記される。史実とは言い難いが、地元には秋山光朝とともに父遠光もここで討ち死にしたという伝承があり、遠光の怨念が山を鳴らすとも伝えられる。

【城の構造】 雨鳴城は、秋山氏館、平林方面から登ってくると、小規模な三角形の郭をへて、その後背に尾根を堀切《ほりきり》や土《ど》塁《るい》で分割した四つの郭を確認することができる。その内の南

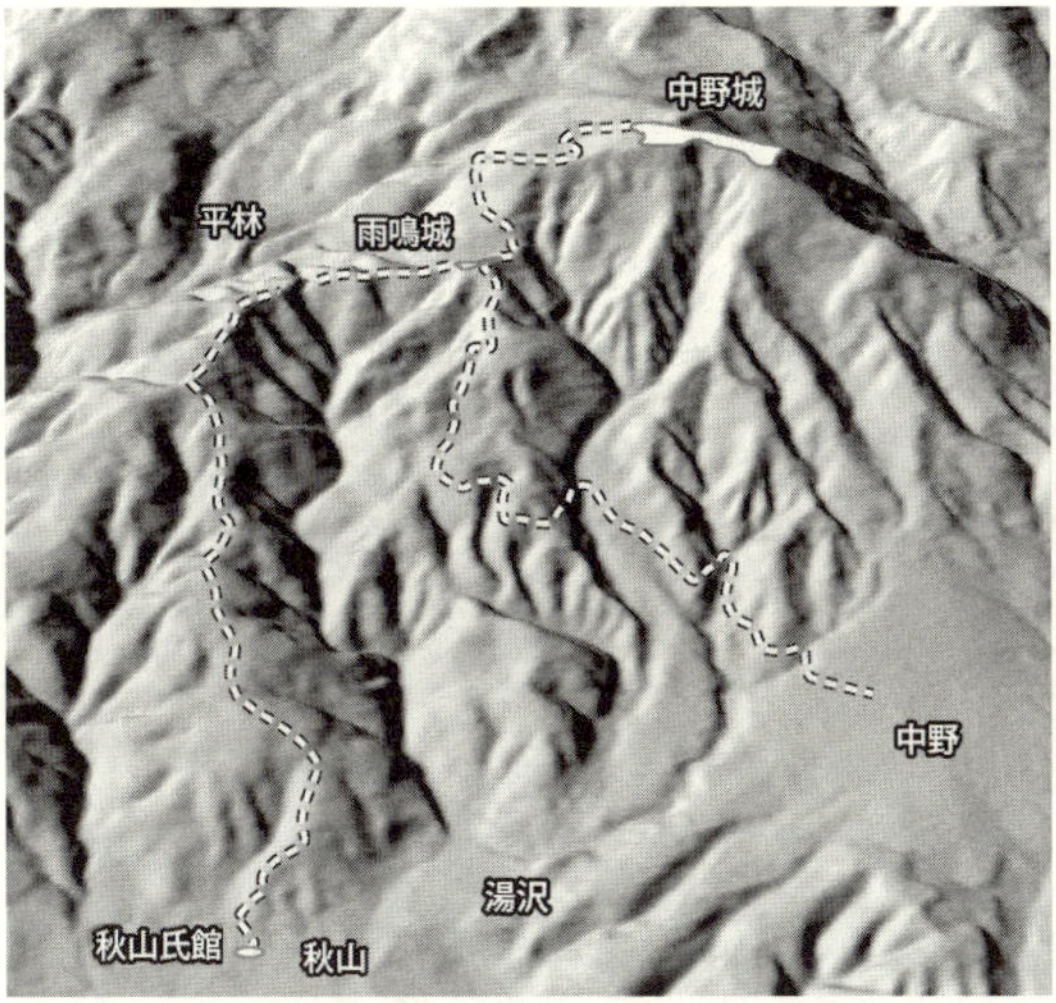

●—中野城、雨鳴城と秋山氏館の位置関係

●—秋山光朝館（熊野神社）の位置と遠景

●—湯沢、中野方面からの山道が通る堀切

端が主郭《しゅかく》で、幅約二五メートル、長さ約三〇メートル程の規模をもち、現在も崩落した南東の一部を除きこれを囲む土塁の痕跡を明瞭に確認することができる。また、その北西端付近には、湯沢・中野方面から登ってきた山道に向けて虎口《こぐち》が設けられる。主郭とその北方の郭を隔てる堀は、西に伸びて竪堀《たてぼり》となり、西方からの侵入を防ぐ。そのさらに北側の郭を隔てる堀切は、堀底に湯沢・中野方面から登ってきた山道が通り、北端の郭は土塁によって隔てられている。

このように秋山氏館や平林方面からつづく尾根線は、郭や土塁、堀切、竪堀によって分断されており、また中野・湯沢方面から登ってきた場合は、堀底を通るため、両側から横矢を受ける構造となっているのに加え、その前後でも横矢がかかる状況がつづく縄張となっている。さらにその奥には、長さ三五メートル程の細尾根がつづき、ここでも中野城方面への到達を困難にしている。

【築城の時期とその意図】　雨鳴城は秋山氏館から中野城に達する一連の尾根上に築かれ、麓の秋山・平林、湯沢・中野のいずれの方面からのアプローチに対しても、中野城、城山方面への防御上極めて重要な場所に占地していることは明らかである。しかしいっぽうで、現在見ることのできる雨鳴城の遺構は、尾根上に連なる郭が比較的明瞭な堀切によって隔て

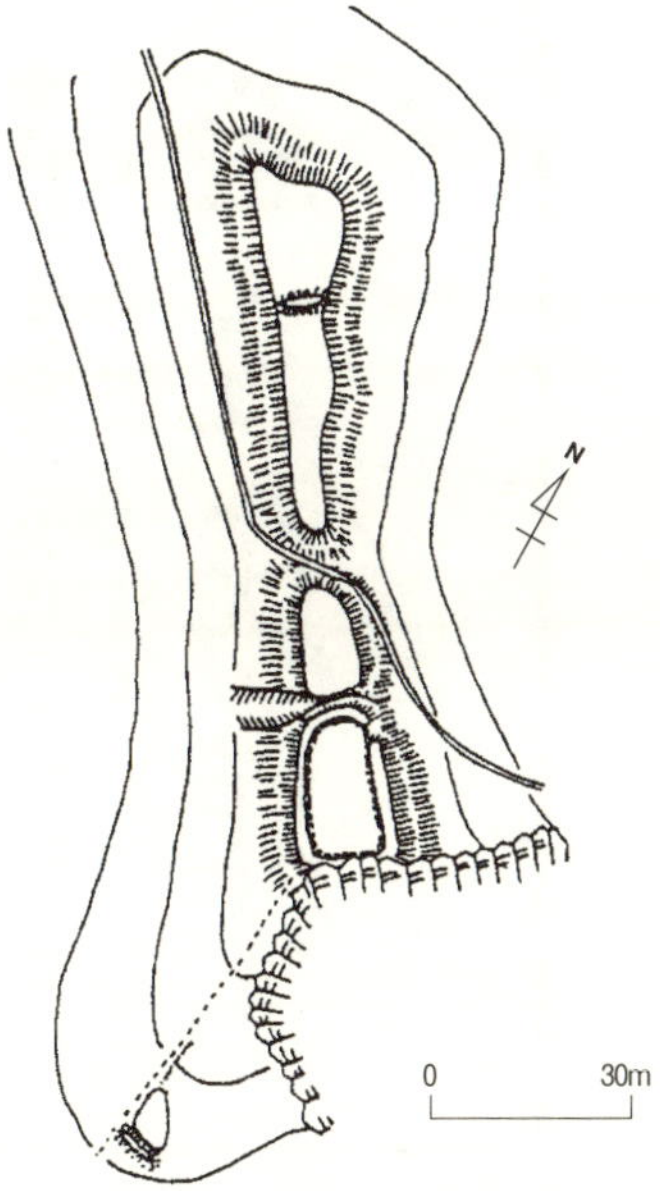

●—雨鳴城縄張図（『山梨県史　資料編７』より）

●—中野城方面へつづく細尾根

られるといった特徴などから、戦国期の構築であることが指摘される。伝承のとおり秋山光朝の築城とするには難があり、現在の雨鳴城の遺構より古い様相を見せる中野城とも同時一体のものと言い切ることは難しい。前記のとおり、中野城方面への交通を遮断する意図は明らかであるので、縦横にのびる間道の防衛を目的に構築されたものであろうか。

【城址へのアプローチ】　現在は、秋山氏館から雨鳴城につづく尾根の下を貫通していた獅子《しし》穴隧道《あなずいどう》が開削され切通しとなったため、尾根が分断され秋山氏館から直接尾根沿いにアプローチすることは困難となっている。そのほか城址へは、南アルプス市の湯沢・中野集落から雨鳴山森林公園の後背の山道を登るか、南側の南巨摩郡富士川町平林の隆運寺の裏手から雨鳴城と同じ尾根筋にある天満宮への参道を登る方法があるが、平林からは林道から分かれて三〇分程で容易に到達することができる。

【参考文献】　秋山敬『甲斐源氏の勃興と展開』（岩田書院、二〇一三年）、磯貝正義ほか編『日本城郭大系　八　長野・山梨』（新人物往来社、一九八〇）、萩原三雄編『定本山梨県の城』（郷土出版社、一九九一）、『山梨県史　資料編七　中世四　考古資料』（山梨県、二〇〇四）

（田中大輔）

●武田家重臣金丸氏・土屋氏の館

金《かね》丸《まる》氏《し》館《やかた》

〔所在地〕南アルプス市徳永
〔比　高〕一五メートル
〔分　類〕居館
〔年　代〕一六世紀か
〔城　主〕金丸氏
〔交通アクセス〕山梨交通バス「野牛島下」下車、徒歩二五分。

【金丸氏と金丸氏館】　南アルプス市徳永《とくなが》に位置する曹洞宗寺院長盛院《ちょうせいいん》境内は、『甲斐国志』によれば、武田氏に仕えた金丸氏の「数代ノ居址ナリ」という。金丸氏は甲斐国守護武田信重《のぶしげ》の子、光重《みつしげ》が途絶えていた金丸氏の名跡を継いで復興し、二代目は武川衆から一色藤次が養子となって金丸伊賀守光信《みつのぶ》と名乗った。『甲斐国社記・寺記』では徳永に館を構えたのはこの光信とされている。三代目は光信の子虎嗣《とらつぐ》、四代目は虎嗣の子虎義《とらよし》が継承し、虎義は主に武田信虎に仕えた。虎義には七人の男子がいて、次男は後に土屋の名跡を継いだ土屋政続《まさつぐ》で武田信玄の側近となる。五男正恒《まさつね》は土屋備前守の養子となって土屋氏を名乗り、武田家滅亡となった天目山《てんもくざん》の戦いまで勝頼に従い「片手千人斬り」の伝説を残したことで知られている。金丸氏は長男昌直《まさなお》、四男定光《さだみつ》が継いだが、定光も勝頼に従い天目山で討ち死にしている。武田家が滅亡すると、金丸氏の館も兵火にかかって焼失し、館の歴史に幕を閉じる。

【金丸氏の菩提寺―長盛院】　金丸氏の館跡に建立された長盛院は、永正十五年（一五一八）竜王村慈照寺《じしょうじ》二代謙翁宗益《けんおうそうえき》を開山とし、開基を『甲斐国社記・寺記』では光信、『甲斐《かい》国志《こくし》』では虎義とする。虎義の法名に初めて「長盛院殿」とみえることから、虎義が開基との見方が有力である。建立された当初の場所は、慶応四年（一八六八）の「古寺調査書」では金丸氏館北西の字姥神《あざうばがみ》となっているが、地元では崖下の現在金丸氏・土屋氏の墓地付近との伝承もある。長盛院は武

●—金丸氏館全景

田家滅亡のさい、金丸氏館とともに兵火にかかり堂宇は焼失し、『甲斐国社記・寺記』では延宝五年（一六七七）（『甲斐国志』では延宝四年）に、長盛院九代序法《じょうほう》によって金丸氏館跡地に移転された。

【立地と旧地形】　金丸氏館跡は御勅使《みだい》川扇状地扇端部に立地し、東側は釜無《かまなし》川が浸食した崖が南北に走っており、館跡はこの崖上の地に建てられている。崖下には徳永集落が立地し、比高差は約一五メートルにおよぶ。館跡の北側および南側は崖状に深く落ち込んでおり、館が区画されているように見えるが、南側は戦後の土砂採取による掘削で生じたものである。館跡北側も崖下に通じる古道に利用された自然の谷のさらに北側は戦後に掘削されており、現状の地形は戦国時代と比べて著しく改変されている。

【徳永集落と館跡】　金丸氏が館を構えた徳永村は、東側に水田に適した釜無川の沖積低地が広がる生産力のある土地であるとともに、北の甘利《あまり》荘と南の加賀美《かがみ》荘を結ぶ古道が通じる地点に位置している。この古道に沿って徳永集落が形成され、現在北から上組、中宿、下組に分かれている。上組と下組は御勅使川支流が形成した小扇状地上に立地し、中宿はその間にあたり上組と下組に比べ標高が低く、「徳永の中だるみ」と呼ばれる。金丸氏の館とは上組が館北側の古道で結ば

●—長盛院境内図（明治 28 年古寺調査書）

●—館跡西側の土塁と堀跡（南から）

れ、小扇状地上に位置する金丸氏と土屋氏の墓所に通じており、戦国時代この小扇状地上が徳永集落の拠点であった可能性がある。

【館を区画する土塁と堀跡】　現在残された遺構は土塁が西側と北側にめぐっている。西側は高さ約二メートル、幅約三メートル、南北約六九メートルに伸びる土塁《どるい》で、中央に虎口《こぐち》と推測される約三メートルほど土塁が途切れた部分がある。その西側には土塁にそって堀跡と考えられる。細長い区画がのこされている。いっぽう北側の土塁は削平され、墓地の基壇に利用されている。『甲斐国志』「金丸筑前守居址」の項には「長盛院ノ境内ナリ、東西三十二間、南北三十間二塁隍《ほり》ノ形存シタリ」とあり、本来は北側の土塁の方が長く、屋敷を区画していたと考えられる。また、明治二十八年（一八九五）古寺調査書に添付された境内図には、土塁を示す「堤」が西側と南側に描かれており、『甲斐国志』の記述にはないが、南側にも土塁がつづいていたことがわかる。この境内図には西側の土塁の虎口も表現されており、境内から西へ向かう道が描かれている。

境内図で次に注目されるのは、墓地北側に崖下の徳永集落へつづく道が表現され、崖下に「古大門」と書かれている点である。この道は自然の谷を利用したものであり、米軍が昭和二十二年（一九四七）に撮影した航空写真を見ると、この

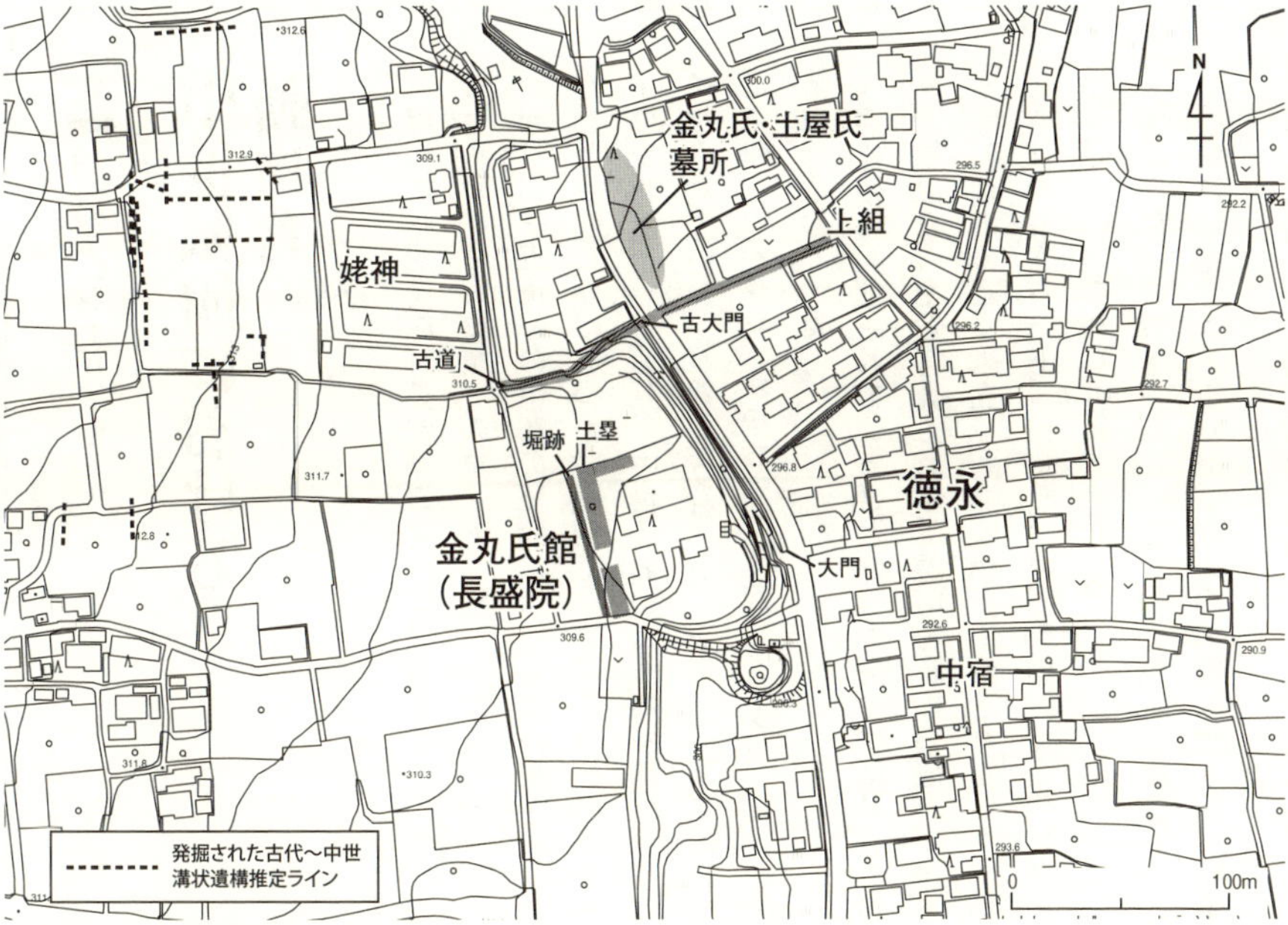

●—金丸氏館模式図

谷を挟んで北側と南側だけでなく西側に樹木の繁茂が見られる。この谷が北側を防御する館の一部として利用されていたのであろう。

【周辺地域の発掘調査】　平成十七年（二〇〇五）度長盛院本堂立て替え工事に伴い南アルプス市教育委員会によって試掘調査が行われた。その結果、本堂に伴う基壇状の遺構が検出されたため、戦国期の遺構まで調査がおよばず、館跡の遺構は発見できなかった。しかし、館の北西地域では個人住宅や私立小中学校建設に伴う発掘調査等によって、一六世紀代の内耳鍋などを伴う南北や東西に走る区画溝が検出されている。遺跡の立地する字姥神は当初長盛院が建立された場所ともいわれており、こうした溝跡が金丸氏が館や長盛院とともに近隣地域を再整備した痕跡の一つであると考えられる。

【参考文献】　田代孝「金丸氏館」磯貝正義ほか編『日本城郭大系八　長野・山梨』（新人物往来社、一九八〇）、萩原三雄編『定本山梨県の城』（郷土出版社、一九九一）、『八田村誌』（八田村、一九七二）、「金丸氏屋敷」『山梨県史　資料編七　中世四　考古資料』（山梨県、二〇〇四）、南アルプス市教育委員会『坂ノ上姥神遺跡第二地点』（二〇一一）

（斎藤秀樹）

お城アラカルト

中世城館における動物食

植月　学

甲州市勝沼氏館跡外郭域の井戸に投棄されていた灰の中からタイ科、マグロ属、スマ、アジ科といった海の魚の骨が見つかり、一五世紀の甲斐の城館において海の魚が食されていたことが明らかになった。甲斐ではすでに古代の遺跡からマイワシが出土しており、中世においても海産物の流通は当然予想されていた。しかし、文献ではわずかに『二宮祭礼帳』（天正年間）のいわし、かつお、うずわ（ソウダカツオ）が知られるに過ぎなかった。

祭礼帳に記載されていることからも海産物はハレの日に食す貴重品だったと考えられる。室町将軍のお成りで供された本膳料理の豪華な献立でも海産物が珍重された。内陸部の甲斐ではなおさらであったろう。勝沼氏館跡でも饗宴などの特別な機会に供された可能性が高い。

勝沼氏館跡の外濠からはシカやイノシシも出土した。シカの肋骨には背骨から折り取るための刃物による切痕が多数認められた。明らかに食用とするためのものである。

中世末期に日本に滞在した宣教師ジョアン・ロドリゲスの『日本教会史』には、日本人は牛や馬など家畜の肉を食すことをもっとも忌避すると記される。しかし、シカやイノシシ肉についての記載はなく、勝沼氏館跡において食されていたとしても不思議はない。ただ、先述の本膳料理のようなフォーマルな献立には決して登場しない点が海産物とは異なる。肉食に対する忌避の度合いは身分によっても異なっていたかもしれない。

魚骨と獣骨は勝沼氏館における異なる場面、あるいは身分による動物食の存在を物語っているのである。

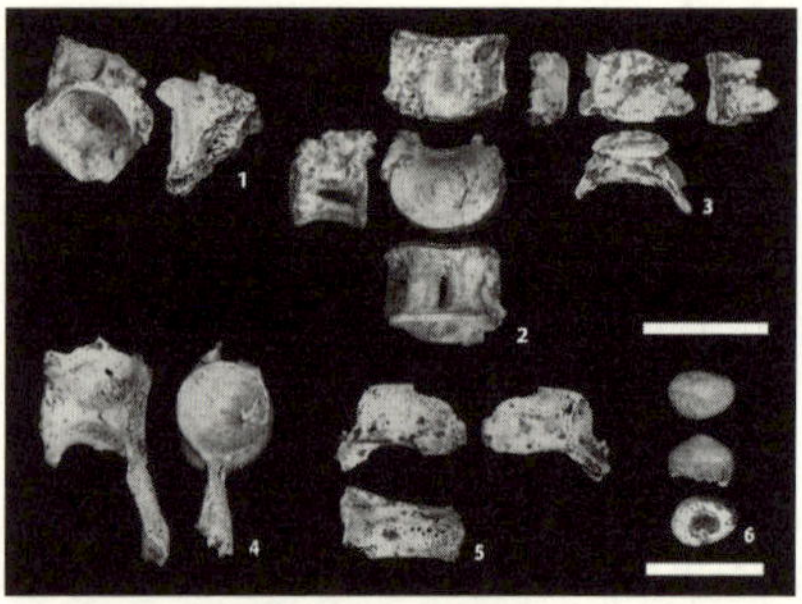

●—勝沼氏館跡出土の魚骨
（タイ、マグロ、スマ、アジの背骨など）

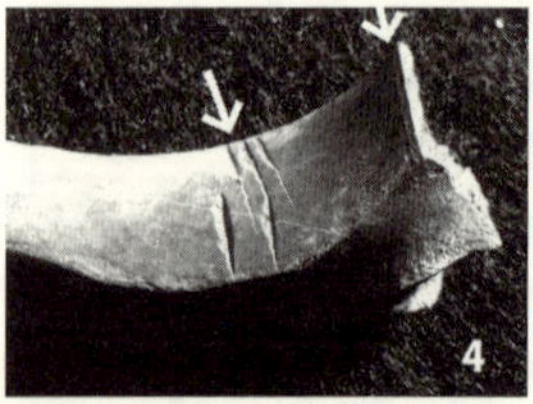

●—勝沼氏館跡出土のシカ肋骨に見られる切痕

峡南

葛谷城航空写真（南部町教育委員会ほか『葛谷城と山静地方の城館』より）

●河内路と南部宿の警護を目的とした拠点的城郭

南《なん》部《ぶ》城《じょう》山《やま》

〈所在地〉南部町南部
〈比　高〉約一〇〇メートル
〈分　類〉山城
〈年　代〉戦国期
〈城　主〉―
〈交通アクセス〉JR身延線「内船駅」下車、公営路線バス「南部下本町」下車。徒歩二五分。駐車場有

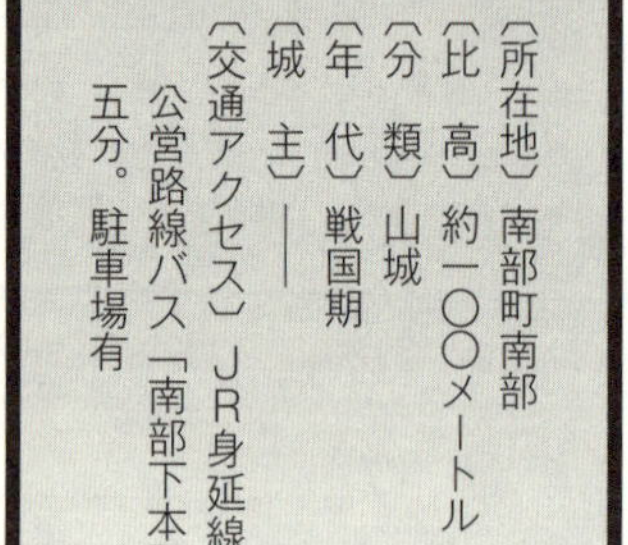

峡南

【近世資料と地名が伝える位置】　富士川左岸に南北一二〇〇メートルを超える細長い山体《さんたい》を連ねた南部城山は、標高二三〇メートルの頂上のほかにも、北・北西・南東に伸びる三本の尾根にそれぞれ小ピークがあり、近世の地誌や古文書の記述、地元伝承から本城や烽火台《のろしだい》の位置を推定しにくい状況にある。また、現在の小字《こあざ》図では細長い山体の北半に「古城山」、南半に「城山」の地名が記されているため、新旧二つの山城が存在した可能性が高い。

南部城山に関わる近世の地誌として『甲斐国志《かいこくし》』が知られ、「南部城跡」の項には「今、村居ノ西ヲ城山ト云フ、榛《しん》莽《ぼう》ノ中、山上ノ平ナル処本城《ほんじょう》ナリ、高サ二三町ニ過ギズ、北ヲ城ノ沢ト云フ、狼煙場《のろしば》ト云フ処モアリ、北ノ方、円蔵院《えんぞういん》ノ寺境へ続キ一帯ノ城地ト見エタリ」と記されている。この記述から本城が山頂にあったのか、他の尾根上小ピークに築かれたのか判断できないが、烽火台は円蔵院に近い南部城山の北西端あたり、字「古城山」地内に設けられていたことになり、新羅神社背後の尾根先端部の平坦地を烽火場跡とする地元伝承と異なる。

いっぽう、文政十一年（一八二八）の「南部村明細帳」には「是《これ》（本城）ハ高札場ヨリ戌亥《いぬい》ニ当《あたり》、少々之平地有之候ヲ本城ト申伝候、（中略）右本城裏山ニのろし場ト云伝候場所も御座候《ござそうろう》」と記されている。当時の高札場が南部宿の本通り（河内路）と妙浄寺《みょうじょうじ》に向かう道が交差するところに設けられていたことを考えると、その北西にあたる本城は先述の

●—南部城山遠景

烽火場地元伝承地に比定され、烽火台はその南に位置する尾根上小ピークまたは南部城山山頂に設けられたことになる。

以上のように、南部城山については本城・烽火台が設けられ、また、新旧二時期の山城が存在したものと思われるが、それらの位置を確定するまでには至っていない。

【山上に広がる城郭遺構】 実際に南部城山を踏査してみると、字「古城山」地内には明確な遺構は認められず、字「城山」地内に、山頂から北に伸びる尾根を遮断した堀切《ほりきり》や土橋《どばし》、小ピークを利用して築かれた三つの郭とその下部に設けられた腰郭《こしぐるわ》、郭に伴う土塁《どるい》、竪堀《たてぼり》、北端の烽火場地元伝承地を取り巻く腰郭を確認することができる。小ピーク上の郭を中心としてこれらの防御施設が築かれていることは確かであり、ここが城の中核部分をなしていたものと考えられる。

このほか、山頂一帯や北西に伸びる尾根上にも平坦地の造成や土塁状の高まり、両側に小規模な竪堀を設けた土橋、腰郭状の斜面造成が認められるが、南部町一帯には植林や開墾で雛壇《ひなだん》状に造成された山が点在しているため、地表面観察による手法だけでこれらを城郭遺構と判断することは難しい。

【煙硝倉跡の伝承】 南部城山を特徴付ける遺構として、山頂から北側に伸びる尾根を遮断する堀切と、そこに設けられた二本の土橋が知られている。尾根の幅は約六メートルで、尾根の上

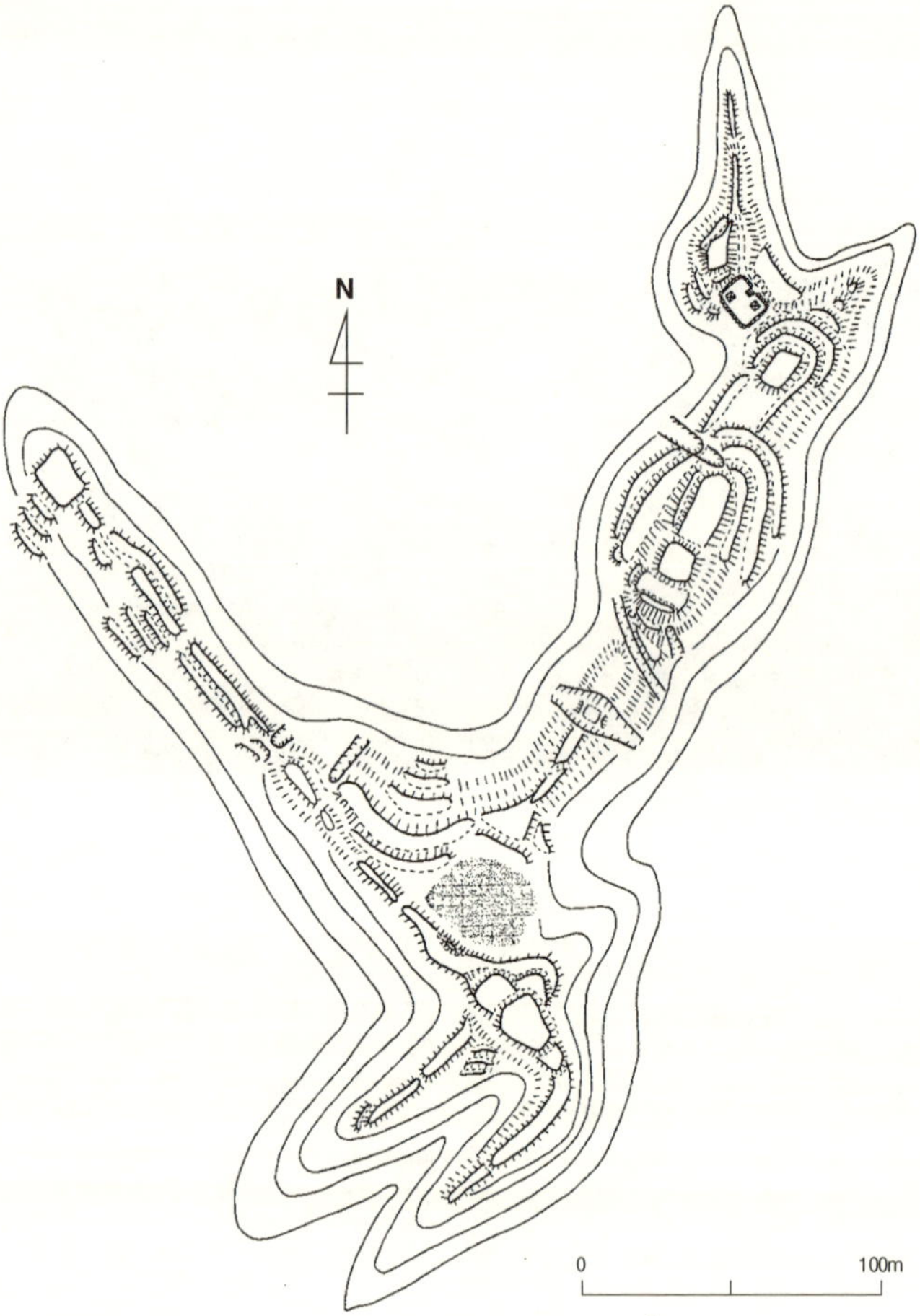

●—南部城山縄張図

面から約三メートル下がったところに位置する土橋の間隔は約一〇メートルを測る。両土橋の間はさらに二・五メートルほど掘り下げられ、箱状の窪地となっている。

　地元ではこの窪地を「煙《えん》硝倉《しょうぐら》跡」と呼んでいるが、火縄銃の火薬の製造に用いる煙硝の貯蔵施設とする確証は得られていない。二本の土橋を堀切に設けた事例は上原城（長野県茅野市）など二〜三の城郭で確認できることから、現状では幅の広い尾根を遮断する技法の一つと考えておきたい。

【築城時期と担った役割】

城の築城時期については、この地を本拠として館を構えた南部氏や穴山氏の時代、および武田氏による甲斐国一円支配の確立以降が候補となるが、居館とセットとなる詰城《つめじろ》の出現は一般的に一五世紀後半とされており、中世前期の南部氏の時代に危急のさいに立てこもることを目的とした山城が築かれ、維持されていたとは考えられない。

平山優の研究によれば、つづく穴山氏が南部に進出したのは室町末期の信介の時代で、信友が本拠を下山に移した後も南部のほぼ全域が穴山氏の直轄領としてつづき、宗威軒《そういけん》という人物に河内路の要所である南部宿の支配と管理を任していたという。加えて、天正五年（一五七七）の「穴山信君伝馬《のぶただてんま》法度《はっと》」では伝馬役を勤める者だけの南部宿居住を許可し、南部宿通過について時刻制限を発するなど、城山に接した南部宿を軍事的・治安維持的な意味合いから重視していた状況がうかがわれるという。しかし、穴山氏は領国支配の新たな拠点とした下山に本格的な詰城を築いた形跡がなく、同じく国人領主として位置付けられる小山田氏にも同様な状況が認められることから、穴山氏がこの城を築いた可能性は低いものと判断される。

永禄十二年（一五六九）八月、武田氏は駿河進攻に伴う軍勢通過に際し、穴山氏配下の宗威軒に直接「禁制」を発給していることから、この時期に武田氏による築城が進められたのではないだろうか。武田氏の領国が拡大するなか、河内路の警護と兵站《へいたん》・輸送の拠点となる南部宿の防衛、烽火による情報伝達を目的にこの城が築かれたと考えられる。

【参考文献】　出月洋文「南部城山」磯貝正義ほか編『日本城郭大系　八　長野・山梨』（新人物往来社、一九八〇）、平山優「戦国期甲斐国の市・町・宿」『甲斐路』七〇（山梨郷土研究会、一九九一）、数野雅彦「南部町内の城館」『改訂南部町誌　上巻』（南部町、一九九九年）、「南部城山」『山梨県史　資料編七　中世四　考古資料』（山梨県、二〇〇三）

（数野雅彦）

●今はなき謎に包まれた甲駿国境の城

葛《くず》谷《や》城《じょう》

峡南

〈所在地〉南部町十島・静岡県富士宮市芝川町下稲子
〈比　高〉一五〇メートル
〈分　類〉山城
〈年　代〉一五～一六世紀
〈城　主〉今川氏、武田氏
〈交通アクセス〉ＪＲ身延線稲子駅下車、徒歩六〇分

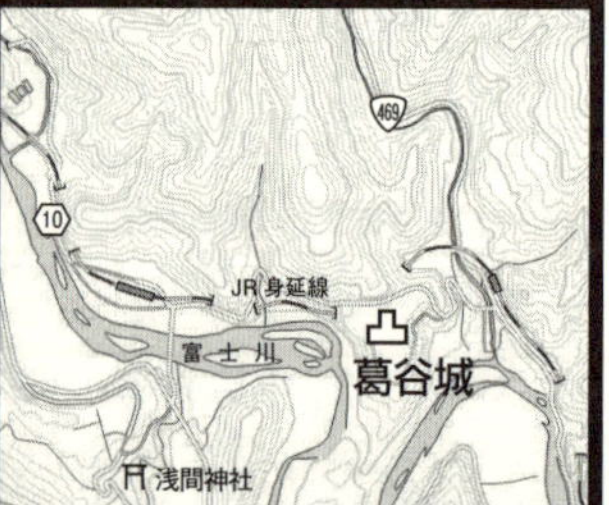

【城の立地】　富士川は十島から下稲子、橋上にかけて大きく湾曲、蛇行し、そこに半島状の丘陵状地形を形成した。その高所にかつて存在したのが、葛谷城である。

　葛谷城は、甲斐・駿河の国境にまたがっており、地番は現在も山梨県南部町と静岡県富士宮市の二つに属し、遺構の六割が山梨県、四割が静岡県に入っていた。城は、下稲子から葛谷峠を経て十島に抜ける旧道（東河内路）を扼する位置にあった。

　周辺には、葛谷城と同じく甲駿境目の城砦として、白鳥山城、井出の城山があるが、前者が富士川の対岸にあって眺望がよいのに対し、後者は見通すことができない。

【誰が築城したのか】　葛谷城についての、戦国期の史料は皆無である。記録に登場するのは、『甲斐国志《かいこくし》』に「葛屋嶺ノ旧塁」として、また『駿河記』の富士郡下稲子の項目に「当村の分内葛谷峠と云山道あり、此嶺則甲駿の国境なり、村落より六町許、甲斐国十島に至る、この辺に城山あり、城地は甲州部内なり」と記されている。つまり、葛谷城は、駿河では甲斐の城という認識があったことを窺わせる。

　甲駿国境に位置する葛谷城の築城主体については、武田氏と今川氏の双方であるといわれる。両氏の抗争は、明応元年（一四九二）に始まり、天文六年（一五三七）の同盟締結によって終息し、永禄十一年（一五六八）に崩壊する。その後、武田・北条両氏の抗争が、駿河で続き、元亀二年（一五七一）十二月に甲相同盟復活で終息する。甲駿国境に葛谷城が築か

れたのは、これらの武田・今川、さらに武田・北条の抗争過程であろう。

【遺構と調査成果】 葛谷城は、山砂利採取のため完全に消滅した。それに先立ち、全面発掘調査が行われ、三つの郭とそれを外周する横堀《よこぼり》、さらに六本の竪堀《たてぼり》が検出された。

まず本郭と推定される一の郭は、城の最後部に位置し、周囲を高さ一・五メートルほどの土塁《どるい》で囲まれていた。その規模は、南北約三四メートル、東西二〇メートル（北辺）、二六メートル（南辺）を測る。土塁の最北部が最も高く、標高二四〇メートルもあり、眺望がよく、この土塁の東側が『甲斐国志』が伝える「東遠見《ひがしとおみ》」、西側が「西遠見」と推定されている。なお、郭の東北部より木炭層数ヵ所と焼土一ヵ所が確認され、烽火台の痕跡ではないかとされている。

一の郭の南に、一段低い場所に二の郭があった。北側の土塁を一の郭と共有し、楕円状の土塁で囲まれている。その規模は、幅約二六メートル（北側）、南北約三九・五メートル（中軸線）を測る。二の郭には、南と西に土塁の切れ目があり、ここが虎口《こぐち》と推定されている。このうち、南側は東河内路に面しており、大手口《おおてぐち》とされる。この大手口と東河内路を封鎖するように、外堀や内堀が設けられ、さらに急峻な斜面に三段の段差を設置しており、敵の侵入に備えていた。

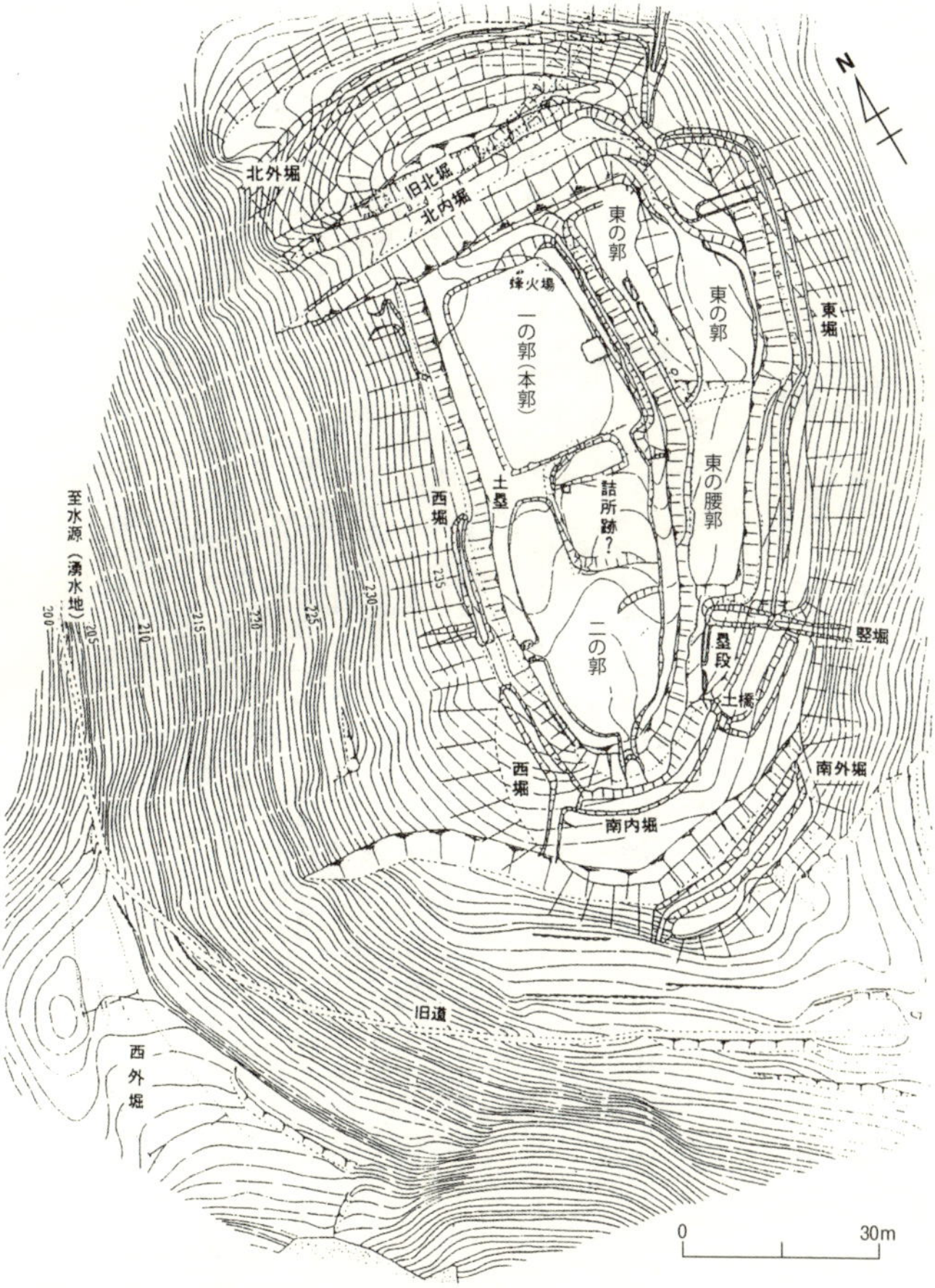

●―葛谷城の縄張（『葛谷城と山静地方の城館』より）

また西側の虎口からは、不整な方形と楕円形の形をした一対の柱穴二個が検出されている。柱穴の形態が不整形なのは、数度にわたる改修の痕跡であろう。

東の郭は、一、二の郭の東側、一段下に設けられている。この郭は、北東側は、一の郭より延長された土塁に囲まれているが、全周してはいない。

このほかに、三つの郭を守る堀や帯郭が存在していた。このうち注目されるのは東堀と西堀である。東堀はV字堀で長さ約八四メートルを測る。いっぽう長さ数十メートルの西堀も、V字堀であり、上部幅八・九メートル、深さ四・五メートルを測るが、これは埋設されたものであることが判明している。同様に、巨大な北内堀は、もともとあった北堀を埋めて新設されており、大改修の痕跡を止める。

以上の成果から、葛谷城は放射状に配置された竪堀、二の郭のように丸みを帯びた郭の形態、低平な土塁などの特徴は、武田氏の影響を受けた城とみなされる。とりわけ注目されるのは、西側（甲斐方面）の西堀が埋設され、全体として東側への防御が強化されていることなどから、当初は今川氏によって築かれ（天文初期までの抗争）、その後武田信玄により永禄末期から元亀初年にかけて大改修され、北条氏に対抗したものではなかろうか。

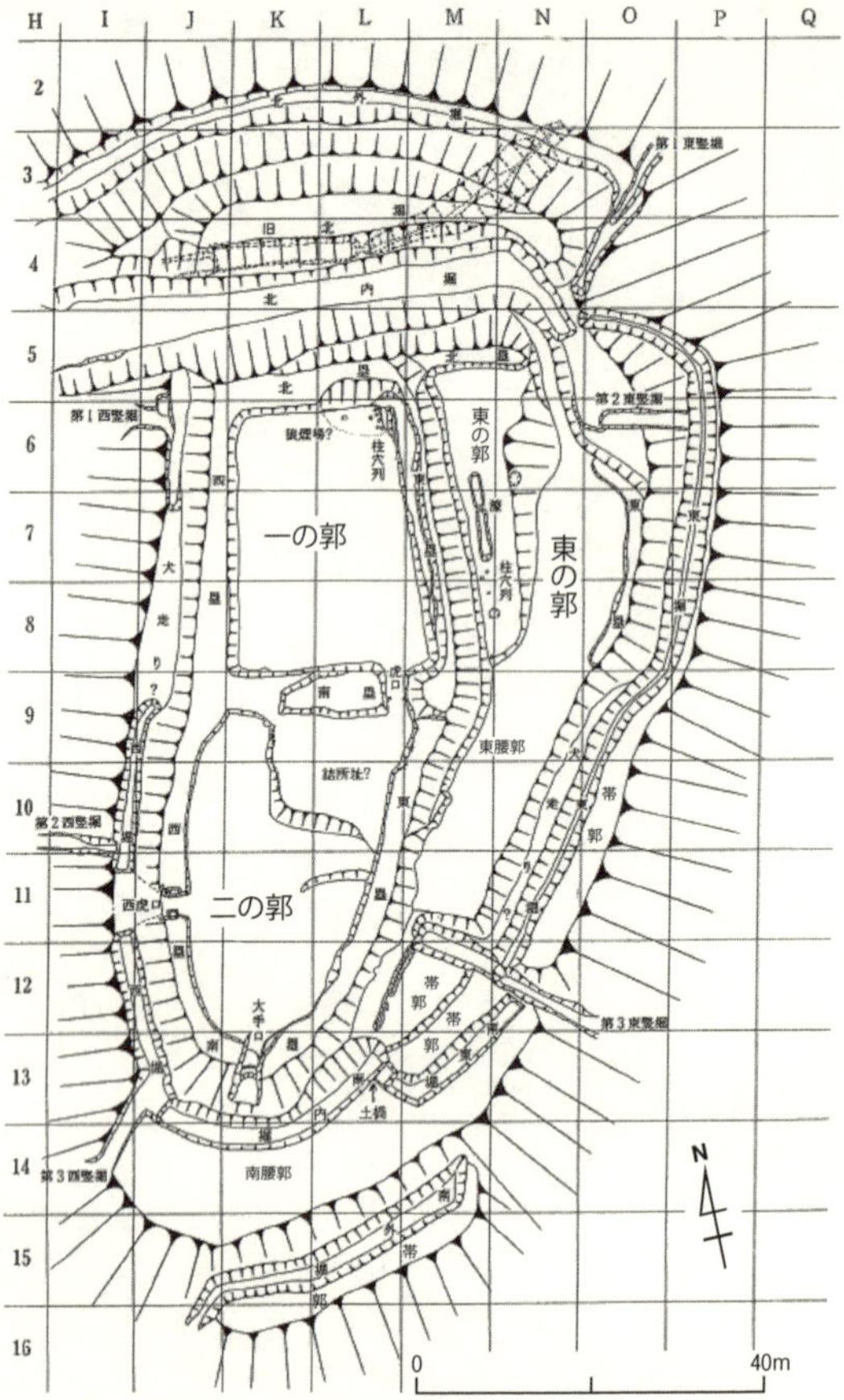

●—葛谷城跡遺構関連実測図（『葛谷城と山静地方の城館』より）

【参考文献】萩原三雄編『定本山梨県の城』（郷土出版社、一九九一）、南部町教育委員会ほか『葛谷城と山静地方の城館』（一九九六）

（平山　優）

●国境防衛のための城か？

真《ま》篠《じの》城《じょう》

〔山梨県指定史跡〕

〔所在地〕南部町福士字真篠
〔比　高〕約七〇メートル
〔分　類〕山城
〔年　代〕戦国期か
〔城　主〕原大隈守か
〔交通アクセス〕ＪＲ身延線「井出駅」下車、徒歩約四〇分。駐車場有

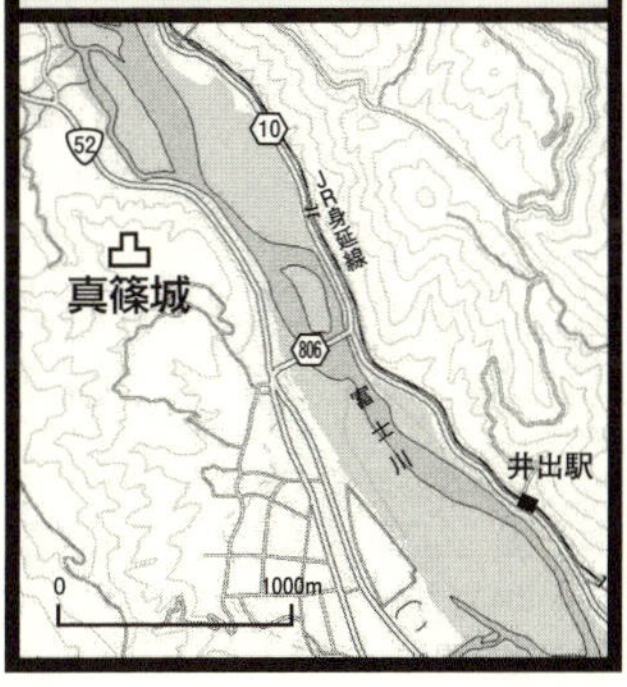

【伝承による城主】　真篠城にかんする史料は少なく謎が多い。江戸時代の地誌『甲斐国志《かいこくし》』によれば、烽火場《のろしば》として原大《はらおお》隅守《すみのかみ》が警護したことを記すが定かではない。原大隅守は、武田氏の御中間頭の一人として『甲陽軍鑑』に載る人物である。別に、地元では望月弥惣兵衛《もちづきやそべえ》という武士がここを預かったとの伝承や、真篠勇太夫《まじのゆうだゆう》の居館跡とも伝えられるが、史料的に確証はない。

【交通の要衝に築かれた立地】　本城は、南に向かって流れる富士川西岸の河岸段丘上にある真篠集落北西側背後の城山にある。標高は二五一メートル。城山は段丘東側を南流する富士川に画され、川との比高差一四五メートルで、山裾の西側と南側を駿州往還（河内路）が通る要衝の地となっている。城名は福士の城山・真篠砦とも呼称されるいっぽう、福士には真篠のほかに城山と呼ばれる場所が宮部にもあり、通説では『甲斐国志』に載る「福士の城山」は真篠城のこととされるが、疑問がもたれる。

【穴山氏の統治と武田氏の駿河侵攻】　本城のある地域は山梨県の南にあたり、富士川が南北に貫流している。この富士川の流域は河内《かわうち》地方と呼ばれ、戦国期には穴山氏の領有するところで、穴山氏は各地に代官を置いて統治していたようで、福士の代官は佐野氏が勤めた。しかし、代官佐野氏と本城とのかかわりを示す同時代史料は見当たらず、その経営主体などについては不明である。

永禄十一年（一五六八）、武田信玄は駿河に侵攻する。こ

●—真篠城遠景

れ以降駿州往還は、武田氏の進軍に度々利用され、河内地方の軍事的重要性は高まる。天正八年、武田勝頼は跡部《あとべ》勝忠《かつただ》に、甲斐と駿河の境目である本栖《もとす》と河内地方に油断無く警戒するように命じており、本城も国境の警固の一翼を担っていたものと思われる。

【地形に応じた構造と畝状空堀】 遺構は、東西約三〇〇メートル、南北約三五〇メートルの範囲におよび、城山山頂の主郭《しゅかく》を中心に、山腹や四方にのびる尾根上にみられる。主郭は東西約五〇メートル、南北約四〇メートルの不整な方形で周囲に土塁《どるい》がめぐり、北・南東・南西に虎口《こぐち》（出入り口）をもつ。北と南西の虎口は平入りであるが、南東の虎口は食違《くいちがい》で、南側に低い土塁をもつ一〇メートル四方の枡形《ますがた》（虎口を守るために土塁などによって防御された四角い空間）が外側に付設された形態となっている。

主郭から北側の尾根筋や山腹には地形に応じた腰郭《こしぐるわ》・帯《おび》郭《ぐるわ》（山城の主郭などの主要な郭に対して、山腹の傾斜面につくられる小規模な郭を腰郭といい、それが細長く帯状の形態を呈するものを帯郭という）を配し、先端部分や斜面の随所に竪堀《たてぼり》を施している。主郭南西虎口直下から西に伸びる痩せ尾根の南斜面には連続して竪堀があり、先端部分には北と南に大きな竪堀がみられる。

主郭東側の山腹には比高差の大きな平坦地が数段あり、段造成された腰郭とみられるが、一部は耕作地の可能性も否定できない。主郭の南側には約三五メートル四方の郭があり、その先には空堀《からぼり》の入り込んだ腰郭がみられる。この主郭南側の郭の落差は八メートルと一〇メートルもあり、段差の大きな見事な切岸《きりぎし》（切土あるいは盛土によってつくられた郭周囲の斜面の壁）となっている。腰郭南側は尾根筋の鞍部となり、幅二〇メートルにおよぶ大きな堀切《ほりきり》状の凹地形となる。この堀切状（尾根筋に対して垂直方向に掘削された堀を堀切と呼ぶ）の凹地を挟んだ対岸の尾根上には、頂の平坦面とその南側の緩斜面にかけて東西方向に並ぶ南北の空堀九本が設けられる（畝状《うねじょう》空堀）。この空堀の南側直下には旧駿州往還の道（現在は東海自然歩道となって

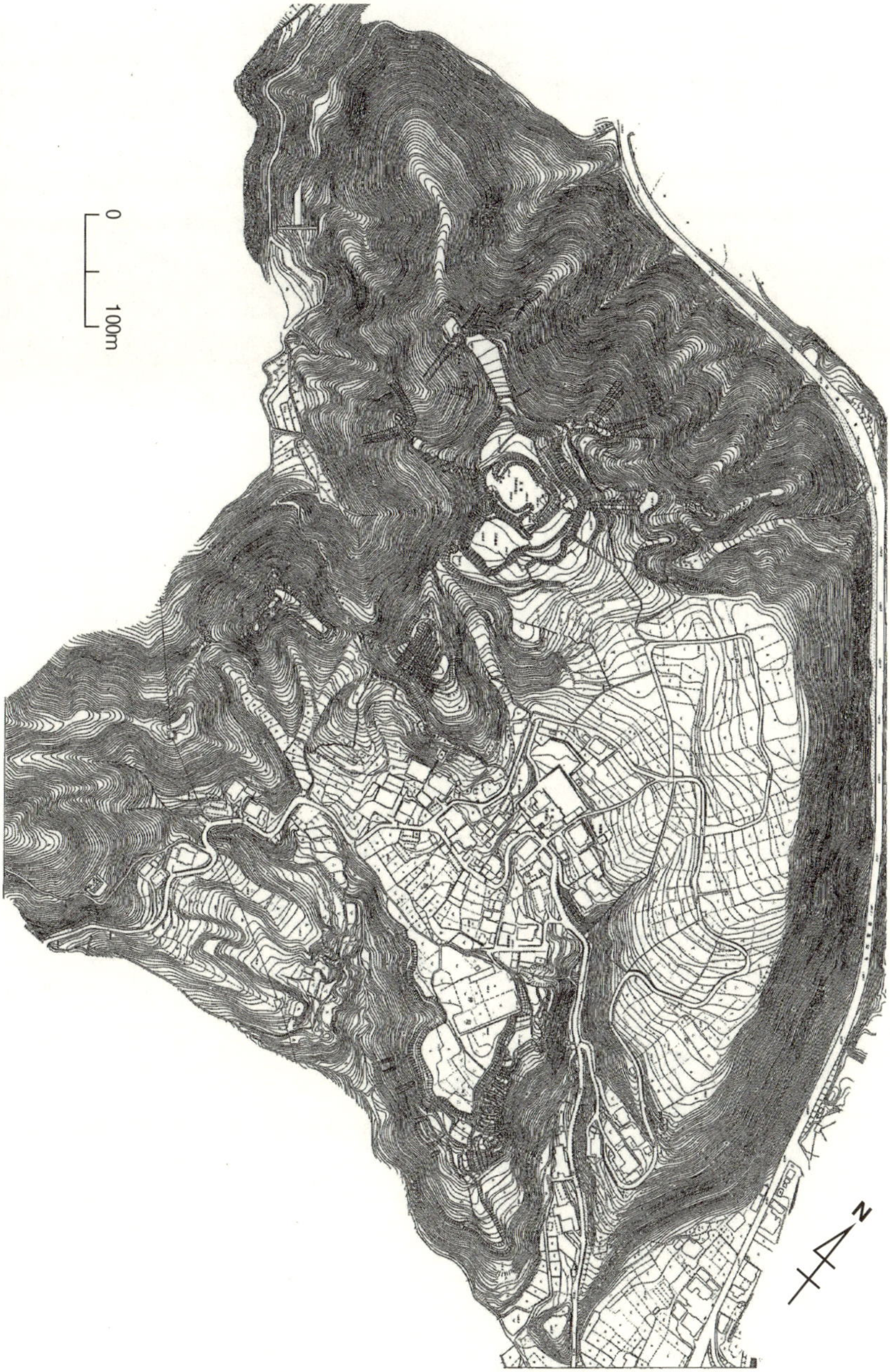

●—真篠城実測図（『真篠城と福土郷』より）

●—畝状空堀（連続空堀）

いる）が通り、西側の集落の境には道祖神場がある。

さらに城山から離れた台地南西端の真篠集落仲間地区には、台地の縁辺に連続竪堀がみられ、これらが城郭関連の遺構であれば、真篠城は集落をとりこんだ台地全体に及ぶ広大な城域をもつことになる。

なお畝状空堀は、連続空堀あるいは連続竪堀などと呼ばれ、防御上の弱点となりやすい緩斜面などを凸凹にして敵の侵入を阻もうとしたもので、県内の城郭では他にあまり類例がなく、本城の大きな特徴で見応えのある遺構となっている。

【甲駿国境防衛の山城】 本城の北方には南部城山、南方の甲斐と駿河の国境には白鳥山《しらとりやま》と葛《くず》谷《や》城（現在は消滅）が存在し、相互に望むことのできる位置関係にあり、一般的に真篠城は烽火台《のろしだい》と認識されていた。しかし、富士川を臨む駿州往還（河内路）の要衝に築かれ、畝状空堀（連続空堀）・竪堀・堀切・桝形・比較的広い郭に段差の大きな切岸など、地形を巧みに利用した遺構がみられ、軍事的に発達した縄張が特徴である。このことから、単なる烽火台ではなく戦国期から織豊期の軍事的に緊張した時期に国境防衛のために営まれたものと考えられる。これにより、武田信玄による築城、穴山氏による経営、武田勝頼による修築、武田氏滅亡後の徳川氏による改修などが推測されるものの、築城の経緯や本城の整備がどのように行われてきたのかは不明である。また城の維持管理には在地領主層が大きくかかわっていたと思われるがその実態も明らかではない。

【参考文献】 小泉義幸編著『烽火台をたずねて』（小泉義雅刊、一九七八）、磯貝正義ほか編『日本城郭大系 八 長野・山梨』（新人物往来社、一九八〇）、八巻孝夫「真篠城」村田修三編『図説中世城郭事典 二』（新人物往来社、一九八七）、中田正光『戦国武田の城』（有峰書店新社、一九八八）、出月洋文「真篠砦」萩原三雄編『定本山梨県の城』（郷土出版社、一九九一）、富沢町教育委員会ほか『真篠城と福士郷』（一九九七）、山下孝司「富沢町の城郭」『山梨考古』七六（山梨県考古学協会、二〇〇〇）、萩原三雄「城郭から見た富沢町の中世」『富沢町誌』上巻（富沢町、二〇〇二）

（山下孝司）

●穴山氏代官の居城か?

福士《ふくし》の城山《じょうやま》

〔所在地〕南部町福士字宮部
〔比　高〕約四五メートル
〔分　類〕山城
〔年　代〕戦国期か
〔城　主〕佐野筑後守か
〔交通アクセス〕ＪＲ身延線「井出駅」下車、徒歩約七〇分。

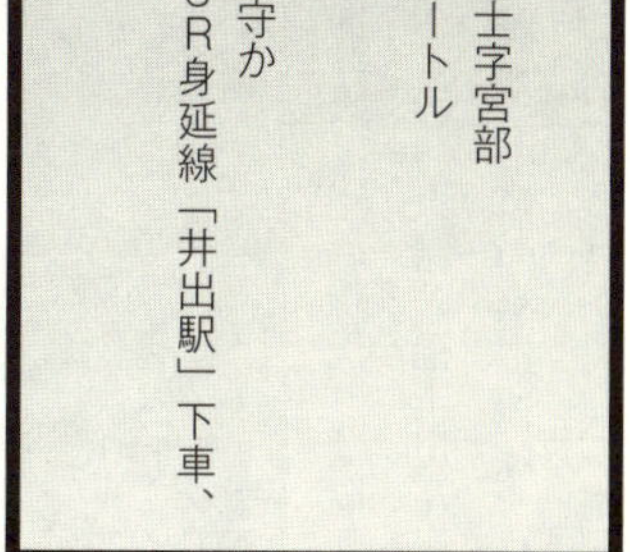

【立　地】　南部町万沢《まんざわ》と福士《ふくし》を画する山地の一角から北西に向かって伸びた尾根の突端の通称城山に位置し、標高は一六四メートルで、山裾を福士川が大きく蛇行している。城山山頂には明治時代に創建された金刀比羅宮《ことひらぐう》があり、本城は金毘羅山砦とも称される。東側山麓には穴山信君（梅雪《ばいせつ》）の嫡男勝千代の菩提寺である最恩寺があり、川の対岸は東市組の集落となる。城跡南側の尾根の鞍部は最恩寺《さいおんじ》方面から火打石・竹ノ沢に通じる旧道の峠となっている。なお、最恩寺は長久年間の開創と伝え、応永二年（一三九五）建立の仏殿は中国宋時代の手法を踏襲した禅宗建築で昭和二十八年（一九五三）に国の重要文化財に指定されている。

【『甲斐国志』が語る歴史】　本城のある地域は、鎌倉時代末期には南部郷の内に含まれ、波木井実長《はぎいさねなが》が福士で塔供養を行っており、当時は波木井氏の勢力下にあったことがうかがえる。戦国期には河内地方に入った穴山氏が支配し、福士には代官が置かれた。『甲斐国志《かいこくし》』の「福士ノ城山」は一般的には真篠《まじの》城をさすとされるけれども、『甲斐国志』は、福士から徳間をへて駿河国大平《おおだいら》村に至る山道があって衛士《えいし》を置いたなどと、記していることから、徳間峠をへて興津川《おきつがわ》源の大平（静岡県静岡市清水区）に至る道筋の入り口に位置する本城が「福士の城山」のことと思われる。烽火場《のろしば》であったとか、原大隅守が警護したとも伝えるが、守衛した人物については佐野筑後守と推測しており、実際に穴山氏の代官に同名の人物が確認できることから、本城とのかかわりが推測され

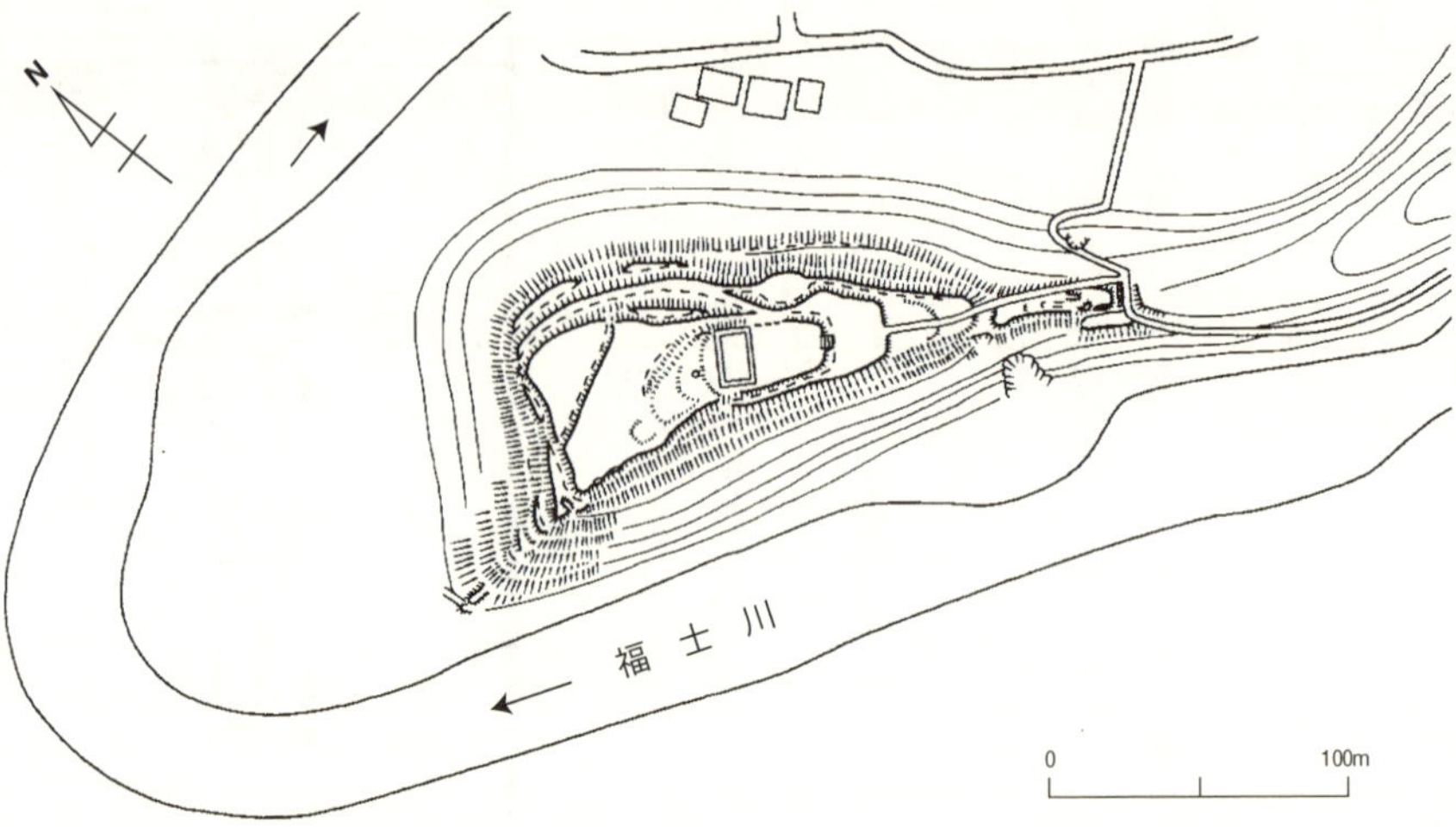

●—福士の城山縄張図

●—福士の城山遠景

る。佐野氏は江戸時代には福士村里長を務めた家柄で、城跡から九〇〇《メートル》東側の福士川左岸の矢島に佐野家屋敷がある。

【遺　構】　山頂の平坦地は、長さ三〇《メートル》ほどの広さがあり、北側に金刀比羅宮が建ち、南側は平坦地が段状につづく。参道によって一部遺構が壊されてはいるものの、尾根筋には土《ど》塁《るい》によって囲まれた虎口《こぐち》状の遺構や堀切《ほりきり》などがみられる。尾根の鞍部は東西をつなぐ堀切状の切通しの道となっている。金刀比羅宮北側は傾斜地で、段差をもったその先は比較的広い平坦地が二段にわたってある。東側山腹には腰郭《こしぐるわ》・帯郭《おびぐるわ》状の平坦地がみられ、西側は川にのぞんだ急崖となっている。北西側に向かって下る尾根筋には堀切があって何段かの平場がつづいており、先端部分には竪堀《たてぼり》状の凹地がみられる。

●—福士の城山山頂

●—福士の城山峠道

【性　格】　谷あいの小山に占地し、眺望の良い立地とは言い難く、烽火台とするには不向きかもしれない。駿州往還からわかれて徳間をへて大平に至るルート上に位置し、また徳間峠のほか駿河とは田代峠や樽峠を越える山道も通じており、それらを扼《やく》す交通の要衝に築かれた城とみられる。穴山氏の代官であった佐野氏などが携わった国境警固の城郭といえよう。

【参考文献】　磯貝正義ほか編『日本城郭大系　八　長野・山梨』（新人物往来社、一九八〇）、出月洋文「真篠砦」萩原三雄編『定本山梨県の城』（郷土出版社、一九九一）、富沢町教育委員会ほか『真篠城と福士郷』（一九九七）、山下孝司「富沢町の城郭」『山梨考古』七六（山梨県考古学協会、二〇〇〇）、萩原三雄「城郭から見た富沢町の中世」『富沢町誌』上巻（富沢町、二〇〇二）、宮坂武男『図解山城探訪　第一七集　山梨峡西・峡南・郡内地区資料編』（長野日報社、二〇〇六）

（山下孝司）

●交通路防備の城

古《こ》城《じょう》山《やま》砦《とりで》・烽火《のろし》台《だい》

〔所在地〕市川三郷町市川大門
〔比　高〕約四五〇メートル
〔分　類〕山城
〔年　代〕戦国期か
〔城　主〕跡部蔵人か
〔交通アクセス〕JR身延線「市川本町駅」下車、徒歩約七〇分。

【交通路を押える立地】　本城は、市川大門の市街地の南側に連なる山地の一角を占める古城山の峰にあり、山頂は烽火台で標高八六八メートル、北と西と東に尾根が発達し、北側尾根の先端部に立地している。標高は七二〇メートル。北側山麓は平塩岡《ひらしおのおか》と称される台地で、本城の南鞍部は平塩から四尾連湖へ抜ける道が通り、この道筋は甲府盆地と身延《みのぶ》、古関《ふるせき》・精進《しょうじ》・本《もと》栖《す》方面をつなぐ古くからの重要な山岳道路と考えられている。

【伝承による城主】　江戸時代の地誌『甲斐国志《かいこくし》』によれば、甲斐源氏の祖源義清《よしきよ》の要害《ようがい》の跡であり、武田氏時代には跡部蔵人《くろうど》が警護し、武田氏滅亡後の天正壬午《てんしょうじんご》の乱には、大須賀五郎左衛門の守兵が置かれたという。また、平塩寺がここにかつて存在したとも伝える。

大治五年（一一三〇）に常陸国那珂《なか》郡武田郷（茨城県ひたちなか市）から甲斐国巨麻郡市河荘へ、濫行《らんぎょう》の廉《かど》で配流された源義清は、土着して甲斐源氏の祖となった。義清の居館があったと伝えるのが本城北側山麓の平塩岡で、現在の熊野神社周辺がその跡とみられている。また、この地は古代の名刹平塩寺が所在したところでもある。白雲山平塩寺は奈良時代の天平七年（七三五）に法相宗の寺院として建立され、延暦年間（七八二～八〇二）に天台宗に改宗し、天台百坊と呼ばれ隆盛を極めたという。

【良好に残る遺構】　遺構は、東西約九〇メートル、南北約一八〇メートルの範囲におよび、中央部分の主郭《しゅかく》を中心に周囲に広がる。主郭は東西約二〇メートル、南北約二八メートルの長方形で南側に土塁《どるい》が

●—古城山遠景

あって、南東・南西に虎口《こぐち》（出入り口）状の部分がある。主郭内には明治以降の富士講関連の石碑などが立つ。

主郭から西側は急傾斜地で、竪堀《たてぼり》が二ヵ所にみられる。北側から東側、南側にかけて、一段下がって腰郭がとりまく。南側腰郭《こしぐるわ》の先は尾根筋の垂直方向に掘削された堀切《ほりきり》があり、その先は土塁で、そこからさらに六五メートル程離れて、狭隘《きょうあい》な尾根に堀切がある。東側腰郭先の東斜面には帯郭《おびぐるわ》・腰郭があって、三ヵ所に竪堀がみられる。北側の山腹には細長い帯郭・腰郭が何段か形成されている。主郭の北東方向に位置する腰郭には、水を湛《たた》えた池がある。

昭和六十三年（一九八八）に、主郭とそれを取り巻く腰郭においてトレンチによる発掘調査が行われた。遺構としては小さな穴（柱穴か）が一一個確認され、遺物は少量ではあるが、中世の八弁菊花紋を押捺した陶器甕破片のほか、カワラケ（土師器皿）片、石鉢片、近世陶磁器片などが出土した。平塩寺の旧跡を裏付ける遺構や遺物はみられず、出土遺物からは義清の要害説には否定的結果であり、郭に土塁を伴い、斜面に竪堀を設けていることから戦国期に構築された城と考えられよう。

六〇〇メートルほど離れた山頂の烽火台は、八×一三メートル程の広さで西側に四×六メートルの土盛りがあり、東側に一段下がって平坦地があり、西側には二段の平坦地がつづき、その先には細長い腰郭がみられる。

【街道防備の烽火台】『甲斐国志』では湯村山城と対向する城と認識されているようであり、河内領と甲府の堺に立地し、烽火台《のろしだい》として重要な位置付けにあったものと推測される。古

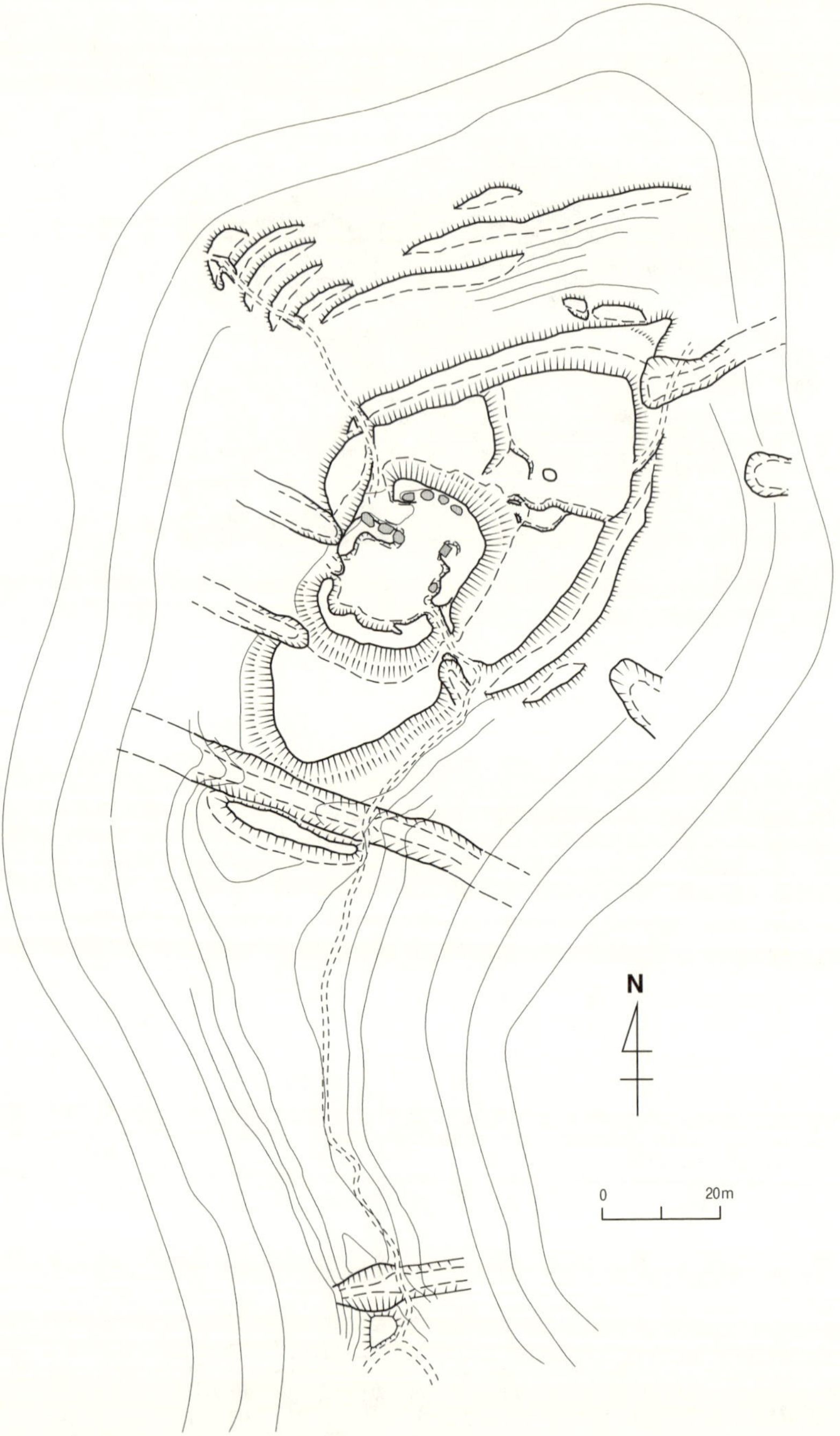

●―古城山砦縄張図（櫛原功一「遺跡探訪　古城山城址」『山梨考古』36, 1991 掲載の平面図をトレース）

城山砦と烽火台は一体として機能していたと思われ、甲府盆地と甲斐国南部の山岳地域を結ぶ街道を防備する役割を担っていたのであろう。

【参考文献】磯貝正義ほか編『日本城郭大系 八 長野・山梨』（新人物往来社、一九八〇）、櫛原功一「遺跡探訪 古城山城址」『山梨考古』三六（山梨県考古学協会、一九九一）、出月洋文「義清館」萩原三雄編『定本山梨県の城』（郷土出版社、一九九一）、萩原三雄「古城山砦」萩原三雄編『定本山梨県の城』（郷土出版社、一九九一）、櫛原功一「古城山砦」『武田系城郭研究の最前線』（山梨県考古学協会二〇〇一年度研究集会資料集、二〇〇一）、市川三郷町教育委員会・公益財団法人山梨文化財研究所『古城山城跡』（二〇一六）

（山下孝司）

●—古城山砦主郭

●—古城山砦の池

●—古城山烽火台山頂

お城アラカルト

武田氏の城と祈り

山下孝司

城館の築城にあたって、武田氏は「鍬立《くわたて》」と称する儀式を執り行った。駒井高白斎《こうはくさい》の書き記した『甲陽日記（高白斎記）』によれば「鍬立」は、一六ヵ所の城において記録があり、時刻と方角を記しその後に「七九」、「七五三」、「七五九」、「鍬五具」などと書かれる場合がいくつかみられる。

同時代の史料ではないが、荻生徂徠《おぎゅうそらい》の著した兵法書である『鈐録《けんろく》』には、築城のさいの「鍬初」として、七人五人三人が本丸の四方にそれぞれ七畚《もっこ》五畚三畚ずつ土を置くという「七五三ノ人足立」が紹介されている。「鍬立」の「七五三」とは、これと類似したような作法だったのではないだろうか。「七九」、「七五九」なども土を置く回数や人数の違いを表している可能性がある。「鍬五具」については、今日の起工式で催される盛砂と斎鍬《いみくわ》などを使用した鍬入に似通った儀式であったことも類推される。

『甲陽軍鑑』には、武田信玄が判ノ兵庫助という安倍晴明の流れをくむ陰陽師に、戸隠《とがくし》（長野市）において長沼城（同市）の普請《ふしん》中障害がないように祈念させた、という逸話が載る。城の普請が恙《つつが》なく完了するようにと、陰陽師のもつ超自然的な力が採用されたのである。陰陽道では、方位と日月星辰《じつげつせいしん》の運行から吉凶や禍福《かふく》を占い、奇数は万物の生成にかかる陽数とされる。「鍬立」は多分に陰陽道的な祭祀的事柄であったのだろう。

また、敵方の城を攻め取り新たに味方の城とする場合には、「鍬立」の前に「城割《しろわり》」が行われることがあった。「城割」は「鍬立」と一つづきに執行されるようであり、本格的に城を壊す（破城）ということではなく、形ばかりの儀式であったとみられる。敵方の旧城主との繋がりを断ち、武田氏の城として再生するという意味合いを込めた呪術的な破城ということになる。

「鍬立」の後には「普請」が実施され、建物建設では立柱式や上棟式といった祝事が行われた。城館建設における一連の儀式は、工事の安全と無事な竣工を祈る精神的・呪術的な築城儀礼であり、とりわけ「鍬立」は武田氏にとって象徴的な行事のひとつであったといえよう。

峡中

積翠寺から仰ぎ見る要害山

●武田氏の詰城

要害山《ようがいさん》・熊城《くまじょう》

〔国指定史跡〕

〔所在地〕甲府市上積翠寺町地内
〔比　高〕約二五〇メートル
〔分　類〕山城
〔年　代〕永正十七年～慶長年間か
〔城　主〕駒井昌頼・昌直ほか
〔交通アクセス〕ＪＲ中央本線「甲府駅」下車、山梨交通バス「積翠寺」下車。徒歩約五〇分。

【要害山・熊城の立地】　要害山は、麓からは独立峰のようにみえるが、甲府盆地北部に連なる山塊から突き出た標高七七五メートルの尾根上に築城されている。相川扇状地頂部に位置するこの山は、躑躅ヶ崎《つつじがさき》館から北東に二・五キロの距離にあり、館の背後にそびえ、戦《いくさ》のさいには籠城するための詰城《つめじろ》であったと評価されている。山上からは、躑躅ヶ崎館や甲府をはじめ、甲府盆地南縁の曽根丘陵から富士川方面まで見渡すことができ、眺望に優れた立地である。

　要害山両脇には相川・藤川の源流となる支流や沢によって大きな谷が形成されており、東の谷筋頂部に位置する尾根上には熊城が築かれ、要害山とともに防御を固める構図となっている。

【築城とその歴史】　永正十六年（一五一九）武田信虎が築いた躑躅ヶ崎館は、あくまで平時の居館であり、甲斐国統一直後の不安定な情勢下では防御に適した城郭の築城は急務であった。そのため、翌年には躑躅ヶ崎館の背後に位置する積翠《せきすい》寺丸山に築城が開始されたことが『甲陽日記（高白斎記）』に記されている。この積翠寺丸山が国史跡要害山である。普《ふ》請《しん》は六月三十日から開始され、翌日には信虎自ら登城して現地検分を行い、そのまま尾根伝いに甲府市西部に位置する平瀬の香積寺《こうしゃくじ》に下山している。

　大永元年（一五二一）に駒井昌頼《こまいまさより》が城主に任命され、直後には駿河の福嶋氏が甲斐国に侵攻してきたため、懐妊中だった信虎夫人（大井夫人）は、要害山に避難している。飯田河原と上条河原の二度の合戦で武田勢が勝利を収めているが、戦渦のなかで、十一月三日に要害山上で武田晴信（信玄）が誕生している。この今川勢の侵攻以後、要害山に関する記録はしばらくみられなくなる。

熊城については、いつ頃築城されたか記録には残されていないが、築城の契機や縄張の形態から軍事的緊張が増した勝頼段階、あるいは、天文から永禄の信玄段階など諸説あるが、定まっていないのが現状である。

●—要害山全景

【廃城の経緯】　天正三年（一五七五）の長篠の戦いで織田信長・徳川家康の連合軍に大敗した翌年、武田勝頼は要害山の修築を帯那郷《おびなごう》に命じている。長篠での敗戦により拡大の一途を辿っていた領国経営が失速し、逆に隣国大名による武田領国への侵攻の可能性が高まったことに危機感を募らせた勝頼が要害山の改修を命じたものと推測される。

結果的には新府《しんぷ》城築城に伴う本拠移転により、武田氏滅亡時にも要害山・熊城一帯が戦場になることはなかったが、『甲斐国志《かいこくし》』には徳川氏と北条氏が旧武田領国の覇権を争った天正壬午《てんしょうじんご》の乱では、引きつづき駒井氏などが警固に当たっていたことが記載されていることから、利用可能な状態で維持されていたとみられる。実際に要害山がどのように取り扱われたか定かではないが、虎口《こぐち》にのこる石垣など現存する遺構から判断し、織豊系大名により改修が加えられた躑躅ヶ崎館と同様に修築が施され、慶長五年（一六〇〇）前後に廃城になったとみられる。

【要害山の構造】　戦国期の要害山の登城口は、背後の尾根伝いに帯那の集落へ通じる搦手《からめて》道と、山麓に根小屋《ねごや》地名が残る上積翠寺の集落側に登城口があった可能性はあるが、詳細な道は明確になっていない。現在は山麓の要害温泉入口から遊歩道が整備されている。近世に記録された浅野文庫所蔵「諸国古城之図」にも同方向からの九十九折《つづらお》りの登城道のほか、熊城方向への道が描かれている。したがって、近世初頭

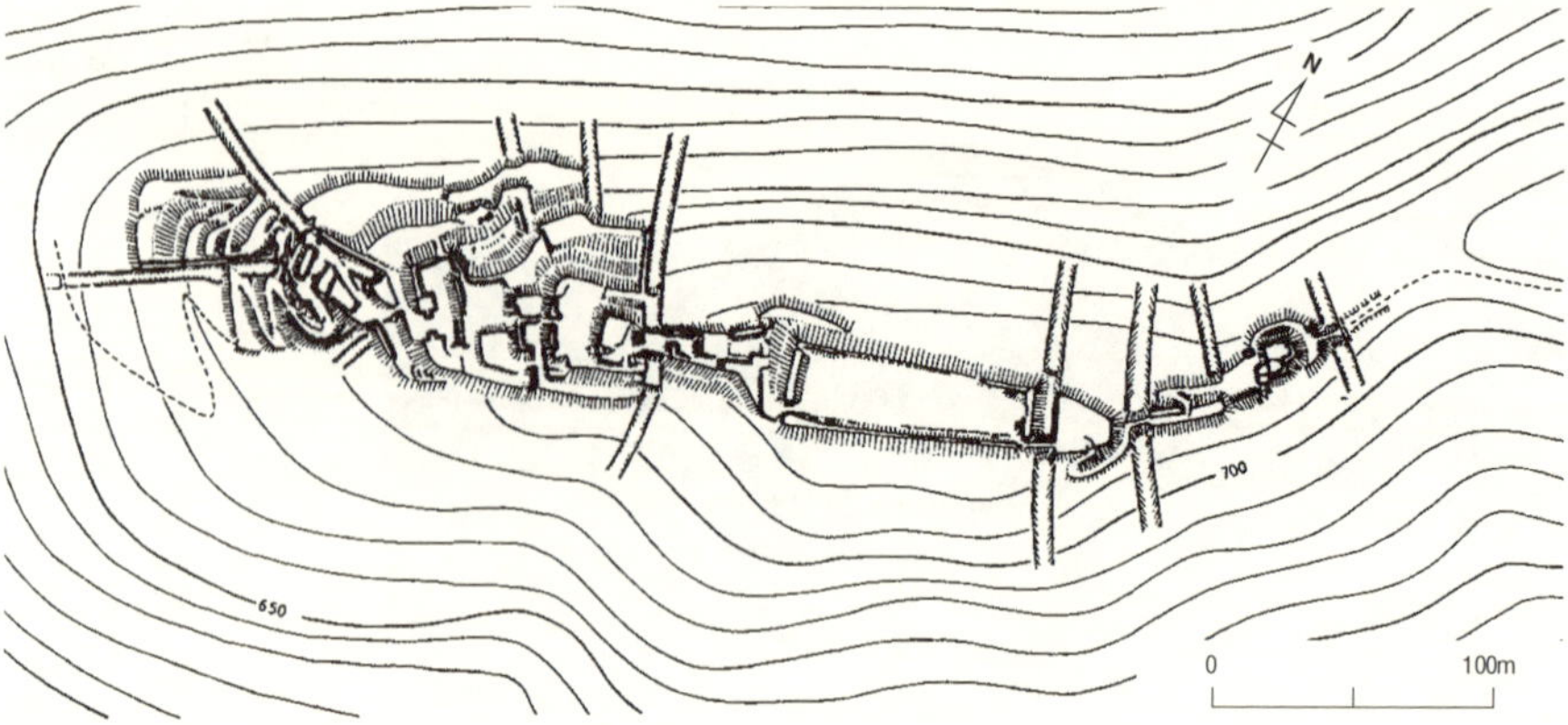

●—要害山縄張図（『山梨県史　資料編 7』より，原図：千田嘉博作図）

には既設遊歩道に近い場所に登城口が存在したと考えられる。

　既設遊歩道は、要害山南面の尾根を分けるように「ハ」の字状に開削された大規模な竪堀《たてぼり》を横断する格好で敷設されているが、大竪堀に挟まれた尾根上に複数の小規模な郭が存在することから、戦国期にはおそらく大竪堀で仕切られた中を大手道として登城したと考えられる。遊歩道は、竪堀横断後、江戸時代に不動明王の石像が祀られたことから不動郭と呼ばれる比較的広い平場に出る。不動郭は、位置的に上積翠寺集落側から登ると最初に城域に入る場所であり、城下が一望できるほど視界が良い。庭園跡と推測される巨石も残り、居住空間であったことを窺わせることから、上積翠寺の集落方面からの登城口も存在したとみるべきだろう。

●—要害山大手虎口石垣

　不動郭を通過し、大竪堀の起点となる場所と合流する付近から本格的に城内へ入っていくが、その結節点付近に最初の虎口《こぐち》が現れる。土塁《どるい》で囲まれた桝形《ますがた》虎口が採用されているが、通路脇には武田氏滅亡後の改修で築かれたとみられる自然石の野面積《のづらづ》みの石垣が残されている。桝形虎口から山頂の主郭《しゅかく》に至るまで比較的大きな帯郭《おびぐるわ》が展開し、中腹北側の斜面途中には城内の飲料水として使用されたと考えられる諏訪水と呼ばれる井戸跡が残されている。

　山頂の主郭正面東には比高差を利用した大きな桝形虎口が形成されており、桝形虎口を通過すると主郭である山頂に到着する。主郭は、東西約七三メートル、南北約二三メートルの平坦な長方形の郭で、周囲には低土塁が設けられている。主郭搦手側には尾根を掘り切った大きな横堀《よこぼり》が設けられ、堀岸には自然石を積んだ石垣が残されている。その先も大きな横堀で通路を遮断しつつ途中に小規模な郭を設け、防御線を確保している。

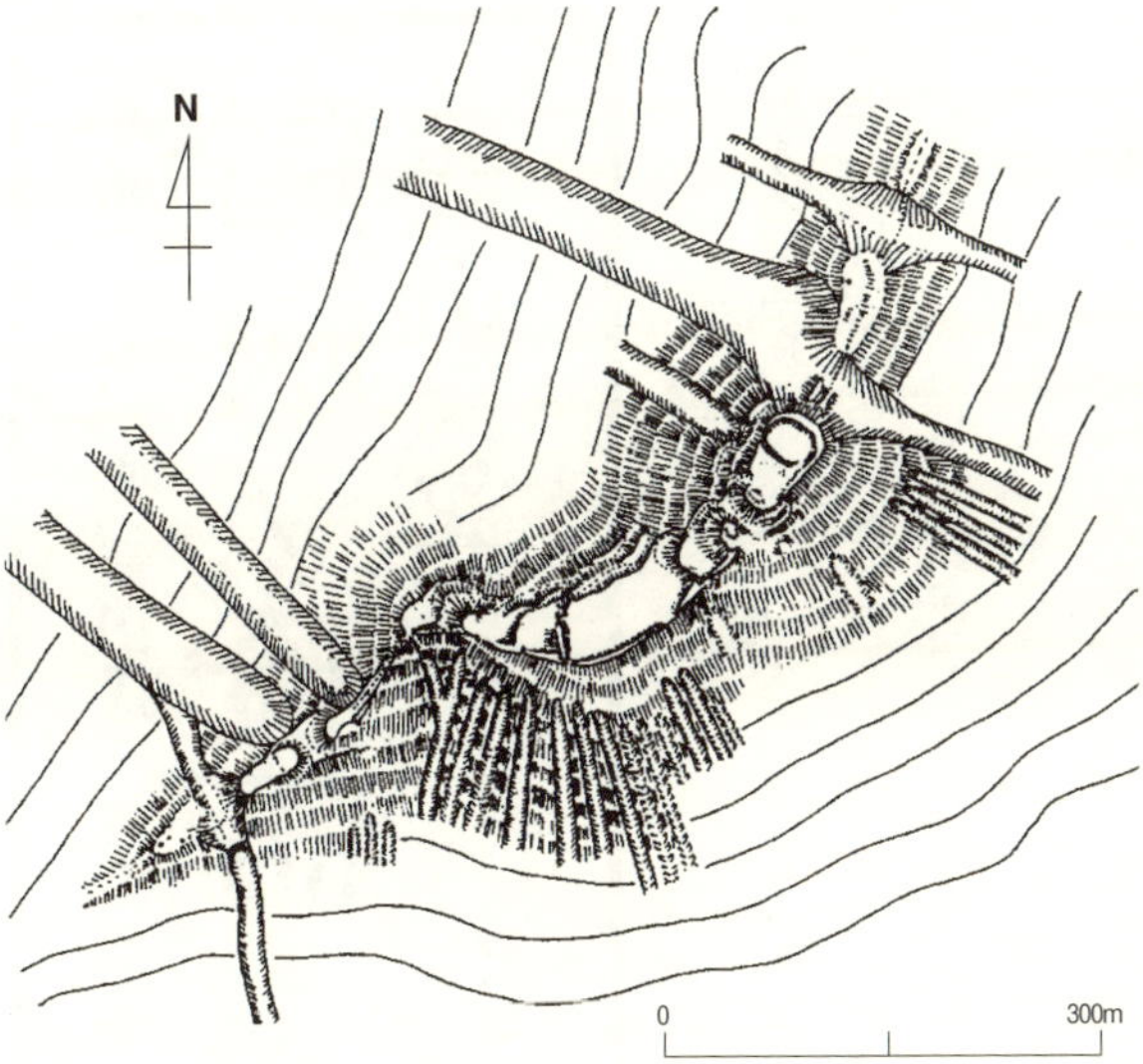

●—熊城縄張図（『山梨県史　資料編7』より）

【熊城の構造】　要害山の東に位置する痩せ尾根上頂部に築かれた主郭を中心として、約二〇〇メートルの範囲の中に大小一一の郭が展開している。上積翠寺集落側に当たる南西の尾根先端部から上がると、小郭間を横堀によって区画し、南面には多数の連続する畝状《うねじょう》の竪堀《たてぼり》が開削されている。ちょうど竪堀が設けられる熊城中央付近に三方を低土塁で囲まれた比較的大きな郭が存在するが、その西側の尾根下に帯郭状の虎口空間とみられる小郭が設けられることから、要害山の中腹から伸びる道がこのあたりに接続するのではないかと推測される。

　熊城の主郭は、比較的小規模であるが、尾根の最頂部に位置する郭と考えられ、二段に区画され、表と裏の両側に土塁が構築されている。主郭の背後は大規模な横堀で遮断され、もっとも北寄りの堀切には土橋《どばし》がなく、完全に後背を遮断している点は、要害山とは大きく異なっており、この城の性格を意味しているのではないかと考えられる。

【参考文献】　畑大介「甲斐における尾根上の城の比較私論」『甲府市史研究』九（甲府市史編さん委員会、一九九二）、信藤祐仁・畑大介「要害城・熊城」萩原三雄編『定本山梨県の城』（郷土出版社、一九九一）、「要害山城付熊城」『山梨県史　資料編七　中世四　考古資料』（山梨県、二〇〇四）

（佐々木　満）

●戦国大名甲斐武田氏三代の本拠

躑躅ヶ崎館《つつじがさきやかた》（武田氏館《たけだしやかた》）

〔国指定史跡〕

〔所在地〕甲府市古府中町・屋形三丁目・大手三丁目地内
〔比　高〕―
〔分　類〕居館
〔年　代〕永正十六年～文禄年間
〔城　主〕武田信虎・晴信(信玄)・勝頼・平岩親吉・羽柴秀勝・加藤光泰
〔交通アクセス〕JR中央本線「甲府駅」下車、山梨交通バス「武田神社前」下車。徒歩二分。

【流転する武田氏の本拠】　甲斐源氏である武田氏は、中世を通じて甲斐国を安定支配してきたと考えている人も多いだろう。しかし、武田信玄の父武田信虎が甲斐国内を統一する以前は、各地に有力な国衆《くにしゅう》が割拠し、上杉禅宗《ぜんしゅう》の乱に加担した守護武田信満《のぶみつ》の敗死以降、武田氏の影響力が後退すると、有力国衆がたびたび隣国の領主と結んで武田氏に反抗を繰り返していた。武田氏の勢力基盤も鎌倉時代からの本領であった石和《いさわ》から甲府盆地東部地域に限定されており、守護館も代替わりとともに国府周辺の所領内を流転する不安定な状況がつづいた。

武田信虎が若干一四歳で家督を継いだ頃は、父武田信縄《のぶつな》と守護の座を争っていた叔父の武田信恵《のぶよし》にそれに加担する一族や国衆、隣国の今川氏と対立関係にあった。不安定な情勢の中で、信虎は永正五年（一五〇八）に武田信恵とその一族を滅ぼし、次いで郡内地域の小山田氏や甲府盆地西部の大井氏、北部の今井氏ら反守護勢力を屈服させ、守護の権力基盤を確立した。

【川田から躑躅ヶ崎へ】　武田信虎の居所は、父信縄から引き継いだとみられる石和の川田館（現甲府市川田町地内）を本拠としていたが、永正十六年（一五一九）に勢力基盤であった甲府盆地東部から中央北部に位置する躑躅ヶ崎の地に館を移転した。この本拠移転は、従来の代替わりに伴う守護館単体の移転に止まらず、家臣や国衆《くにしゅう》を強制的に館の周辺に集住させる政策を打ち出したことで、一国を統治する守護体制

●—躑躅ヶ崎館（武田氏館）遠景（提供：山梨歴史美術研究会）

を確立させ、新たな甲斐府中を開くことを目的としていたことに大きな意義があった。

信虎が築いた館は、甲府盆地北部の山塊を源流とする相川が形成した扇状地開析部の標高約三五〇《メートル》の南向きの緩斜面上に位置している。一般に「躑躅ヶ崎館」と呼ばれているが、相川扇状地東縁に連なる竜華の峰南端部から半島状に突き出した尾根は、「躑躅ヶ崎」、あるいは「花岡山」と呼ばれていたことに由来する。三方を山に囲まれ、西に相川、東に藤川が南流する天然の要害を形成していた躑躅ヶ崎の地は、主要街道が集中する甲斐国の中央に位置し、領国全体を統治する上でも適した環境下にあった。

【武田氏時代の躑躅ヶ崎館】　現在の躑躅ヶ崎館跡は、一辺二〇〇《メートル》四方の方形単郭の主郭を中心として周囲に付属郭群が取り巻いている。『甲陽日記（高白斎記《こうはくさいき》）』によると、武田信虎による新館造営は、永正十六年（一五一九）八月十五日に鍬立《くわたて》を行い、十二月二十日に川田から移転しており、甲斐国平定直後の信虎の動員力と約四ヵ月の造営期間などを考慮すると、初期の姿は方形単郭の主郭のみであったと考えられる。

その後、天文年間の二度の火災をへて武田氏館の整備は進み、天文二十年（一五五一）には武田信玄の嫡男、武田義信と今川義元の娘との婚儀に伴い西郭が新造された。西郭は、

●—躑躅ヶ崎館（武田氏館）天守台

東西一〇〇メートル、南北二〇〇メートルと主郭《しゅかく》の半分の規模で、「西館」と呼ばれていたようである。北側には味噌郭、稲荷郭などが増設され、武田信玄・勝頼の時代に付属郭群も含めた館機能の拡充が進んだものとみられる。

武田信玄の死後家督を継いだ武田勝頼は、天正九年（一五八一）に真田昌幸《まさゆき》らに命じ、韮崎に新府《しんぷ》城を築いて本拠の移転を行った。新府城移転にさいして躑躅ヶ崎館の庭園の樹木は切り倒され、滅亡直前も籠城には耐えられない様子であったことが『甲陽軍鑑』などに記述されていることから、躑躅ヶ崎館の主な建造物は、すべて破却されていたと考えられる。

【滅亡後の館跡利用】　天正十年（一五八二）に武田氏が滅亡すると、織豊《しょくほう》勢力はふたたび甲府を統治拠点に定め、一条小山に甲府城を築城するまでの間、躑躅ヶ崎館跡を拠点とした。浅野文庫蔵「諸国古城之図」など近世以降に数多く描かれた絵図の表記をみると、主郭を中心として全体的に石垣が多用されているため、武田氏滅亡後に大規模な改修が実施されたとみられる。

その象徴的な構造物として、主郭北西隅に野面《のづら》積みの天守台が築かれている。現在は、武田神社社務所の裏手にあるため、一般の見学は難しいが、館の土塁を利用して南・東に二面の野面積みの高石垣があり、積み方は秀逸である。天守台を始めとする館内に現存する石垣からも、織豊系大名により中世的な居館から城郭へと変貌を遂げた様子が窺える。

また、恵林寺《えりんじ》蔵「甲州古城勝頼以前図」には、武田氏館跡南側に築かれている梅翁《ばいおう》郭や北側の御隠居郭は描かれていない。注記書きには徳川家康の家臣平岩親吉《ひらいわちかよし》が築いた郭を省くとあることから、既存の梅翁郭や御隠居郭の区画は、武田氏滅亡後に築かれた可能性がある。特に梅翁郭は、豊臣秀吉の家臣加藤光泰の家老、井上梅雲斎に「梅翁」の名の由来があるともいわれ、武田氏滅亡後に築かれた郭であるとの見方が強い。

【躑躅ヶ崎館の現状】　躑躅ヶ崎館主郭には、大正八年（一九一九）に武田信玄を祀った武田神社が創建され、特別名勝御《み》嶽昇仙峡《たけしょうせんきょう》とともに甲府市を代表する観光地として、連日多くの来訪者で賑わっている。境内地となっている主郭は、一面平坦に造成され、神社関連施設が整備されているが、周囲に目を向けると、土塁や堀は良好な形で保存され、拝殿脇などに当時使用されていた井戸が残るなど、戦国時代の面影を留めている。

武田神社としてのイメージが強くなっているものの、昭和十三年（一九三八）には「武田氏館跡」の名称で国史跡の指定を受けている。甲府市では平成七年度から継続的に史跡整備事業を実施し、東側に位置する大手《おおて》では一部が史跡公園として整備されている。平成三十一年（二〇一九）には躑躅ヶ崎館が造営され、中世における甲斐府中が誕生してから五〇〇年目の節目を迎える。

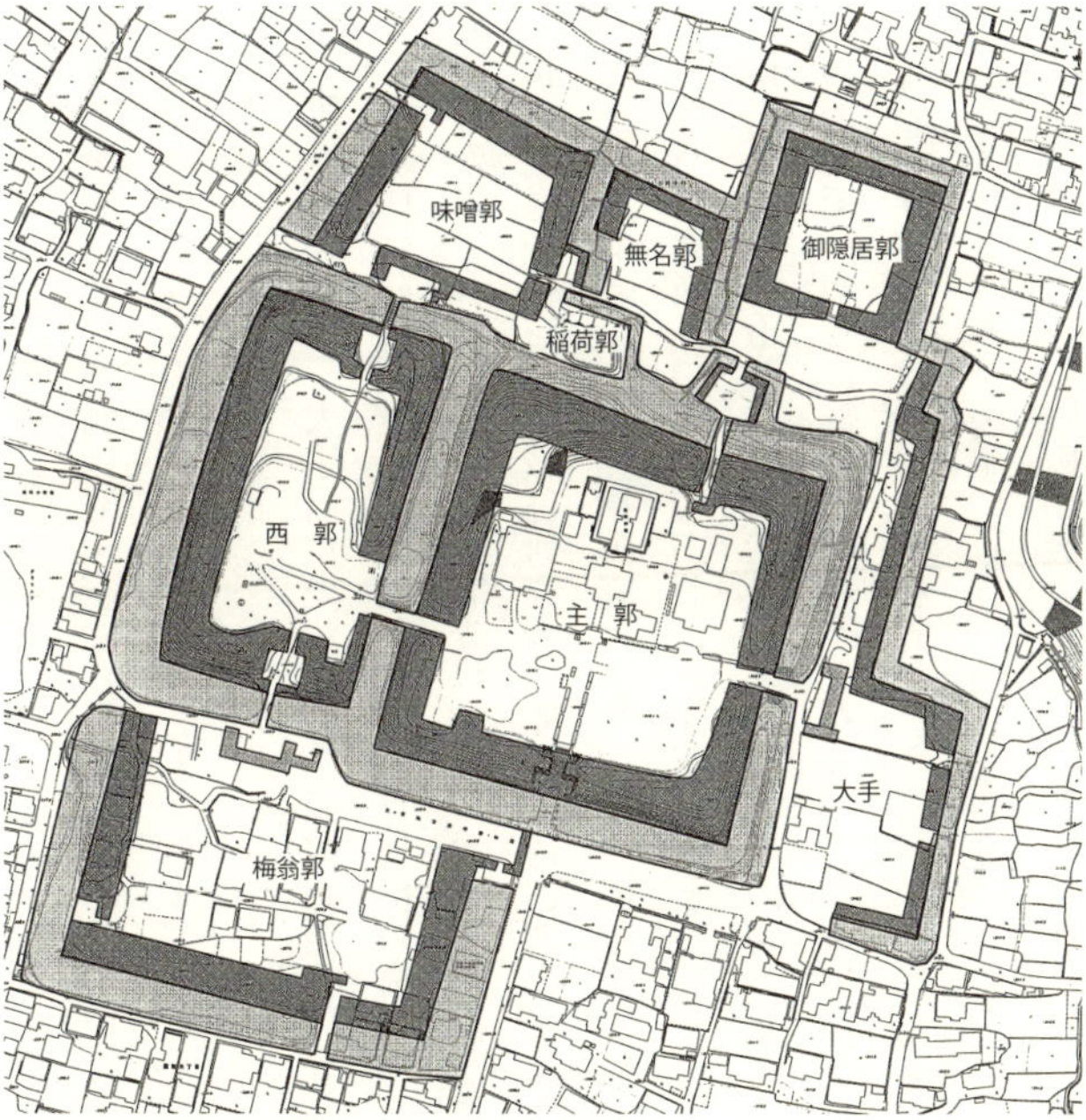

●—躑躅ヶ崎館（武田氏館）縄張図

【発掘調査からみた主郭】 武田神社が鎮座する主郭は、幅約二〇㍍、高さ約一二㍍の土塁《どるい》と幅約一六㍍の堀で区画されている。土塁や堀に関しては、神社参道両側の石垣改修工事に伴う発掘調査で南土塁の断面を確認しているが、既存の土塁内から小規模な堀跡と土塁跡が検出された。大手土橋《どばし》の調査でも既存の大手虎口《こぐち》の内側から石積みを伴う一回り小さな規模の土橋や堀跡が検出されたことから、初期の主郭は、現在の規模に比べて一まわり小さかったことが判明している。

内部構造は、これまでに行った発掘調査によって、武田神社境内として平坦な地形となっている現状とは大きく異なり、屋敷地全体が扇状地の傾斜を利用した南北三段構造の区画で構成されていたことが明らかになった。現在、能舞台正面に広がる芝生広場の約二・五㍍下からは、武田氏時代の立石と池泉を有する庭園が確認されている。池泉部分は、武田氏滅亡後に空堀《からぼり》と石塁《せきるい》が築かれたため、全体の形状等は定かではないが、池の化粧に用いられたとみられる青と白の玉石を敷いた州浜《すはま》の存在を確認している。こうした遺構の存在から、躑躅ヶ崎館主郭の南側は庭園空間として利用されていたと考えられ、鑑賞するための建物群が隣接して配置されていた可能性が高い。

【大手虎口の変遷】　大手門東史跡公園整備前の発掘調査によって大手門の防御施設として築かれていた馬出《うまだし》の構造や変遷が明らかにされている。発掘調査以前は、大手門正面を遮る棒状の土塁が存在し、城郭研究者の間では武田期の馬出土塁と考えられてきたが、発掘調査の結果、土塁の正体が織豊期の自然石野面積みの石塁であることが明らかとなった。

検出された大手石塁の形状はL字形であったが、北側は後世の開発で消滅したことが明らかになり、古絵図に描かれているとおり、本来は大手土橋を囲むようにコの字形であったことも確認された。大手石塁は、旧地形に即して構築され、館跡内側に二ヵ所の階段が設けられていた。構造的にも石塁単体での防御施設ではなく、長屋門など建造物の基礎であったと考えられる。

大手石塁の下層からは、角馬出《かくうまだし》状の堀が検出されている。断片的な調査で時期や全体像は不明であるが、少なくとも大手石塁や惣堀《そうぼり》土塁に比べ、一段階古い遺構であることが判明している。主郭北虎口に残存する虎口と類似した形態が想定され、大手と北虎口が同時に整備された可能性があることから、主郭の虎口にはある時期に角馬出が備えられていたとみるべきであろう。

虎口構造としてもっとも古い時期では丸《まる》馬出に伴う推定全長約三〇メートル、最大堀幅約四メートル、深さ約二・五メートルの三日月堀跡が確認された。築造時期は現時点で確証を得られていないが、変遷順序や出土遺物からみて一六世紀後半と考えられ、少なくとも勝頼段階には館大手には丸馬出が整備され、武田氏館の機能も中世的な方形居館から城郭へ徐々に変貌しつつあったことがうかがえる。

また、馬出の変遷とともに大手東側一帯の構造も徐々に明らかになった。大手石塁またはその下層の角馬出が形成された武田氏滅亡後に、館の東の外郭線を形成する堀と土塁が構築され、梅翁郭と類似した出構え状の郭が形成されたことが確認された。そのため、既存の史跡整備は、大手石塁を始め、すべて武田氏滅亡後の姿で統一している。

【西郭の桝形虎口】　主郭西側には土橋で連結された西郭がある。郭内は大小三段の平場が形成されており、南北には桝形《ますがた》虎口が構築されている。桝形虎口は、館の出入口である虎口全体を土塁で四角く囲って一升桝状の空間をつくり、内外二ヵ所に門を設けて防御する虎口形態である。

北側の虎口空間は、東西約一六メートル、南北約一二・五メートルの規模を有し、外側に位置する一の門跡と内側に位置する二の門跡がある。味噌郭側から土橋を渡って西郭へ入る一の門跡の通路幅は、約二・二メートル、奥行きは約二・六メートルと非常に狭い間口であり、大軍で攻め込まれないよう工夫されていた。

門跡両脇は、西側が低い土塁で、東側は低い石塁であったことが古絵図や発掘調査で確認されている。土塁・石塁ともに基底部のみ検出されているが、現在は一部を復元している。通路部の発掘調査では西側から門跡の礎石四枚を検出している。既存石垣との位置や礎石の間隔が異なるため、二度の建て替えがあったと推測される。

●—西郭北側桝形虎口

内側の二の門跡では、土塁先端部から突き出るように積まれた石垣がある。野面積みで鏡石状に石を立てる積み方が多用されているため、石垣の強度より大きさを誇る意匠を優先させた構造と考えられる。

二の門跡の石垣下層では、虎口石垣と軸線を違えながら重複する形で六石の門礎石が検出されている。門の規模は、礎石の中心から幅約三・四メートル、奥行き約三・七メートルであり、間口に対して奥行きが長い形態の門であったと推測される。長軸には根太を据える地覆石列があり、その後の追加調査で新たに南側の通路内でも根太を受ける石列が確認されている。類似した形態と門構造を持つ桝形虎口は、新府城乾門にもみられることから、武田氏の築城技術の一つとみて間違いなく、ある程度規格化されていたと考えられる。平成二十四年に修理工事を行い、崩されていた桝形土塁や消滅していた一の門西側の土塁を復元するなど当時の姿に修復し、武田氏の築城技術が体感できる空間に整備している。

【参考文献】　数野雅彦「躑躅ヶ崎館」萩原三雄編『定本山梨県の城』（郷土出版社、一九九一）、甲府市教育委員会『史跡武田氏館跡Ⅵ』（二〇〇〇）、「武田氏館と甲府城下町」『山梨県史　資料編七　中世四　考古資料』（山梨県、二〇〇四年）、甲府市教育委員会『史跡武田氏館跡　XⅣ』（二〇〇九）、佐々木満「武田氏の築城技術」『小田原北条氏の城郭—発掘調査からみるその築城技術』（東国中世考古学研究会、二〇一〇）

（佐々木　満）

●甲斐府中の西の防衛拠点

湯《ゆ》村《むら》山《やま》城《じょう》

〔甲府市指定史跡〕

〔所在地〕甲府市湯村
〔比　高〕約一五〇メートル
〔分　類〕山城
〔年　代〕大永三年〜文禄年間
〔城　主〕武田氏の属城
〔交通アクセス〕ＪＲ中央本線「甲府駅」下車、山梨交通バス「湯村温泉入口」下車。徒歩約六〇分。

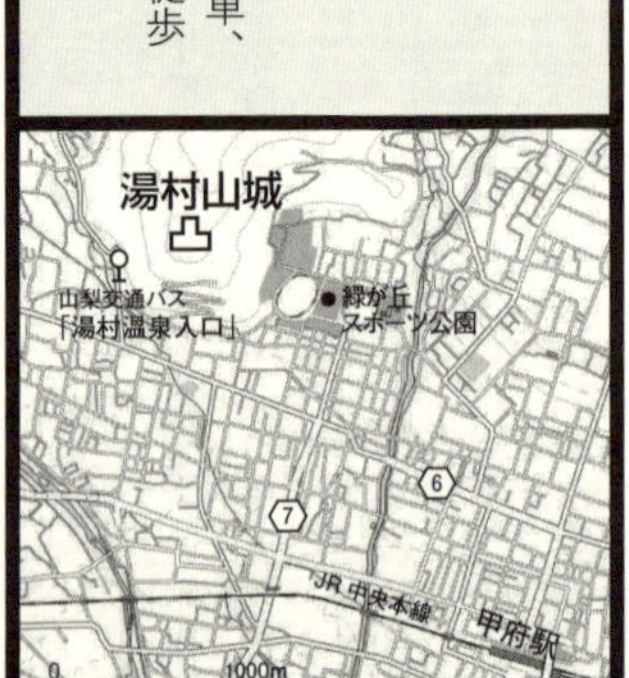

【武田信虎による甲斐府中建設】　武田信虎は、永正十六年（一五一九）に相川扇状《あいかわせんじょう》地《ち》頂部に位置する躑躅ヶ崎《つつじがさき》に本拠を構えるとともに、その周囲に家臣や服属させた国衆《くにしゅう》の居住を強制させ、新たに甲斐府中《かいふちゅう》（甲府）を誕生させた。

信虎は、永正十七年（一五二〇）の要害山《ようがいさん》（積翠寺《せきすいじ》丸山）築城にさいして、麓の積翠寺ではなく、わざわざ尾根伝いに甲府北西部の帯那を通り、平瀬の香積寺《こうしゃくじ》に下山している。自ら館の背後や西側に位置する山塊を踏査したことは、甲府防衛を意識した行動と読み解くこともでき、館の移転当初から甲府建設とその防御網整備の青図を描いていたとみられる。

【甲斐府中の防衛体制】　武田信虎は、要害山築城につづき、大永三年（一五二三）に南西端の尾根上に湯村山城を築城している。翌年（一五二四）には扇状地南東端の独立丘である一条小山に砦（現甲府城跡）を相次いで築いている。

要害山は、相川扇状地の最頂部に位置し、館の背後にそびえる詰城《つめじろ》と評価されている。意外と見逃されているが、要害山の脇には峠を越えて武田氏の本領が広がる盆地東部や西保《にしぶ》方面から信濃へ通じる街道が走る北部交通の要衝に位置し、詰城としての機能だけではなく、館の背後から甲府へ入る街道の押さえという側面を有していた。

それに対して湯村山城跡は、相川扇状地を囲む山塊の西側の南端部に位置する標高四四六メートルの湯村山に築かれている。眼下には信州往還が東西に走り、湯村山城山麓の南東付近に「関屋」の地名が残ることから、位置的にも信濃方面への出

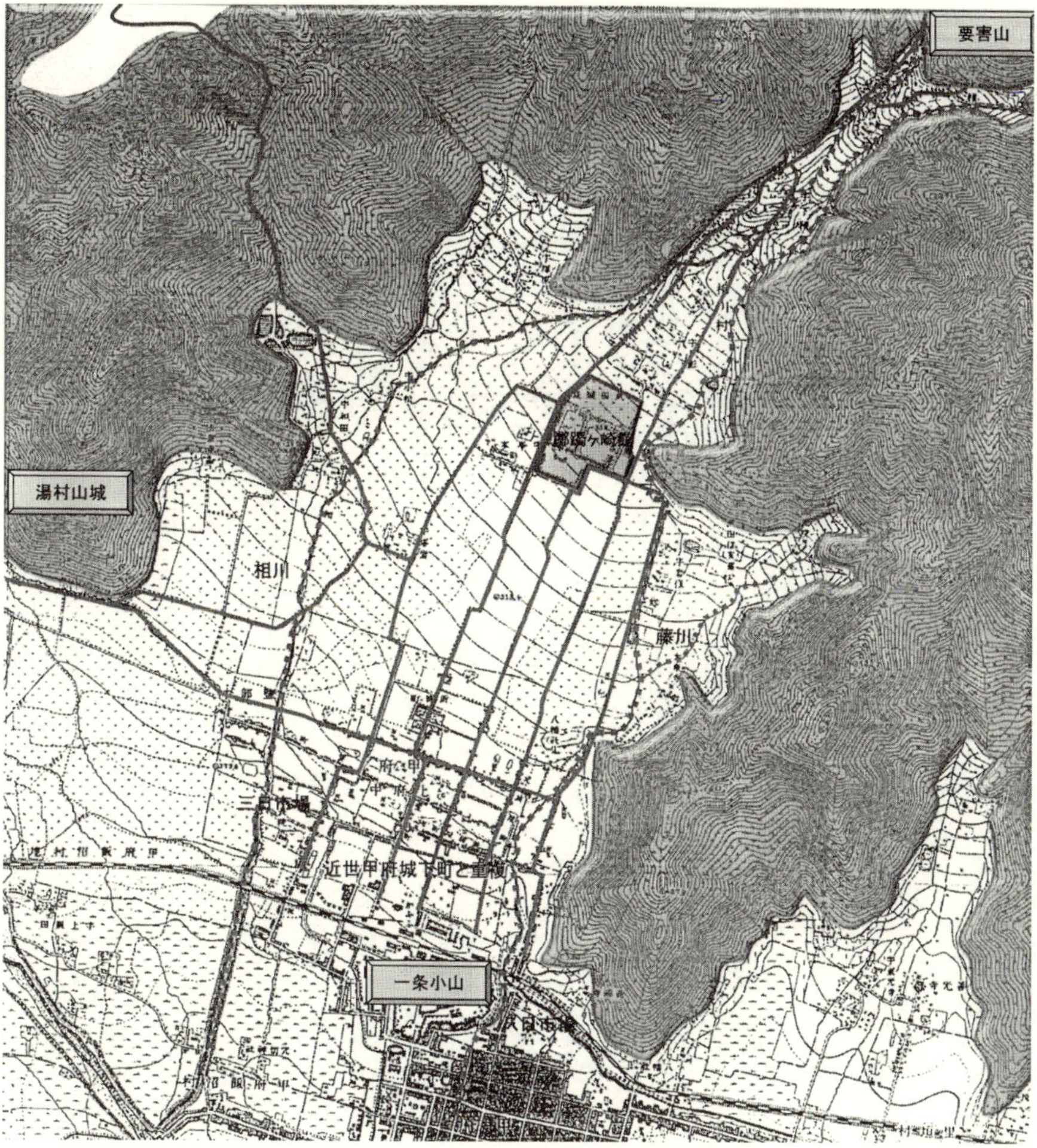

●—甲斐府中防衛体制

入口を監視し、防衛する役割を担っていたとみられる。築城時以外に史料が乏しく、維持管理体制も含め詳細は不明であるが、西からの外敵の侵入を阻む防御の要として築城されたとみられる。

一条小山砦も東西南北へ通じる主要街道が集中する交通の要衝であり、鎌倉期には時宗道場一蓮寺《いちれんじ》が成立するような場所であった。そのため、甲府の守備を固める上では重要な玄関口の一つとして一蓮寺を移築させてまで砦を築く意味があった。

このように武田信虎が館の三方を囲む山塊の頂部と両端にいち早く城砦を築いたのは、甲府に通じる主要街道が強く意識され、扇状地の奥に引いた躑躅ヶ崎館へ通じる出入口を遮断できる位置に城砦網を整備したと考えられる。

【湯村山城の歴史】　湯村山城一帯は、中世には湯ノ嶋と呼ばれ、古くから温泉が湧き出す場所であり、連歌師《れんがし》宗長《そうちょう》が甲斐を訪れたさいに湯治《とうじ》に立ち寄った場所もこの一帯と推測されている。湯村山城築城については、『甲陽日記（高白斎記《こうはくさいき》）』にその様子の一端が記載されている。湯村一帯は湯ノ嶋と呼ばれ、湯ノ嶋での城普請は、四月二十四日に開始され、五月十三日には水補（神？）の祠《ほこら》が城に立てられたとあることから、城内の飲料水が確保されたことがわかる。

その後、築城時の記録以外に湯村山城が歴史の表舞台に登場することはなく、武田氏滅亡とともに一度は廃城になったと考えられるが、信濃方面への玄関口を抑える戦略上の重要性から判断し、他の城館同様に織豊政権下で改修が施された可能性もある。

現在は、山頂に築かれた郭群を中心に土塁などの遺構が保存されており、山麓の甲府市緑が丘スポーツ公園側から遊歩道が整備され、山頂まで気軽にハイキングが楽しめる場所として親しまれている。

【湯村山城跡の構造と特徴】　『甲斐国志《かいこくし》』には山頂に石塁《せきるい》と泉があり、烽火台《のろしだい》であったと記述されている。現状では山頂を中心に土塁《どるい》や堀で区画された三つの郭と二つの帯郭《おびぐるわ》で構成されており、西の玄関口を守備する本格的な山城であったことは疑いない。

城の中心は一の郭とみられ、その東に土塁で仕切られた二の郭と、北に堀と土塁で区画された三の郭が配置されている。登城口は、現時点で明確になっていないものの、二の郭南東下方に虎口《こぐち》状の小規模な平坦地が残ることから、その場所が大手《おおて》と考えられている。

湯村山城で最も大きく、整った区画を有する一の郭は、東西約四〇㍍、南北約七〇㍍の規模で、高低差を利用した南北方向に上下二段の平坦地で構成されている。記録にも登場する井戸跡は、この一の郭の下段に構築されており、幅約二㍍の石積み井戸で現在も開口している。一の郭は周囲を低い土塁が取り巻き、虎口が三ヵ所に設けられている。

その東に位置する二の郭は、一の郭に比べて東西方向が短く、約二五㍍程度の規模で、大手道とみられる虎口と接続し、南側が大きく開かれている。

一・二の郭の北側には、二本の堀切《ほりきり》を挟んで三の郭が築かれているが、内部は安山岩の露頭や巨石も多く、生活面を形成していたか疑問も残る状況である。規模は、東西約五〇㍍、南北約四〇㍍の方形に近い形状であり、北側には斜面を切り出した小規模な帯郭が二ヵ所に造成されている。

【発掘調査からわかった湯村山城】　昭和六十三年（一九八八）

には甲府市史編さん事業にともない、山頂の郭群で小規模な試掘確認調査が実施されている。トレンチ調査ではあったが、一の郭および二の郭、帯郭などの平場内や虎口が発掘調査されている。

一の郭と二の郭を結ぶ中央の虎口では、二の郭から一の郭へ下る四〜五段の石階段が検出され、一の郭北側虎口では一部に石塁を用いた「コ」の字状の桝形《ますがた》虎口が検出されている。桝形虎口の規模は、東西約一六メートル、南北約八メートルの規模で、土塁西側には階段が敷設されていることが確認されたことから、土塁への上り口であったとみられる。西土塁はやや大きめの平坦地が設けられていることから、土塁上に櫓《やぐら》か、または虎《こ》口《ぐち》に櫓門が存在していたと考えられる。

出土品の全体量は少なく、時期的にも一〇世紀から一一世紀代の土器類が混入する。かわらけと呼ばれる素焼きの土器皿や火鉢などは出土しているが、在番衆が常時詰めていたような生活感は出土からは確認できない。そのため、湯村山城自体は、日常的に多数の在番衆が配置された城ではないとみられる。

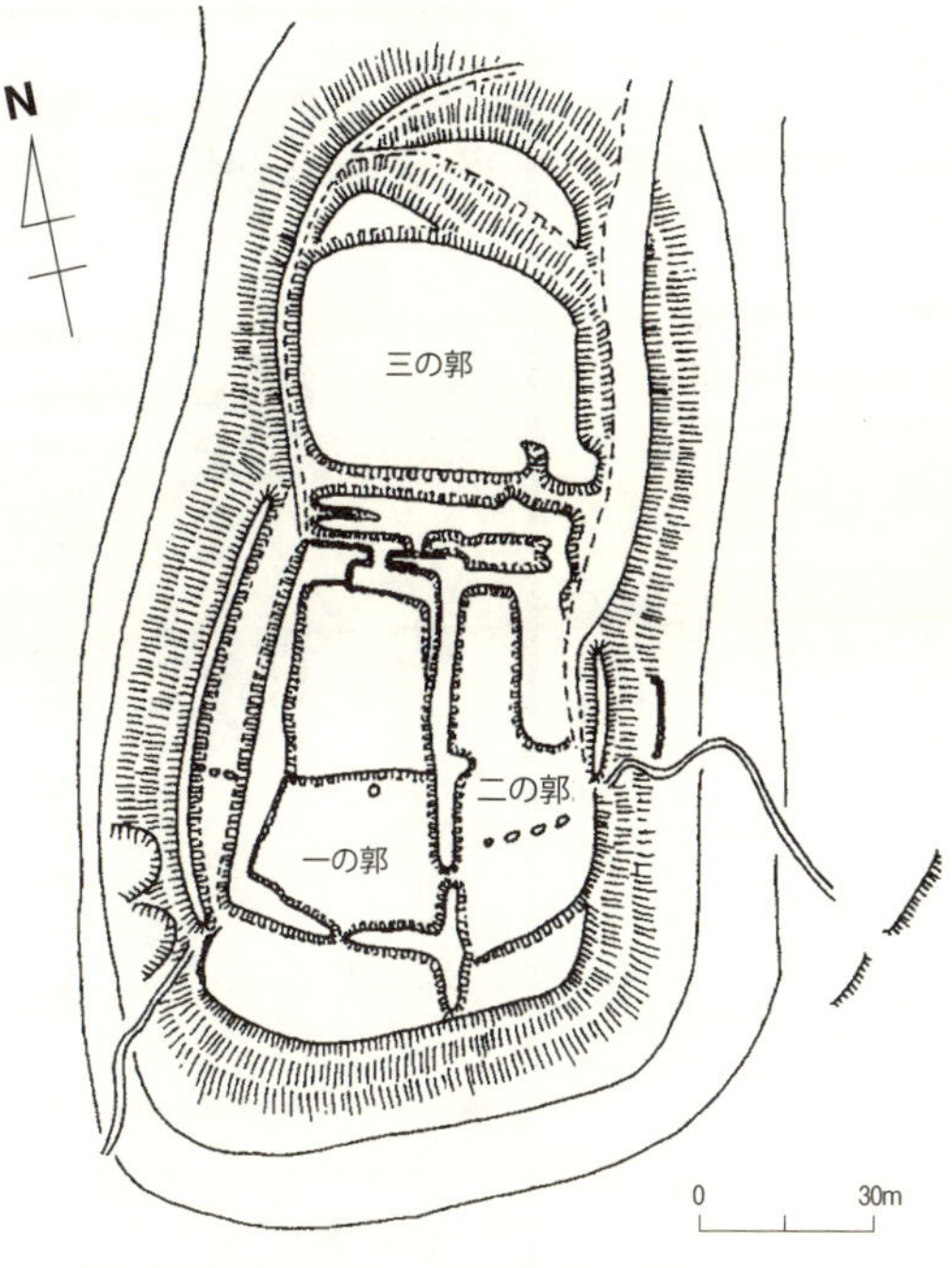

●—湯村山城縄張図（『山梨県史　資料編7』より）

【参考文献】萩原三雄・平野修「湯村山城発掘調査報告」『甲府市史研究』九（甲府市史編さん委員会、一九九一）、数野雅彦「湯村山城」萩原三雄編『定本山梨県の城』（郷土出版社、一九九一）、「湯村山城」『山梨県史　資料編七　中世四　考古資料』（山梨県、二〇〇四）

（佐々木　満）

●野面積み石垣が豊かに残る豊臣の城

甲《こう》府《ふ》城《じょう》

〔山梨県指定史跡〕

〔所在地〕甲府市丸の内
〔比　高〕約三三メートル
〔分　類〕平山城
〔年　代〕一六世紀末
〔城　主〕浅野長政、幸長（平岩親吉、豊臣秀勝、加藤光泰）
〔交通アクセス〕JR中央本線「甲府駅」下車、徒歩三分。駐車場有

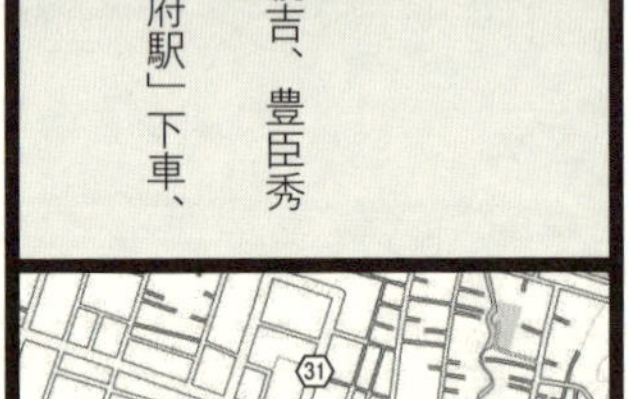

峡中

【大坂と江戸の狭間で】　甲府城は、甲斐武田氏滅亡後の豊臣政権下で、浅野長政《ながまさ》と幸長《よしなが》が配された文禄二年（一五九二）から慶長五年（一六〇〇）までの間に築城された。これは、野面積み石垣構築技術の比較検討の成果や城内の発掘調査で出土した豊臣家家紋瓦である「五三桐《ごさんのきり》」「五七桐《ごしちのきり》」、浅野家家紋瓦「違い鷹の羽」の軒丸瓦や鬼瓦、鯱瓦《しゃちほこがわら》片などいずれも金箔や朱が施された遺物が論拠となっている。

甲府城が築城された目的は、小田原北条氏滅亡後に江戸を拠点とした徳川氏をけん制するためであり、長野県の高島城、松本城、小諸《こもろ》城、上田城や福島県会津若松城（鶴ヶ城）等と関東を取り囲むよう衛星状に配された織豊《しょくほう》系城郭の一つである。

規模は、東西四七〇メートル南北五六〇メートル、総面積約一八ヘクタールを測り、全周を堀と野面積《のづらづ》みの石垣で築き上げた平山城である。

城の名称は、江戸時代には甲斐府中《ふちゅう》城（甲府城）が一般的だが、鎌倉幕府開幕直前に功績がありながらも源頼朝に謀殺された一条忠頼《いちじょうただより》の居館があったことに由来し、一条小山《こやま》城ともいわれる。なお、舞鶴《まいづる》城は明治時代以降の公園としての名称である。

【甲府城の歴史】　甲府城築城期の姿やかたちを表す史料は残念なことにこれまでのところ見つかっていない。江戸時代初期の様相が明らかになるのは、城番《じょうばん》制であった寛永年間頃から徳川綱重《つなしげ》、綱豊《つなとよ》（六代将軍家宣《いえのぶ》）が甲府藩主であった寛文年間頃で、寛文四年（一六四四）に幕府から二万両を得て

●—甲府城　航空写真

大規模な修理をした記録前後からである。

宝永元年（一七〇四）、武田氏遺臣の系譜を持つ柳沢吉保《よしやす》が甲府藩主となり、その子吉里《よしさと》が在城するが、この時に城内の御殿や門等の建物が新築され、城下町整備も大々的に実施されて最大の活気を得た。柳沢氏が大和郡山に移封された享保九年（一七二四）からは甲府勤番支配となり、任命された旗本が一族共に甲府城下に移り住み、大いに江戸の文化で賑わったといわれる。

いっぽう、近代の甲府城跡は消滅の歴史であり、それは昭和四十四年（一九六九）の県指定史跡の指定までつづいた。明治時代になると城内の建物はほぼすべてが取り壊しのうえ払い下げられ、石垣だけの景観となった。その後城内全域には果樹が植えられ勧業試験場となった。明治十年（一八七七）、鍛冶曲輪《かじくるわ》には官営の葡萄酒醸造所が造られ、全国初の葡萄酒やブランデーの量産に成功している。明治三十六年（一九〇三）の中央線開通により清水曲輪が、甲府中学校や山梨県庁の建設と市街地化により楽屋《がくや》曲輪と屋形《やかた》曲輪が開発され、舞鶴城公園として開放された時には、往時の三分の一ほどの姿に変わってしまったのである。

県都甲府のＪＲ甲府駅には南北に出口があり、北口に降り立った場所は清水曲輪であり、南口は楽屋曲輪に位置する。

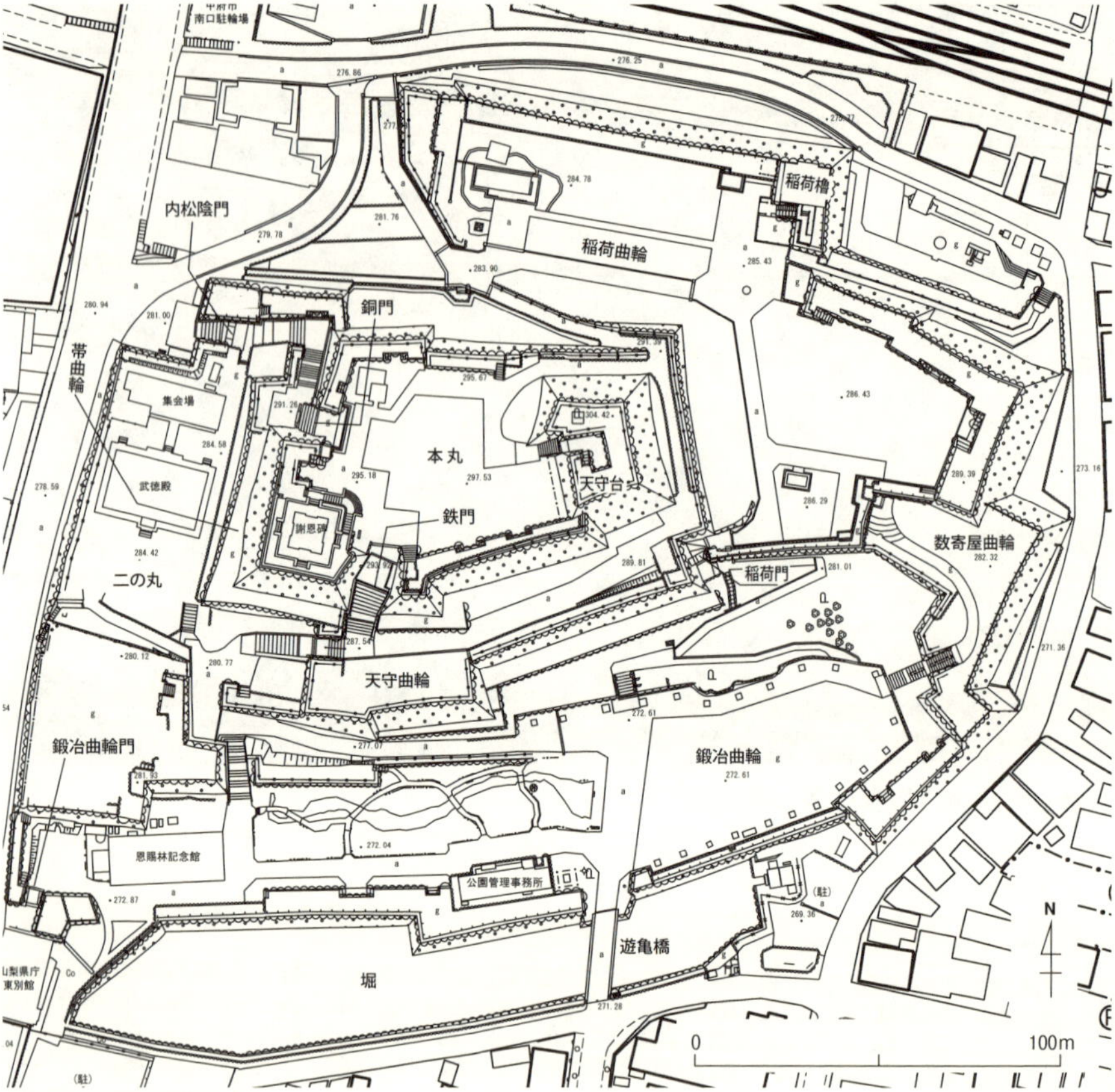

●—甲府城全体図

しかし、現在の市街地の様子からはそこが甲府城内であることは想像できない。

【城の構造】　天守台は標高三〇四メートルを測り、南城内の最高所である。甲府盆地や富士山、南アルプスの山々が一望でき、南眼下には江戸より三泊四日行程の甲州街道と甲府城築城とともに建設された甲府城下町が広がる。天守の存在については学術的にも大きな課題となっているが、本丸周辺の出土鯱瓦から高層建物の存在は推測できるものの、絵図や発掘調査からの確証は得られていないのが現状である。最近の研究では、甲府城完成まで暫定利用された武田氏の居館（躑躅ヶ崎館〈武田氏館〉）の天守台に礎石群が存在する点に注目する研究者も多い。

天守台の西側一段下が本丸である。現在はマウンド状の広場になっているが、地下には城内で出土した瓦片が調査研究後に埋設保存されている。江戸時代、本丸へは鉄門《くろがねもん》と銅門《あかがねもん》をへて入った。鉄門は平成二十五年（二〇一三）に復元され、銅門の跡では西側の礎石が露出展示されている。

本丸内の北東部にはかつて本丸櫓《ほんまるやぐら》が存在し、近年イタリアからその外観を写した手札サイズの古写真が発見され話題を呼んだ。櫓は外側から見ると二階で、内側は三階建ての掛け造り構造であったと考えられている。

柳沢時代には本丸御殿や持仏堂《じぶつどう》である毘沙門《びしゃもん》堂が建立された。この毘沙門堂（三間四方）については、柳沢氏の大和郡山移封後に華光院《けこういん》（甲府市宮前町）に移築された記録があり、最近の調査研究では往時の姿をほぼ残して存在していることが判明し、現存する唯一の甲府城関係の歴史的建造物と評価された。

天守台と本丸の全周を囲うように配置された曲輪が天守曲輪と帯曲輪である。

さらに一段下がり、北から東側にかけて稲荷《いなり》曲輪、西側に二の丸、東南側に数寄屋《すきや》曲輪、南側に鍛冶曲輪が、配置されている。

稲荷曲輪の名称の由来は、現在は南側の堀端に鎮座しているが、築城以前から一条小山を守護していた庄城《しょうじょう》稲荷に由来する。江戸時代の記録にもたびたび登場し、甲府城詰の武士から厚い崇敬を受けていたようである。稲荷曲輪の北東隅には、寛文年間に建てられた二代目の櫓を平成十六年（二〇〇四）に復元した稲荷櫓がある。江戸初期には長屋建物が稲荷曲輪の東面石垣に延々と建設されており、外敵に対し厳重な防備をみせ、威容を誇った景観がうかがえ、現在はそれら建物の礎石が露出展示されている。北西部からは、全国的にも珍しい構造を持つ煙硝蔵《えんしょうぐら》が検出された。火薬庫でありながら平屋に地下構造を持つ一見不思議な建物であるが、地下部の底部は石張で、全壁面には幅三〇センチ程の壁厚になるように板材で覆われていた。その隙間には砂礫《されき》が充填されフィルター層となっており、防湿や雨水対策も十分な施設であることが判明した。

数寄屋《すきや》曲輪は城内でも狭小かつ独特の形を持つ曲輪である。南端には江戸初期から明治初年まで数寄屋櫓《やぐら》が存在したほかに、建物は存在しなかったことが判明している。また、江戸初期と中期以降の絵図と比較すると平面形に差異があることから改変を受けた可能性もある。

鍛冶曲輪は、現存する曲輪では最大の面積をもち、米蔵や会所《かいしょ》が置かれた。北東側には石切場跡が露出展示されており、矢穴《やあな》などの採石技術の痕跡を良好に見ることができる。なお、南側の遊亀橋は近代の所産である

【歴史的価値の高い野面積み石垣】 甲府城最大の魅力であり文化財的価値は天守台、本丸、天守曲輪、稲荷曲輪に、築城

期の野面積み石垣が豊富に残っていることである。特に天守台は、西側と穴蔵部分が太平洋戦争時に一部改変を受けたものの、ほぼ築城時の規模や構造を良好に留めており、四二〇余年を経たその姿は圧巻である。

殊に、天守曲輪から見上げる天守台南東隅角部《ぐうかくぶ》と周辺の築《つき》石《いし》は、甲府城の野面積み石垣の中でも見応《みごた》えがあり、特徴が端的に表れている。

隅角部は、井桁《いげた》状に積み上げる算木《さんぎ》積《づ》みである。しかし、中段から断続的に算木積みのテンポが乱れる。この乱れは、城内の他の隅角部でもよく見られ、同様な不安定な算木積みは、同時期に築城された松本城、小諸《こもろ》城、会津若松城でも観察でき、以降の城郭では安定した算木積みとなることから、当該時期の技術的特徴と考えられる。また、隅石《すみいし》は自然石か矢穴で二分割の粗割した石材が使われ、かつ稜線もハツリ痕やノミ痕跡が見られることから意図的に作出されている。隅石脇石は、小型の石材の集合体で構成され、幾分不安定に見える特徴がある。

●—甲府城天守台南東隅角部

築石は、大小の石材を自由に使うが、横長に使うのが原則である。ただし、規模の大きな石垣では大胆な縦使いをしたり、極端に大きい石材を使ったりする。この場合の石材は薄いという特徴もある。

築石の上下に生じる横目地《よこめじ》は、乱積みに分類される連続しないものと、二〜五《メートル》連続して途切れる横目地の両タイプが共存する。また、上下左右の目地に詰め石が隙間なく詰められるのが本来の姿であることも発掘調査で確認されている。

勾配《こうばい》は、ほぼ直線の勾配、下から二分の一または三分の一が直線勾配で上部にソリを持つ勾配、一定間隔でソリがつく勾配の三種が共存している。

一見すると同じ様な野面《のづら》積《づ》みでも、このように、石垣の構築技術の視点から見ると多様な技術が混在していることがわかる。そこに時代の過渡期に造られた甲府城石垣の文化財的価値が存在するのである。

【石垣の石はどこから来たのか】　石垣石材は、自然石を主に利用するが、石面が平坦で一見加工されたように見える特徴があり、河原の転石《てんせき》のような石材はない。甲府城周辺で産出される安山岩《あんざんがん》は節理が発達しており、梃子《てこ》の原理で剝がし取れたり割れていたりする特徴がある。

これらの安山岩の産地は、現在までに大きく二地点が確認されている。一地点は、江戸時代の古文書や絵図にある「石取場」と表現される位置で、浅野長政が甲府城を築き、付近の社地を移転のうえ岩石を採った遺跡であることが記されている大正年間建立の石碑から証明される甲府城の北東に位置する愛宕山山麓周辺である。当該場所は、平成二十一年（二〇〇九）に県指定史跡甲府城愛宕山《あたごやま》石切場跡に指定された。

もう一つの地点は、甲府城が築城された一条小山そのものである。現在は埋設保存しているため痕跡を見ることができないが、平成九年（一九九七）以降の本丸や数寄屋曲輪の発掘調査で安山岩の岩盤が検出され、築城期に石材を割り取る目的で穿《うが》たれた矢穴が多く発見された。その岩盤や残置された石材表面には陰陽道の呪符に似た線刻画も無数に描かれるなど、石垣構築に伴う採石と当時の地鎮の密接な関係も確認されている。

城内の石垣石材を見てまわると、特に興味深い地点がある。それは天守台西面の石段南側の石垣である。当該石垣は、崩壊や修理履歴がないことからも築城期の姿を留めている野面積みで、一つの石材を矢穴で二分割に粗割りした。通称兄弟石と呼んでいる石材が石垣に使用されているのである。石垣一面のなかに異なる向きや位置で置かれていたが、城の石垣修理に従事する若手技術者らによって発見された。城内の他所にもあるが、三組六石が密集している天守台西石垣は稀有な事例で、積み上げる直前に手元で割った様子などが推測できることから、当時の石垣構築の作業手順を知る貴重な事例と評価できる。

【城郭探訪の新視点―地盤と水と石垣】　石垣の魅力は風情や規模にある。それと同時に、言葉がなくとも昔の技術者たちの高い技術力や苦心を感じとれる歴史的土木構造物という点にもあるのではないかと思う。

城内を歩くと園路や広場に安山岩の露頭を見つけることができる。甲府城は一条小山という独立丘陵を造成して築城されていることが分かっているが、その地盤が安山岩であることに起因する。

天守曲輪の南側を歩くと、本丸南面石垣や天守台南面石垣が見られるが、根石周辺の平坦部には安山岩が露頭しており、根石と露頭の関係を観察することができ、同様な事例は城内各所でみられる。例えば、銅門を下った南側石垣では根石に近接して露頭が見えたり、鍛冶曲輪門を北方向に潜った正面の石垣は根石と露頭が区別できないほど巧みに構築されている。また、中の門北側では巨大な安山岩の露頭が石垣そのものに組み込まれていたり、鉄門、銅門の本丸側石段では配置した石材に交じって露頭が上手に紛れ込んでいたりする。

岩盤は現代社会においても強い支持力となるため利用されるが、甲府城における石垣と露頭のあり様は、築城当時の技術者も岩盤の効力を十分に理解していたといえる証拠として評価できる。いっぽうで、岩盤は支持力は強いが雨水などを浸透させず水の道を形成しやすいという弱点も併せ持つ。このため、本丸や鍛冶曲輪など水が集まりやすい地盤環境の場所では、そのことを十分考慮したうえで、築城時にいくつもの暗渠《あんきょ》を設置し、排水しやすい旧谷状地形に向けて導水を行っている。また城内で水が集まりやすい場所には井戸が掘られており、水によって石垣の崩壊が誘発されないよう、水抜きの役割ももたせている工夫であることが判明している。甲府城における水対策を含めた石垣の築城方法をみると、当時の職人は統合的土木技術者であったことがうかがえる。

現在、山梨県教育委員会では、甲府城の価値ある石垣を未来に残すため詰石の補修工事に取り組んでいる。小さな詰石でもしっかり詰まっていると摩擦力で石垣の変形を抑止したり、変形の進行を我々に教えてくれたりする役割がある。些細なことかもしれないが、石垣一つひとつを守ることは、つまり甲府城全体を守ることに繋がる。来訪の折には、目地に詰まる真新しい詰石にも関心をもってもらいたい。

【参考文献】山梨県『県指定史跡甲府城跡』山梨県埋蔵文化財センター調査報告書二二二（二〇〇五）、宮里学「甲府城築城期の石垣再評価と関東甲信越城郭の比較検討」『金沢城研究』八（金沢城調査研究所、二〇一〇）、宮里学ほか「発掘調査と歴史史料による甲府城築城技術と地盤の再評価」『土木史跡の地盤工学的分析・評価に関するシンポジウム』（地盤工学会関東支部、二〇一四）

（宮里　学）

●歴史の舞台に再三登場する城郭

勝《かつ》山《やま》城《じょう》

〔所在地〕甲府市上曽根町字勝山
〔比　高〕一五メートル
〔分　類〕平山城
〔年　代〕一五世紀後半〜一六世紀後半
〔城　主〕油川信恵
〔交通アクセス〕ＪＲ中央本線「甲府駅」下車、山梨交通バス「中村入口」下車、徒歩九分。

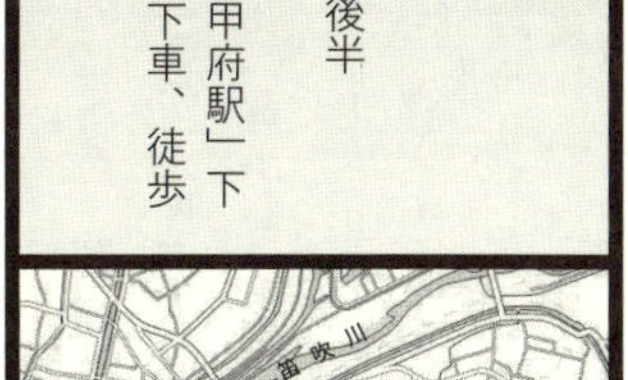

【自然地形を最大限利用した立地】　笛吹川《ふえふきがわ》左岸の氾濫原内の独立丘陵上に位置する。古代以来、駿河と結ぶ中道往還《なかみちおうかん》がこの城の西方を通り、江戸時代には北西の浜集落に渡し場が存在した。地元では「沼田めぐり攻めるに難き勝山城」などと表現し、かつて周辺一帯は低湿地の深田に囲まれ、本城は自然の沼沢をその防禦に最大限利用していた。

『甲斐国志《かいこくし》』もこうした立地上の特徴を「笛吹川ノ渡船場へ近ク（中略）府ヨリ往返ノ繫ギト成シ玉《たま》フ、山甚《はなは》ダ高カラズ東西離レタル孤岡ナリ」と記述している。

【歴史の表舞台に再三登場する城郭】　本城は、一六世紀初頭の甲斐国統一前夜および武田家滅亡後の甲斐領有を賭けた天《てん》正壬午《しょうじんご》の乱に際し、歴史の舞台に登場する城郭である。『甲斐国志』は、守護武田信縄《のぶつな》の弟彦八郎信恵《のぶよし》・四郎義仲の城と伝える。信恵は油川《あぶらかわ》を名乗り、山梨郡油川（甲府市西油川町・笛吹市石和町東油川）を本拠とした守護一族であり、家督相続を賭けて兄信縄・甥信虎と骨肉の争いを展開した。国人層を巻き込んだ明応元年（一四九二）に始まる覇権争いに際し、要害として使用されたようで、永正五年（一五〇八）十月四日、信恵は一族とともに滅んでいるが（『勝山記』・『一蓮寺過去帳』）、『甲斐国志』は、当城背後に連なる曽根丘陵上の坊《ぼう》ケ峰《がみね》（笛吹市境川町）を戦場と伝え、信恵が曽根勝山にて戦死すると記録する。

永正十二年（一五一五）から始まる守護武田信虎と大井信《のぶ》達《さと》との抗争は、駿河今川勢も介入し、以後三年にわたり国中一円に展開する。翌年八月、駿河勢によって勝山城は占拠され（『宇津山記』）、九月二十八日には万力《まんりき》（山梨市万力）まで駿河勢が侵攻して、八幡《やわた》の普賢寺《ふげんじ》（山梨市北）、松本の大蔵《だいぞう》経《きょう》寺（笛吹市石和町）、七覚《しっかく》の円楽寺（甲府市右左口町）など国中一帯を焼き払い、曽祢之毛沢に陣取り、勝山を築いたという（『王代記』）。永正十四年三月二日、和議の成立とともに勝山城に籠っていた今川勢二〇〇〇余人が撤兵し、収束をみた（『宇津山記』・『宗長手記』）。

大永元年（一五二一）、駿河今川氏の将福島《くしま》正成が甲斐国内へ侵攻し、十月十六日に飯田（甲府市飯田）で合戦となり、武田信虎が勝利する。十一月十日、戦いに敗れた駿河勢は勝山城へ陣取っている（『甲陽日記（高白《こうはく》斎《さい》記）』）。

この後、信玄・勝頼期に当城がどのように維持・管理されていたか不明であるが、天正十年（一五八二）の天正壬午の乱にさいし再び史料上に現れる。七月、甲斐へ進出した徳川家康は、服部半蔵に伊賀衆を加え勝山城に配置し（『甲斐国志』）、十一月七日、松平家忠に勝山城修築を命じ、一ヵ月後の十二月七日に普請が終了している（『家忠日記』）。

【構　造】『甲斐国志』は「天守台ト云処モアリ、土手・カ

●—住宅背後の独立丘陵上が城跡

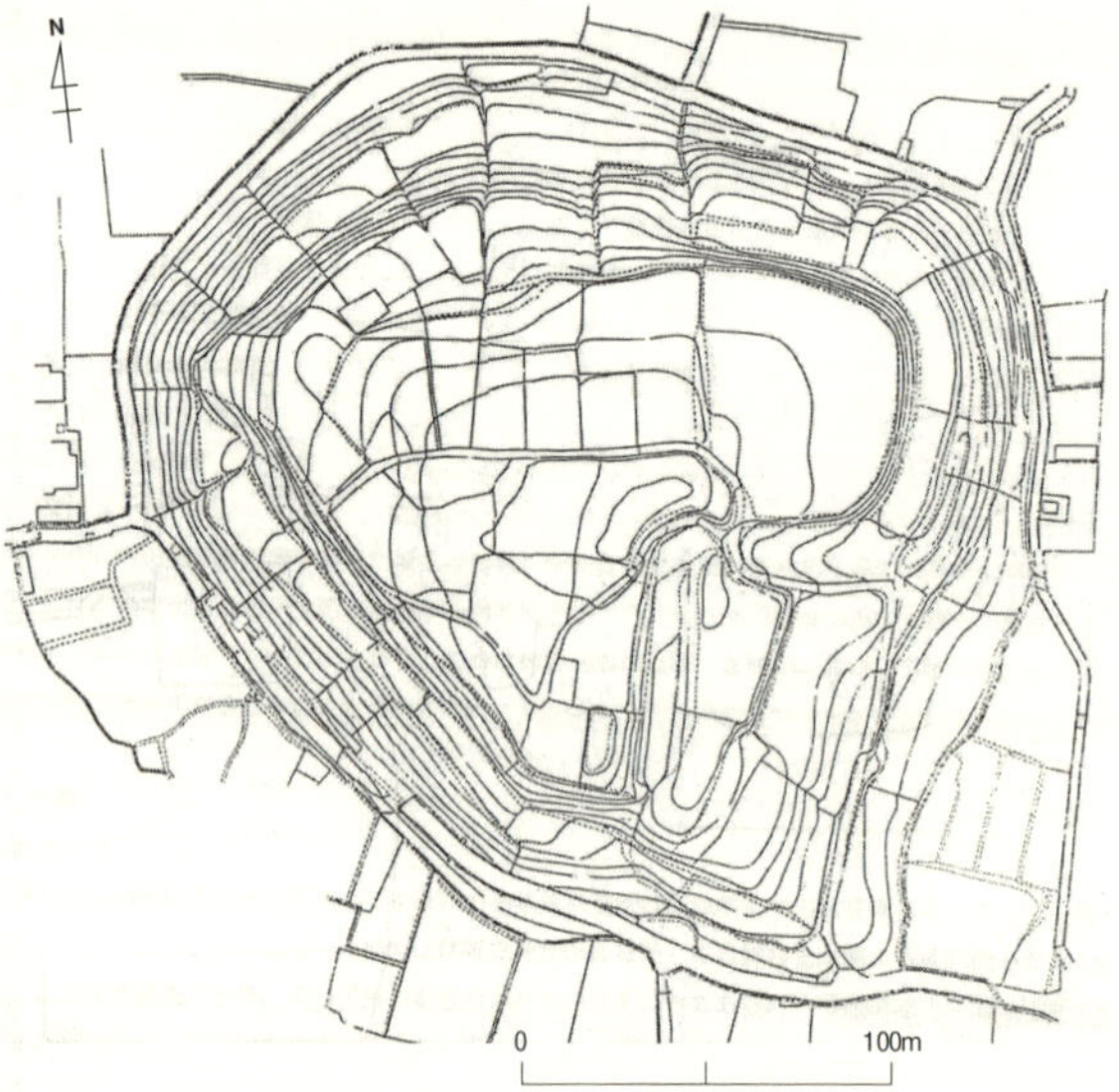

●—勝山城測量図（『山梨県の中世城館跡』より）

ラ堀ノ形巍然《きぜん》トシテ存シ、天正中増築ノ有様ナリ」と記述する。直径二〇〇メートル、比高二〇メートルたらずの独立した小丘を利用して構築され、中央の小高い箇所が主郭となる。主郭を中心に造成された三段の郭とその下部に位置する帯郭、出構状遺構、竪堀などが確認できる。東側は尾根状の微高地を一〇〇メートルにわたり掘り切っており、外側一帯は低湿地の深田となっていた。

昭和五十八年（一九八三）農道改良工事にともない発掘調査を実施している。帯郭《おびぐるわ》・土塁《どるい》・石敷き遺構などを検出するが、明確な堀跡は確認できず、沼状の湿地だった可能性が指摘されている。土塁と石敷き遺構の時期差も指摘され、前者を油川氏の時代、後者を徳川氏の修築と想定している。

●―左側帯郭と土塁

●―勝山城に残る堀跡

●―西側帯郭，かつてその外側に沼田が広がっていた

【甲府盆地入口の要衝】 油川に本拠を置いた信恵が、深田に囲まれた立地をその防禦に最大限活用するため要害として構えた城郭であろう。駿河勢二〇〇〇人余が籠ったことなどもこうした築城意図を反映した結果であろう。今川勢が二度にわたって陣取ったり、徳川勢が修築したのも中道往還に近く、本城が甲府盆地入口の要衝に位置するためであろう。

【参考文献】 萩原三雄「勝山城」磯貝正義ほか編『日本城郭大系八　長野・山梨』（新人物往来社、一九八〇）、田代孝「中道町勝山城址」『山梨考古』一〇（山梨県考古学協会、一九八三）、出月洋文「勝山城」萩原三雄編『定本山梨県の城』（郷土出版社、一九九一）、萩原三雄「甲斐『福泉寺城』に関する一考察」羽中田壮雄先生喜寿記念論文集刊行会編『甲斐の美術・建造物・城郭』（岩田書院、二〇〇二）

（伊藤正彦）

●街道監視の烽火台

金刀比羅山砦《こんぴらやまとりで》

〔所在地〕甲府市右左口《うばぐち》町
〔比　高〕二七〇メートル
〔分　類〕山城
〔年　代〕一六世紀代か
〔城　主〕――
〔交通アクセス〕JR中央本線「甲府駅」下車、市立甲府病院行き送迎バス「市立甲府病院」下車、富士急平和観光バス「右左口」下車、徒歩約六〇分。

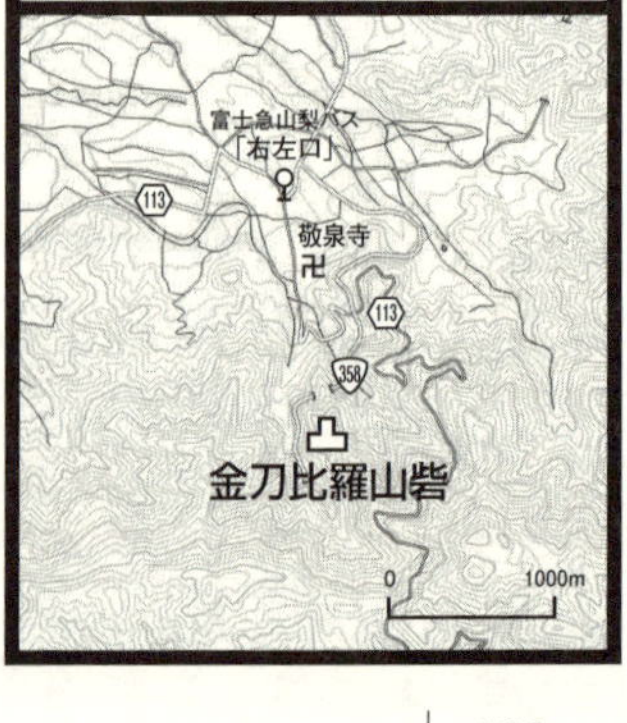

【交通の要衝に位置する】　御坂《みさか》山地は、標高一五〇〇メートル級の山々が連なり甲府盆地と富士北麓地方とを区切っている。そうした御坂山地の一峰である日陰山《ひかげやま》（標高一〇二五メートル）から北西に派生した尾根先端部の金刀比羅山《こんぴらやま》に本砦は占地する。標高六五五メートルの山頂に構築され、城下集落との比高差は二七〇メートルを測る。山頂から盆地一帯の眺望に優れ、本砦の西麓を中道往還《なかみちおうかん》が通り右左口《うばぐち》峠へと至る。城下集落の右左口は、武田氏時代から伝馬宿的機能を有し、江戸時代にはこの往還の宿町として発展している。

【駿河との最短経路】　中道往還は古代からの幹線道であり、古関《ふるせき》（甲府市古関町）から精進《しょうじ》・本栖《もとす》（富士河口湖町）を通過し吉原（静岡県静岡市）へと至り、甲斐から駿河に通じる最短経路であった。天文十五年（一五四六）、甲斐を訪れた三条西実澄は、住吉（甲府市）から女坂《おんなさか》（阿難《あなん》坂）、精進・本栖をへて、この往還を利用して帰洛する（『甲信紀行の歌』）。武田氏滅亡後の天正十年（一五八二）四月十日、織田信長は安土への帰途、右左口に陣取っている。この時の模様を『信長公記』は、「家康公御念を入れられ路次通り」を整備し、「左右にひしと透間なく警固」を置いたと伝えている。

【甲斐領有をめぐる攻防戦の舞台】　当地は本能寺の変後、徳川・北条両軍が繰り広げた甲斐領有をめぐる攻防戦の一舞台であった。家康は大須賀康高《おおすがやすたか》・岡部正綱《まさつな》らを先手衆として派遣し、大久保忠世も姥口《うばくち》に布陣している（『三河物語』）。七月九日、家康自身も精進《しょうじん》をへて甲府へ着陣し（『家忠日記』）、天正壬午《てんしょうじんご》の乱にさいし徳川方はこの経路を利用し入甲している。勝山城（甲府市上曽根町）を修築し、伊賀衆を加えた服部半蔵が右左口筋を守備し（『甲斐国志』）、『水野日向守覚書』にも「姥口《うばぐち》と申す山に陣を取」り、「姥口の山に山取を致備を立居申候」などの記述が散見する。十一月四日、家康は松平家忠に対し右左口筋での砦普請を命じ、家忠は六日に甲府から向山（甲府市上向山・下向山）に陣を移し、翌日より勝山城の修築に取りかかり、十二月七日に終了している

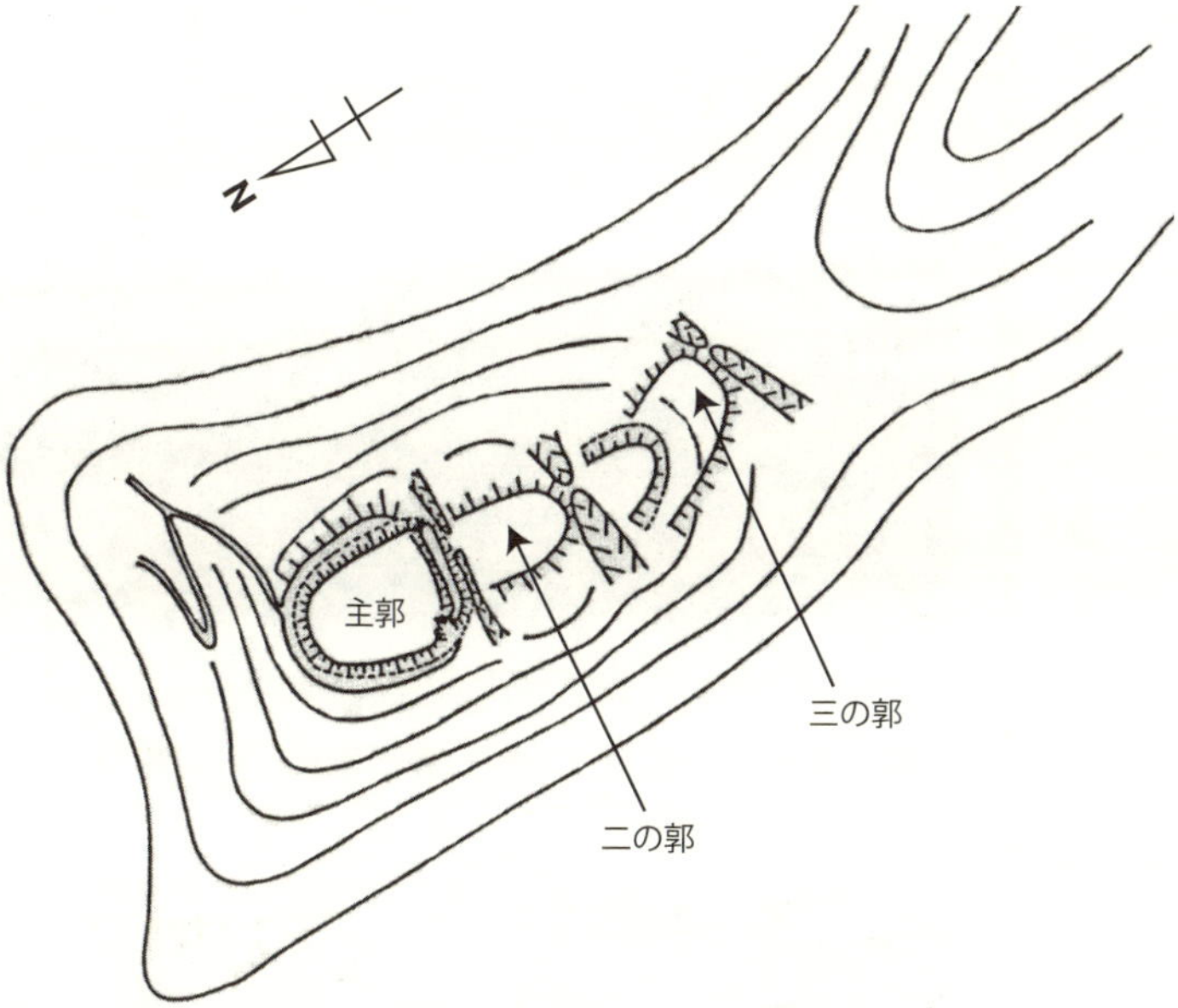

●―金刀比羅山砦（『山梨県の中世城館跡』より一部加筆）

●―城下の右左口宿を貫く中道往還（中央の山塊中腹に砦は構築される）

●―東照神君仮御殿の跡との伝承地。右に中道往還，背後の山腹に砦がある

●―主郭南側の土塁

（『家忠日記』）。

【研究史】『甲斐国志』（仮御殿跡の項）に「城山ト云フハ阪路ヨリ少シ東ノ山腹ニアリ、松平主殿助家忠《とのものすけいえただ》翌未年マデ警固セシ処ナリ」との記述がある。当砦の北方、「城山」と呼ばれる地に右左口山砦（甲府市右左口町）が確認されている。『国志』は、『家忠日記』に載る天正十年十一月四日条の「うは口筋に取出普請候」の記述や十二月七日条の「普請出来候」の記事を「上口山《うばぐちやま》の砦」に関する記述と解釈しており、以来、そうした解釈は現代まで踏襲され、『日本城郭大系』でもこれら記事を右左口山砦に関する記述と解釈してきた。

　昭和五十八年（一九八三）から実施された山梨県中世城郭分布調査によって、本砦が新たに発見されたことにより、江戸期からの通説は再検討を迫られ、『家忠日記』の記述は金刀比羅山砦に関するものと再解釈されるようになった（出月洋文、一九九二）。いっぽうで、『家忠日記』の記事は勝山城修築を指し、城山（右左口山砦）や当砦を家忠普請《ふしん》の砦と解釈する誤りも指摘されている（『山梨県史　資料編七』）。

【構　造】尾根の先端を堀切《ほりきり》で区切った三つの郭が連続し、先端部の郭がもっとも大きく主郭《しゅかく》部と考えられる。南北二〇メートル、東西一五メートルの規模を有し、北・東・西側三方に幅一〜二メートルの腰郭《こしぐるわ》をめぐらしている。北方登坂路からこの腰郭に辿り着き、西側に迂回して桝形《ますがた》状の虎口《こぐち》に通じる。南側に高さ一・五メートルの土塁と幅二メートルの空堀を備え、二の郭とは土《ど》橋《ばし》で通じる。二の郭は、南北二九メートル、東西一三メートルの規模を有する長方形の郭であり、尾根筋を幅七メートルの空堀《からぼり》により区切っている。緩斜面を下った南側に三の郭の平坦地が確認でき、南方尾根筋に堀切を設け、城域を画している。

【街道筋の監視】 これまで勝山城をはじめ、当砦や右左口山砦などこの地域で知られる城郭は、天正壬午の乱にさいし、徳川方の城郭として修築・利用されたと解釈する点は一貫した見方である。本砦は小規模で単純な構造であるが、街道の監視に適した地に構築され、天正壬午の乱において、重要な役割を担い使用されたと考えられる。築城者は判然としないが、駿河と結ぶ要衝に位置し、街道と宿を扼する立地から、すでに武田氏の時代より流通の統制や領国警備のため往来者の監視を行っていたのであろう。武田氏との強い関わりが想定でき、維持管理など城下集落が負担していたものと推定されるが、それら住人を管理・差配した在地領主層の実態などは不明である。

●—主郭にめぐる帯郭

●—城域を画す南側尾根切り

【参考文献】 萩原三雄「右左口砦」磯貝正義ほか編『日本城郭大系 八 長野・山梨』（新人物往来社、一九八〇）、出月洋文「金刀比羅山砦」萩原三雄編『定本山梨県の城』（郷土出版社、一九九一）、「金刀比羅山砦」『山梨県史 資料編七 中世四 考古資料』（山梨県、二〇〇四）

（伊藤正彦）

峡中

お城アラカルト

戦国武将の茶の湯と城館

降矢哲男

戦国時代の城館の発掘調査が行われると、唐物《からもの》や和物といった違いはあるものの、その多くの地点で天目《てんもく》（茶碗）の出土がみられる。天目は基本的に鉄釉《てつゆう》が掛けられた黒色の茶碗のことで、茶を喫する茶碗としての用途以外に飯碗や酒の器などとして使用されていたことが指摘されてはいるが、通常は茶を嗜《たしな》むための器として用いられていたものである。

それでは、どうして戦国武将が居住する城館において、天目を所持し、茶を嗜む必要があったのであろうか。戦国武将であり、古今伝授の伝承者でもあった細川幽斎《ほそかわゆうさい》は、「武士の知らぬは恥ぞ馬、茶の湯、はじより外に、はじはなきもの」との一首を詠んでおり、武人として馬術を習得すると同時に茶の湯の嗜みも身につけておくことが必要だと説いている。戦国乱世のなかを生きた武将たちにとって、茶の湯は、能や和歌・連歌《れんが》などといった王朝古典とともに、身につける必要がある教養の一つであったといえよう。

また同時に茶の湯は、囲碁や将棋、酒宴などと同様に楽しみの一つになっていたことが、記録からも窺い知ることができる。薩摩の島津義久の配下で宮崎城主の上井覚兼《うわいかくけん》の日記（『上井覚兼日記』）には、天正十一年（一五八三）頃を中心として、島津一族や家老の伊集院忠棟《いじゅういんむねただ》、僧侶や神主、京都から下向してきた医師など幅広い人たちと茶会を行っており、そこでは茶の湯を楽しむとともに、道具を披露し互《たが》いにその優劣を競い合う様子がみてとれる。

このように、戦国武将たちは、教養を高めるために茶の湯を嗜む一方、道具を誇示し、さまざまな人々と茶会をするなど、娯楽としての性格も持ち合わせて茶の湯を行っていた。そうした中で、武将が所持する茶道具の優劣により、自身の権威を示す傾向が強くなっていくのである。織田信長が活躍する頃にはそれが政治と連動して、家臣を統治する手段として利用され、武将たちは武勲を競い合うかのように優れた道具を収集し始めるようになるである。

天目・天目台（個人蔵）

◆峡東

八田氏屋敷（八田家御朱印屋敷）の表門

●関東移封直前の徳川家康の城

浄《じょう》居《こ》寺《じ》城《じょう》

〈所在地〉山梨市牧丘町城古寺字城山
〈比　高〉約五〇メートル
〈分　類〉平山城
〈年　代〉天正十七年（一五八九）〜十八年
〈城　主〉徳川家康（城代・内藤信成）
〈交通アクセス〉ＪＲ中央本線「山梨市駅」下車、山梨市営バス西沢渓谷線「琴川」下車、徒歩約一五分。

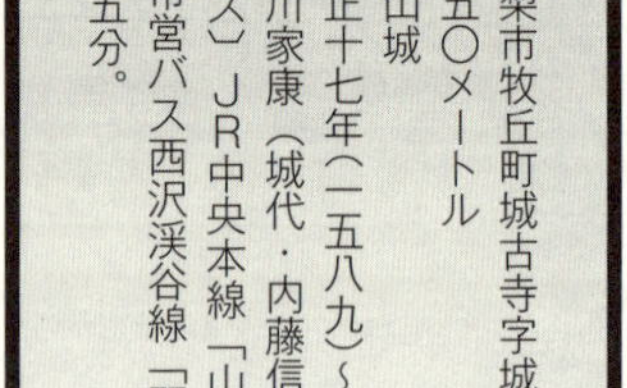

峡東

【立地と城の名称】　浄居寺城は、甲府盆地北東部の笛吹《ふえふき》川扇状地扇頂部で、西から琴《こと》川・鼓《つつみ》川が笛吹川に合流する付近に位置する。笛吹川・琴川・鼓川に浸食された台地状の開析扇状地の上に立地し、三方を急崖と川に囲まれている。また扇頂部に近いため三方に山が迫って平地がぐっと狭まっており、盆地から牧丘・三富・埼玉県秩父市方面へ向かう道路が集まる場所でもある。

城名は、浄居寺城のほかに浄古寺城・城古寺城という表記が見られるが、発音はいずれも「ジョウコジ」城であり、夢《む》窓疎石《そうそせき》が生涯で初めて開創したとされる浄居寺がこの地にあったことに由来する。浄居寺は、徳川家康が本城を改修したさい、替地を与えられ、移転するよう命じられたとされる。付近には「替地《かえじ》」という地名があるが、家康が移封となったためすぐには再興されなかったらしい。江戸時代中期の儒学者安積澹泊《あさかたんぱく》によって書かれた徳川家康の伝記『烈祖成績《れっそせいせき》』には「甲州常光寺ノ城」と見えるが、地元では「ジョウコウジ」とも発音することと関係があるかもしれない。同じく『烈祖成績』に見える「東郡ノ城」は、本城を指すとされるが、「東郡（地域）にある城」ということであって城名とは考えにくい。城古寺は旧村名で現在も字名として使用されており、「浄古寺城」は近年の文献に見られる。『甲斐国志《かいこくし》』は「浄居寺ノ城墟」としている。

別名は中牧《なかまき》城とも呼ばれる。「中牧」は古い地名で、『永禄番帳』に「中まきの禰宜《ねぎ》」と見えるほか、康和二年（一一〇

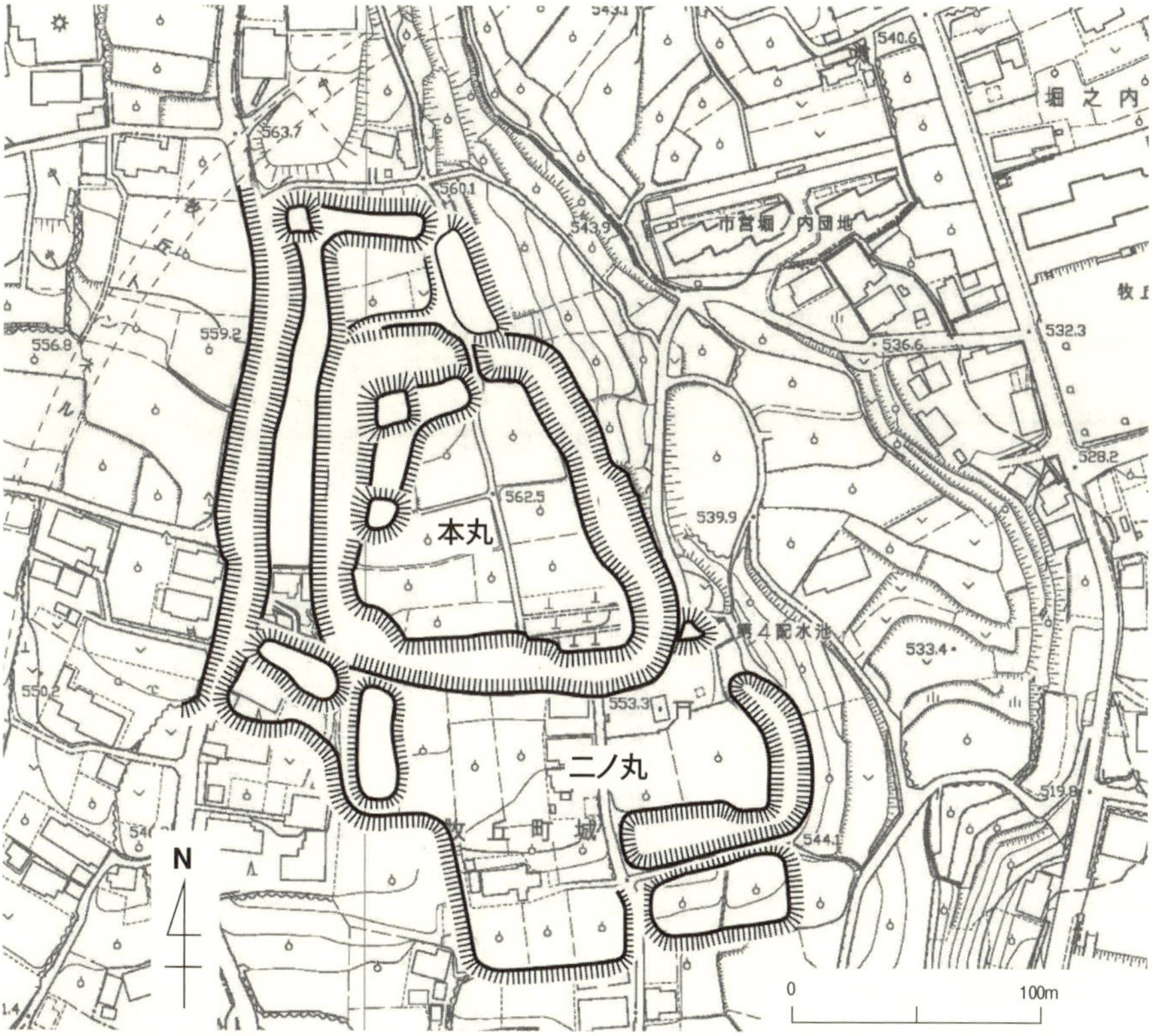

●―浄居寺城縄張図

○）の柏尾経塚《きょうづか》出土の経筒の銘に見える「内牧山村」は「中牧山村」と同意だという指摘もある。『甲斐国志』には「牧ノ庄（中略）中央ヲ中牧ト称ス、杣口《そまぐち》・千野野宮《ちののみや》・城古寺・窪平《くぼだいら》・倉科《くらしな》是ナリ」とあり、城古寺村も含まれている。

【城の沿革と地元の伝承】　浄居寺城の当初の築城時期や城主、その後の変遷は明らかになっていない。『甲斐国志』は、安田義定《やすだよしさだ》の居城を弘安年間頃（一二七八〜八七）二階堂《にかいどう》氏が修築し、天文年間頃（一五三二〜五四）大村《おおむら》氏が拠ったという言い伝えを紹介しながらも「未だ審《つまびらか》ならず」としている。本城の南二〇〇《メートル》には、足利尊氏、二階堂道蘊《どううん》の供養塔と伝わる二基の宝篋印塔《ほうきょういんとう》があり、うち一基は、相輪の一部と塔身を欠くものの、室町期以前にさかのぼる大型で均整のとれたものである。

昭和四年（一九二九）に編さんされた『中牧村郷土誌』は、天正十七年（一五八九）に中牧城代内藤信成《ないとうのぶなり》の家臣穂鷹成吉《ほたかしげよし》が書いたとする「中牧合戦録」の概略を紹介しており、本城の沿革および天正十年の中牧勢と徳川勢の戦いについて記している。その概要は次のとおりである。

「元歴年間（一一八四）頼朝の下知により、甲州四ヵ所の山に砦を築いて要害とした。中牧山、北山、小山、秋山がそれで、中牧城砦は、『工藤但馬守』の居城であった。その後、永仁・正安頃（一二九三〜一三〇一）『足利侍二階堂四郎左衛門道蔵』の居城であったが、その時に夢窓国師のために常居寺を建立した。天文年間、武田晴信（信玄）が中牧城を再興するため、常居寺を替地に移し、大村加賀守忠春《ただはる》に命じ甲信両国の人夫を以て五十余日を費やして築城した。その後大村加賀守の跡を継いだ伊賀守忠行《ただゆき》が城主となった。武田氏滅亡後の天正十年七月一日、北条方についた大村伊賀守をはじめとする中牧勢と、武川十二騎衆を案内役とした徳川勢とが笛吹川と重川に挟まれた大野の地で合戦した。攻防の後、中牧勢は敗れ、中牧城に引いたところに、あらかじめ甲府を夜に立ち積翠寺《せきすいじ》から西保《にしぶ》を越え、倉科の上求寺《じょうぐ》に着陣した二千の徳川勢が七月四日未明から中牧城の搦手《からめて》へ攻め寄せた。南方面からも三千余騎の徳川勢が寄せ来るのを見た伊賀守は味方七百人を引き連れて敵の真中に突入し奮戦したが、その間に落城し、伊賀守も高橋山（放光寺）西の坊で自害した」。

内容については検討が必要だが、平成六年（一九九六）に放光寺西側の墓地からやや外れた水路のなかから、常滑《とこなめ》大甕とその中に入った人骨や天目茶碗《てんもくぢゃわん》が出土し、大村忠行との関係が注目された。常滑大甕は一三世紀後半、天目茶碗は一五世紀第2四半期という生産年代であるため直ちに結び付けることは難しいが、中牧城や大村氏と何らかの関係がある可能性はある。また文中に「酉戌亥《とりいぬい》の高櫓《たかやぐら》より打見れば」、「西北の三個所の大櫓より、鉄砲百五十筒にて打ち出し」という文言が見られ興味深い。少なくとも『中牧村郷土誌』が編さんされた昭和四年当時には、櫓台に想定し得る高まりが城の北西部分に三ヵ所あった可能性もある。

【徳川家康による修築】　天正十年以前に浄居寺城が存在していたかどうかは別として、現在残る遺構は徳川氏の修築によるものとされている。

『家忠日記』の天正十七年九月の欄に、「一八日、（中略）甲信之衆ハ甲州東郡ニ城普請《ふしん》ニて被越候」とある。また、『烈祖成績』の天正十七年の記載に「九月二十六日。甲信二州の役丁をして東郡の城を修め使しむ」とあり、小田原攻め最中の天正十八年四月の記載に、「是より先内藤信成、甲州常光寺の城を守る。此に至り兵を率いて来る」とある。参陣した信成を初めて見た秀吉が名を家康に問い、「胴服佩刀《どうふくはいとう》」を与えたともある。

この二つの史料に登場する「東郡の城」が浄居寺城と考え

られている。この記載によれば、浄居寺城は、徳川家康が甲斐・信濃二国の民の労役により、天正十七年九月末から修築を始め、少なくとも翌年四月には内藤信成によって使用されていたことがわかる。武田氏滅亡後、甲斐・信濃・駿河・遠江・三河を領有することになった家康が、最前線の甲武国境で特に北条軍に対する備えとして急ピッチに整備を進め、内藤信成に守備を命じたということである。しかしその直後の天正十八年七月に家康は移封となったため、浄居寺城は廃城となり、その後ふたたび使用されることはなかった。修築から廃城までわずか一〇ヵ月足らずという極めて短い期間であったということになる。修築には甲斐・信濃二国の民が動員されていることから、相当大規模な普請であったと思われるが、修築が完了していたかどうか、また当時の規模や構造がどうであったかを記した史料は今のところ知られていない。小田原攻めに参陣

●—浄居寺城北の郭北西側の櫓台

●—浄居寺城西側の土塁と堀

した内藤信成隊は、秀吉が褒美を与えたほど立派な部隊であったのであるから、すでにその頃には、徳川氏の精鋭部隊が浄居寺城を守備していたものと思われる。

【城の構造と規模】『甲斐国志』の記載によると、「追手ハ東南窪平《くぼだいら》ノ方ヘ向ヒ山埼ト云フ鍛冶屋橋ニ出ヅ」とあり、追手は城の東南にあったとされるが、明確な遺構は確認できない。本丸は南北一〇〇メートル、東西六二メートル（北側）から一〇〇メートル（南側）で台形状の平面をしている。本丸の北西部分は一段高くなっており、もっとも高い位置にあるため天守台の跡とする文献もある。本丸西端の中央付近にはやはり天守台跡とされる高さ三メートルの高台があるが、南北五・五メートル、東西七メートルと小さい。北側と西側にL字状の土塁《どるい》の痕跡が認められるため、その土塁上に設置された二ヵ所の櫓状のものである可能性は高い。「中牧合戦録」に見える「西戌亥の高櫓」または「西北の三個所の大櫓」に相当する部分であろうか。本丸の周囲には内堀がめぐり、西側と北側のもっともよく残っている部分では、幅一五メートルの空堀《からぼり》を見ることができる。本丸北側には内堀の北に一段高い五〇メートル四方程度の郭がある。その北の郭の北側と西側には本丸と同じようにL字状に土塁がめぐり、北西隅が一段高くなっている。城の西側は、北の郭西側の土塁が内堀外側までつづき、その西土塁外側斜面の下は道路と水路になっている。この道路と水路は城西側の外堀であったと思われ、土塁頂部との比高差は六メートル以上ある。地形上急崖がなく防御上弱い西側を二重の堀と高い土塁で強化している状況がうかがえる。本丸南側は内堀南側に一段低く二ノ丸と呼ばれる郭が接続しており、二ノ丸の北東の一部は八幡神社境内となっている。二ノ丸の周囲には堀と土塁の痕跡が認められる。

城の規模は、北の郭から二ノ丸までは、南北二九〇メートル、東西二四〇メートルであるが、西の道路と急崖に囲まれた範囲全体を城とみなすと南北八四〇メートル、東西三五〇メートルである。

浄居寺城は、築城技術や様式が著しく変化する時期にあって、天正十七年九月から翌年七月という短期間に修築され、廃城となった稀な城で、その時期の徳川氏の築城のあり方を示す貴重な城である。

【参考文献】中牧村教育会『中牧村郷土誌』（一九二九）、『牧丘町誌』（牧丘町、一九八〇）、磯貝正義ほか編『日本城郭大系　八　長野・山梨』（新人物往来社、一九八〇）、萩原三雄編『定本山梨県の城』（郷土出版社、一九九一）、塩山市教育委員会『放光寺遺跡』（一九九五）

（三澤達也）

●戦国期直前の山城

小《お》田《だ》野《の》城《じょう》

〈山梨市指定史跡〉

〈所在地〉山梨市牧丘町西保下字小田野
〈比　高〉約二五〇メートル
〈分　類〉山城
〈年　代〉一五世紀中頃～文正元年（一四六六）
〈城　主〉跡部景家か
〈交通アクセス〉ＪＲ中央本線「山梨市駅」下車、山梨市営バス西沢渓谷線「窪平」下車、牧丘循環線塩平方面へ乗り換え「城下」下車、徒歩三〇分。

【「安田義定の要害」伝承】　小田野城は、笛吹《ふえふき》川の支流鼓《つつみ》川を、両河川の合流点から四キロほどさかのぼった山梨市牧丘《まきおか》町西保下《ちょうにしぶしも》に位置する小田野山の山頂とその尾根につくられた山城である。

小田野城の存在は古くから知られており、江戸時代の地誌『甲斐国志《かいこくし》』にも「小田ノ山ノ城跡」としてのる。また、「今存スル所ノ城跡ハ安田遠江守ノ要害《ようがい》ナリ」とあり、平安時代末期、平家追討に功績をあげた甲斐源氏、安田義定《やすだよしさだ》の要害であるとしている。実際周辺には、安田義定が自害した場所と伝わる「腹切《はらきり》地蔵尊」や墓所と伝わる宝篋印塔《ほうきょういんとう》、義定を祀ったといわれる「宗覚明神」など義定に関連する伝承が多く残る。

また、義定の拠点は、古代に成立した荘園「牧荘《まきのしょう》」内にあったとされ、小田野城一帯も牧荘に含まれることや、小田野城の東の麓にある普門寺《ふもんじ》は、義定が開基となったと伝わり、創建のさい、近くにあった陀羅尼堂《だらにどう》から移されたと伝わる木造薬師如来坐像と木造地蔵菩薩立像が、いずれも平安時代中期の作であることなどは、この地域が安田氏と深い関係にあった可能性を示している。

しかし、小田野城と安田氏とを直接結びつける史料はなく、その時代の状況は不明な部分が多い。

【甲斐国守護代跡部景家と小田野城】　小田野城が使用されたことを同時期の史料として確認できるのは、かつて山梨市北に所在した窪八幡神社別当上之坊普賢寺《かみのぼうふげんじ》の僧侶が書いた年代記『王代記』の記載である。寛正六年（一四六五）の記事として「上野守西保《にしぶ》小田野ニテ腹切」とある。また、相国寺《しょうこくじ》鹿苑院《ろくおんいん》内の寮舎「蔭凉軒《いんりょうけん》」の住持季瓊真蘂《きけいしんずい》が記した公用日記『蔭凉軒日録』の文正元年（一四六六）閏《うるう》二月二十日の項に「（前略）甲斐国の武田、彼の被官《ひかん》の乱を対（退）治する」とあり、この「彼の被官」と『王代記』の「上野守」は同一人物で、当時甲斐の守護代であった跡部《あとべ》上野介《こうずけのすけ》（守）景家《かげいえ》であると考えられている。

　興味深いことに、『蔭凉軒日録』には「衆人《しゅうじん》を驚起せるは、尤《もっと》も奇なるがためなり」ともある。季瓊真蘂は将軍足利義政の側近で、有力守護大名の家督相続に介入するなどし、文正の政変で失脚するまで室町幕府の中枢部にいた人物である。その真蘂と周囲の人々が、甲斐一国の守護が家臣を討ったことに、なぜ驚いたのだろうか。

　それは幕府が当時、甲斐の守護武田信昌《のぶまさ》と守護代跡部景家の勢力は拮抗していたか、むしろ跡部氏が優勢であり、容易に決着はつかないと見ていたからではなかろうか。そして、甲斐の守護武田氏の動向は、幕府にとって重大な関心事であったことにほかならない。

　半世紀さかのぼる応永二十三年（一四一六）、関東一〇カ国を所管していた鎌倉府に対して前関東管領《かんれい》上杉禅秀《うえすぎぜんしゅう》が叛乱を起こすと、甲斐守護武田信満《のぶみつ》は娘聟《むすめむこ》の禅秀に加担した。当時幕府と鎌倉府との間には確執があり、幕府の寛大な処置を期待しての行動だったかもしれないが、幕府は討伐を諸将に指示し、乱は鎮圧され、信満も木賊山《とくさやま》（甲州市大和町）で最期を遂げた。信満の後の甲斐守護は、鎌倉府が逸見有直《へみありなお》を推挙したものの、鎌倉府の権力拡大を恐れた幕府はそれを認めず、高野山で出家していた武田信元《のぶもと》を任命した。しかし信元は鎌倉府や逸見氏、守護を失ったことで活発化した中小武士団などを恐れて甲斐に入国できなかった。そこで幕府は、信濃守護小笠原政康《おがさわらまさやす》に武田氏への支援を命じ、政康は代官を派遣した。それが跡部氏であったと見られている。

　混乱していた甲斐国内は、その後跡部氏を中心に収束へと向かっていく。信元の死後、同じく高野山で出家していた信《のぶ》重《しげ》が守護に補任《ぶにん》されていたが、信重に甲斐国へ帰国を要請したのは跡部氏であった。

　康正元年（一四五五）、信重の子信守《のぶもり》が若くして亡くなると、信守の子信昌《のぶまさ》がわずか九歳で家督を継ぐが、信昌が正式に守護に補任されたのは寛正六年（一四六五）のことだったらしい。その間跡部氏は、吉田《よしだ》氏、岩崎《いわさき》氏といった武田一族の有力氏族と戦い、勝利して勢力を拡大する一方、武田氏と関わりの深い向嶽寺《こうがくじ》に本尊釈迦如来を寄進し、その寺領を安堵するなど、守護不在の甲斐国内で武田氏を凌ぐ権力者としての行動を見せるようになる。

【武田信昌と跡部氏の戦い】 幕府と鎌倉府の対立は、甲斐や信濃の国内情勢にも影響を与え、幕府方の小笠原光康《みつやす》・諏訪惣領家・武田信昌対鎌倉府方の小笠原持長《もちなが》・佐久大井《おおい》氏・跡部景家という連合関係による対立構造ができあがっていた。寛正三年（一四六二）小笠原持長が死去すると、信昌は諏訪氏の協力を得て跡部氏討伐を開始してゆく。諏訪上社神長官守矢満実《もりやみつざね》が神官として直面した出来事を寛正五年三月二十四日から二八年間にわたって記録した『守矢満実書留』によると、寛正五年四月から文正元年（一四六六）正月までの間、甲斐国内で少なくとも五度の合戦が行われており、それに伴い諏訪氏は信昌への援軍のために三度出兵している。寛正六年十一月二十四日の戦いでは、跡部氏の中心人物とみられる「甲州津ノ守」と兄弟二人が討ち死にしており、跡部氏側が大きな被害を受けたと考えられるが、文正元年正月には、諏訪勢も武川（北杜市）で信昌から贈られた小荷駄《こにだ》を奪われ、いったん占拠した一条も奪い返されるなどしている。

信昌と跡部氏が雌雄を決した戦いについて、『甲斐国志』は「景家ハ夕猟（狩）沢ノ戦敗レ八幡入リヨリ山越シニ引キトリ此《こ》ノ城（小田野城）ニ保《やす》ム、今地名ニ呼ブ所、切差《きっさつ》トハ斬リ刺スナリ、赤芝《あかしば》ハ血流レテ芝ヲ染ム、隠家・膝立《ひざたて》・生《いけ》捕《どり》・自害沢ナド皆ナコレ乱戦ノ有様ヲ以テ名ヅクル所ナリト云フ」と地元の伝承を紹介している。夕狩沢《ゆうがりざわ》の戦いに敗れ、跡部氏が小田野城へと敗走したさいの乱戦の有様が地名になるほどであったというのだが、小田野城へ向かった理由が判然としない。これらの地はいずれも夕狩沢から小田野城までの最短ルート上にはなく、いったん夕狩沢北側の山中へ入り、切差から古峠《ふるとうげ》を越え、赤芝川沿いに東へ向かい、赤芝・膝立をへて小田野城へ至ったということになる。山中をそのまま北へ向かえば信濃の佐久方面へ出ることもでき、佐久大井氏と連携することも可能なはずであるが、なぜそうしなかったのか。なお、これらの地名は焼畑に関するものとする説もある。

これら一連の戦いについて秋山敬は、「十一月の決戦に敗れた跡部勢が山中に逃げ込み、ゲリラ戦を展開」し、「正月に一条にあった諏訪軍基地を襲ったのも、山中を移動して急襲したゲリラ攻撃だった」との見解を示している。

小田野城は、武田氏との決戦に敗れた跡部氏が、甲府盆地北側の山々を利用しゲリラ戦を展開したさいの拠点であり、最後の抵抗を行う場所として選んだ城であったのだろう。

【城跡に残る遺構】 標高八八三メートルの小田野山山頂に長さ二

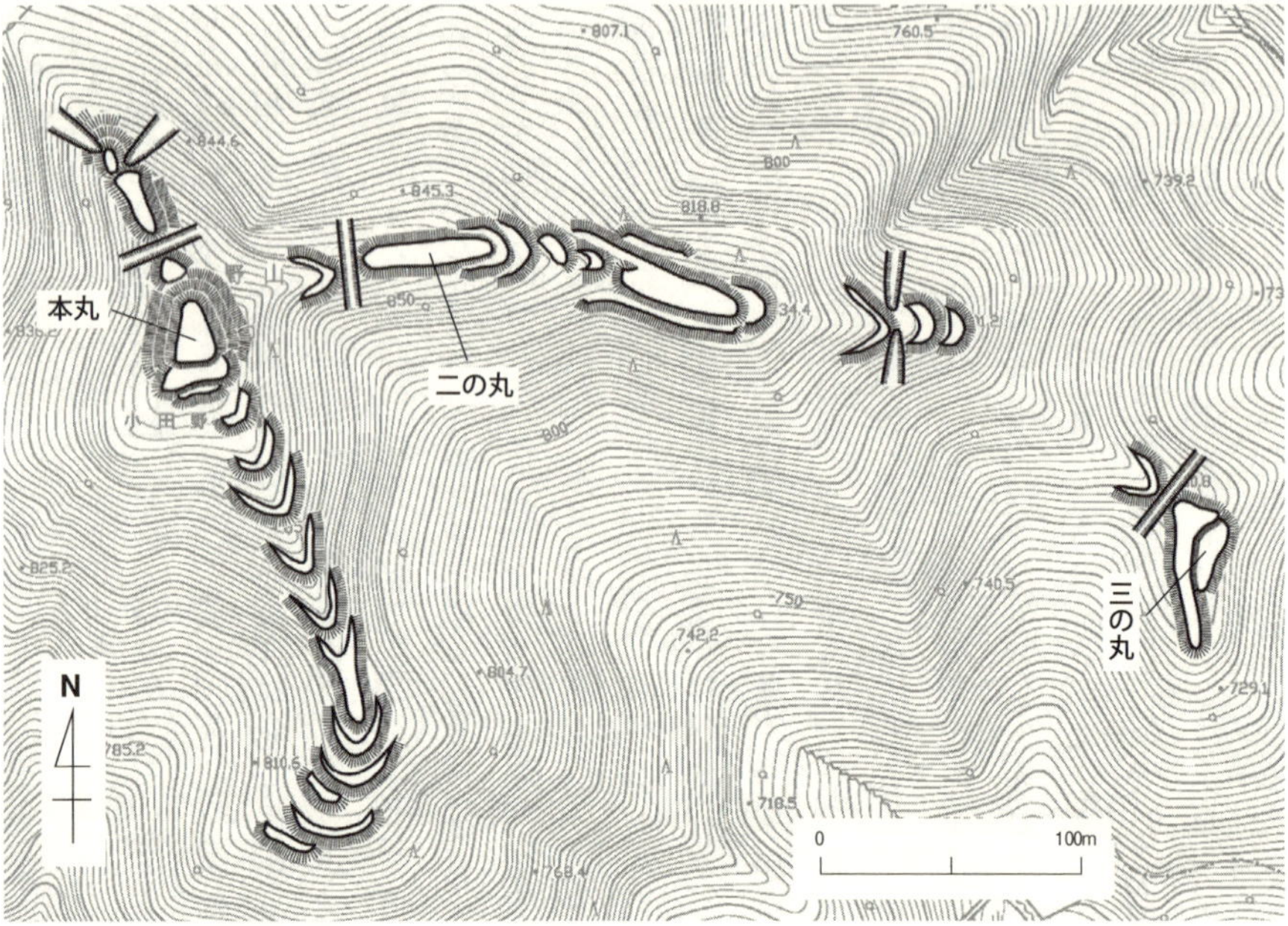

●—小田野城縄張図

●—小田野城遠景

五メートル最大幅一二メートルの平坦部が確認できる。『甲斐国志』に「山上ノ本丸ニ櫓跡荒塁《やぐらあとこうるい》アリ。二ノ丸ニ竜石雌雄アリ。三ノ丸に蔵王権現《ざおうごんげん》を祀ル」とあり、この平坦部が「本丸」と思われるが、「櫓跡」や土塁を確認することはできない。本丸南側から南東側に接して一段低い平坦部があり、さらにその南側に一段下がって小郭がつく。本丸から東側と南東側、北西側の三方向に尾根が伸びており、その三つの尾根上の傾斜が緩やかな部分に郭が、傾斜が急な部分には幅一～三メートルの腰郭《こしぐるわ》が多く配されている。

●—小田野城の竜石と堀切

東側の尾根上には三ヵ所の平坦部があり、そのうち本丸に近いものが二の丸、突端のものが三の丸に相当する。本丸と二の丸との間は急傾斜となっており、傾斜が緩やかになる変換点に幅三メートル程の堀切がある。二の丸は幅三～四メートル、長さ五五メートル程度で両端には立石状の露出があり、『甲斐国志』にある雌雄の竜石と思われる。

中間の平坦部は幅一二メートル、長さ四五メートルで、周囲に多くの腰郭・帯郭《おび》が配される。そこから傾斜が急になり、四ヵ所程度の腰郭と二ヵ所の堀切を挟んで平坦部になる。平坦な尾根は南側に向きを曲げるが、東側に延長するように一段低い腰郭状の三の丸が配され、二基の石祠《せきし》が祀られている。南東側の尾根は全体的に傾斜が急で、一〇ヵ所程度の腰郭と一ヵ所の平坦部がある。北西側の尾根には本丸に近い位置に腰郭と堀切があり、長さ三〇メートル程度の平坦部と堀切までが城の範囲で、その先は急斜面になっている。北西側の尾根は、比較的緩やかな勾配《こうばい》の起伏を繰り返しながら続き、足尾山《あしおやま》（一〇五八・三メートル）をへて妙見山《みょうけんざん》（一三五八メートル）へとつづいている。

小田野城は、一五世紀中頃の甲斐国における山城の遺構を現在に残す貴重な城である。

【参考文献】『牧丘町誌』（牧丘町、一九八〇）、磯貝正義ほか編『日本城郭大系　八　長野・山梨』（新人物往来社、一九八〇）、萩原三雄編『定本山梨県の城』（郷土出版社、一九九一）、『山梨市史　通史編』上巻（山梨市、二〇〇七）

（三澤達也）

●武田の「御蔵」か室町中期以前の居館か

連《れん》方《ぽう》屋《や》敷《しき》

〈山梨県指定史跡〉

〈所在地〉山梨市三ヶ所字連方
〈比　高〉約五メートル
〈分　類〉単郭方形居館
〈年　代〉一五世紀前半～中頃
〈城　主〉——
〈交通アクセス〉ＪＲ中央本線「東山梨駅」下車、徒歩約五分。

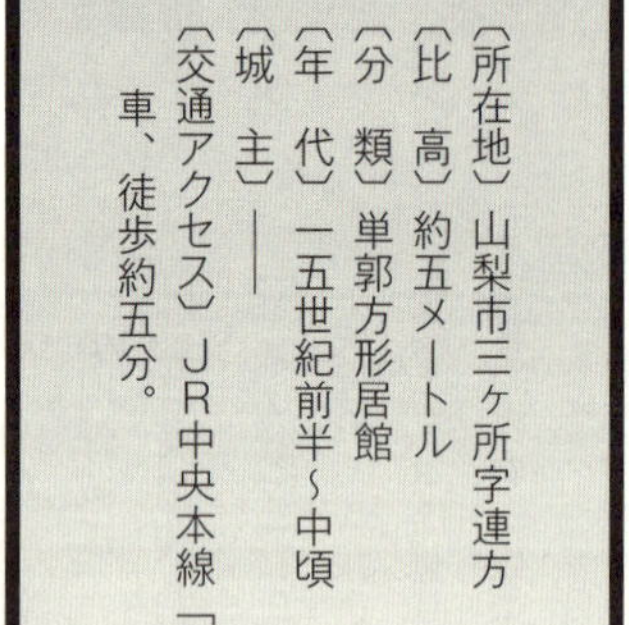

峡東

【武田蔵前衆との関連】　連方屋敷は、土塁と堀が残存する方形居館として早くからその存在が知られ、昭和三十八年（一九六二）に山梨県指定史跡に指定されている。しかし、連方屋敷に関する史料は乏しく、築造者や呼称の由来についても定説化したものはない。『甲斐国志《かいこくし》』は戦国期武田氏の蔵前衆頭《くらまえしゅうがしら》古屋《ふるや》氏との関連について推定し、編さん当時すでに古屋氏三名が居住しており、『甲陽軍艦』にみえる「蔵前衆ノ頭四人」のうち二人が古屋氏であること、同衆に古屋氏が多いこと、「天正壬午《てんしょうじんご》武田諸士起請文《きしょうもん》」に古屋氏が多くみえ、その多くが周辺に居住していることを挙げているが、「凡《おい》テ明拠ナキコトハ闕《か》イテ記セズ」としている。上野晴朗は、中央南に門口があり、その南に小路が直線に二〇〇㍍ほど伸びて、その両側に小規模ながら街割が見られる点は、防御に重点をおいた館としては考えにくいとし、「蔵前の庁所（役所）」と推定している。また上野は、安田義定《やすだよしさだ》の九世安田孫左衛門尉光泰が連峯入道といって屋敷に居住したため連峯屋敷と呼ばれたとの記録を紹介している。

　蔵前衆とは、武田氏の御料所《ごりょうしょ》（直轄領）からの年貢や銭貨、諸公事物が貯蔵された「御蔵」を管理・運営する役人で、勘定奉行《かんじょうぶぎょう》の管轄下に置かれていた。また、金山衆とともに鉱山開発と管理を行っていたともされる。御蔵は、商業活動の活発な都市や町場、交通の要所などに設置され、収納された米穀などを町や市場で換金したり、銭貨で物資を購入したりすることで武田氏の財政と生活を支える拠点であった。連方屋敷の西四〇〇《メートル》には青梅《おうめ》往還《おうかん》沿いに開かれた中世にさかのぼる定期市「八日市場《ようかいちば》」（「原八日市場」ともいう）跡があり、一六世紀後半には連方屋敷に居住し、武田氏の蔵を管理していた古屋氏が「原八日市場」の住人から「諸役」（租税）を徴

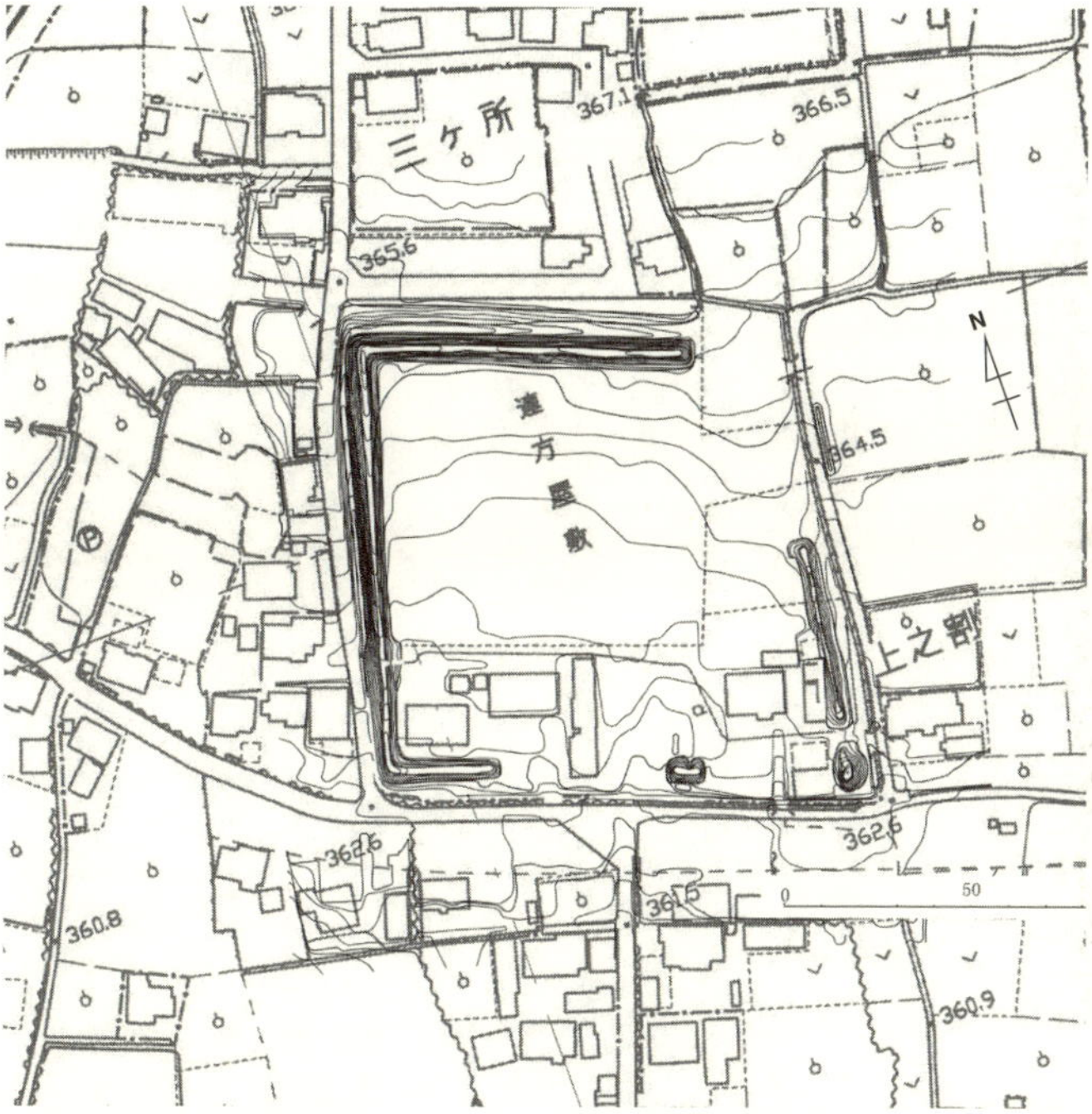

●—連方屋敷実測図

収している。

いっぽう、整備に伴う発掘調査が行われ、武田氏の「御蔵」の様相の解明が期待されたが、戦国期の遺構は発見されず、遺物も当該期のものは全体の量に対して非常に少ないという結果であった。発見されたのは、戦国期以前の礎石建物や掘立柱建物の一部、遺物は一三世紀代から一五世紀代のものがもっとも多かった。発掘調査面積は全体の一〇%程度で、南側と東側の民有地部分は一部を除いて調査が行われておらず、そこが御蔵または庁所として使用されていた可能性も残る。正徳検地絵図の写しには、屋敷の北東部を区画して「蔵屋敷」との記載があり、「御蔵」としての連方屋敷の使用は部分的なものであったとも考えられる。

●—空から見た連方屋敷

【防御性の低い立地と構造】 連方屋敷は、甲府盆地北東部の笛吹《ふえふき》川と重《おも》川に挟

峡東

まれた笛吹川扇状地の中央に位置している。周囲一《キロ》以内に大きな河川や山は無く、防御的機能を重視した立地ではないことがわかる。

館の規模は、東西一一七～一三〇《メートル》（土塁外―外）、南北一二〇《メートル》。土塁《どるい》の中央で約一町四方の規模をもつ。形は不整方形で、南側と北側の土塁は平行であるが、東側の土塁が南北両辺に対して直角ではなく大きく傾いている。これは周辺の条里プランの地割の形状や方向軸と一致しており、もともとの地割に沿う形で屋敷を築造しているためだと考えられる。

土塁は、基底部の幅五～六《メートル》、高さ二～三《メートル》、勾配《こうばい》は一割～一割五分で版築《はんちく》が認められる。旧地表面と思われる層が基底部のほぼ全域で確認されており、土塁は築造当初からほぼ規模を変えることなく現在に至っていると考えられる。堀は上面の幅六《メートル》、底部幅二～四《メートル》、深さ二～二・五《メートル》の箱堀で、土塁と堀は戦国期の居館に比べると規模が小さい。

【出土した遺物】 遺物は、高麗象嵌青磁梅瓶《こうらいぞうがんせいじめいぴん》、青磁稜花皿《りょうかざら》、同蓮弁文碗《れんべんもんわん》、青白磁《せいはくじ》（梅瓶か）、白磁小杯《はくじしょうはい》、青花端反皿《せいかはそりざら》などの貿易陶磁器の一部や、古瀬戸折縁深皿《こせとおりぶちふかざら》、同おろし皿、常滑《とこなめ》大甕など国産陶器類、内耳鍋《ないじなべ》などの瓦質土器、土師質《はじしつ》土器の皿（かわらけ）などが出土している。このうち、高麗象嵌青磁梅瓶は、一一《センチ》と比較的大きい胴部破片で、一三世紀前半から中頃のもの。蓮弁文碗は、三点出土しており、いずれも緑灰色の鎬蓮弁の胴部で一三世紀代。常滑大甕は、胴部破片のほか、別固体の口縁部が三点出土しており、いずれも一三世紀代に位置付けられるものである。内耳鍋は丸底で北関東の一四世紀代とされているものと類似している。かわらけは礎石建物付近から集中して出土しており、一五世紀前半から中頃が主体と考えられる。一六世紀代の遺物は青花端反皿とかわらけのごく一部などで、ほかは近世以降の陶磁器類となる。高級陶磁器は、伝世しながら長期間に渡って使用されるが、かわらけは、宴会などで使い捨ての容器として利用され、遺構の年代を把握するのに有効な遺物であるため、かわらけの年代が示す一五世紀前半から中頃が連方屋敷が使用された主な時期ということになる。

【屋敷の使用時期と清白寺仏殿の建立】 ちょうどその時期に該当する遺構が、連方屋敷の北東に隣接した位置にある。国宝清白寺仏殿《せいはくじぶつでん》である。仏殿は応永二十二年（一四一五）の建立で、小規模ながら禅宗様建築の代表的な一例とされている。清白寺は、夢窓疎石《むそうそせき》を開山として正慶二年（一三三三）に創立されたと伝わる臨済宗の寺院で、清渓通徹《せいけいつうてつ》、友山士偲《ゆうざんしさい》、絶海中津《ぜっかいちゅうしん》といった夢窓派の高僧が相次いで訪れており、浄居寺《じょうこじ》（山梨市）や恵林寺《えりんじ》（甲府市）とともに夢窓派の拠点であった。

『甲斐国志』によると甲府の大泉寺《だいせんじ》にあった梵鐘には応永某年と当寺名が刻まれていたとされ、当寺は応永年間に大規模な伽藍の修復がなされた可能性がある。

　当初の寺地は、現在地より北二町ほどの「古寺家」と呼ばれる地にあったとも伝わり、あるいは仏殿の建立と同時期に現寺地に遷ったとも考えられる。連方屋敷の主要な使用時期とそれは重なり、現寺地とは指呼の間にあるため、屋敷の主が清白寺仏殿の建立に関与していた可能性は高い。夢窓の甥で甲斐国出身の春屋妙葩《しゅんおくみょうは》が足利義満の帰依を受け、五山十刹《ござんじっさつ》制度をつくり、日明貿易を行うさいには幕府の外交顧問となるなど、夢窓派は室町幕府に近い存在であった。

●—かわらけ出土状況

　室町中期には五山十刹制度が各地へ推進され、清白寺はその中の単寮《たんりょう》に格付けされていることが鎌倉円覚寺の塔頭黄梅院《おうばいいん》の勧進に応じた文書から明らかになっている。単寮とは本来は一人で使用する寮舎を指すが、甲斐国内では諸山《しょざん》が最高で、それに次ぐ寺格であった。仏殿は同形式の方三間裳階付仏殿《ほうさんげんもこしつきぶつでん》のなかでは最小規模であるが、単寮の寺格に見合ったものと考えられる。清白寺仏殿について、関口欣也は、内部の彩色文様と丁寧な漆塗は中小規模の禅宗様仏殿には類例がなく、特殊な性格（例えば廟のような）をもつことを示すかもしれないとしている。

　連方屋敷の主は、一五世紀前半から中頃に一町四方の屋敷を構え、高麗青磁梅瓶など高級陶磁器を所持し、甲斐国内にあっては幕府に近いかそれを志向する人物であったと考えられる。応永二十年（一四一三）には守護武田信春《のぶはる》が没しており、信春の子信満《のぶみつ》は、応永二十三年（一四一六）の上杉禅秀の乱によって自害しているが、当前これらの出来事と連方屋敷の主が無関係ではないと思われる。

【参考文献】上野晴朗『甲斐武田氏』（新人物往来社、一九七二）、上野晴朗『武田信玄　城と兵法』（新人物往来社、一九八三）、萩原三雄編『定本山梨県の城』（郷土出版社、一九九一）、『山梨市史　史料編　考古・古代・中世』（山梨市、二〇〇五）、『山梨県史　通史編二　中世』（山梨県、二〇〇七）、『山梨市史　通史編』上巻（山梨市、二〇〇七）、三澤達也「連方屋敷の概要・発掘調査の成果から」『山梨考古』一二二五（山梨県考古学協会、二〇一二）

（三澤達也）

●由緒書添書が伝える中世土豪屋敷の構造

上《うえ》野《の》氏《し》屋敷《やしき》

〈所在地〉山梨市東
〈比　高〉〇メートル
〈分　類〉土豪屋敷
〈年　代〉戦国期
〈城　主〉上野氏
〈交通アクセス〉ＪＲ中央本線「山梨市」駅下車。山梨市営バス「久保」下車、徒歩一分。

【往還と水利を抑えた屋敷の立地】　国道一四〇号線から岩手橋を渡り、比高差約一五メートルの坂を上りきると、長屋門を構え石塁《せきるい》に囲まれた大きな屋敷が現れる。ここは戦国期から今日に至るまで上野氏代々が居住してきた屋敷で、風格を漂わせる母屋は江戸時代前期の建築と推定され、県文化財に指定されている。

　屋敷がつくられたのは、笛吹川と西川に挟まれた南北に連なる半島状丘陵地の先端上である。屋敷地の東側に秩父往還が位置し、南側には秩父往還から分岐して戦国期の岩手郷《いわでごう》を南北に縦断する往還が通っていることから、交通の要衝、とりわけ奥行き二キロを超える岩手郷の入口を抑えることを強く意識して、屋敷が構えられたものと推定される。

　また、屋敷の外周を囲むように笛吹川上流から取水した基幹水路が流れ、近世作成の複数の絵図にも同様な位置に水路の存在が確認される。中世土豪屋敷の占地・機能上の特徴の一つとして、農業生産に欠くことのできない水を屋敷地に引き込み、管理・支配していることが指摘されており、上野氏屋敷にもこうした機能を当てはめることができよう。

【遺構と地割から推定される構造】　山梨県内にあって上野氏屋敷は、八田御朱印屋敷（笛吹市）や於曾屋敷（甲州市）などと並ぶ中世土豪屋敷の典型といわれている。この屋敷を特徴付けるのは、四方を道路で囲まれた東西一八〇メートル、南北一一五メートルほどの広い土地区画の中に、石塁で長方形に画した東西約一〇〇メートル、南北約七五メートルを測る狭義の屋敷地が整備されている点であり、諸資料からその外周一帯を含めた広義の屋敷地の空間構成を推定することができる。

屋敷地西側の石塁を観察してみると、その外縁に沿って幅五～一〇メートルの一段低い土手状の区画がつづき、屋敷の北西コーナーでは三角形状の広がりをみせている。屋敷を囲む石塁には落とし積みの技法が顕著であることから、幅の広い土塁《どるい》を近世後半に至って石塁に改修したものであろう。また、北側の石塁の一角には小規模ながらメリハリのきいた桝形《ますがた》虎口《こぐち》が設けられ、母屋の西側には蔀《しとみ》の土塁に似た細長の土盛が存在する。桝形虎口や蔀の土塁は戦国期の城館の出入口部を防御するための施設であるが、当時の一般的な土豪屋敷には設けられていない。上野氏の系譜に軍学・兵法を学んだ郷士上野左近がいたことが明らかであり、石塁・桝形虎口・蔀の土塁はこうした人物が近世に至って構築したものと考えられる。

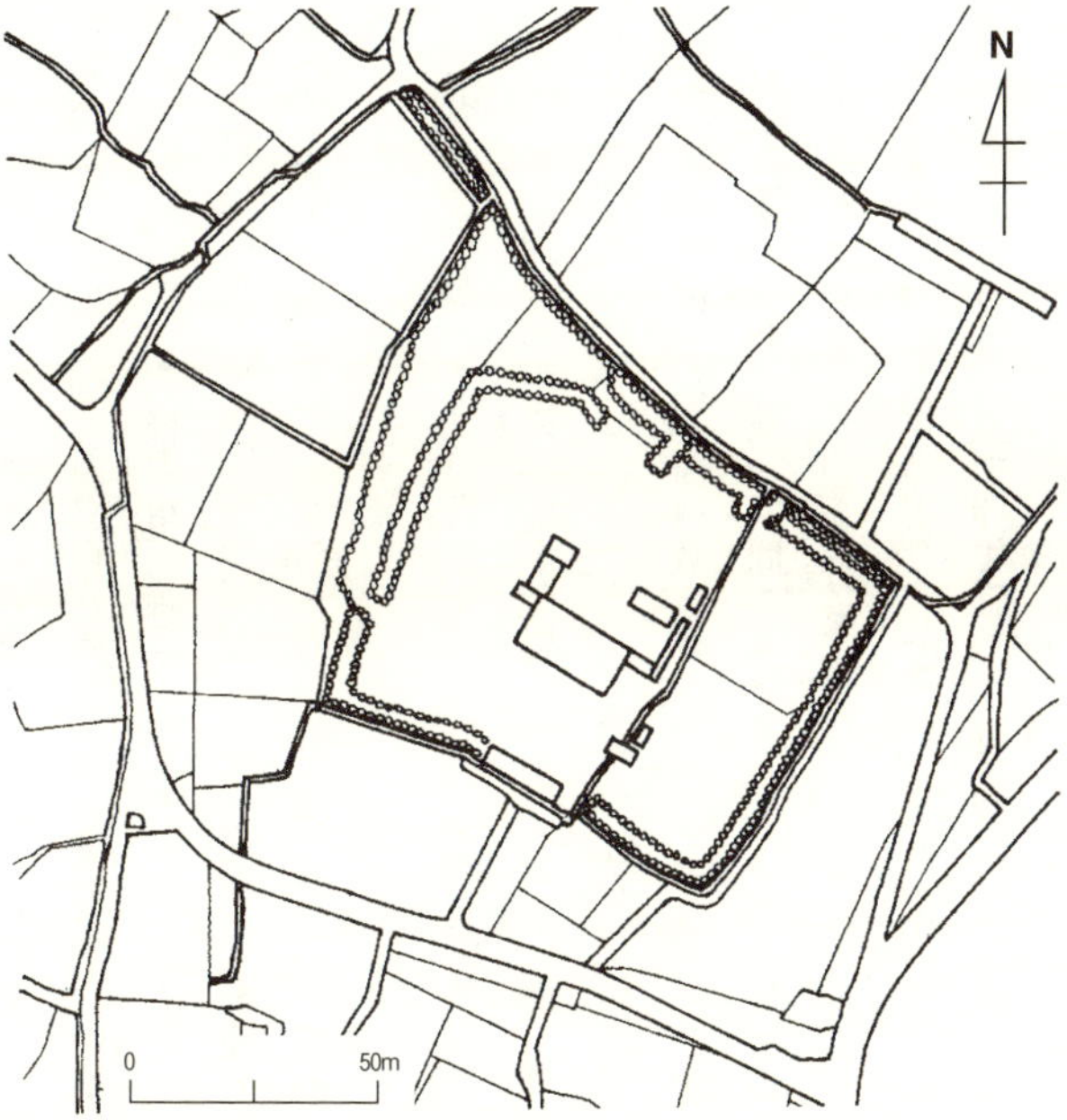

●—上野氏屋敷（『山梨県史　資料編７　中世４』より）

なお、道路で区画された広義の屋敷地の北側に隣接して、土塁で囲まれていたと推察される長方形状の地割を確認することができる。明確な土塁は残っていないが、東側から北側の一部にかけて直角に屈曲する土地区画は微高地となっており、土塁の痕跡と考えられる。土塁推定地を含めた規模は東西八四メートル、南北五三メートル程度であり、中世の上野氏屋敷が複郭《ふくかく》構造であった可能性を示唆している。


【中世土豪屋敷の景観を伝える由緒書添書】　現存する遺構の観察から中世土豪屋敷の構造を研究するには自ずと限界があるが、上野家には、『甲斐国志《かいこくし》』編纂に伴い文化三年（一八〇六）に提出した「由緒書添書《ゆいしょがきそえがき》」の控えが保存されており、その記述は土豪屋敷の空間構成や景観を彷彿させてくれる。

添書によれば、上野氏屋敷は石垣で囲まれた「内囲」とその外周にあたる「外囲」から構成され、その規模を「東立六拾間余（約一〇九メートル）、西立百八間余（約一九六メートル）、南横五拾間余（約九一メートル）、北横七拾間余（約一二七メートル）」と記している。「西立百八間余」は屋敷地西側の奥行きであり、前述の複郭構造を想定した規模（南北約一六八メートル）をさらに上まわっている。

添書の伝承がどこまで真実を伝えているか判断は難しいが、古くは「内囲」の中に馬場・矢場・築山・用水・溝・井戸があり、「外囲」に接して先祖手勢《てぜい》一七軒が住む「南屋敷」と、先祖隠居《いんきょ》が生活した「西屋敷」があったという。外囲北西に位置した縦一八間・横一三間の「草芝石こつ」は先祖が火葬等を行った場所であり、上野家初代・二代の墓所（五輪塔《ごりんとう》）が「同家勘之丞《かんのじょう》」の屋敷添いにあり、この者が所有していると伝えている。石塁で囲まれた上野氏屋敷の北側を歩いてみると、先に触れた長方形状地割の南端境界上に五輪塔の部材の散乱を確認できることから、初代・二代の墓所はそのあたりに設けられていたのであろう。

【土豪上野左近丞の身分】　ところで、堅固な屋敷を構えた中世の上野氏はどのような身分階層に属していたのであろうか。『甲斐国志《かいこくし》』巻一〇三「上野嘉兵衛」の項は、上野左近丞直忠の子嘉兵衛に三人の男があり、九左衛門忠容（与作）が苗字・帯刀の浪人上野左近家の祖となり、他の二人の系譜が岩手村の名主を勤めるようになったと伝え、上野家で所蔵する元亀二年（一五七二）四月朔日の武田家朱印状には、郷内において棟別役《むなべつやく》を徴収し武田家に納付する役割を担った調《ととのえ》衆《しゅう》八名の中に上野左近丞の名が記録されている。

平山優は、左近丞について軍役を負担する温井同心《ぬくいどうしん》上野清二郎の一族と推定し、郷中を代表する階層に属する人物として位置付けているが、左近丞の屋敷は国人領主や有力土豪の館と匹敵する規模をもち、南方約一五〇メートルの金光寺境内に伝承される岩手信盛《のぶもり》の子信景《のぶかげ》の屋敷規模を上まわることから、左近丞の系譜や身分、果たした役割などについて、再検討が必要となろう。

【参考文献】関口欣也「上野正氏宅」山梨県教育委員会『山梨県の民家』（一九八二）、「上野氏屋敷」『山梨県史　資料編七　中世四　考古資料』（山梨県、二〇〇三）、数野雅彦「連方屋敷と上野氏屋敷」『山梨市史　通史編』上巻（山梨市、二〇〇七）、平山優「御印判衆・調衆・軍役衆の実態」『戦国大名領国の基礎構造』（校倉書房、一九九九）

（数野雅彦）

●守護クラスの築城が推定される要害

御《ご》前《ぜん》山《やま》城《じょう》

〈所在地〉山梨市上岩下
〈比　高〉約四三〇メートル
〈分　類〉山城
〈年　代〉戦国期
〈城　主〉――
〈交通アクセス〉ＪＲ中央本線「山梨市駅」下車、山梨市営バス「矢坪」下車。徒歩約四〇分。

【総延長五〇〇メートルに達する城郭遺構】　山梨県内各地には大小さまざまな山城の存在が知られているが、史料から築城時期や築城者を知ることのできるものは極めて少ない。こうした状況のなかにあって、御前山城は築城者を武田信虎《のぶとら》の祖父で甲斐守護を務めた武田信昌《のぶまさ》、あるいは当時の守護代跡部景家と推定できる稀有な存在である。

　御前山北西側から山頂を目指すと尾根を切断する堀切があり、これに接するように敵の侵入に備えた腰郭《こしぐるわ》が設けられている。本来ならば主郭《しゅかく》として整備されるはずの山頂は巨岩の露頭になっているため、御前山城の中心的な郭は山頂南東側の尾根上に設けられている。その規模は長さ一一メートル、最大幅八メートル程度で、その下部に三段の腰郭の配置を確認できる。

　山頂から東に伸びる尾根にも狭小な腰郭と堀切《ほりきり》・竪堀《たてぼり》が設けられているが、堀切と竪堀の外側に残る微高地は本格的なつき固めによる土塁《どるい》とは認めがたい。この尾根には山道がつづいており、永昌院《えいしょういん》方面に下ることができる。山頂付近の郭群の南東側は土砂の崩落が見受けられるほどの急傾斜地で、約六〇メートル下ったところから平坦なやせ尾根となる。尾根上の小ピークを利用して腰郭が重ねて配置されており、小さな堀切が腰郭群を二つのグループに分断している。

　御前山城の城郭遺構は、総延長五〇〇メートルに達する大規模なものであり、標高七七六メートルの山頂は眼下に落合（山梨市）一帯を納め、甲府盆地東部一帯の眺望に優れる景勝の地である。落合には守護代跡部氏の館が構えられていたと伝えられるが、場所や構造は明らかでない。

【戦後に発見された御前山城】　山梨県内では有数の規模を誇る御前山城であるが、その存在や伝承を書きとめた近世・近代の地誌類は確認されていない。初の調査が行われたのは昭和五十四年（一九七九）のことで、『日本城郭大系　八　長野・山梨』の編纂・刊行に伴い、「御前山」の名称に注目した小野正文が現地踏査を試み、山頂周辺に設けられた腰郭群の存在を明らかにした。小野はこの城を烽火台《のろしだい》と考え、この城から棚山・太良峠をへて、武田信虎・信玄・勝頼が本拠とした躑躅ヶ崎館《つつじがさきやかた》の詰城要害城（甲府市）に至る烽火台ルートを想定している。また、昭和六十一年（一九八六）に刊行された『山梨県の中世城館跡』には、山頂付近の腰郭のあたりを「うまかくし」と呼んでいる旨の記載があるが、城郭に関連した地名なのか判然としない。

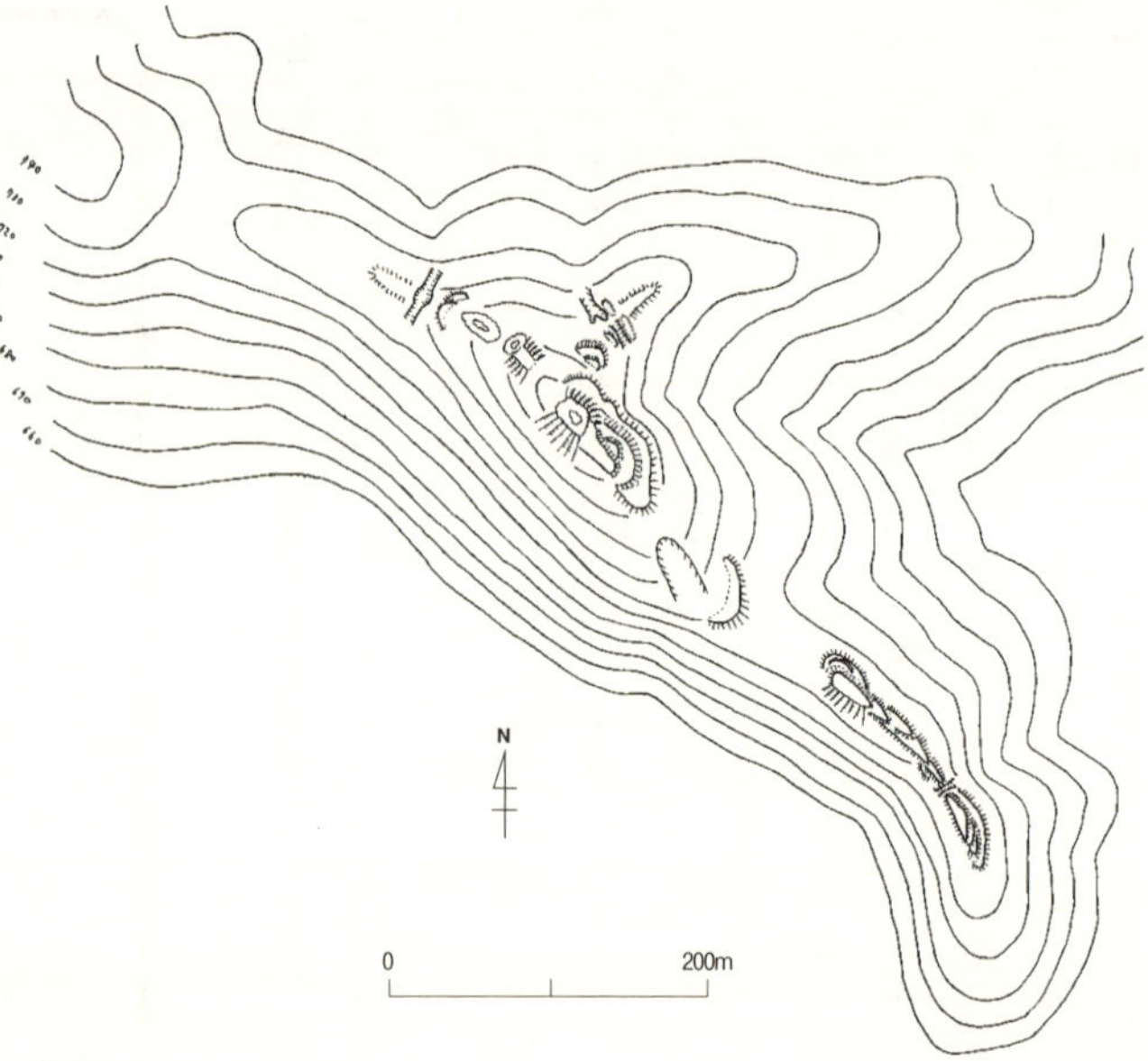

●—御前山城縄張図

　山梨市史編さん委員会による平成十一年（一九九九）の遺構確認調査では、御前山山頂一帯から南東に向かう細い尾根上に、総延長五〇〇《メートル》に達する遺構の存在が確認されている。明確な虎口《こぐち》や横堀《よこぼり》・石積がみられず、堅固な土塁・竪堀も設けられていないことから、筆者は、この城をやや古い時期の中世城郭と位置付け、規模の大きさから築城者を守護クラスと想定している。

　『甲斐国志《かいこくし》』等の地誌類にこの城の記録がないのは、築城時期が古く、虎口・石積・土塁・堀といった明確な遺構に乏しいことから、早くから伝承が失われていたためであろう。

【武田信昌と夕狩沢の戦い】　兜山《かぶとやま》と御前山の間に深く切り込んだ谷を夕狩沢《ゆうがりさわ》といい、西平等《にしびょうどう》川が北から南に向かって流下している。夕狩沢は、寛正六年（一四六五）に守護武田信昌と守護代跡部《あとべ》景家《かげいえ》が戦った古戦場で、信昌が勝利し、景家滅亡の契機となった。なぜこのような狭い谷間で合戦が行われたのか、謎は深まるばかりであったが、発見された御前山城を信昌あるいは景家の築いた山城と推定すると、その正面登城口に近い場所で両者のせめぎ合いが繰り広げられたものと容易に理解することができる。

　御前山城が両者の緊張関係の高まりとともに築城されたのか、館の詰城として恒常的に維持されていたのか不明であるが、南東に張り出した尾根上の遺構群は貧弱な感じを受けるものであり、合戦を前に臨時的に整備された山城と考えておきたい。

【武田信昌の本拠】　ところで、守護代跡部氏を滅ぼして危機を脱した信昌は、どこに館を構えていたのであろうか。文明十九年（一四八七）に武田氏の館を訪れた聖護院門跡道興准《しょうごいんもんぜきどうこうじゅ》后《ごう》の紀行文『廻国雑記』の記述から、当時の信昌館は川田（甲府市）にあったとするのが通説であり、川田館から発掘された遺物も信昌の活躍した一五世紀後半からの館使用を裏付けている。『甲斐国志』巻四〇「石禾《いさわ》」の項が伝えるように、跡部氏を滅ぼした信昌が川田館を造営し、つづく信縄《のぶつな》・信虎も本拠として活用したのであろう。

　こうしたことから、夕狩沢の戦いのあった寛正六年（一四六五）以降に信昌の川田館《かわだやかた》居住が推定されるが、文亀元年（一五〇一）の武田信縄《のぶつな》書状に「落合御前」とみえ、嫡子信縄が守護に就任する明応元年（一四九二）を契機として退隠し、落合に館を構えたものと考えられる。落合には「屋敷」の小字《こあざ》が残り、土塁または堀に囲まれていたと推定される長方形状の土地区画が存在する。矢坪の永昌院は信昌の菩提寺であり、後を継いだ信縄も落合館東方の聖徳寺を菩提寺としていることから、信昌から信縄にかけてのある時期に、落合一帯に守護武田氏の強固な地盤が築かれていたことは疑いない。このため、夕狩沢の戦いのさいに築城ないし再整備された御前山城が、こうした地域を守備する要害として維持された可能性も捨てきれない。

【参考文献】小野正文「御前山の烽火台」『日本城郭大系　八　長野・山梨』（新人物往来社、一九八〇）、山梨県教育委員会『山梨県の中世城館跡』（一九八六）、数野雅彦「御前山の大規模城郭遺構」（『市史編さんだより』四、山梨市史編さん委員会、二〇〇〇）、「御前山城」『山梨県史　資料編七　中世四　考古資料』（山梨県、二〇〇三）、数野雅彦「武田信昌の館」『山梨市史　通史編』上巻（山梨市、二〇〇七）

（数野雅彦）

●市街地に残る方形居館の土塁

於《お》曾《ぞ》屋《や》敷《しき》

〔山梨県指定史跡〕

〔所在地〕甲州市塩山下於曾
〔比　高〕約四メートル
〔分　類〕方形居館
〔年　代〕初期不明　現状は一六～一七世紀か
〔城　主〕於曾四郎(加賀美光経)、板垣信安
〔交通アクセス〕JR中央本線「塩山駅」下車、徒歩約五分。駐車場有

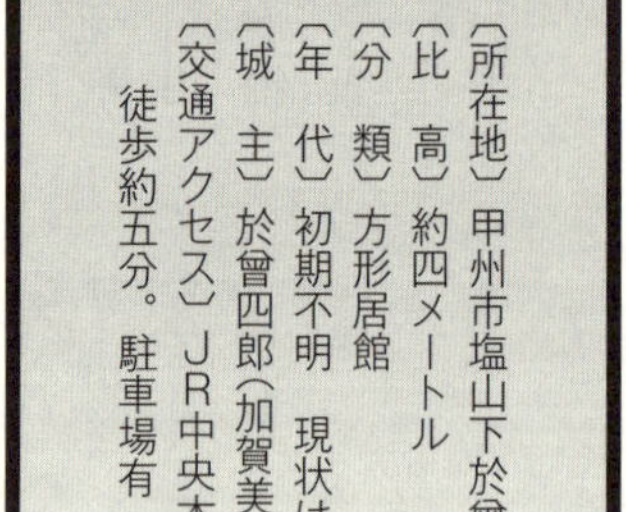

峡東

【塩山市街地に残る平地居館】　於曾屋敷は甲州市塩山下於曾《しもおぞ》地内に所在する。昭和三十八年（一九六三）九月九日に県の史跡に指定されており、JR塩山駅から南へ直線で三〇〇㍍《メートル》ほどと至近の位置にあるにもかかわらず、四周をまわる土塁《どるい》がよく保存されている。

屋敷の中央に設置されたフェンスにより東西に二分される。西側は個人が生活されている民地で非公開、東側は寄付を受け甲州市が管理する公園で、常時公開している。

下於曾一帯は、東を流れる重川が形成した緩やかに南面傾斜する氾濫原《はんらんげん》で、日当たり・水はけのよい土地である。地内には勝沼《かつぬま》方面に南下する通称西街道が通り、西街道に沿って下於曾から熊野まで、於曾屋敷をはじめ多くの中・近世の屋敷が集まっている。

西街道沿いの主な屋敷を挙げると、下於曾に中村氏屋敷・風間氏屋敷・依田宮内左衛門屋敷・田辺氏屋敷・池田氏屋敷・宇賀屋敷・於曾屋敷が、熊野には深沢氏屋敷・依田兵部左衛門屋敷があり、そのほとんどが一六世紀に経営された黒《くろ》川金山《かわきんざん》（国史跡・甲州市塩山上萩原字萩原山）で採掘作業に従事していた金山衆《かなやましゅう》の屋敷か、金山衆との関連を指摘されている屋敷である。

そのなかにあって於曾屋敷は、ひときわ大きく、構造的にも土塁を二重にまわすなど、他の屋敷とは一線を画しており、そのため金山衆の役宅ではないかと考える研究者もいる。

【於曾屋敷と於曾氏】　於曾の初見は、平安時代の『和名類《わみょうるい》

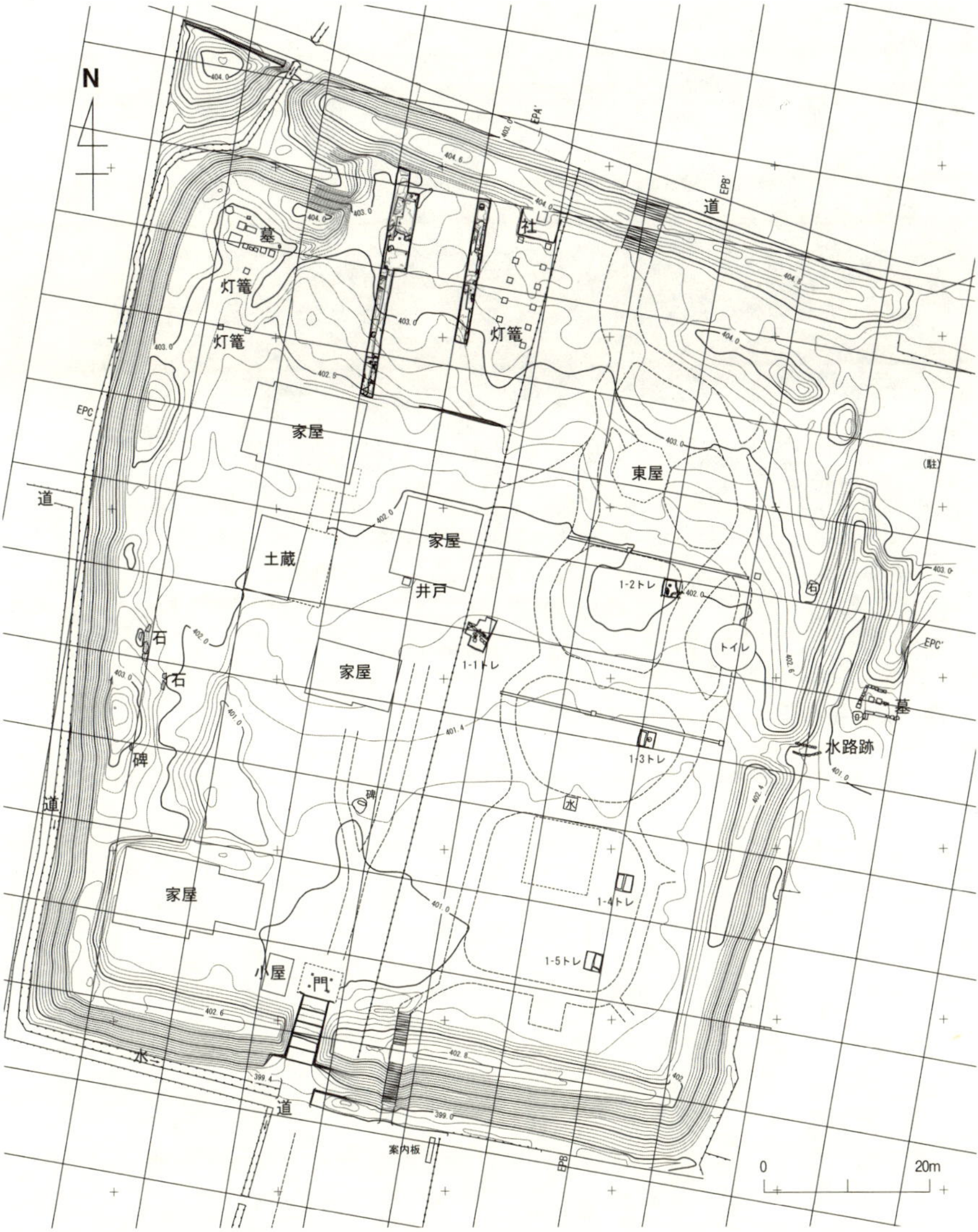

●―於曾屋敷全体図（公財山梨文化財研究所提供）

衆抄《じゅうしょう》』に山梨郡の於曾郷とあり、古代からの集落の名であるとわかる。この頃当地を支配していたのは古代豪族の三枝氏《さえぐさ》で、文化十一年（一八一四）に編さんされた『甲斐国《かいこく》志《し》』では、於曾氏は三枝氏の分流と説明している。平安時代の末には三枝氏は没落し、それに代わるように甲斐源氏が台頭してくるが、その一流、加賀美遠光《かがみとおみつ》の四男光経《みつつね》が於曾四郎を、五男光俊《みつとし》が於曾五郎を名乗り、於曾の名跡を継いだ。二人のうち四郎光経の屋敷が於曾屋敷で、五郎光俊の

●—於曾屋敷正面。薬医門は19世紀のもの

屋敷は塩山駅周辺に所在したと考えられる。

室町後期から戦国期にかけての於曾氏の動向は、史料等に散見される程度である。いっぽう於曾郷については向嶽寺《こうがくじ》（甲州市塩山）に対する寄進状にみえるが、その寄進者はいずれも板垣氏で、於曾氏の名はない。その他の史料からも文安年間（一四四四〜四九）には於曾郷の支配は板垣氏が行っていたと考えられる。その後の板垣氏について、『甲斐国志』に「板垣左《さ》京亮《きょうのすけ》信安《のぶやす》、初メ於曾氏ナリ。永禄中、板垣ノ家督ヲ継ギ氏ヲ改メシム」とあり、武田の重臣である板垣信方の嫡子信憲《のぶのり》の代に断絶となるが、永禄元年（一五五八）に於曾氏の信安が継いだことがわかる。

【これまでの調査と現状】『甲斐国志』では、「於曾四郎屋敷」として「南北八十五歩、東西六十四歩、四方《しほう》ニ土堤ヲ二重ニ築キ南面ヲ欠ク。左右ニ清流ヲ帯ビ、門ハ西南ニ開ク。乾隅《いぬいすみ》ニ高塚《たかつか》アリ、巽位《そんい》ニ屠腹石《とふくいし》アリ。上ニ観音石像ヲ置ケリ。相伝云於曾氏臣板垣権兵衛ト云者故《いうものゆえ》アリテ此ニ自殺スト。」と詳しく記述している。最近の調査としては、昭和五十三年（一九七八）に測量調査、昭和六十年に南側虎口の外側で「作場」と呼ばれる部分の発掘調査、平成二十五年（二〇一三）と二十七年に屋敷内の試掘調査と再測量が行われた。『甲斐国志』の記述にあるとおり土塁は二重にまわり、今でも北辺でその一部を確認できる。昭和六十年の調査では、南側の外土塁の基底部が検出されている。記述と現状で異なるのは門（出入口）の位置で、『甲斐国志』では南と西に門があるとし、付随する古絵図でも西側土塁が切れた状態で描かれているが、現状では東辺に出入口がある。また南辺については、昭和六十年の調査で三メートルを超える幅の堀が検出され、堀に架かる土橋《どばし》跡の位置から、現状の南辺出入口より東に出入口があったものと思われる。この調査では柵列と、奥行き二間、間口三間以上の門と思われる掘立柱《ほったてばしら》建物も検出された。

●—南側土塁の様子

●—平成 27 年度の帝京大学による調査風景

　屋敷の規模について、内土塁内の平地は東西七〇《メートル》、南北八八《メートル》を測る。各辺の土塁（北辺のみ外土塁）の長さは、北辺九五《メートル》、南辺八七《メートル》、東辺一一〇《メートル》、西辺一二〇《メートル》と確認され、古絵図にある外土塁までを含めると、東西約一一〇《メートル》、南北約一四五《メートル》と推測される。

　屋敷内には三段程度の段差がみられ、地形に従って南へ緩やかに低くなる。南辺の内土塁は屋敷内からみると高さ一・八《メートル》ほどだが、屋敷外からみると四《メートル》ほどと、内外で大きな比高差がある。東辺の内土塁は中央で切られ、南半は形状がよく残っているが北半は崩れている。北辺の内土塁はほとんどが消滅しており、北東隅のケヤキの根元に高まりが確認できるのみである。現在の北辺の土塁は外土塁である。西辺の内土塁は民地で、土塁上に樹木が繁茂しているため観察しづらいが、北端で東へ折れ北辺土塁となる。このあたりの北辺外土塁には切れ目があり、西辺内土塁に沿う水路が引き込まれている。切れ目より西の外土塁は「丸土手」と呼ばれており、『甲斐国志』にある「乾隅の高塚」がこれにあたる。なお、平成二十七年の試掘調査では、北辺内土塁の一部と思われる遺構が検出されている。

於曾屋敷の小字《こあざ》は「元旗板《もとはていた》」といい、旗板とは土塁上に設置された楯状の遮蔽物と理解され、強固な土塁にさらに旗板を並べ防護していた様子がうかがえる。

【中世以前のすがた】 平成二十五年の試掘調査は、帝京大学文学部史学科考古学実習によるもので、甲州市が管理する東半の公園に五ヵ所のトレンチを設定したほか、平面図の作成や聞き取り調査を実施した。試掘により検出された遺構は限定的で出土遺物も乏しいが、於曾屋敷の歴史的環境について一考を要する成果が報告された。

屋敷南側に位置する二つのトレンチから、厚い盛土層を検出した。この盛土層は最大で八〇チセンを測り、造成した時期は江戸時代とみられる。中世以前の於曾屋敷の遺構確認面は、盛土層の下にあるものと思われる。

調査を担当した櫛原功一は、於曾四郎屋敷時代から板垣氏が於曾郷を拠点とした時期までの遺物が出土しないこと、聞き取りで昭和に入ってからもさかんに屋敷内に土を搬入したことから、近世以降たびたび屋敷や土塁のかさ上げをしてきたことを指摘している。したがって今日の於曾屋敷の姿は江戸時代以降に整備された近世屋敷であり、中世以前の初期於曾屋敷の姿は厚い盛土層下の緩い傾斜面上に存在するとしている。

櫛原の指摘が正しければ、中世以前の於曾屋敷の姿を容易に推測することはできないが、中心市街地に一辺一〇〇メートルを越える方形居館が残されていることと、そこが於曾屋敷として伝承されてきたことの意義はきわめて大きい。

小規模な調査でも、回数を重ねデータを蓄積することで、厚い造成盛土の下にある初期於曾屋敷の姿がみえてくるものと考える。

【参考文献】 塩山市文化財審議会『於曾屋敷調査報告書』（一九七七）、清雲俊元「黒川金山と土豪屋敷」山梨県教育委員会『山梨県の中世城館跡』（一九八六）、八巻与志夫「於曾屋敷」萩原三雄編『定本山梨県の城』（郷土出版社、一九九一）、『塩山市史　史料編』一（塩山市、一九九六）、櫛原功一「山梨県史跡於曾屋敷の考古学的調査（概要）」『帝京史学第二九号』（帝京大学文学部史学科、二〇一四）

（飯島　泉）

●国中東部に置かれた防衛と生産の拠点

勝《かつ》沼《ぬま》氏《し》館《やかた》〔国指定史跡〕

〔所在地〕甲州市勝沼町勝沼字御所
〔比　高〕約二〇～三〇メートル
〔分　類〕居館
〔年　代〕一五世紀～一六世紀後半
〔城　主〕栗原氏か、武田左衛門大輔信友、今井相模守信甫
〔交通アクセス〕ＪＲ中央本線「勝沼ぶどう郷駅」下車、徒歩約三〇分。駐車場有

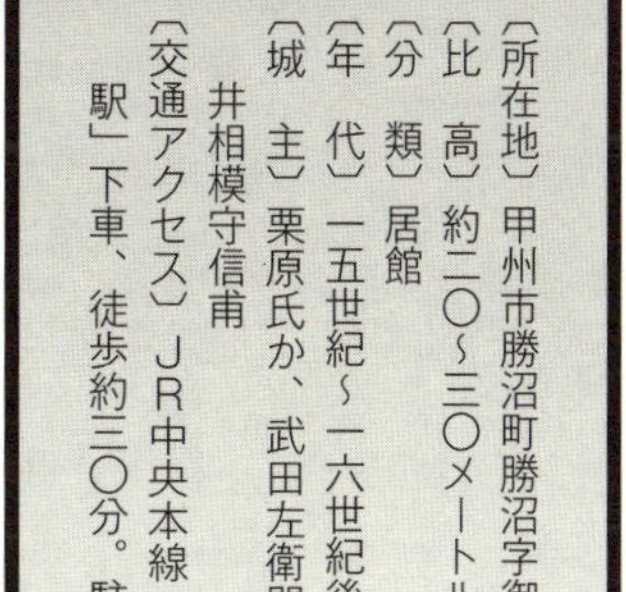

【国中東部の要衝】　勝沼氏館は、甲府盆地の東縁にある柏尾《かしお》山大善寺《さんだいぜんじ》から北西へ一キロほどの地点に位置し、大菩薩嶺《だいぼさつれい》を源とする日川の右岸、比高差約二〇～三〇メートルの河岸段丘上、標高四一八メートル付近に立地する。甲斐の守護所が置かれた石和《いさわ》や甲府から見れば、国中東部の要とも位置付けられる。勝沼氏館は、中心部分である内郭と、それを取り巻く複数の郭からなる外郭によって構成されている。勝沼氏館の南側は、眼下に日川《にっかわ》を臨む断崖が要害《ようがい》をなしており、勝沼氏館の北側は、江戸幕府が整備した五街道の一つ、甲州街道の成立に伴って誕生した勝沼宿が、現在もよく面影を残している。日川には、中央線開通以降、岩崎や藤井から、ぶどうやワインを勝沼駅へと運ぶ主要路であった祝橋《いわいばし》（国登録文化財）も残る。

【移り変わる館主】　勝沼氏館が築かれた時期は定かではないが、出土遺物の年代から一五世紀代と考えられている。一五世紀の甲斐は、上杉禅秀《うえすぎぜんしゅう》の乱や守護代・有力国人の台頭、後継者争いなどの戦乱がつづき、不安定な時代であった。築造当初の館主については不詳であるが、秋山敬は、栗原氏の一拠点であったとしている。

館の名称ともなっている勝沼氏については、武田信虎の弟信友《のぶとも》とその子信元《のぶもと》が館主となり、永禄三年（一五六〇）、謀反の疑いをかけられて武田信玄に滅ぼされたとされるのが通説である。信友については、永正十七年（一五二〇）岩殿《いわとの》山円通寺《さんえんつうじ》堂宇《どうう》修理《しゅうり》棟札写《むなふだうつし》に「武田《たけだ》左衛門《さえもん》太輔《たゆう》信友《のぶとも》」と見え、官職名が「左衛門大輔（太輔）」であることがわかる。また、

『勝山記《かつやまき》』にある天文四年（一五三五）に起きた相模の北条氏との合戦の記述の中で「大輔殿（信友）」、「カツノマノ人数」「打死」とあることから、信友が勝沼衆を率いて参陣し、合戦に敗北して討ち死にしたことがうかがえる。

●―勝沼氏館遠景（西から）

信友の死後、子の信元が館主となったとされるのが従来の通説であったが、近年では、『引導院日牌帳《いんどういんにっぱいちょう》』に「勝沼今井相州」、また『勝山記』に「勝ツ沼ノ相州」と、いくつかの記録に登場している今井《いまい》相模守《さがみのかみ》信甫《のぶすけ》（勝沼今井氏）が、館主として勝沼氏館に入部したと考えられている。ただ、館主であった武田氏・今井氏共に「勝沼氏」を名乗ったという明確な証拠は見つかっておらず、名字としての「勝沼氏」が存在したかどうかは今のところ不明である。

『甲陽軍鑑《こうようぐんかん》』によれば、永禄三年（一五六〇）、謀反の疑いをかけられた「勝沼五郎」なる人物が、武田信玄に謀反の疑いによって成敗される。この「勝沼五郎」がどの人物に比定できるかは想像の域をでないが、今井氏の誰か（信良か）がそれに比定できるものと考えられる。以後の館主の動向は不明であるが、館自体は一六世紀を通じて存続したようであり、江戸期に入ると畑や水田として耕地化していった。

【国の史跡へ】 昭和四十八年（一九七三）、県立ワインセンターの誘致計画に伴い、勝沼氏館の内郭にあたる部分の発掘調査が行われ、礎石建物跡、石積水路、石積水溜などが良好な遺存状態で発見された。その後、保存運動をへて内郭の保存が決定し、外郭も含めた範囲確認調査を行い、昭和五十六年に国の史跡に指定された。指定範囲は約五万五〇〇〇平方

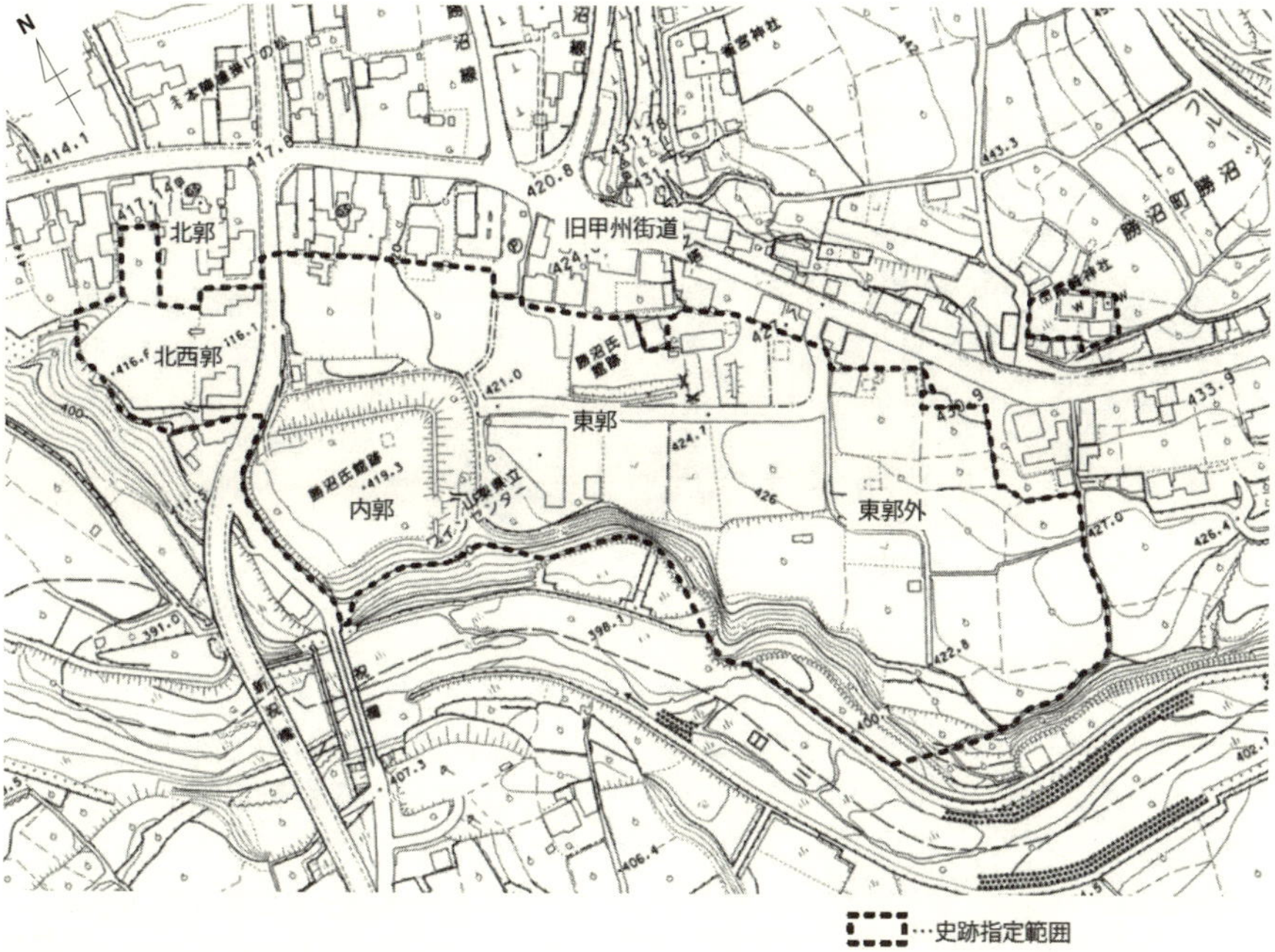

●―勝沼氏館史跡指定範囲図

メートルにおよび、内郭、北西郭、東郭、郭外（東郭の東側）および館の鬼門鎮守である尾崎神社境内地を含む。現在の甲州市勝沼町勝沼字御所《ごしょ》、字水上屋敷《みずかみやしき》と呼ばれる地帯がほぼそれにあたり、字鳥居平《とりいびら》の一部も含まれる。

　内郭の整備は平成四年（一九九二）までに終了しており、以降、現在までに東郭の発掘調査と整備が行われている。

【発掘調査の成果から】　内郭の発掘調査の結果、勝沼氏館は大きく三時期に変遷することが判明している。第一期は館の成立期であり、内郭とそれを囲む帯郭《おびぐるわ》によって形成されていた。第二期は発展期であり、帯郭の範囲が拡大し、東郭、北西郭、北郭が形成されるようになった。第三期は館の終焉期であり、内郭外堀・外土塁《そとどるい》を埋め立てて、その上に建物を築くなど、館の防衛機能を失うような改変がなされるようになり、以後、衰退に向かったと考えられる。なお、館の整備は、館の発展期である第二期を主体に進められている。

　各時期は発掘された考古資料などの年代観から、第一期は一五世紀代、第二期は一六世紀前葉、第三期は一六世紀中～後葉に比定されており、第二期の発展期は、武田信友や今井信甫らが館主として存在していた頃と重なる。

【内郭―勝沼氏館の中枢】　内郭は、第一期では一重の堀と土塁によって囲郭された施設で、東側土塁の中央部分に正門

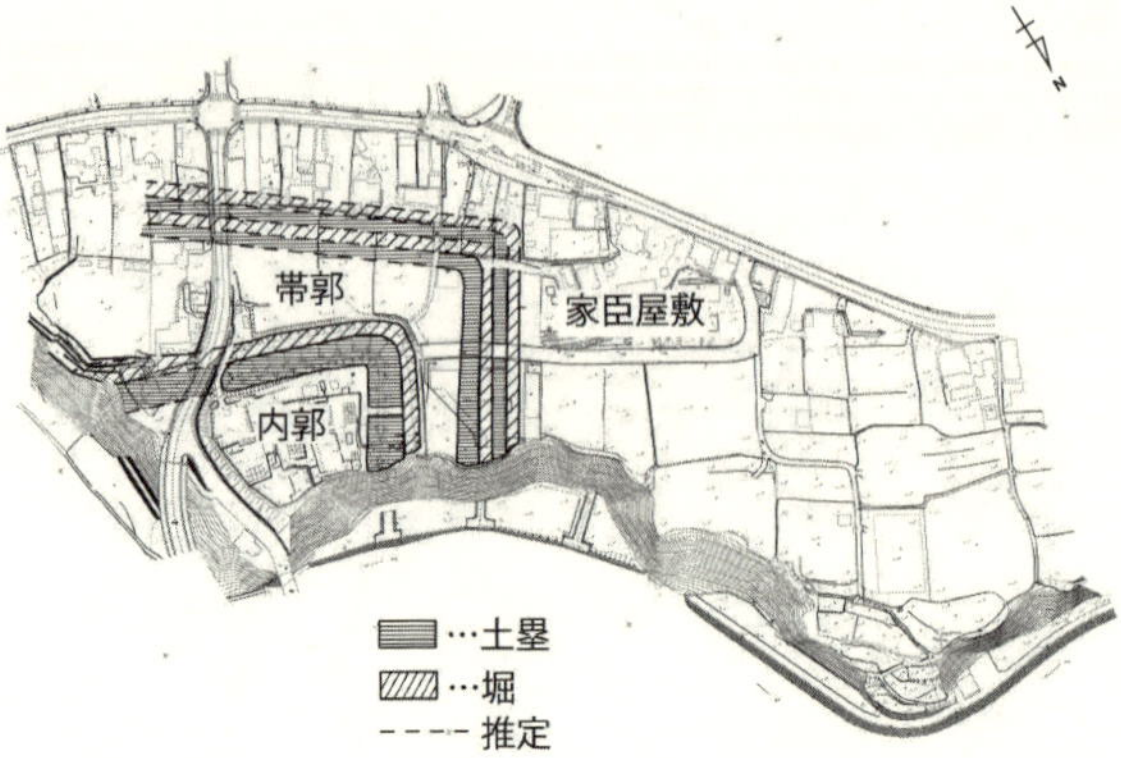

1期
15世紀代

内郭（主郭）…一重の堀と土塁、単郭

外郭……二重の堀と土塁、内郭との間に帯郭を形成

館の発生期

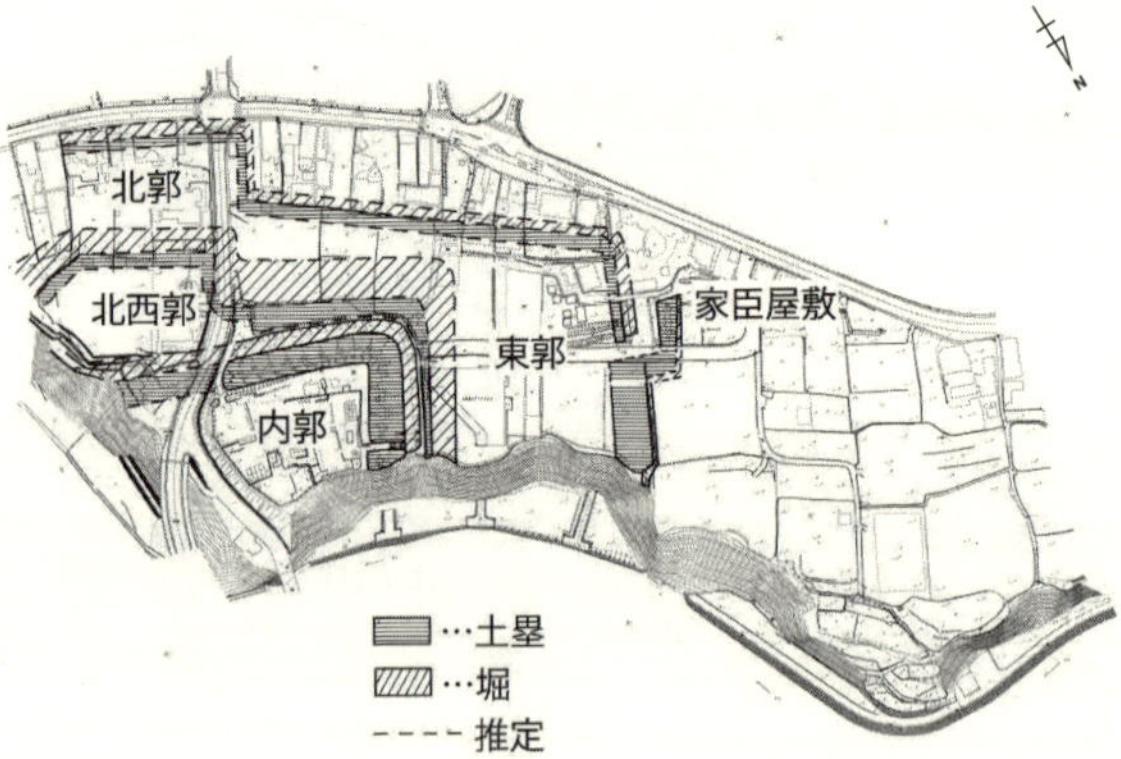

2期
16世紀前葉

内郭……二重の堀と土塁、北西郭が形成され、複郭構造に

外郭……一重の堀と土塁、東側が広くなり東郭を形成。また、北西郭に隣接して北郭を形成

城郭としての発生期

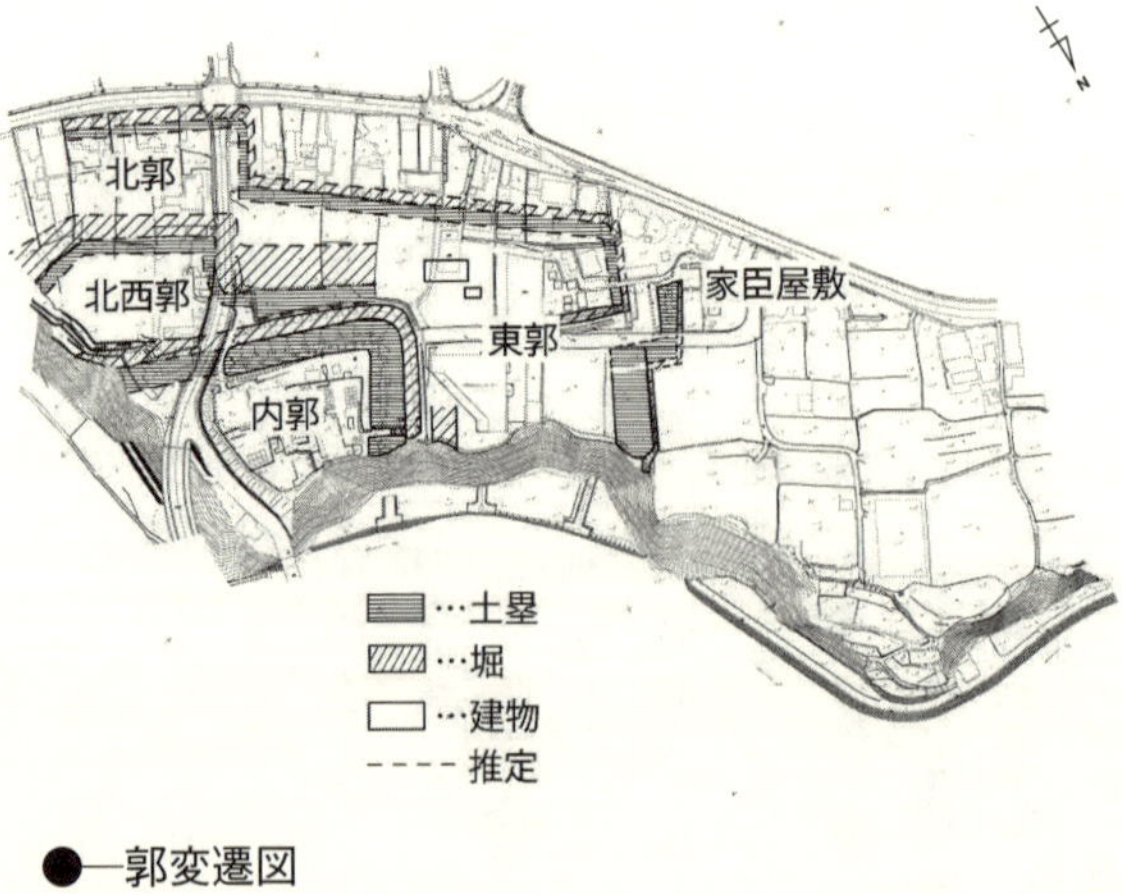

3期
16世紀中葉～後葉

内郭外堀を埋めた部分に、建物を構築

城郭機能消失期

●—郭変遷図

●―金粒付着土器（かわらけ）

（大手）があったと考えられている。第二期になると堀と土塁が二重となり、堅牢さが増した様子がうかがえる。この時期に内郭正門は、東側から北西側へ移ったと考えられ、北西郭、北郭へと郭が連なっていたことが想定されている。

内郭の建物は、いずれも礎石を用いた建物である。その中でも、二棟の南北棟の建物は内郭の中心的な施設と考えられるものであり、柱の配置から、一つは桁《けた》行八間半、梁《はり》行三間、東・西・南面に縁がつく構造で、もう一つは桁行六間、梁行三間で、東側に縁がつく構造と考えられるもので、建物の規模も発見された遺構のなかで最大のものとなっている。また、これら中心施設の東側に一棟、南側に二棟、建物が並んでおり、これらも中心施設に関連する建物として位置付けられる。

中心施設群からやや離れた南西の位置にある、桁行四間、梁行二間の建物は、炉を有した土間構造と推定され、炉の中から鉄滓《てっさい》（鉄を鍛えるさいに落ちるくず）が発見されていることから、鍛冶工房と考えられている。城館の内部に工房が置かれるのは、全国的にも珍しい事例である。また、この工房に隣接した石積みの水溜跡からは、溶融物などが付着した土師質土器《はじしつどき》（かわらけ）破片が発見されており、これらも工房に関連する遺物と考えられる。近年、そのなかに金粒が付着しているものの存在が明らかとなり、工房が金の生産に関わる施設でもあったことが推測され、注目を集めている。

【東郭―工房群の存在】　東郭は、内郭の東側に位置する郭で、第一期段階では勝沼氏館の領域に含まれていなかったが、第二期に館が拡張されると、郭として新設された。発掘調査によって、東郭の北半にあたる部分の状況が判明している。

東郭は一重の堀と土塁により囲郭されている。郭外への出入口は郭の東辺にあり、虎口《こぐち》の形態は、いわゆる喰違《くいちがい》虎口となっており、内郭と同様に、第一期と比べて館の防御性が向上していることがうかがえる。東郭内で発見された遺構は、東西に走る素掘りの水路と掘立柱《ほったてばしら》建物群で、内郭の建物のように礎石を用いたものはない。これは内郭の建物と東郭の建物の間に、明確な格差が存在したことを示すものであろう。東郭の建物の中には、桁行二間、梁行一間の方形建物や、桁行三間、梁行一間の長方形建物がみられるが、これらはそれぞれ、炉や鉄滓、漆塗膜片、木片廃棄土坑などを伴うことから、鍛冶や木製品などの工房と考えられている。また、これら工房群に隣接した水路から多量の木製品や未製品、工具、陶磁器類などが出土しており、生活用品のほか、工房に関わる遺物と考えられるものも含まれている。

【館主を支えた人達—家臣屋敷】 東郭を画する土塁の東側は、勝沼氏館の外側（郭外）にあたる。この一画からも、掘立柱建物や井戸など、居住に関わる遺構が発見されており、勝沼氏館の館主に仕えた家臣屋敷と推定されている。主屋一棟に対して付属屋一棟が付く構成をとるものや、主屋一棟のみ独立するものが、これまでに発見されている。

建物は、第一期では、桁行二間、梁行一間の小規模な方形建物であったが、第二期以降は主屋と考えられる桁行三間、梁行一間の長方形建物に、付属屋とされる一間一間の小規模な長方形建物が付き、第三期に建て替えがあっても、主屋と付属屋を組み合わせる形は踏襲されるなど、定型化していく様子がうかがえる。

また、東郭およびその東側一帯は「水上屋敷」という小字《こあざ》名が残っており、周辺の未調査地にもこうした建物群が展開しているものと推定される。

【勝沼氏館と甲州金】 内郭の工房付近から発見された溶融物付着土器の科学的調査を行った沓名《くつな》貴彦は、内郭工房付近発見の溶融物付着土器一一三点中、四九点に金粒の付着を確認した。沓名はこれら四九点を一、金以外ほとんど特徴的な不純物が検出されない（三点）、二、金以外に銀・銅が検出される（三九点）、三、金・銀・銅以外にビスマスやテルル等が検出される（七点）、といった三つのタイプに分類した。このうちビスマスやテルルは、金鉱石に含まれる不純物と考えられることから、金鉱石に由来する金が勝沼氏館に持ち込まれたとした。そして、同様な科学的調査を実施した山梨県内の中世金山遺跡である黒川金山、中山金山の資料のうち、黒川金山出土の金粒付着土器片に、ビスマスを検出するものが含まれることから、勝沼氏館で発見された金は、黒川金山から運び込まれた金鉱石から取り出されたものと推定している。両者は直線距離で約二〇キロの距離であり、地理的にも他の金山と比べて近い。

勝沼氏館の南側を流れる日川の対岸には、金貨二〇枚（蛭藻金二枚、碁石金一八枚）、渡来銭貨約六〇〇〇枚が発見された福寺《ふくてら》遺跡が存在する。これらは、昭和四十六年（一九七一）、ぶどう畑の深耕中偶然に発見されたものだが、平成二十四年（二〇一二）、山梨県立博物館によって再調査が行われた。その結果、金貨と渡来銭貨は近接した地点に、ほぼ同時期に埋設された可能性があること、渡来銭貨の年代構成が七世紀～一五世紀前葉であることから、埋設された年代は、一五世紀第2四半期～一六世紀と考えられること、また、科学的調査の結果、碁石金に含まれる不純物にビスマスが検出されることなどが明らかとなった。福寺遺跡出土資料の年代観や金に含まれる不純物などからは、勝沼氏館や黒川金山の資料と共通する要素を確認することができ、相互の関連性を改めて窺《うかが》い知ることのできる事例であるといえよう。

勝沼氏館は、戦国大名武田氏の親族や上級家臣にあたる人物が入部した重要な拠点であった。館の内部には、黒川金山から運んだ金鉱石を加工するための工房が存在していた。このような金の生産は、武田氏の領国支配体制と強く関わりのある要素と考えられ、勝沼氏館は国中東部防衛のための要衝というだけでなく、領国支配体制を支える金の生産や管理を担った経済の拠点として位置付けられる。

【参考文献】『山梨県史　資料編六　中世三上　県内記録』（山梨県、二〇〇一）、『山梨県史　資料編六　中世三下　県外記録』（山梨県、二〇〇二）、甲州市教育委員会『史跡勝沼氏館跡―外郭域発掘調査報告書（中世編）―』（二〇〇九）、秋山敬「『勝沼氏館』の館主について」甲州市教育委員会『史跡勝沼氏館跡―内郭部発掘調査報告書（中世編）―』（二〇一〇）、沓名貴彦「内郭部出土資料の自然科学的調査について」甲州市教育委員会『史跡勝沼氏館跡―内郭部発掘調査報告書（中世編）―』（二〇一〇）、萩原三雄「勝沼氏館跡の工房跡と史的意義」甲州市教育委員会『史跡勝沼氏館跡―内郭部発掘調査報告書（中世編）―』（二〇一〇）、山梨県立博物館調査研究報告五『甲斐金山における金生産に関する自然科学的研究』（山梨県立博物館、二〇一一）、山梨県立博物館調査研究報告八『福寺遺跡　埋蔵金貨及び渡来銭貨発見地点の発掘調査報告書』（山梨県立博物館、二〇一四）

（入江俊行）

●有徳人末木氏の屋敷

八田氏屋敷《はったしやしき》

（八田家御朱印屋敷）

〔山梨県指定史跡〕

〔所在地〕笛吹市石和町八田
〔比　高〕〇《ゼロ》メートル
〔分　類〕屋敷
〔年　代〕一六世紀
〔城　主〕末木氏、八田氏
〔交通アクセス〕JR中央線「石和温泉駅」下車、徒歩一五分。

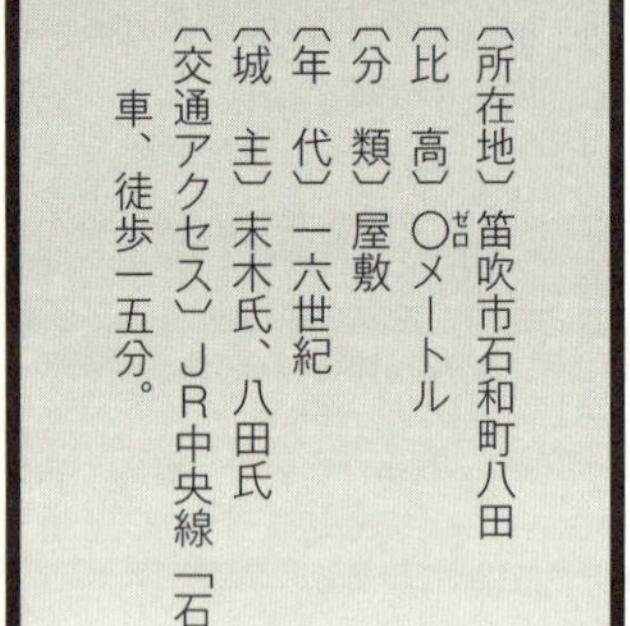

【屋敷の立地】　八田氏屋敷は、戦国期に武田氏の御蔵前衆をつとめた末木（八田）氏の屋敷であり、現在も子孫が居住している。

八田氏屋敷は、甲府盆地東部の沖積低地上にあり、標高は二七三メートル。かつては北側に笛吹川が、南側に鵜飼川が流れていて、二つの河川に挟まれた川中島に位置する。この地形は、明治四十年（一九〇七）の大水害で変化し、笛吹川は鵜飼川と合流して現況となり、旧笛吹川は平等川として小規模な水路と化していて、旧観を失っている。

八田氏屋敷の南側には、市部《いちべ》があり、ここには戦国期に市や宿があり、鵜飼山遠妙寺（日蓮宗）などの古刹もある。市部は、鎌倉往還（御坂路）と甲州道の合流点にもあたり、交通の要所であった。この市部と八田氏屋敷は、細い一本道で直結しており、深い関係性を窺わせる。また、四日市場も至近にあった。

【末木（八田）氏】　屋敷主の末木（八田）氏は、武田氏の御蔵前衆（代官）をつとめた有徳人で、戦国期に末木土佐守正重—淡路守家重—東市佑（市之丞、市丞）政清、末木（八田村）新左衛門尉（正重の子、家重の弟、後に土佐守）の二系統が登場する。彼らは、武田氏御料所の管理、他国との商業、甲斐と他国を結ぶ街道の役所の管理を行い、通行手形の発給にも関与したことが確認されている。また、末木新左衛門尉は、駿河国沼津に拠点があり、また「百石積船一艘」などを、末木家重は甲斐国等々力に蔵を、それぞれ所有していた

●—書院（県指定文化財「八田家書院」）

ことが判明しており、広く海上交通や内陸交通を舞台にした商業に関与していたことを窺わせる。

実際、慶長十一年（一六〇六）に末木新左衛門尉死去に伴い作成された五点の家財目録には、輸入品の陶磁器など、富裕ぶりを窺わせる家産が列挙されている。

なお、末木土佐守と同市丞は居屋敷一五〇〇坪、一九〇〇坪を、甲府城主浅野幸長家臣田中吉政に安堵されており、これが八田氏屋敷の史料上の初見と考えられる。

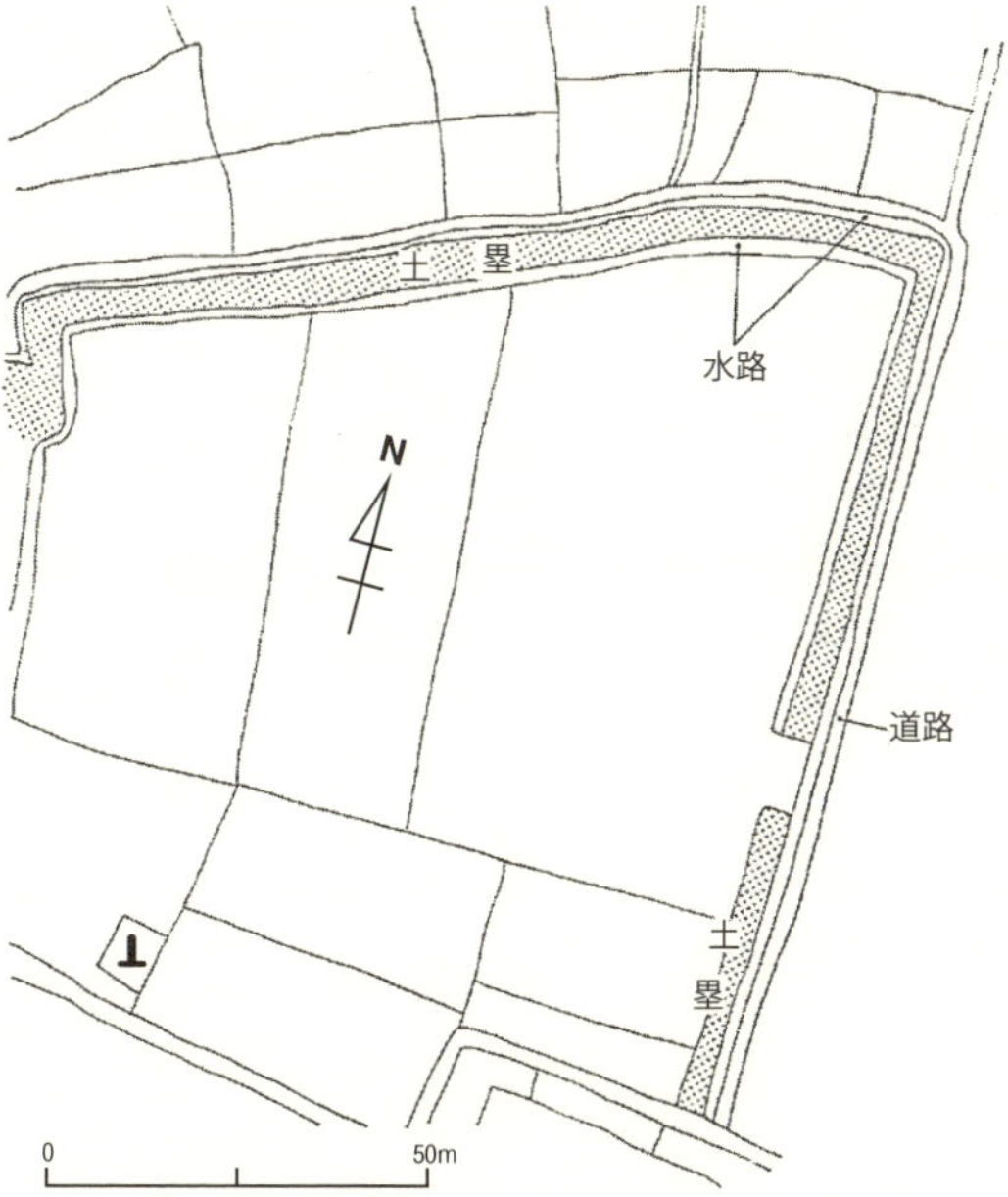

●—八田氏屋敷地籍図（『日本城郭大系』より）

【調査成果と現状】 末木（八田）氏については、系譜関係、有徳人としての活動、家財目録の分析、などの研究が進められているが、屋敷そのものの研究はない。

八田氏屋敷は、『甲斐国志《かいこくし》』に「八田市之丞　苗字帯刀ノ浪人居屋敷合三千四百坪指置ナリ」と記されており、この規模は田中吉政が安堵した末木土佐守屋敷と市丞屋敷の合計に一致する。実は、末木土佐守（八田村新左衛門尉）は慶長十一年頃死去し、跡職や財産は末木市丞（政清の子管太郎）が相続したとされ、末木（八田）政清系に統合されていた。そのため、近世の政清系の子孫は、かつての末木土佐守（新左衛門尉）の屋敷地も所持していたのだろう。

八田氏屋敷は、現在、台形をした東西約一二〇メートル、南北最長部約一五〇メートルの規模であり、北と東に土塁《どるい》と堀が残る。また南と西に土塁はないが、水路が廻っており、かつては堀に囲繞されていたと推定される。

ところで八田家に所蔵されている「八田家文書」のうち、近世の「八田村古絵図」によると、八田氏屋敷は、現在の八田氏屋敷の東側に一部土塁を持つ巨大な屋敷地と、さらに小規模な土塁を持つ屋敷地の三つの郭があったことがわかり、このうち東側の屋敷地は「新左衛門屋敷」と呼ばれる地域に相当する。現状では、八田氏屋敷を除く残る二つの郭は、痕跡を止めないが、かつては複郭式の豪族屋敷であったと推定される。

八田氏屋敷は、八田村新左衛門屋敷とともに、武田氏の代官屋敷であったと考えられる。

なお現在、八田氏屋敷は「八田家御朱印屋敷」という県指定史跡であり、表門（石和陣屋より移築）、書院、酒蔵、味噌蔵、御方屋、文庫、御長蔵などが近世建築物として残されている。

【参考文献】 磯貝正義ほか編『日本城郭大系　八　長野・山梨』（新人物往来社、一九八〇）、平山優「戦国末期甲斐国における在地秩序について」『武田氏研究』六（武田氏研究会、一九九〇）、萩原三雄編『定本山梨県の城』（郷土出版社、一九九一）、秋山敬「戦国商人末木氏の系譜」（同著『甲斐武田氏と国人』高志書院、二〇〇三、初出一九九四）、萩原三雄「家財目録にみる中世城館の一様相」『甲斐中世史と仏教美術』（名著出版、一九九四）

（平山　優）

●初源期の山城の特徴を備える

蜂《はち》城《じょう》

〔所在地〕笛吹市一宮町石
〔比　高〕三〇〇メートル
〔分　類〕山城
〔年　代〕一五世紀中頃
〔城　主〕—
〔交通アクセス〕JR中央本線「石和温泉駅」下車、笛吹市営一宮循環バス「石くら橋ミニ公園前」下車、徒歩四〇分。

【岩崎氏要害との伝承】『甲斐国志《かいこくし》』編さん当時の資料の中より、城跡や屋敷跡等をまとめた『甲斐国古城跡志』は、当城を岩崎氏の要害と記し、同氏の居館を下岩崎集落の「隆《りゅう》光《こう》」と伝える。現在、甲州市勝沼町下岩崎字立広《りゅうこう》の地に立《りゅう》広砦《こうとりで》の別称をもつ岩崎氏館が残っている。

甲斐守護武田信光の子信隆から始まる岩崎氏は、鎌倉時代から岩崎郷一帯に勢力を保持しており、一族の中に甲斐守護を務めたとの伝承がある人物が存在し、武田氏の有力支族であった。長禄元年（一四五七）、十二月二十八日の小河原・高橋合戦、および翌年正月八～九日にかけて守護代跡部《あとべ》景家《かげいえ》との戦いにさいし、一族から岩崎小次郎・同源次郎・同洲輪部《すわべ》ら多数の死者を出し（『一蓮寺過去帳』）、大きな打撃を蒙っている。

いっぽう、『甲斐国志』「蜂城山」の項は、城跡であるとの記述後、城主某《なにがし》は赤坂にて敗戦し自害沢にて自死したと記録する。同書「岩崎館跡」の項にも城主不明であるが、蜂城山は城壁を構えた跡であると記載後、『勝山記』永正十七年（一五二〇）の記事を引用している。この年五月、東郡の栗原信友《くりはらのぶとも》は、大井・今井両氏とともに武田信虎に反抗して甲府から退去するものの、六月八日の都塚（笛吹市一宮町本都塚・北都塚）の合戦で破れ、本拠を攻略されている。

本城に関する資史料は少なく、城主の推定も史料的な裏付けのないものである。『日本城郭大系』は、「勝山記」に登場する「栗原殿の城」を当城と推定し、岩崎氏滅亡後、新たに栗原氏が支配したと推定する。

【眺望に優れた立地】　本城は、石集落背後の蜂城山山頂に占地する。御坂山地の達沢山から続く蜂城山は城下集落との比高差三〇〇メートルを有し、山頂からは甲府市内まで一望でき、標高七三八メートルを測る。東に茶臼山の烽火台（勝沼町下岩崎）を、南に旭山の烽火台《のろしだい》（一宮町旭山・御坂町旭山）を見通し、眺望に優れている。

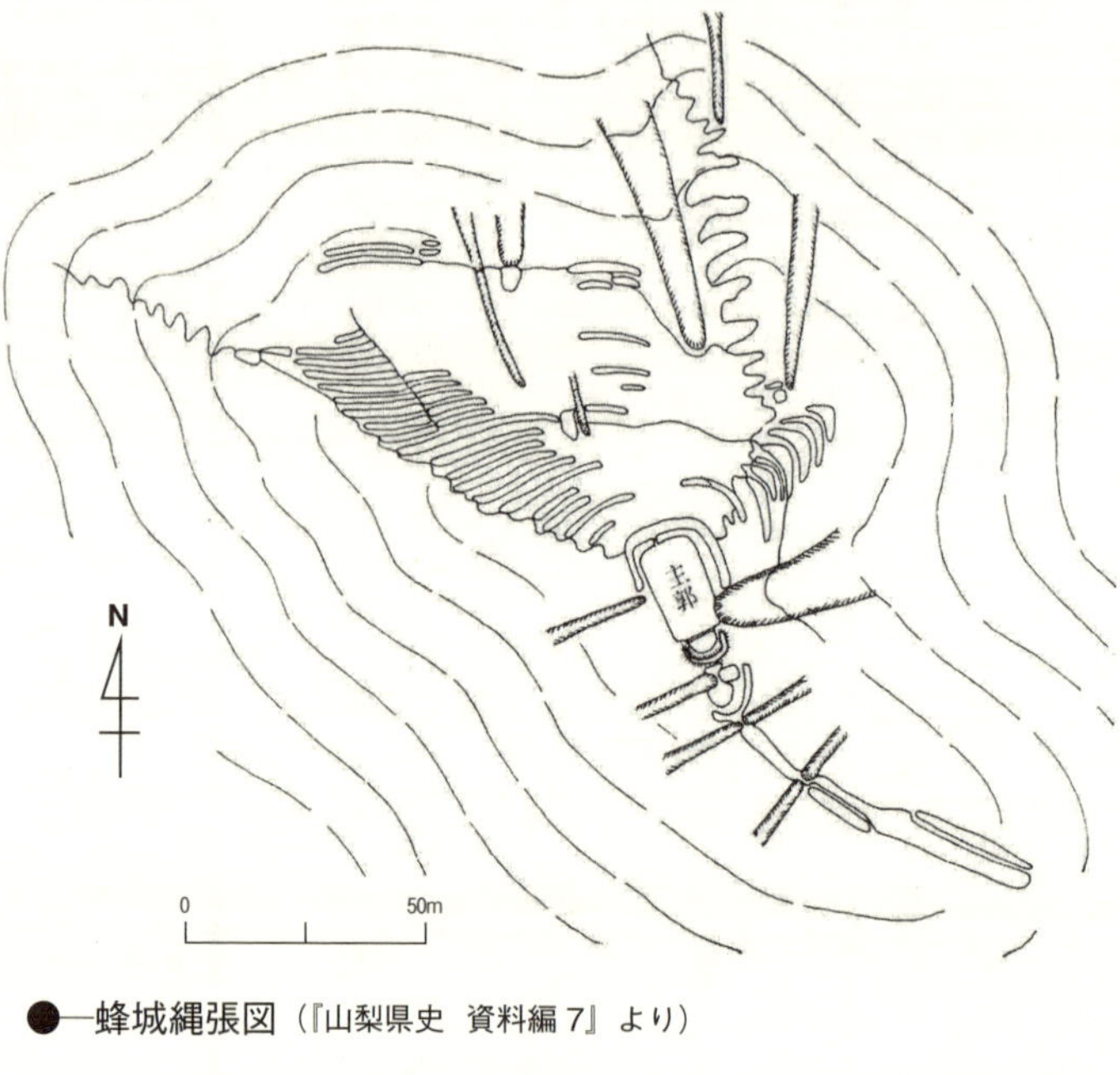

●—蜂城縄張図（『山梨県史　資料編 7』より）

●—蜂城遠景（中央の蜂城山山頂に城跡がある）

【城の構造】　山頂に鎮座する天神社境内が主郭《しゅかく》と推定され、東西一〇メートル、南北二〇メートルほどの規模を有する。主郭西側から天神社背後の南側にかけて土塁《どるい》状の高まりが確認できる。南と北側に小規模な腰《こし》郭《ぐるわ》を配置し、南側の尾根続きには堀切が三ヵ所に残る。遺構の大半は盆地に面した北側斜面にあり、竪堀《たてぼり》と幅三～五メートルの帯郭《おびぐるわ》が二十数段連なっている。甲斐の山城の変遷を見通した小野正文は、初源期の山城の特徴として、高度差の著しい山に占地し、広い平坦部を有する郭が少ないこと。土塁が用いられることも少なく、幅の狭い帯郭や竪堀、尾根切りが多用されることを指摘し、本城を初源期の山城と位置付けている。

【一五世紀の山城】　本城の特徴として何段にも郭がつづくことは、『甲斐国古城跡志』以来の指摘であり、文正元年（一四六六）閏二月、跡部景家が自害した小田野城（山梨市牧丘町西保）について、八巻孝夫は土塁がなく、堀切《ほりきり》・竪堀が浅いこと、腰郭状の平坦地を多用しているなどの特徴を指摘し、戦国期以前の古式の山城と評価している。八巻が指摘する山城の特徴は、本城の特徴とよく符合し、跡部・岩崎両氏の活動時期も一致する。

　一四〜一五世紀の本拠のあり方を分析した齋藤慎一は南北朝期から一五世紀前半の城郭は、通常の居館を城郭化するものと天嶮《てんけん》の要害によるものと二通りあり、政治的理由により臨時に急遽、築かれたもので、恒常的な維持管理を企図して築かれていないと指摘する。こうした指摘からは、岩崎館とその要害とのセット関係は想定できず、当初の築城者を岩崎氏と推定し、天険を利用して臨時に築いた初期山城と位置付けられよう。

●―北側斜面に二十数段連なる帯郭

●―主郭部南側の土塁状の高まり

【参考文献】　小野正文「蜂城」磯貝正義ほか編『日本城郭大系　八　長野・山梨』（新人物往来社、一九八〇）、八巻孝夫「小田野城」村田修三編『図説中世城郭事典　二』（新人物往来社、一九八七）、小野正文「甲斐の山城」『日本歴史』三八三（一九八〇）、出月洋文「蜂城」萩原三雄編『定本山梨県の城』（郷土出版社、一九九一）、齋藤慎一「本拠の展開―十四・十五世紀の居館と『城郭』・『要害』―」石井進・萩原三雄編『中世の城と考古学』（新人物往来社、一九九一）、秋山敬『甲斐武田氏と国人』（高志書院、二〇〇三）

（伊藤正彦）

●史料に登場する数少ない山城

旭《あさひ》山《やま》の烽火《のろし》台《だい》

〔所在地〕笛吹市一宮町金沢・御坂町上黒駒
〔比　高〕二九〇メートル
〔分　類〕山城
〔年　代〕一五世紀後半〜一六世紀
〔城　主〕——
〔交通アクセス〕ＪＲ中央本線「石和温泉駅」下車、笛吹市営一宮循環バス「ももの里温泉」下車、徒歩六〇分。

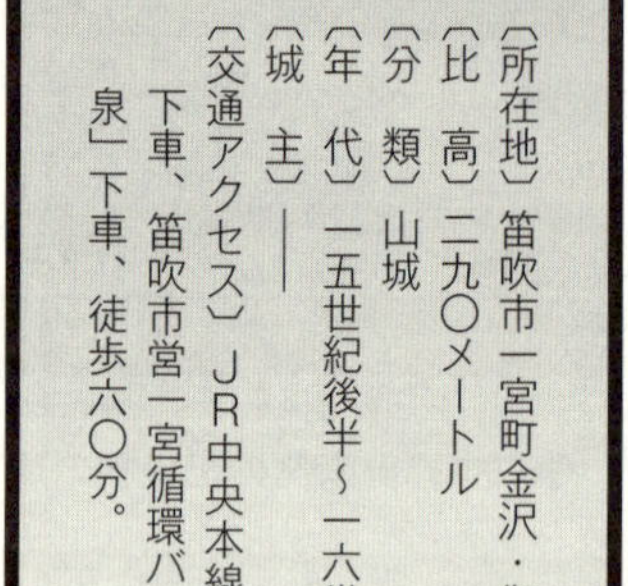

【交通の要衝に位置する立地】　本烽火台《のろしだい》は、御坂《みさか》山地に源流を発する金川の右岸に位置し、御坂山地の前衛達沢山からつづく旭山の尾根上、標高八〇九メートルに構築される。城下集落との比高差は二九〇メートルを測り、盆地一帯の眺望に優れ、眼下の上黒駒《かみくろこま》集落と鎌倉往還を見下す。眼下の往還は、古くは御坂路、鎌倉期以降は鎌倉街道とも呼ばれた古代以来の幹線道であり、甲斐国府より金川に沿って遡り、御坂峠・籠坂峠を越え駿河に通じる。上黒駒集落を古代駅路の水市駅に比定する説もあり、当地は交通の要衝であった。

【鎌倉期以来の町場】　黒駒の称願寺《しょうがんじ》は、時宗の二祖他阿真《たあしん》教《きょう》開山と伝わる有力寺院であり、黒駒道場とも呼ばれている。永仁三年（一二九五）頃と推定される真教の甲斐遊行《かいゆぎょう》は、交通の要衝など都市的な場に存在する寺院を舞台に実施され、称願寺も活動拠点の一つであった。黒駒は、鎌倉時代まで遡る町場と推定され、戦国期の史料にも「黒駒筋塩之役《しおのやく》」などと見え、当地は依然として交易のさかんな地であり、武田氏はここに伝馬役を課すとともに関所を置き往来の監視をしている。

【史料に登場する城跡】　文明十九年（一四八七）、広厳院《こうごんいん》（笛吹市一宮町）への武田信昌《のぶまさ》寄進状《きしんじょう》に「南八城山之峰をきり」とみえ、「城山」が当烽火台と指すと解され、文献史料で確認できる数少ない一五世紀後半の城跡である。『甲斐国志』「茶磨山《ちゃうすやま》」の項は、鎌倉往還を警護するため構えた城砦であるが、広厳院領に城域が含まれることから廃墟であったと記述する。『甲斐国古城跡志』は、「御坂峠ニ敵寄来《よせくる》相図《あいず》之場所ナリ。上黒駒小幡豊後守衆」が守備すると記載する。小幡豊後守は、小幡昌盛《まさもり》と推量され、『甲陽軍鑑』には天正十年（一五八二）三月三日、善光寺門前にて武田勝頼に今生の暇乞《いとまご》いをし、その後黒駒へ行くと載る。『甲斐国志』「馬淵」の項は、『甲陽軍鑑』の記事を引用した後、小幡氏の黒駒在住を推定している。

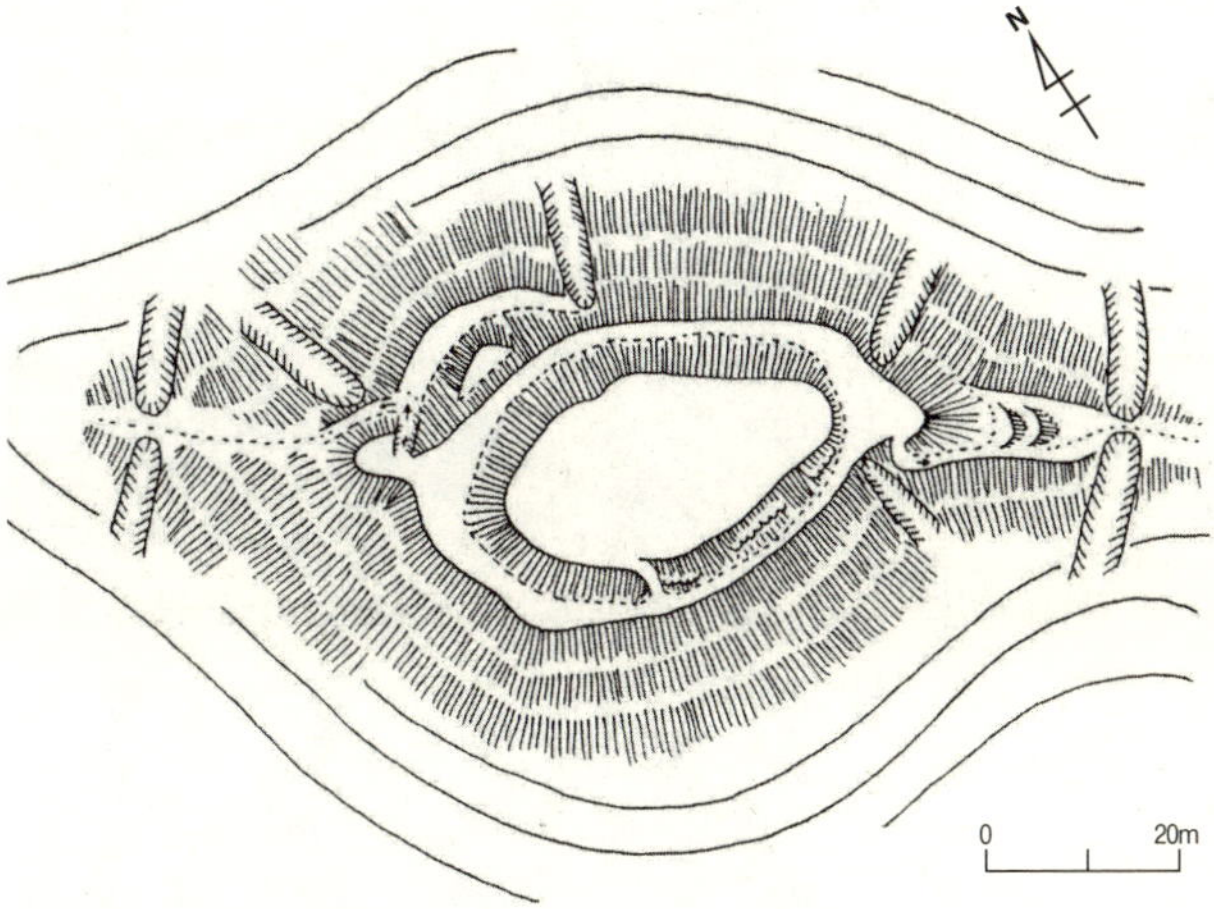

●―旭山の烽火台（『山梨県史　資料編７』より）

【構　造】 尾根上の平坦地に主郭《しゅかく》を設け、東西三五㍍、南北一九㍍ほどの楕円形となる。五〜六㍍下に、幅一〜二㍍の帯郭《おびぐるわ》をめぐらし、一部に石積みがみられる。土塁《どるい》はなく、南に虎口《こぐち》が開口し、東西の尾根つづきに腰郭《こしぐるわ》や竪堀《たてぼり》を設け、堀切《ほりきり》により尾根筋を遮断する。

一五世紀後半、すでに当烽火台が廃城であったと『甲斐国志』は伝えるが、『日本城郭大系』では一六世紀まで存続したと推定している。中田正光は、主郭西側の尾根先が左右に分かれ、北へ派生した尾根の中段で新たな出丸遺構を明らかにし、単なる烽火台から山城へ改修していると指摘する。出月洋文は、主郭より三〇〇㍍東に位置する旭山山頂の平坦地とその東側に三ヵ所の尾根切りを明らかにし、これらを出構遺構と位置付け、再評価している。宮坂武男は、主郭西側の尾根先、標高六二五㍍ほどに建つ「蚕影山《こかげやま》」の石碑がある径二〇㍍ほどの平地を物見台と推定し、大手登山道を抑える「蚕影山の物見台」と解釈している。

【尾根筋全体を取り込み山城へと改修】 街道筋の監視に適した地に占地し、近接する城下集落と密接に関わっていた。築城者は判然としないが、山下孝司は信昌が経営に関与していたとする。関設置も含め武田氏との関わりが推定されるが、

●—帯郭の裾に構築された石積み

●—西側尾根筋を遮断する堀切

●—東側腰郭

●—山頂部の尾根切り

築城の経緯や整備がどのように行われてきたのか明らかでなく、維持管理を担っていた在地領主層の実態も不明のままである。

本能寺の変を契機とした徳川家康と北条氏政との間で繰り広げられた甲斐領有をめぐる戦いに際し、八月二日、新府城（韮崎市）を本陣とした徳川勢と御坂城（笛吹市御坂町）に布陣した北条勢は、黒駒で合戦となり、北条勢が敗れている。以後こう着状態がつづき、十月末に和議が成立しているが、本烽火台もこれらの機会に尾根筋全体を城域に取り込み大規模に改修されたと考えられる。新たな遺構が確認され、城域は東西の尾根筋一キロ以上にわたって拡大することとなった。単なる烽火台から山城へと城跡の再評価がなされるとともに城の存続期に関しても武田家滅亡後、天正壬午《てんしょうじんご》の乱まで営まれたと推定される。

【参考文献】萩原三雄「旭山の烽火台」磯貝正義ほか編『日本城郭大系 八 長野・山梨』（新人物往来社 一九八〇）、中田正光『戦国武田の城』（有峰書店新社、一九八八）、出月洋文「旭山の烽火台」萩原三雄編『定本山梨県の城』（郷土出版社、一九九一）、山下孝司「城の成立と展開—甲斐国中世城郭史序説—」帝京大学山梨文化財研究所研究報告九（一九九九）、宮坂武男「旭山城（旭山烽火台・旭山砦・城山）」『図解山城探訪 第一六集 山梨峡中・峡東地区資料編』（長野日報社、二〇〇六）

（伊藤正彦）

●街道監視の烽火台

金比羅山《こんぴらやま》の烽火台《のろしだい》

〔所在地〕笛吹市境川町藤垈
〔比　高〕三五〇メートル
〔分　類〕山城
〔年　代〕一六世紀代か
〔城　主〕——
〔交通アクセス〕笛吹市営境川巡回バス「金刀比羅神社入口下」下車、徒歩約三〇分。

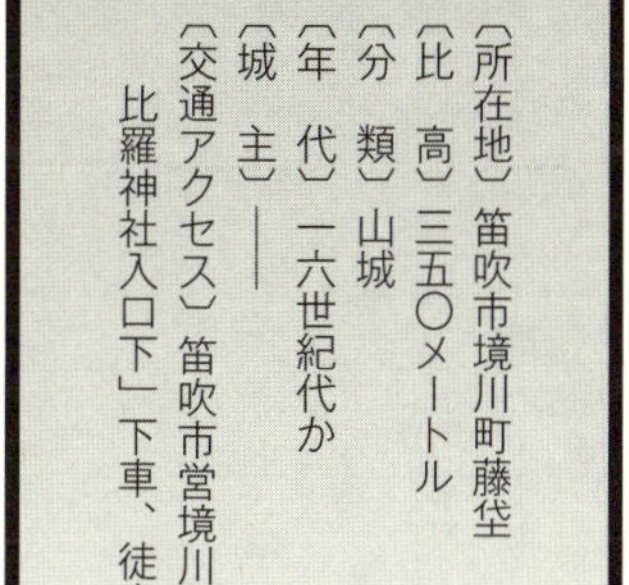

【交通の要衝に位置する】　甲府盆地と富士北麓地方との間に標高一五〇〇メートル級の山々が連なり御坂山地を構成している。そうした御坂山地の一つ滝戸山から甲府盆地に向かってつづく尾根先端部に金比羅山は位置し、標高七五〇メートルの山頂に本烽火台が構築される。城下集落との比高差三〇〇メートルを測り、山頂からの眺望に優れ、西に右左口《うばぐち》砦（甲府市右左口町）、東に小物成山《こものなりやま》城（笛吹市御坂町）を見通すとともに盆地一帯を見下ろしている。

【街道の結節点】　眼下の大窪集落から天神峠（現鶯宿《おうしゅく》峠）をへて鶯宿（笛吹市芦川町）に至る往還が存在し、金比羅山の尾根筋を通過していた。鶯宿からはさらに三方へ通じるルートが開け、いずれも駿河へとつづいている。南下し鍵掛《かぎかけ》峠を抜けると西湖《さいこ》（南都留郡足和田村）に到達し、富士西麓を迂回して駿河上井出《かみいで》（静岡県富士宮市）へと至る。東へ進むと上芦川《かみあしかわ》をへて若彦路に通じ、大石峠を越え大石（南都留郡富士河口湖町）へとつづき、吉田（富士吉田市）、山中を経由し、篭坂峠を越し須走（静岡県小山町）へと辿り着く。鶯宿から西へ向かうと、古関（甲府市古関町）をへて中道往還へ連絡し、精進・本栖《もとす》（富士河口湖町）を通過して吉原（静岡県静岡市）に通じていた。若彦路、中道往還ともに駿河に通じる古代以来の幹線道であり、鶯宿はいわば両街道の結節点に位置する。若彦路は源平合戦のさい、武田信義以下の甲斐源氏が富士川合戦に向かったルートであり、中道往還は、天正十年（一五八二）の武田氏滅亡後、織田信長が帰洛した経路である。

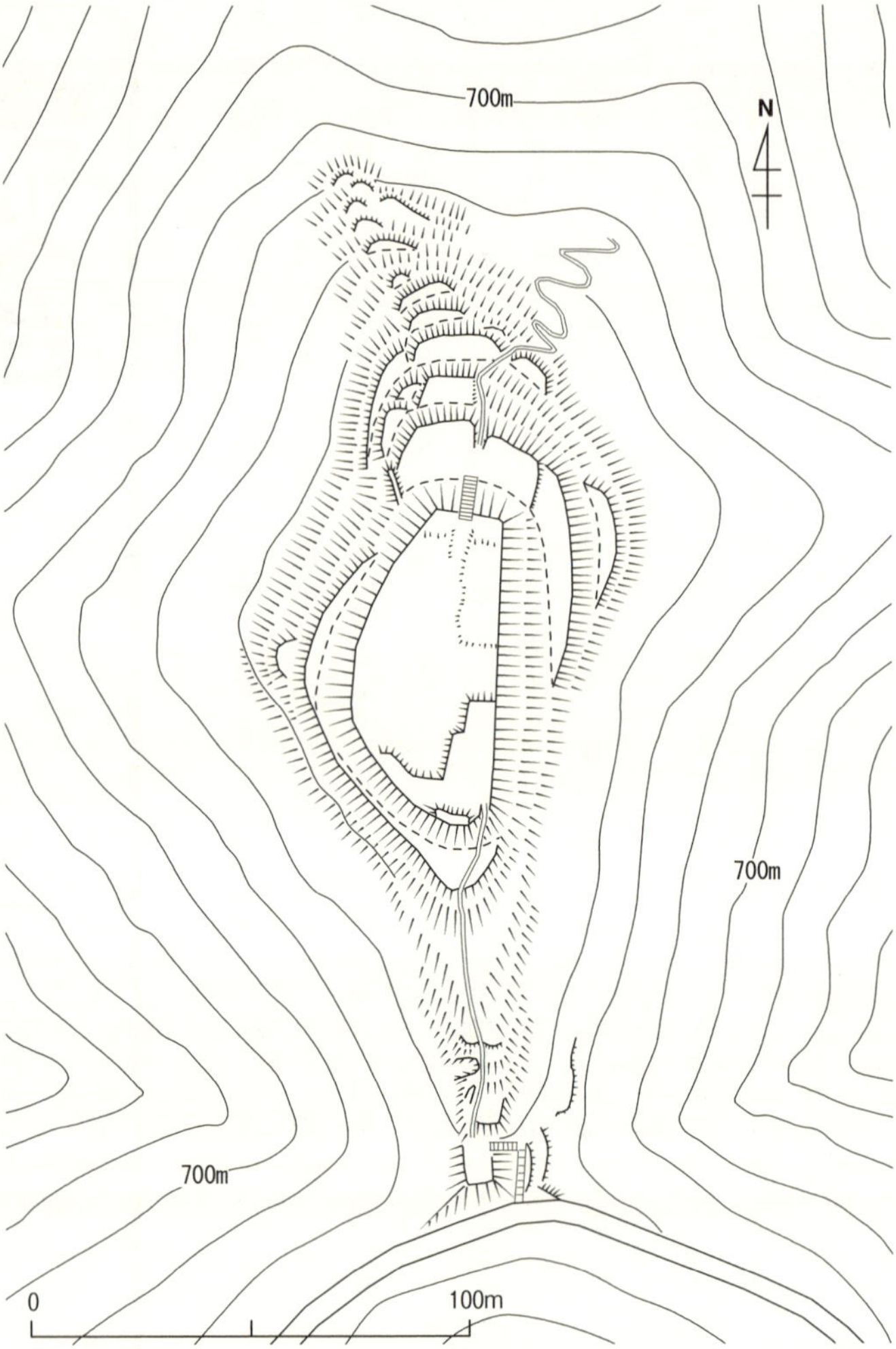

●—金比羅山の烽火台縄張図（宮坂武男「金比羅山烽火台」『図解山城探訪第16集　山梨峡中・峡東地区資料編』縄張図を参照）

【烽火台の構造】 尾根の先端、独立丘となった山頂部が主郭と推定され、東西三〇メートル、南北六〇メートルの規模を有し、現在金刀比羅社が鎮座している。主郭《しゅかく》部は一面の平坦地となっているが、金刀比羅社の東から背後の南側にかけ土塁《どるい》状の高まりが確認できる。主郭部北側に参拝階段が設けられているが、虎口《こぐち》は不明瞭である。腰郭《こしぐるわ》が南から西および北から東にかけ取り巻いている。遺構の大半は盆地に面した北側斜面にあり、幅二〜三メートルの削平地が一〇段確認できる。街道へと通じる南側尾根筋に堀切が残り、街道沿いに監視のため平坦地がつくりだされている。

【歴　史】 『甲斐国志《かいこくし》』が、武田信虎と叔父油川信恵《あぶらかわのぶよし》の古戦場と伝える「棒峰」は、当地のことと考えられる。永禄三年（一五六〇）、信玄は聖応寺（笛吹市境川町大黒坂）に寺領を寄進しているが、すでに応永二年（一三九五）、黒坂信光が同内容の寄進状を発給している。『国志』「黒坂氏古跡」の項は、黒坂信光を甲斐守護武田信満に比定しており、古くから当地と武田守護家との関わりが断片的に垣間見られる。

文亀元年（一五〇一）、武田信玄の祖父信縄《のぶつな》は広厳院《こうごんいん》（笛吹

●—大窪集落から鶯宿へ至る往還

市一宮町）宛に過所《かしょ》（通行手形）を発給し、「国中諸関」の通過を認めており、命禄元年（天文九年、一五四〇）七月、武田信虎は西之海衆に対して古関の役所の関銭を免許している。戦国初期より甲斐国内の街道に関所が存在し、武田氏がその支配を掌握していたことは確実である。江戸時代、往来者を監視するため甲斐国内に二四ヵ所設置されていた口留《くちどめ》番所は、武田氏時代の関所をその前身とするのが通説であり、中道往還の経路にあたる古関・本栖や若彦路の芦川などに口留番所は置かれていた。

武田氏は、戦国期の流通網として領国内に伝馬《てんま》制度を整備していたことが知られる。天文十九年（一五五〇）八月、武田晴信は古関・芦川・梯《かけはし》の三郷に対して駿河今川氏からの援助物資を運ぶため伝馬を出すよう命じており、天文六年（一五三七）より同盟関係にある今川氏とを結ぶ伝馬制度は比較的早くから整えられたと推定され、弘治二年（一五五六）、高野山成慶院の使僧に対し駿河までの伝馬手形を与えており、この頃までには甲斐と駿河を結ぶ街道に伝馬制度が整備されていることを知る。

本烽火台《のろしだい》へと通じる街道筋は、すでに戦国期より関設置が確認でき、駿河へ至る交通の要衝であった。

【街道筋の監視】　本烽火台は小規模で単純な構造ではあるが、

街道筋の監視に適した地に構築されている。古代以来の幹線道をつなぐ、結節点へと通じており、河内・郡内地方さらには駿河との境目に接し、流通の統制や領国警備のため往来者の監視を行っていたのであろう。築城者は判然としないが、関設置をも含め武田氏の強い関わりが推定され、維持管理など城下集落が負担していたものと推定されるが、それら住人を管理・差配した在地領主層の実態なども不明である。駿河との関係を考慮すれば、遅くも一六世紀中頃までには築城され、天正壬午の乱でも重要な一翼を担い使用されたものと考えられる。

【参考文献】中田正光『戦国武田の城』（有峰書店新社、一九八八）、出月洋文「旭山の烽火台」萩原三雄編『定本山梨県の城』（郷土出版社、一九九一）、宮坂武男「金比羅山烽火台」『図解山城探訪第一六集　山梨峡中・峡東地区資料編』（長野日報社、二〇〇六）

（伊藤正彦）

●—眼下に街道を見下ろす

●—主郭部南側の土塁状の高まり

●—主郭部北側の削平地

●穴山氏の伝承をもつ城

小《こ》山《やま》城《じょう》

〔笛吹市指定史跡〕

〔所在地〕笛吹市八代町高家
〔比　高〕二〇メートル
〔分　類〕平山城
〔年　代〕一五〜一六世紀
〔城　主〕穴山氏、武田氏?、鳥居元忠
〔交通アクセス〕中央高速道路御坂インターより一五分

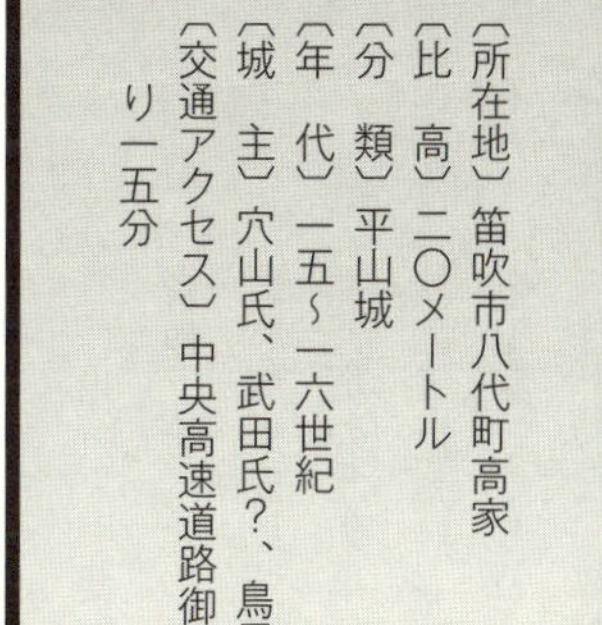

【城の立地】 小山城は浅川の扇状地北端に位置し、天川《てがわ》の浸食によって形成された段丘上に築かれた城である。標高は三四四メートル。北側に鎌倉往還（御坂路）、南側に若彦路が通過する交通の要所で、これらを抑えるために築かれたのだろう。小山城は二度の実戦を経験しており、一つは若彦路からの、もう一つは鎌倉往還からの敵を迎撃している。

【城主穴山氏】 小山城は、いつ誰によって築かれたかは不明だが、『甲斐国志《かいこくし》』は穴山伊豆守の居城と記録している。穴山氏は、巨摩郡穴山を本拠とする武田一族で、穴山義武が祖とされる。その養子穴山満春（甲斐守護武田信春の子、信満の弟）は、室町幕府の指示により武田氏を嗣いで武田信元となったが早世した。実は、穴山伊豆守はその子という説があり、穴山伊豆守は、素行不良により父信元に追放されたという（『東八代郡誌』）。父信元死後、甲斐守護の地位は、従兄弟信重が継承し、小石和に居館を構えた。信重は、穴山氏の名跡を息子信介に継がせた。それを恨んで、穴山伊豆守は、宝徳三年（一四五一）（二年説もある）十一月二十四日に武田信重を襲って敗死させたとされる。その後穴山氏は、信介系が継承するので、伊豆守は成敗されたのであろう。

小山穴山氏は、その後、武田信重の子で、信介の弟基経（八代・奴白氏、伊予守）が継ぎ（磯貝正義『武田信重』）、その跡は、穴山信懸の息子宗九郎信永が継承したと推定されている。この人物こそ、最後の小山城主穴山伊予守信永に比定される。

●―小山城遠景

彼は小山穴山氏を相続したものの、大永三年（一五二三）三月十三日、鳥坂峠を越え、若彦路を経て攻め寄せた南部某と戦ったが、花鳥山の戦いに敗れ、小山城に籠城するものの防ぎきれず、一之宮の常楽院で自刃したという（『甲斐国志』）。これ以後、小山穴山氏の動向は確認できないため、信永敗死により小山城主穴山氏は滅亡したのであろう。なお、穴山信君（梅雪）は、穴山宗九郎（信永）の菩提を弔っており、彼の実在は疑いないが、以上の事績が事実かどうかは確実な史料では確認できない。

また、小山城が武田信守館に近接していることから、上野晴朗はこの城を守護館を守る武田氏の築いた城と主張する。

【天正壬午の乱と小山城】 小山穴山氏滅亡後、小山城がどのように扱われたかはまったく不明である。しかしながら、都留郡から甲府盆地の出入口という交通を扼する要衝に位置するので、武田氏の直轄下に置かれた可能性もある。

小山城が再び記録に登場するのは、天正十年（一五八二）六月、本能寺の変後に勃発した天正壬午《てんしょうじんご》の乱においてである。当時、甲斐は都留郡全域と北巨摩の八ヶ岳南麓の七里岩台地上を、北条軍に制圧された。これに対し、徳川家康は、新府城や能見城などを拠点に、北条軍に対抗したが、この時都留郡の北条軍を監視したのが小山城である。家康は、小山城に重臣鳥居元忠を派遣し、騎馬一三〇騎、雑兵六〇〇人を配備したという（『甲斐国志』『武徳編年集成』他）。元忠は、八月十二日、御坂城を出陣し、甲府攻略を目指して鎌倉往還を下りてきた北条氏忠ら一万余人を、小山城から出て黒駒で迎え撃ち、撃破している（同前）。この記録を最後に、小山城は姿を消すので、廃城となったのだろう。

【城の改修と現状】小山城は、ほぼ一町四方の方形単郭である。四方を土塁《どるい》と空堀《からぼり》で囲んでおり、土塁の規模は三～五《メートル》を、堀は幅八～一五《メートル》を測る。虎口《こぐち》は東側と南側の二ヵ所あり、東側は幅二間、南側は後世の開墾のため判然としない。

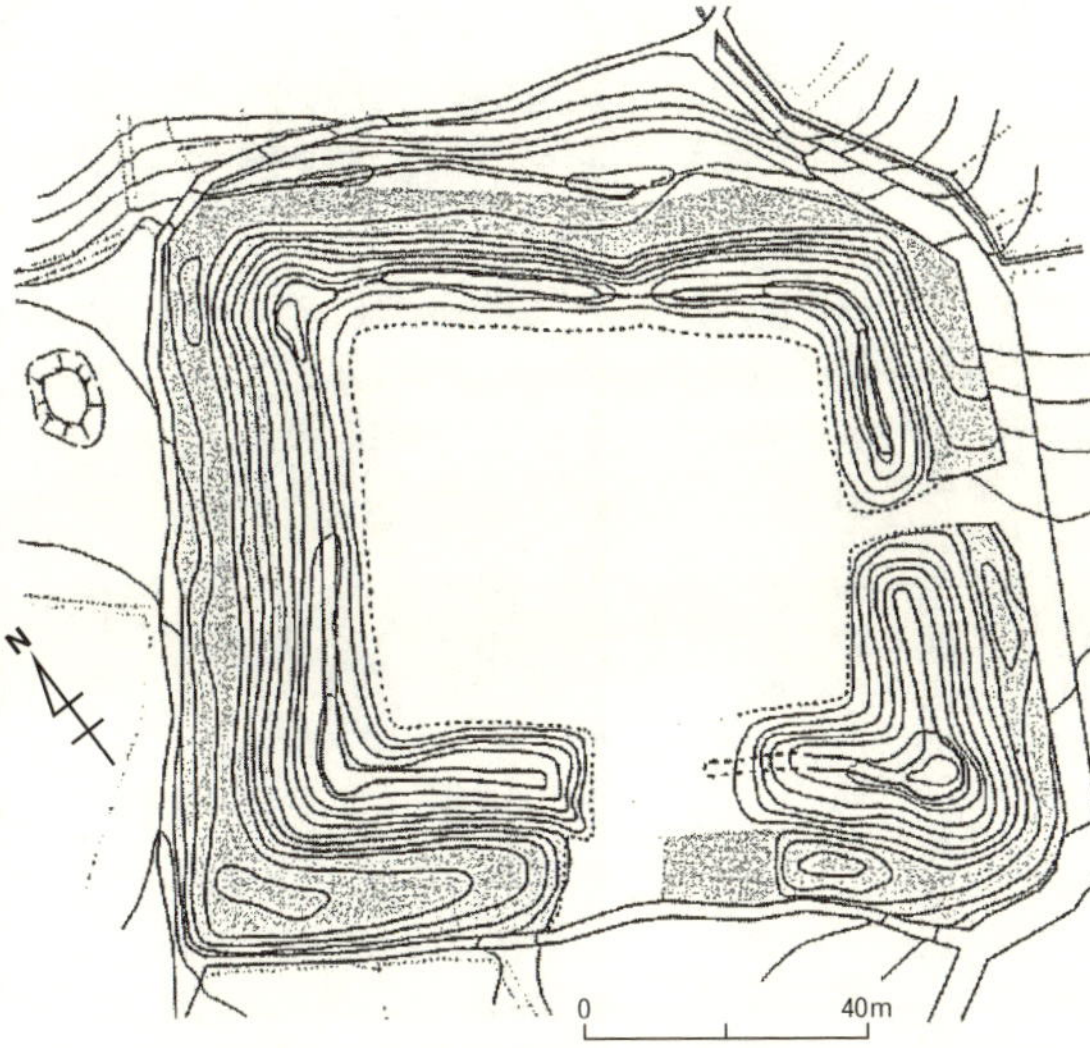

●—小山城測量図（『山梨県史　資料編７』より）

このうち、南側虎口の前面にある空堀の幅が他に比べて広いため、ここが大手口《おおてぐち》と推定されている。

また土塁は、東隅を除く三隅が、堀に大きく張り出す形態を呈し、櫓台《やぐらだい》であった可能性を示唆する。この横堀《よこぼり》と突出する櫓台の形式は、徳川氏の築城技術と指摘する説もあり、現在の小山城の遺構は、天正壬午の乱に際し、徳川軍が改修したものと推定されている。

実際に、この時期の甲斐の状況を記す『家忠日記』には、徳川軍が甲斐の各所で、城の修築や普請《ふしん》を行っていることが判明し、小山城もその一環で大改修が施された可能性は高い。また、最後に在城した鳥居元忠軍の規模から、城の外側にいくつかの郭が設けられていたのではないかと推定する学説もあるが、現状では遺構や地籍図にも痕跡を窺うことはできない。今後の調査に期待したい。

【参考文献】上野晴朗『甲斐武田氏』（新人物往来社、一九七二）、磯貝正義ほか編『日本城郭大系　八　長野・山梨』（新人物往来社、一九八〇）、萩原三雄編『定本山梨県の城』（郷土出版社、一九九一）、八巻孝夫「小山城」村田修三編『図説中世城郭事典　二』（新人物往来社、一九八七）、磯貝正義『武田信重』（戎光祥出版、二〇一〇、初版一九七四）、平山優『穴山武田氏』（戎光祥出版、二〇一一）、同『天正壬午の乱』（戎光祥出版、二〇一五、初版二〇一一）（平山　優）

●甲府盆地を窺う北条氏の城

御《み》坂《さか》城《じょう》

〔笛吹市指定史跡〕

〔所在地〕笛吹市御坂町藤野木・富士河口湖町河口
〔比　高〕約六三〇メートル
〔分　類〕山城
〔年　代〕戦国期
〔城　主〕北条氏忠
〔交通アクセス〕富士急山梨バス「藤の木」下車、徒歩約一一〇分。

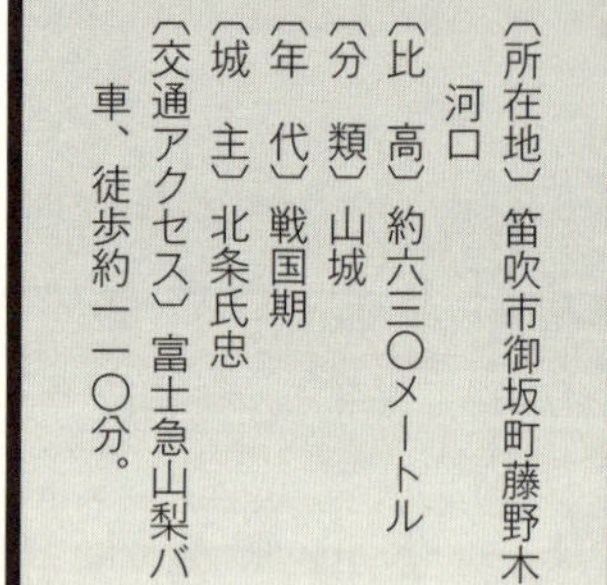

【鎌倉往還の要衝御坂峠】 御坂城は、甲府と駿河・相模を結ぶ鎌倉往還の要衝である御坂峠に占地する。最高地点の標高は一五七〇メートルで、北東から南西に伸びる尾根上の鞍部を通る峠道を両側から挟むように長さ六〇〇メートル、幅一五〇メートルにわたって遺構がみられる。甲府盆地側は笛吹市御坂《みさか》町、郡内は富士河口湖町に属する。峠には茶屋の建物があり、その背後に御坂天神が祀られている。御坂路とも呼ばれる往還の御坂町側には、ところどころに石畳道も残り、小石が山積みになった子持石《こもちいし》という場所があり、この山を背にして股下から小石を投げてこれから生まれる子供の男女を占ったという。また役行者《えんのぎょうじゃ》にちなむ行者平という信仰の場も途中にある。富士河口湖町側の河口湖畔近くには、貞観六年（八六四）の富士山噴火にさいし、鎮祭のために創建されたという河口浅間《せんげん》神社が鎮座している。

【天正壬午の乱】 天正十年（一五八二）に戦国大名武田氏は滅亡する。甲斐国は信長によって支配され、河尻秀隆《ひでたか》が穴山氏の河内領を除いた地域の領主となるが、同年六月二日に本能寺の変で信長が明智光秀に討たれ、全国的な動揺のなか秀隆が一揆によって斃《たお》されると、旧武田領国の領有をめぐり北条氏政・氏直父子と徳川家康が争奪戦を繰り広げた。この戦いは、その年の干支によって天正壬午《てんしょうじんご》の乱と呼ばれる。

相模から侵入した北条氏は郡内をほぼ制圧し、徳川家康は駿河から中道をへて甲府に入り、旧武田遺臣を登用するなどしてこれに対抗した。いっぽう、北条氏直は上野から信濃を

●—富士河口湖町側から望む御坂峠（稜線中央やや右寄りの低くなったところ）

まわり南進してきており、家康は七月に諏訪に向けて軍勢を出兵させ高島城（長野県諏訪市）を攻めるが、大軍を擁する氏直の前に徳川軍は八月六日には新府《しんぷ》城（韮崎市）まで撤退する。追撃する北条軍は、北巨摩の地を勢力下におさめつつ若神子《わかみこ》城（北杜市須玉町）に布陣する。若神子を拠点とした氏直に対し、八月十日、家康は甲府から新府城に本陣を移した。八月十二日には北条氏忠の軍が御坂城から出撃してくるが、甲府を守備していた徳川方に黒駒《くろこま》（笛吹市御坂町）で敗れ撤退している。郡内および北巨摩から北条軍に挟撃される形となった家康ではあったが、その後は両軍の間に大きな武力衝突はなく、二ヵ月半程の対陣の末両者の間で和議が成立し、甲斐国は徳川氏の領

●—御坂路の石畳

有に帰することとなった。

【長大な横堀と土塁】　武田氏時代には、郡内と甲府を伝達する烽火場《のろしば》があったといわれるが、その実態は不明であり、現状遺構は、北条氏によるものである。御坂山と黒岳をつなぐ山の稜線の最も低いところを鎌倉往還（御坂路《みさかじ》）が横切り、そこを中心に両側に土塁《どるい》と横堀《よこぼり》を使って長大な防御ラインが築かれている点に本城の大きな特徴がある。主郭部が明確でなく、南と北の高所には、土塁と空堀《からぼり》で囲まれた虎口《こぐち》状の郭があり、往還の通る中央部分から南側は、平坦地が何段かあり、その先には土塁と堀で画された桝形《ますがた》状の虎口や角馬出《かくうまだし》風の空間が形成されている。

横堀から派生した竪堀《たてぼり》にはL字形に曲げた箇所があることも特色といえる。また、横堀の内側には広い平坦地があるものの、稜線の斜面は未整地の部分がみられる。概して土塁や横堀や竪堀などの施設は、富士河口町側よりも笛吹市側が堅固につくられているようである。天正壬午の乱で氏忠の軍が

●—御坂城の横堀と土塁

●—御坂城馬出

●—御坂城のＬ字形堀

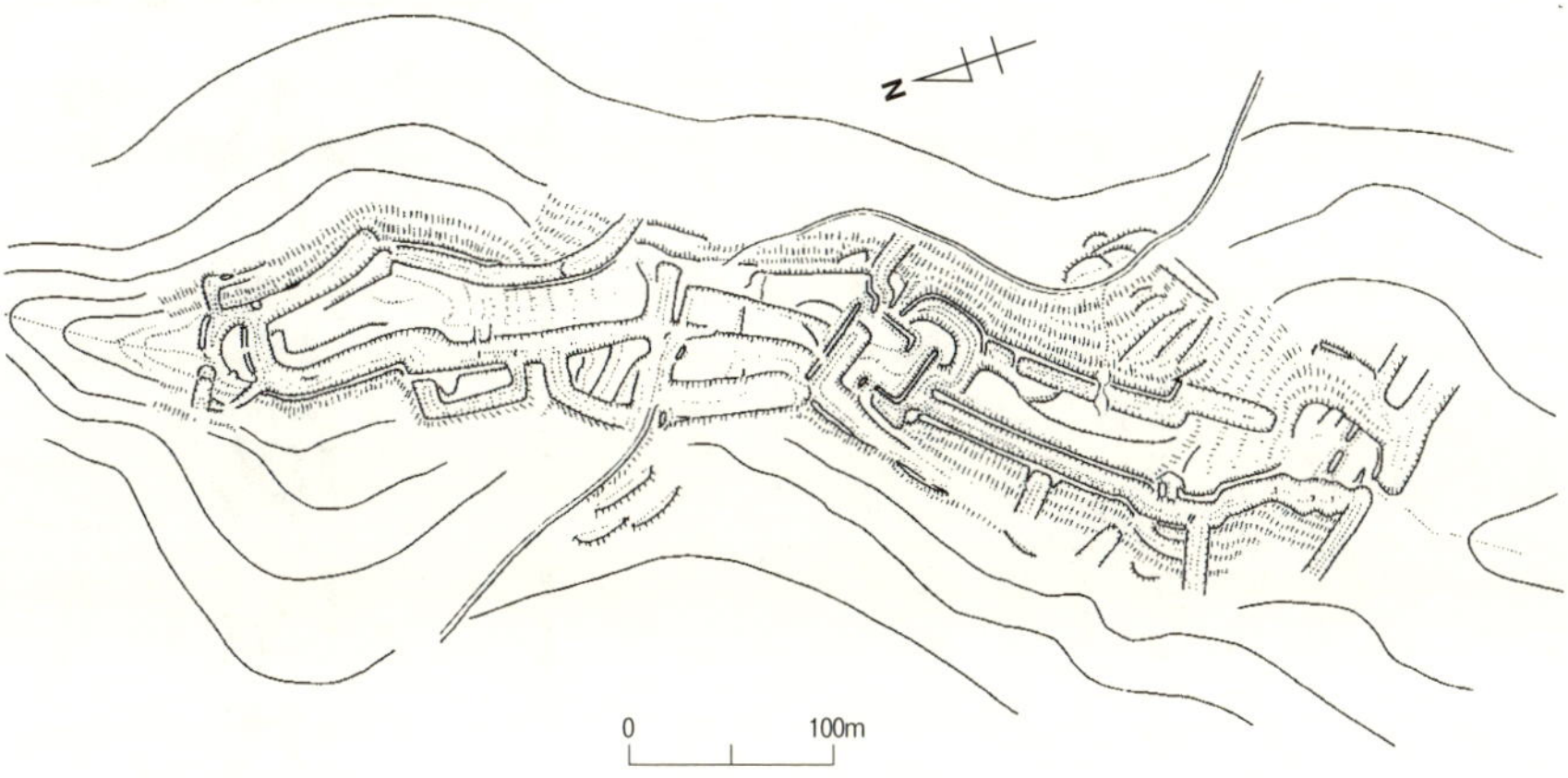

●—御坂城縄張図

ここから出陣し、黒駒において敗走したとはいえ、徳川勢の郡内侵入を阻んでいたことは、北条方によって交通の要衝を抑えた本城が十分に機能していたことを物語っていよう。

【甲斐国中世城郭史上の画期】

天正壬午の乱は、甲斐・信濃・駿河・上野の各武田領国におよぶ広範囲なもので、戦国末から天下統一に至る政治面を規定しつづけた象徴的事件であるという。この戦いでは、北条氏直等の拠点となった若神子城（北杜市須玉町）・御坂城をはじめ、中尾城（北杜市須玉町）・大豆生田《まみょうだ》砦（同前）・旭山砦（北杜市高根町）・長坂長閑屋敷（北杜市長坂町）・中丸砦（同前）などの城館に北条軍が兵を入れたのに対して、家康は新府城を本陣とし、徳川軍は能見城（韮崎市穴山町）・小山城（笛吹市八代町）・勝山城（甲府市上曽根）・右左口《うばぐち》砦（甲府市右左口）などの守備に就いており、両軍によって城郭群の層畳的構造が創り出された。天正壬午の乱は、甲斐国内が戦場となり、徳川氏・北条氏によって城郭が築造・改修された可能性が極めて高く、甲斐国の城郭史の上で大きな画期としてとらえられよう。御坂城は戦国末期の争乱の歴史の一齣を伝えてくれている。

（山下孝司）

【参考文献】磯貝正義ほか編『日本城郭大系　八　長野・山梨』（新人物往来社、一九八〇）、中田正光『戦国武田の城』（有峰書店新社、一九八八）、数野雅彦「御坂城」萩原三雄編『定本山梨県の城』（郷土出版社、一九九一）、『山梨県史　資料編七　中世四　考古資料』（山梨県、二〇〇四）、宮坂武男『図解山城探訪　第一六集　山梨峡中・峡東地区資料編』（長野日報社、二〇〇六）、平山優『天正壬午の乱　本能寺の変と東国戦国史』（学研パブリッシング、二〇一一）

●街道を扼す烽火台か?・有力国衆の要害か?

小《こ》物《もの》成《なり》山《やま》城《じょう》

〔所在地〕笛吹市御坂町大野寺
〔比　高〕約二三〇メートル
〔分　類〕山城
〔年　代〕戦国期か
〔城　主〕―
〔交通アクセス〕富士急山梨バス「大野山入口」下車、徒歩約三〇分。

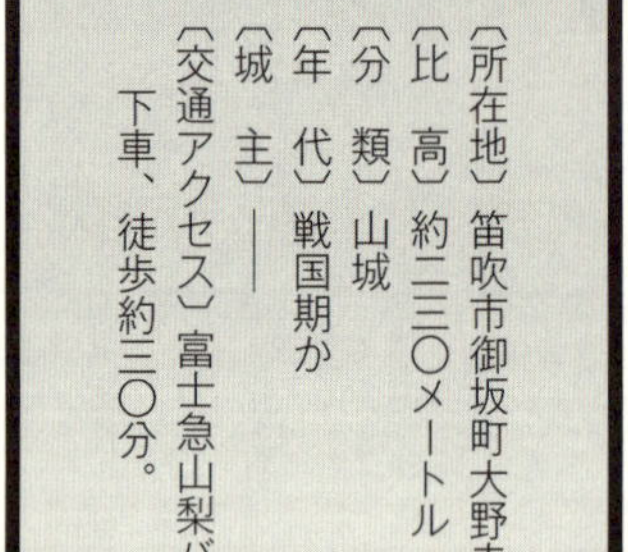

【若彦路と御坂路（鎌倉街道）に挟まれた立地】　本城のある小物成山は、御坂山系から甲府盆地に対して階段状にくだる山地の一角、大堀山《おおほりやま》の西側の沢を隔てて北に向かって張り出した尾根上に位置する。『甲斐国志』は「大野寺村ノ東小物成山ノ最モ高キ峯ヲ城山ト呼ブ又愛宕山《あたごやま》トモ云神祠《いうやしろ》ノ在ル故ナリ古時ノ烽火台《のろしだい》ニテ若彦路《わかひこじ》鎌倉海道ヘモ達スベキ地形ト見エタリ」と記す。南西側には若彦路が走り、北東側を御坂路《みさかじ》（鎌倉街道）が通る。北東山麓には、大野寺集落があり、直下の山裾に大野山福光園寺《ふっこうおんじ》が所在する。標高約二八〇㍍の山頂からの眺望は良く、北から西にかけて甲府盆地を一望できる。北西二・七㌔の眼下に小山城を望むことができ、御坂路を挟んだ東側約二・五㌔の位置に旭山城がある。

【歴史的環境】　山裾の福光園寺はもと大野寺といい、保元年間（一一五六〜五九）に、賢安上人を中興開山とし在地領主の大野対馬守重包が檀那《だんな》となって再興した由来をもつ。『甲《か》斐国志《いこくし》』は尾山村大野田に一町四方の大野対馬守の堡《ほう》（小城）があったと伝える。その場所は小物成山城の北側麓に位置する小山上に比定されるが、関連性は積極的には見出せない。

城の西側麓に位置する花鳥山では、文明四年（一四七二）五月二十日、信濃の大井氏が侵入して合戦があり、また大永三年（一五二三）には、小山城に拠った穴山《あなやま》伊予守信永《のぶなが》が鳥坂峠を越えて攻めてきた南部某《なにがし》と戦っている。信永は敵の勢いに押されいったんは小山城に戻るが、城を逃れて二宮村常楽寺（笛吹市御坂町）で自害したという。

●―小物成山城遠景

さらに武田氏滅亡後の天正壬午《てんしょうじんご》の乱では、郡内を占領して御坂峠の御坂城に在陣していた北条氏勝《うじかつ》・氏忠《うじただ》率いる北条勢が、天正十年（一五八二）八月十二日に、甲府に向かって進撃を開始して御坂路をくだり、氏勝は黒駒に布陣した。氏忠の軍勢はさらに侵攻するものの、徳川方の迎撃にあい、北条方は総崩れとなり御坂城に敗走している。黒駒は当城から東側に位置している。

花鳥山も黒駒もともに、山地から平地に移行する変化点にあたり、若彦路・御坂路といった甲府盆地へ到る主要街道の入り口に位置しており、度々戦いが行われたのは当該地域が軍事的にも重要な場所であったからであろう。

【尾根上に連なる遺構】　城の遺構は、尾根上の東西約二〇〇メートル、南北約六〇〇メートルの範囲にみられる。中央の小物成山山頂は主郭部《しゅかく》と思われ、非常に低い土塁《どるい》が北と南に認められる愛宕社祠のある三〇×一〇メートルほどの長楕円形の郭とその東に尾根道を隔てて一辺約一四メートルの隅が丸い三角形状の郭で構成される。山頂から北西・南西・北東に派生する尾根筋にはそれぞれに数段の腰郭《こしぐるわ》が数段つづく。南へつづく尾根には四ヵ所に堀切《ほりきり》が構えられ、そこから先の一段高い尾根の頂には南北二段の郭があり、さらに南側には二ヵ所の堀切に挟まれた郭が四段ほど認められる。主郭部北西の尾根続きは、一ヵ所堀切があり、その先のピークには腰郭を伴う三角形状の平場があり、そこから北東へつづく尾根の先端に三段ほどの平坦地がみられる。山腹には随所に竪堀《たてぼり》あるいはそれらしき凹地形がみられるが、自然か工作物か判然としない箇所もある。

【烽火台か？ 要害か？】 若彦路と御坂路の甲府盆地への入り口付近を扼《やく》す場所に立地することが小物成山城の大きな特徴といえ、『甲斐国志』は両街道へ伝達する烽火台との見地を示す。いっぽう、大永三年の花鳥山《はなとりやま》での合戦は城の直下で行われており、当城が小山城に拠る穴山信永の要害であったためにそこで攻防戦が繰り広げられたとする見方もできよう。

●―小物成山城縄張図（宮坂武男「大野城（小物成山，愛宕山，城山）」『図解山城探訪　第16集　山梨峡中・峡東地区資料編』縄張図を参照）

●—小物成山城主郭部

穴山氏については、宝徳二年（一四五〇）十一月に守護武田信重の本拠があった小石和を襲撃して信重を自害に追い込んだ穴山伊豆守は小山城主であったとされており、総延長六〇〇メートルにおよぶ城郭遺構の広がりは、烽火台だけの機能ばかりでなく、守護に比肩するような勢力をもった有力国衆の要害でもあったことが推測される。また、天正壬午の乱では、小山城に徳川勢が入っており、立地を考慮すると、徳川方がここを抑えて北条勢に備えた可能性も考えられる。

【参考文献】畑大介「小物成山」萩原三雄編『定本山梨県の城』（郷土出版社、一九九一）、「小物成山城」『山梨県史　資料編七　中世四　考古資料』（山梨県、二〇〇四）、宮坂武男『図解山城探訪第一六集　山梨峡中・峡東地区資料編』（長野日報社、二〇〇六）

（山下孝司）

お城アラカルト

出土遺物からみた城館の日常生活

佐々木　満

城館の発掘調査では、土器や陶磁器をはじめとする数多くの遺物が出土するが、武田氏関連の城館に限らず、全国的に城館出土の遺物には大きく三つの共通した特徴がある。

一つ目は、城館では土器《かわらけ》と呼ばれる素焼きの土器皿が多量に出土する傾向にあり、まとめて廃棄された状態で出土する事例も多い。土器は、食器としては使いまわしが難しいため、儀礼や宴会などのために製作され、使い終わると廃棄される消費財であった。現代の紙皿のような役割の器である土器が多いほど、儀礼などの行事が頻繁に行われたと考えられ、領主層の生活の一端を知ることができる遺物の一つである。

二つ目は、陶磁器の質量が一般の遺跡とは異なる点である。出土量の違いもあるが、日常生活で使用する碗皿などの食膳具ではなく、青磁の壺や瓶など比較的大型で高級な陶磁器が出土する。それも戦国時代の城館から鎌倉時代の壺や瓶が出土するのである。これは、今の骨董品と同じ価値観で当時の権力者が好んで収集したもので、足利将軍家の座敷飾りが教本となっていた。将軍家と同じ調度品は、自らの権威を示す威信財として珍重され、各地の大名に伝播した。躑躅ケ崎《つつじがさき》館《やかた》でも高級陶磁器が多数出土しており、武田氏も同様に用いていたことがわかる。

最後に、鉄砲玉や刀・鎧兜の装飾品などの金属製品が出土するということである。戦と隣り合わせの乱世においては当たり前と思われるかもしれないが、武具・防具の類が出土するのも城館ならではの特徴で、武士たちのくらしぶりを語るうえでは重要な遺物といえる。

以上の特徴をいい換えると、庶民目線では非日常的な生活が日常的に行われる生活空間が城館であり、その産物として土器や高級陶磁器、武具などが出土するのである。出土遺物は、歴史上の人物や名もなき人々のくらしを雄弁に語りかけるだけではなく、その時代の出来事をより身近な存在として感じさせてくれる貴重な歴史資料の一つである。

郡内

勝山城の本丸

在地領主小菅氏の要害

小《こ》菅《すげ》砦《とりで》

〔所在地〕小菅村川久保
〔比　高〕約七〇メートル
〔分　類〕山城
〔年　代〕戦国期か
〔城　主〕小菅遠江守信景か
〔交通アクセス〕村営バスおよび西東京バス「川久保」下車、徒歩約五分。駐車場有

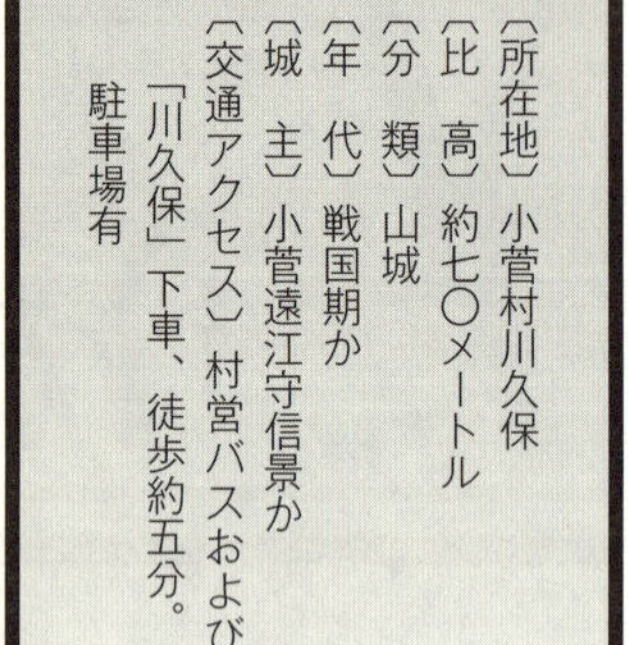

【旧青梅街道沿いに立地】 小菅川左岸にあって、宮川が小菅川に合流するところに張り出した尾根の先端に位置する。標高は七三一メートル。東麓には箭弓《やぎゅう》神社が鎮座する。南側麓には、御屋敷という地名が残るが、現在は小菅《こすげ》保育所や小菅小学校となっている。山裾の南東側には城の沢を挟んで、宝生寺《ほうしょうじ》がある。東方向には旧青梅街道が通り、西方向は大菩薩峠に至る道筋で、それと大月・上野原と丹波山を結ぶ道が本城の南側で交差しており、交通の要衝に立地している。

【小菅・丹波山両村の領主小菅氏】 小菅遠江守信景《のぶかげ》の要害《ようがい》と伝えられるが定かではなく、『甲斐国志《かいこくし》』がその来歴などを記している。信景は子の次郎三郎信久《のぶひさ》と文明十年（一四七八）に箭弓神社の社殿を建立したという。神社は小菅と丹波山の総社とされ、両村の寺社の建立はいずれも遠江守によるものとの由緒を伝えており、彼は小菅・丹波山両村の領主として認識されていたらしい。宝生寺も文明十年に信景による開創と伝え、同寺中興和尚像の像底にあった永禄三年（一五六〇）銘にみられる檀那次郎三郎は信景の孫景吉《かげよし》といわれる。

小菅氏については、戦国期に山県昌景《やまがたまさかげ》の従兄弟とされる小菅五郎兵衛尉《ひょうえのじょう》、天正十年（一五八二）に徳川家康より鶴川（上野原市）の加藤氏の跡職を与えられた次郎三郎、神内川（山梨市）ほかで知行を与えられた又八などがいる。小菅氏は代々本城の城主をつとめたとされるが、その系譜などは不詳である。また、信景は、いずれかの戦いの折に国境を越え武蔵に侵入し、小田原北条氏に属し国堺を守備していた武

●—小菅砦遠景

蔵川野村の杉田入道の箭先《やさき》に斃《たお》れたと伝わる。

【小規模な山城】　山頂とそこから北に伸びる尾根筋に遺構が確認できる。山頂の主郭《しゅかく》は、北西から南東に長い約三〇×二〇メートルの不整の長方形で、中央に天神社が建ち、南東側は若干下がって一〇メートル四方ほどの平場がつづいている。主郭の北から東にかけては土塁《どるい》があって、北側は幅が広くなっている。山腹には、主郭を囲むように帯郭《おびぐるわ》がある。北側の尾根つづきは、二ヵ所の堀切《ほりきり》があって、細長い二つの郭があり、その

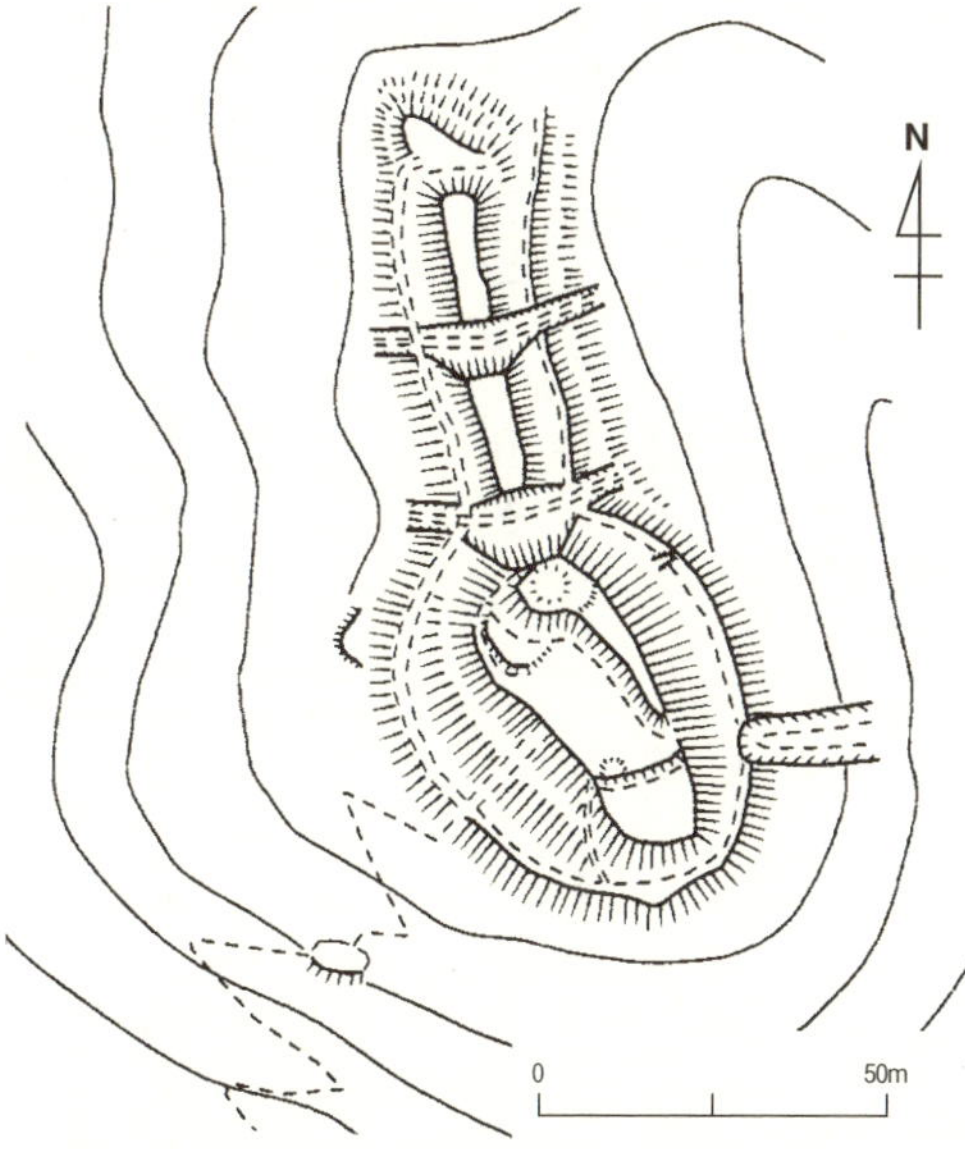

●—小菅砦縄張図（宮城武男「小菅砦（天神山城）」『図解山城探訪 第17集 山梨峡西・峡南・郡内地区資料編』縄張図を参照）

●―小菅砦主郭

尾根先は切岸となって、一段さがって平場となる。この尾根の両側山腹には主郭側からの帯郭が尾根を挟みこむようにつづいている。小規模ながらも遺構の明確な山城である。ただし、史跡の公園整備によって階段や遊歩道がつくられたため、部分的に遺構が破壊され、帯郭などで旧状がわかりにくくなっている場所がみられる。

【在地領主の要害と屋敷】本城は、小菅・丹波山両地域の在地領主小菅氏の要害とみられ、山麓の屋敷地は旧地籍図によって五〇《メートル》四方の方形地割として確認でき、屋敷と要害が組合せになっている事例で、居館と詰城（山城）という城郭体制がとられていたと認識できよう。

【参考文献】『山梨県史　資料編七　中世四　考古資料』（山梨県、二〇〇四）、宮坂武男『図解山城探訪　第一七集　山梨峡西・峡南・郡内地区資料編』（長野日報社、二〇〇六）

（山下孝司）

●甲相武境目の城砦、加藤氏の本拠地

内《ない》城《じょう》館《やかた》・長《なが》峰《みね》砦《とりで》

〔上野原市指定史跡〕

【境目の要衝】　内城館と長峰砦は、ともに甲相武国境上野原にある境目の城で、交通の要衝を扼する位置にある。戦国期、上野原は相模や武蔵に通じる道が交錯する交通の要所であった。まず上野原に直接通じるのは、①小田原道（信玄道、甲州道）、②千木良口（甲州道、小仏峠）、③陣場街道（案下道、和田峠）であり、境目の諏訪には関所が設置されていた。また、諏訪神社には土塁《どるい》跡が残されており、上野原の関門であった可能性がある。次に西原、棡原を経て上野原に通じる道として、④青梅街道（武蔵国青梅、二俣尾などを経て、甲斐国丹波山に至る〈途中、川野から分岐して小菅に至る脇道もある〉）、⑤檜原街道（五日市街道、五日市、檜原、西原峠、西原と、浅間峠、日原峠、小棡峠などを越え棡原に至る）があった。これらは北から上野原に至り、さらに鶴川を越え甲州道を進むと、長峰砦が行く手を阻むように所在した。

〔所在地〕内城館：上野原市上野原
　　　　　長峰砦：上野原市大椚
〔比　高〕七〇メートル
〔分　類〕平地居館
〔年　代〕一二～一六世紀
〔城　主〕古郡氏、加藤氏
〔交通アクセス〕ＪＲ中央本線「上野原駅」下車、徒歩四〇分

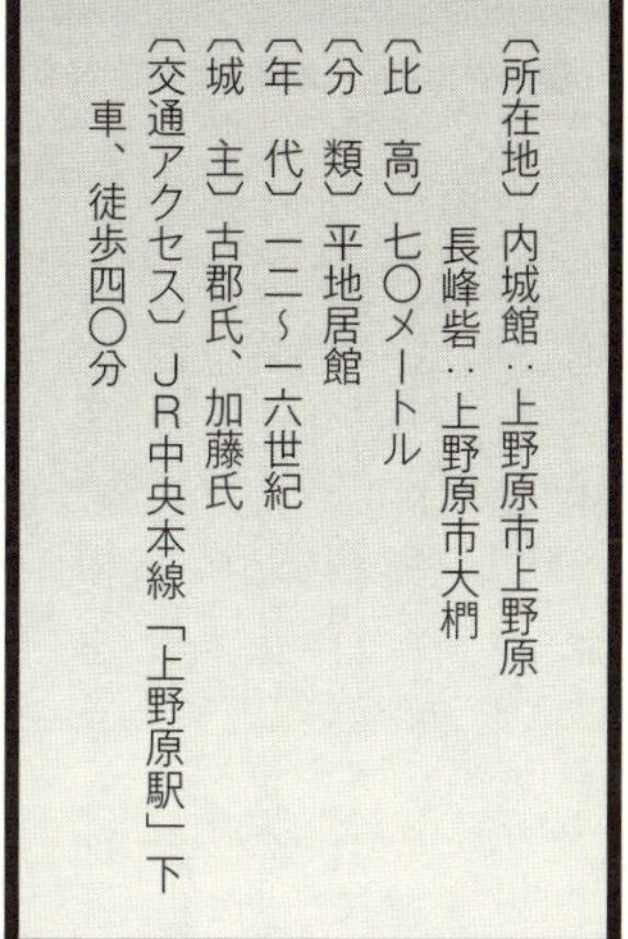

【城の立地】　上野原は、鶴川、桂川、佐野川に三方を囲まれ、これらの浸食によって形成された河岸段丘上に位置する。そして三方はいずれも断崖となっており、とりわけ新田、松留や桂川を挟む対岸の鶴島方面の眺望はよく、津久井方面の監視と警戒には絶好の位置にあった。

内城館と鶴川を挟んで対岸にある長峰砦方面へは、上野原の台地上から下りる甲州道で、また新田、松留方面へは、館の西側の八ツ沢から下りる旧道で結ばれていた。

内城館は、上野原の地形を活かし、河岸段丘の要所を封じることで、防御力を高めていたと考えられる。まず関東口の

●—内城館（米軍撮影航空写真〈1948年3月31日撮影〉　出典：国土地理院ウェブサイト）

甲相武国境の諏訪には、口留番所《くちどめばんしょ》が置かれ、さらに諏訪神社の背後に、上野原への道を塞ぐように土塁が築かれていた。

また、青梅街道や檜原街道に通じる西原、棡原方面への備えとして、小字「大堀」という場所に掘切《ほりきり》を築いたと伝わり、今もその痕跡がわずかに残されている。このように、内城館は、台地全体を封じる施設を設け、関東への警戒を強めていたと推察される。

【城主上野原加藤氏】　内城館と長峰砦と築いたのは、上野原の国衆加藤氏とされる。上野原地域は、もと古郡《ふるごおり》郷の一部といわれ、鎌倉時代には御家人古郡氏が拠点を構えていたといい、内城館は古郡氏の居館として築かれたと伝わる。だが古郡氏は、建暦三年（一二一三）和田義盛の乱に連座して滅亡し、その遺領は加藤兵衛尉（加藤景廉の子孫）に与えられた（『吾妻鏡』）。加藤氏の系譜は定かでないが、室町中期には、甲斐守護武田氏を支えた加藤梵玄が『鎌倉大草紙』にみえる。

文明十年（一四七八）、加藤氏は長尾景春の乱に際して、景春方となり、太田道灌の軍勢に「加藤要害」と「鶴河」を攻められ、鶴川は放火されている。この「加藤要害」こそ、内城館と推定されている。

なお、長峰砦のあった鶴川一帯が加藤氏の所領であったことは、武田氏・加藤氏滅亡後、徳川家康が発給した知行宛行

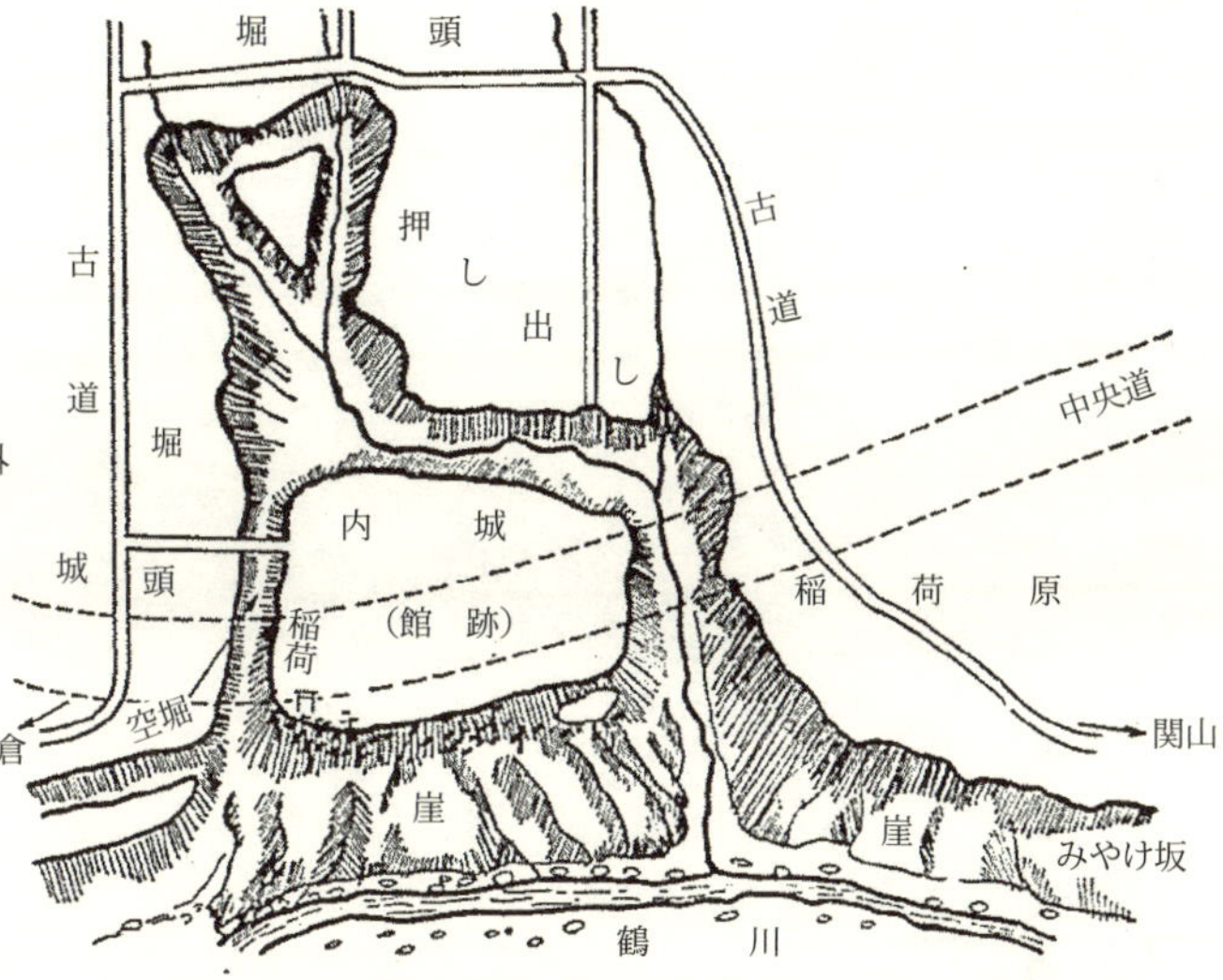

●—内城館概要図（『上野原町誌』〈下〉より）

状に「鶴河加藤跡職」と明記されているので（『徳川家康文書の研究』上巻三二六頁）、この地域が室町期以来加藤氏の本領であったことは間違いなかろう。

戦国期加藤氏は、加藤駿河守虎景—丹後守景忠—次郎左衛門尉（丹後守）信景—千久利丸と続き、北条氏に備えたといい、天正十年三月、武田氏滅亡時に、武蔵国に逃れ、箱根ヶ崎で信景・千久利丸ら一族が滅亡したと伝わる。なお、加藤信景は勝沼氏より養子に入ったとされ、これが事実ならば、武田氏が加藤氏と国境警固を重視していたことを示唆しよう。

【遺構と調査成果】　内城館は、中央自動車道の建設により完全に破壊され、近年まで残っていた空堀《からぼり》跡も、埋め立てられ住宅地とショッピングセンターに変貌している。かつては、南側の断崖と東西の巨大な空堀に囲まれた単郭の主郭《しゅかく》（内城）があり、その面積は一一二七・六平方㍍（三三七・二坪）、空堀は幅一二・七二～一六・三六㍍、深さ三㍍（最終一・八～二・七㍍）であったという（『上野原町誌』）。この巨大な空堀跡には、中央自動車道の橋梁が掛けられており、往事をわずかに偲ばせている。また周辺には「城」「外城」「堀頭」「押し出し」などの小字が残る。

長峰砦も、同様に中央自動車道により破壊されてしまったが、平成七～十年（一九九五～九八）にかけて発掘調査が実施された。その結果、三つの郭と空堀が検出された。このうち、標高三七三㍍を最高所とする郭1（東西一五㍍、南北七㍍、主郭部と推定）と、その東側の標高差七㍍下に郭2（東西四〇㍍、南北七～八㍍）、そして掘切を挟んで郭3（東西一七～

郡内

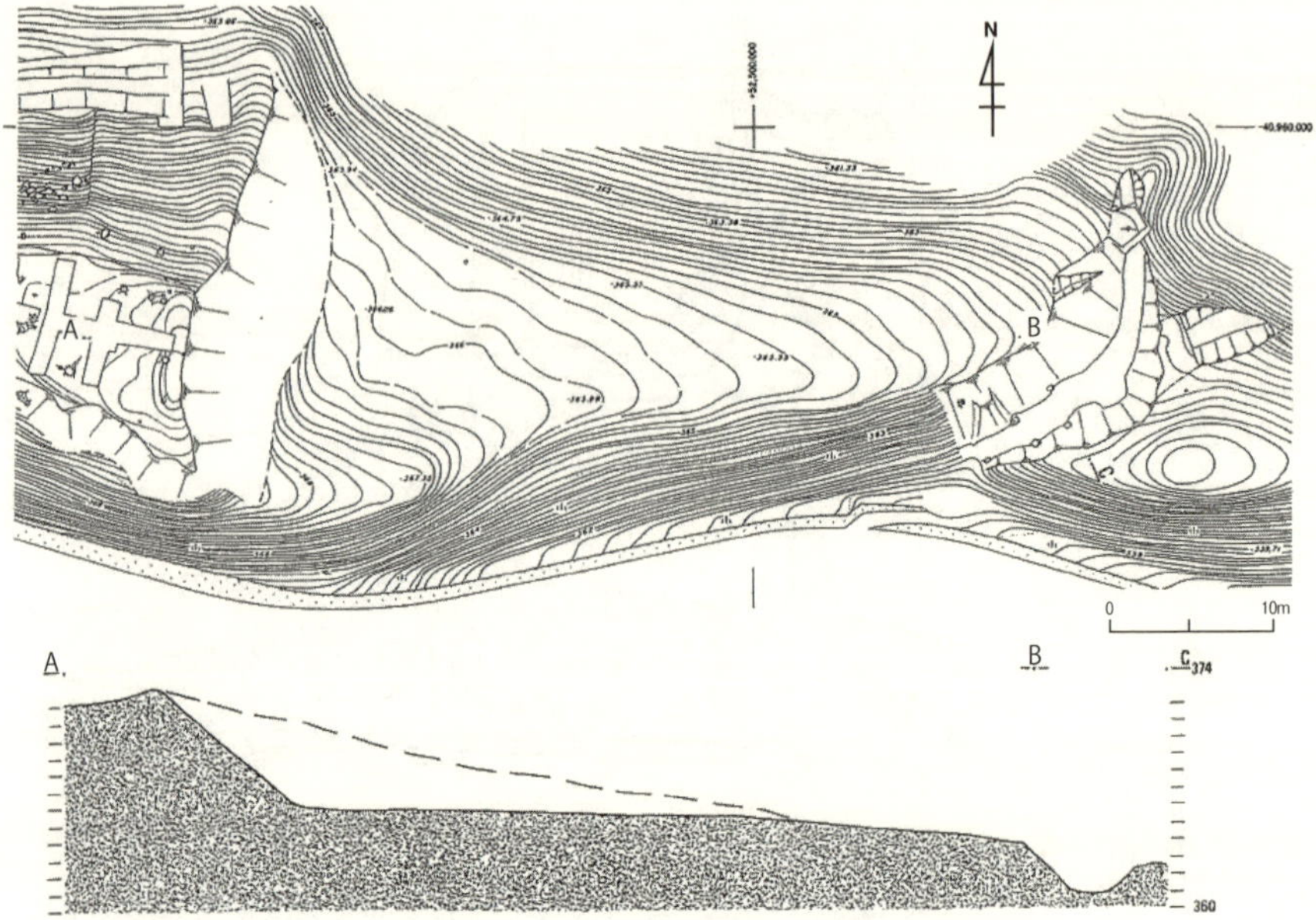

●—**長峰砦**（A区郭1，B区横堀跡および郭2）**測量図**（『長峰砦跡』報告書より）

上野原市指定史跡　所在地／上野原市大椚　分類／山城　年代／16世紀

城主／加藤駿河守虎景、丹後守景忠、次郎左衛門尉（丹後守）信景

交通アクセス／中央自動車道上野原インター下車、市道で約20分（談合坂サービスエリア裏）

八《メートル》、南北八《メートル》）という連続する遺構が検出された。郭1の北側斜面には、幅二・五《メートル》、深さ〇・五《メートル》の横堀が、郭2と3の間には、弧状の最大幅八《メートル》、延長二〇《メートル》に及ぶ掘切が検出された。残念ながら、建物遺構は見出されなかったが、青銅製の鉄炮玉と北宋銭のほか、中世の土器片が出土している。このうち、青銅製の鉄炮玉は、科学分析の結果、中国からの渡来銭と同じ銅の配合比であったことが確認され、武田氏が銅銭を鋳潰して鉄炮玉を製造した文書との一致を示す貴重な事例と指摘されている。

【参考文献】上野原町誌刊行委員会『上野原町誌』（下）（一九七五）、山梨県教育委員会ほか『長峰砦跡』山梨県埋蔵文化財センター調査報告書一六八（二〇〇〇）

（平山　優）

●桂川北岸の道を抑える尾根上の城

牧《まぎ》野《の》砦《とりで》

〔所在地〕上野原市四方津・八ツ沢
〔比　高〕約六〇メートル
〔分　類〕山城
〔年　代〕戦国時代か
〔城　主〕――
〔交通アクセス〕富士急山梨バス「松留」下車、徒歩約二〇分。

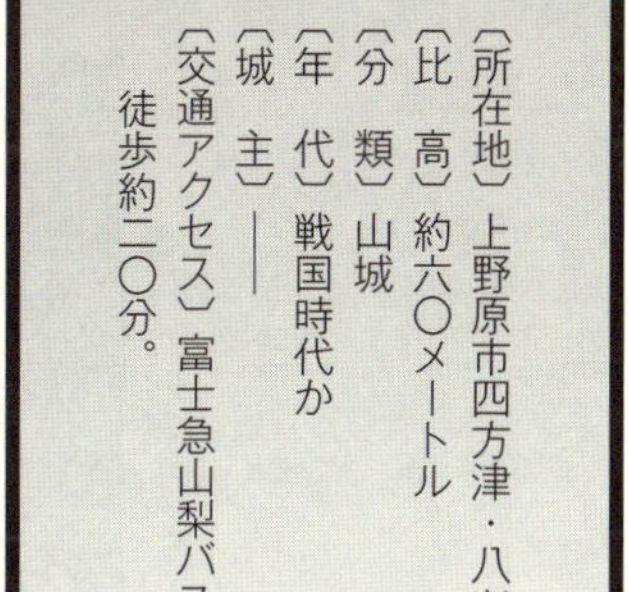

【国境地域に密集する城塞群】 甲斐の東端に位置する上野原《うえのはら》は、相模や武蔵との接点にあたり、軍事的に重要な地域であった。そのため、この牧野砦をはじめとして、桂川対岸の栃穴《とちあな》御前《ごぜん》山と鶴島《つるしま》御前山、甲州街道のルートの長峰砦、仲間川と鶴川の間の大倉砦など多くの城塞群が築かれ、それぞれ他国からの侵入が想定される主要ルートや川沿いの道、あるいは水路を抑えていたと考えられている。

【城の構造】 烽火台《のろしだい》の伝承をもつ四方津《しおつ》御前《ごぜん》山から、松留《まつどめ》集落に向けて東側に伸びる尾根上に牧野砦は築かれている。鉄塔が立つ東側から尾根上を進むと小規模な堀切《ほりきり》①に達し、狭小な郭②をへて堀切③④を越えると郭⑤に至る。⑤をさらに西に進むと一段下がって郭⑥が位置し、その先は堀切⑦が施されている。⑦を越えると両側に通路が設けられている段状のテラス⑧⑨をへて郭⑩（東西一五メートル、南北六メートル程度）に到達する。郭の面積は⑤の方が大きいが、最高地点は⑩であるため、⑩を主郭と考えておきたい。江戸時代後期の地誌『甲斐《かい》国志《こくし》』は「古城跡（四方津村）」の項で、頂上が平らで館の建物跡があり、礎石が残っているとする。主郭⑩には上面が比較的平らな石がみられるが、これが礎石であろうか。

いっぽう、四方津御前山側から尾根上を東へ向かうと堀切⑪に至り、さらに進むと堀切⑫に達する。⑫を越えると郭⑬が広がり、さらに東側を登ると主郭⑩に至る。

【経営主体と築城目的】 『甲斐国志』は誰の居城かわからないとしつつも、小山田氏が築いた国境の抑えとする見方を示

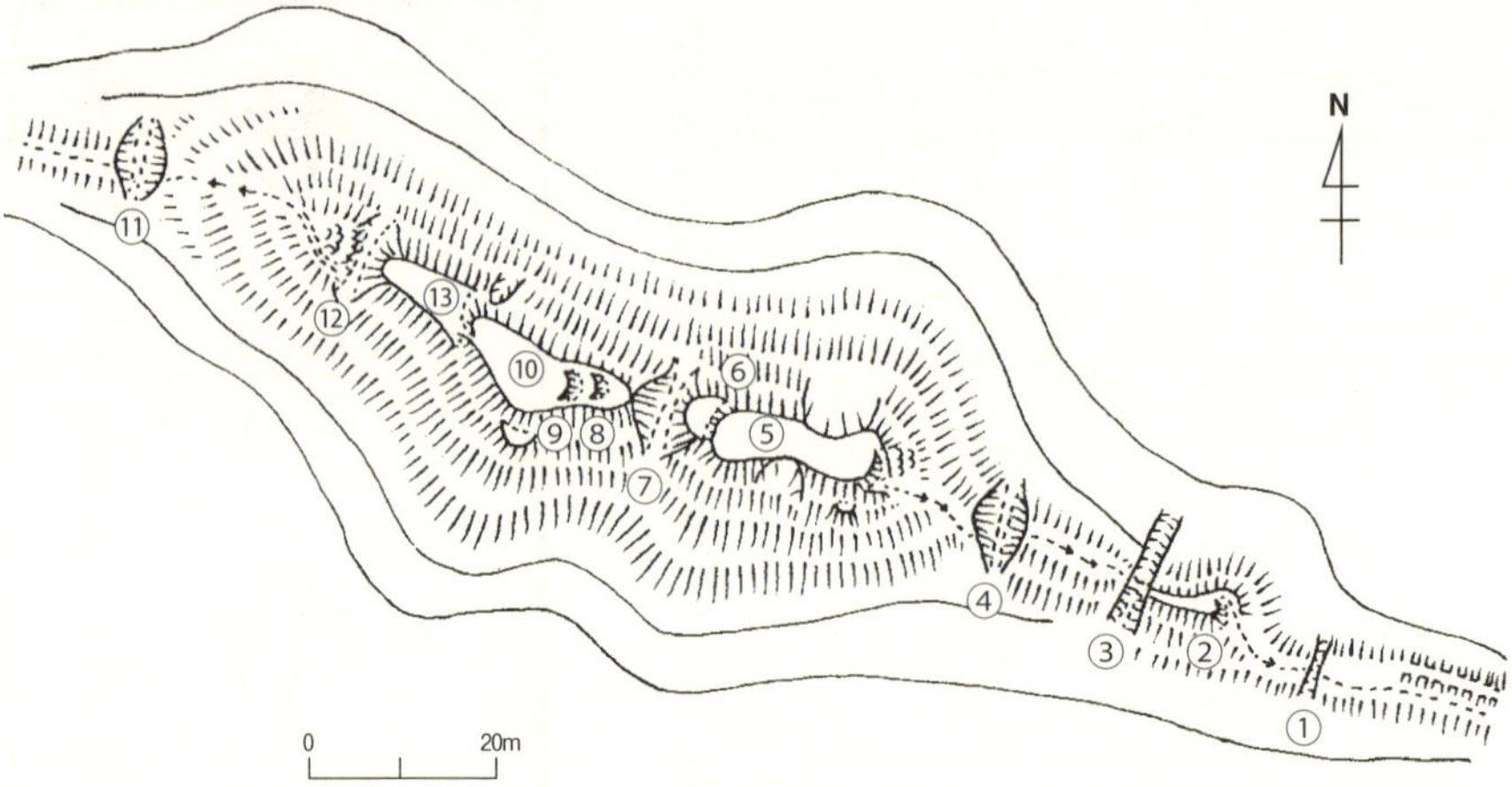

●—牧野砦縄張図

●—牧野砦遠景

しているが、戦国時代においてこの一帯は小俣氏の勢力範囲と推測され、小俣氏と武田氏が直接結びついて国境警固が行われていたと考えられる。主として眼下を通る桂川北岸の四方津集落を抜ける道を抑える目的で築かれたのであろう。『甲斐国志』は、村内に居館を構え、表木戸・裏木戸という門関を進入路に設け、山上には要害城（牧野砦）を築いたとしており、かつての四方津村落の構造のなかに道を抑える機能があったとみている。

【参考文献】室伏徹「牧野砦」「甲斐・武蔵・相模国境の城砦」磯貝正義ほか編『日本城郭大系　八　長野・山梨』（新人物往来社、一九八〇）、笹本正治「武田氏と国境」『甲府盆地—その歴史と地域性』（雄山閣、一九八四）、畑大介「甲斐における尾根上の城の比較私論」『甲府市史研究』九（一九九一）、畑大介「牧野砦」萩原三雄編『定本・山梨県の城』（郷土出版社、一九九一）

（畑　大介）

●国境警護のための烽火台か？

栃《とち》穴《あな》御《ご》前《ぜん》山《やま》

〈所在地〉上野原市上野原町四方津栃穴
〈比　高〉一七〇メートル
〈分　類〉山城
〈年　代〉戦国期か
〈城　主〉加藤丹後守か
〈交通アクセス〉ＪＲ中央本線「四方津駅」下車、徒歩約四〇分。

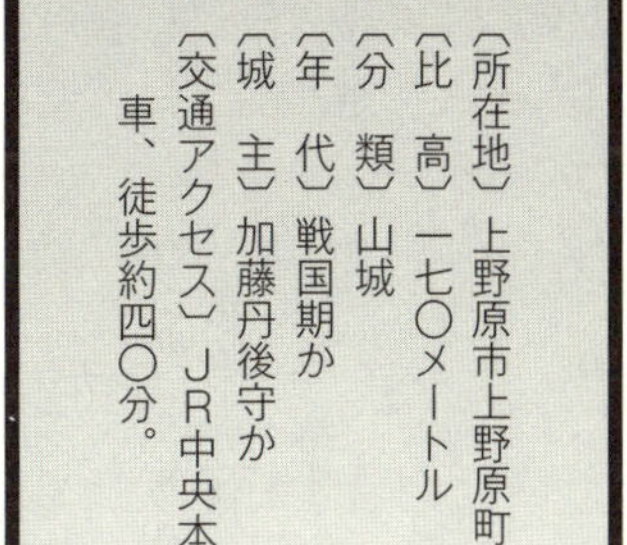

【桂川沿いの城郭群のひとつ】　桂川右岸段丘上の栃穴集落南東にそびえる、標高四三一メートルの独立峰に築かれた城郭。城の南東側尾根つづきは急崖となり、五〇〇メートル程離れて鶴島御前山がある。桂川を挟んだ対岸には北側に牧野砦、北西方向に四方津御前山《しおつごぜんやま》（以上、上野原市上野原町四方津）が位置している。桂川沿いの国道二〇号線を、上野原から大月に向かって進んでいくと、屏風の如くこれらの城郭が折り重なるように屹立している。ここを通る道筋は、かつての鎌倉道であり、相模からの主要な交通路であった。

【連郭式縄張の城】　遺構は、栃穴御前山の北西方向に伸びる尾根上に展開している。山頂は南東端に位置し、一〇×一五メートル程の長方形状の郭で、南角に土盛り状の高まりがあり、南東側は急崖で、北角には桝形状の窪んだ遺構がみられ、そこから東につづく下った尾根には三段の郭がみられる。最下段のものは縁辺部に石積みが施されている。山頂の郭から北西方向の尾根上には大きな二段の郭があり、さらに小さな溝を隔てて三段の小郭がつづく。大きな二段の郭には、それぞれに南隅と北隅に土塁《どるい》状の高まりがあり、山頂の郭との間には石積みがみられる。小郭には土塁の開口した虎口《こぐち》状の箇所がある。小郭の先は大きな段差のある堀切《ほりきり》で、その外側に三段の郭がつくられる。『甲斐国志《かいこくし》』は山上の平坦地に礎石があったこと、神明屋敷という場所があったこと、東側鶴島集落へ通じる山道があって柳沢というところに木戸という関門があったことを伝えている。

【国境地帯の烽火台か】　築城時記や城主などは明らかではないが、地元では、頂上には石垣があってそこが烽火台《のろしだい》で、その手前に一の丸、二の丸といわれる平坦地があり、「お屋敷」「帰り木戸」「大附」といった地名が付近に残り、加藤丹後守が築いたとの逸話が伝わる。本城は、桂川沿いに構築された城郭群の一翼を担い、甲斐・相模国境の警固のために配備されたことがうかがえる。

【参考文献】　小泉義幸編著『烽火台をたずねて』（小泉義雅刊、一九七八）、室伏徹「甲斐・武蔵・相模国境の城砦」礒貝正義ほか編『日本城郭大系　八　長野・山梨』（新人物往来社、一九八〇）、山下孝司「栃穴御前山」萩原三雄編『定本山梨県の城』（郷土出版社、一九九一）、山下孝司「岩殿城周辺の城郭」岩殿山総合学術調査会編『岩殿山の総合研究―県史跡岩殿城跡、旧円通寺跡及び岩殿山の自然―』（大月市教育委員会、一九九八）、宮坂武男『図解山城探訪　第一七集　山梨峡西・峡南・郡内地区資料編』（長野日報社、二〇〇六）

（山下孝司）

●―栃穴御前山遠景

●―栃穴御前山堀切

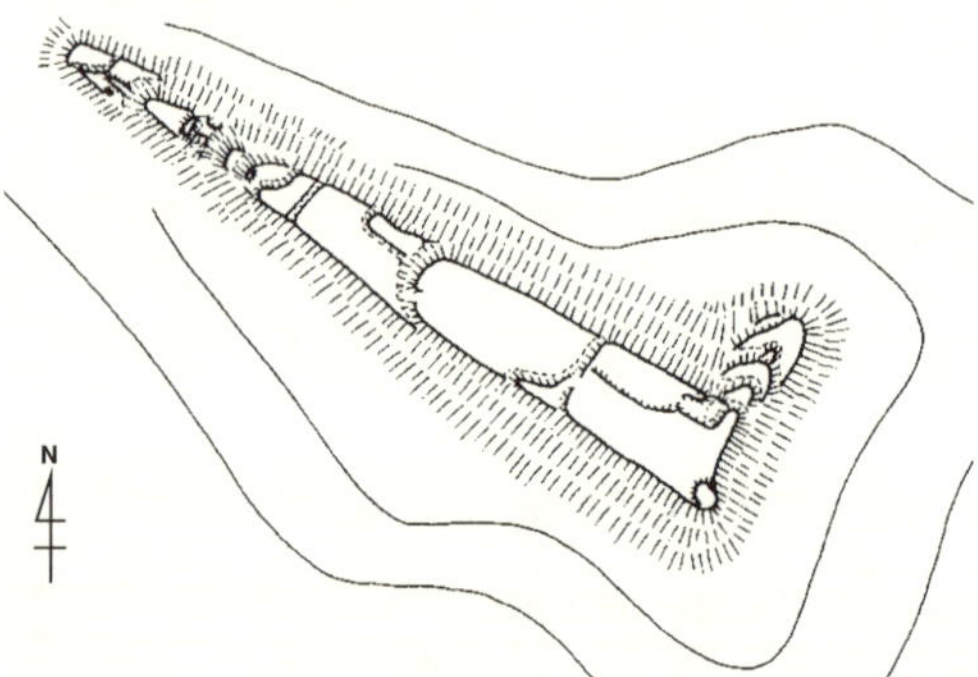

●―栃穴御前山縄張図

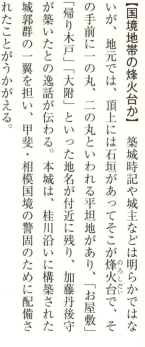

●相模・武蔵国境の拠点的な城

大《おお》倉《くら》砦《とりで》

〔所在地〕上野原市大倉字要害
〔比　高〕約一四〇メートル
〔分　類〕山城
〔年　代〕戦国時代か
〔城　主〕――
〔交通アクセス〕富士急山梨バス「大曽根」下車、徒歩約四五分。

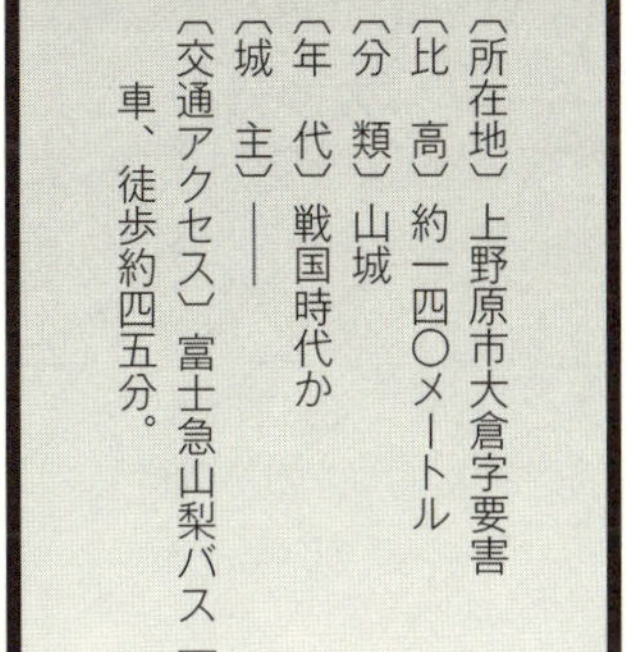

【立地と構造】 大倉集落の北東側にそびえる要害《ようがい》山（標高五三六メートル）に築かれている。東側に鶴川、南側に仲間川が流れ、東側山腹には小倉、北西側のトツケ沢上流部には登下《とつけ》の各集落が位置する。

大倉から登下に抜ける峠道を一〇分ほど登ると「秋葉《あきば》大権《だいごん》現《げん》」の石灯籠が立つ尾根に達する。尾根上を南東側に向かうと郭が連続し、食い違いの土塁《どるい》による虎口《こぐち》もみられ、さらに進むと秋葉大権現の祠《ほこら》が祀られている山頂部に至る。ここが主郭《しゅかく》であり、東西三四メートル、南北一三メートルほどの楕円形の削平地に南側のみ高さ約一メートルの土塁が施されている。主郭の南側は帯郭《おびぐるわ》となり、その東端には小倉側から入る屈折しながら上る虎口がみられ、その前面には竪堀《たてぼり》も施されている。主郭の東西両側には虎口が設けられ、西側の虎口は現状ではあまり明確ではないが、土塁と竪堀の組み合わせで侵入路をまわりこませていたと推測される。江戸時代後期の地誌『甲斐国《かいこく》志《し》』は「城山（大倉）」の項で、「平坦ニシテ四方石垣ノ跡アリ」とするが、現在石垣は確認されていない。

【経営主体と築城目的】 大倉砦の築城や運営については関係史料がなく、はっきりしない。『甲斐国志』は、誰の居城かわからないとするいっぽう、陣の鐘を置いた場所とも推測している。大倉砦は周辺の城郭と比較すると大規模であり、単に大倉だけの村の城とは考えられず、相模・武蔵方面に対する国境警固の拠点的な城の一つと考えるのが妥当であろう。主郭の土塁に加え、尾根上の郭群の土塁は北側にはみられず

●—大倉砦遠景

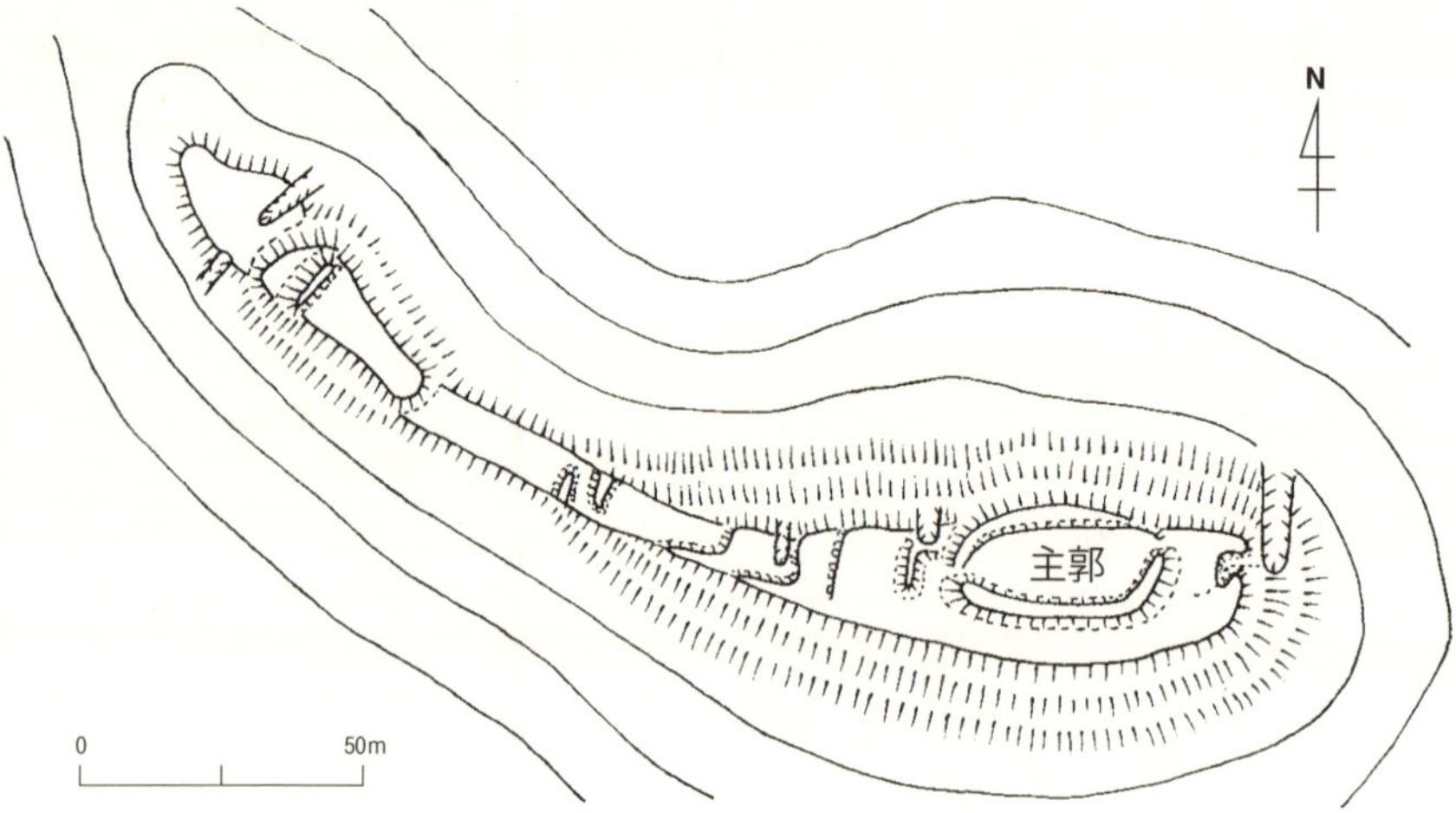

●—大倉砦縄張図

南側に設けられていることから、主としてこの城は南側、つまり仲間川沿いの道を意識して築かれたと推測しておきたい。

【参考文献】　室伏徹「大倉砦」「甲斐・武蔵・相模国境の城砦」磯貝正義ほか編『日本城郭大系八　長野・山梨』（新人物往来社、一九八〇）、畑大介「大倉砦」萩原三雄編『定本・山梨県の城』（郷土出版社、一九九一）、宮坂武男『図解山城探訪　第一七集　山梨峡西・峡南・郡内地区資料編』（長野日報社、二〇〇六）

（畑　大介）

●都留郡防衛の要害

岩《いわ》殿《との》城《じょう》

〔山梨県指定史跡〕

〔所在地〕大月市賑岡町大字強瀬字西山
〔比　高〕約八〇メートル
〔分　類〕山城
〔年　代〕一六世紀前半〜一六世紀末
〔城　主〕小山田氏の属城
〔交通アクセス〕JR中央本線「大月駅」下車、徒歩約四五分。

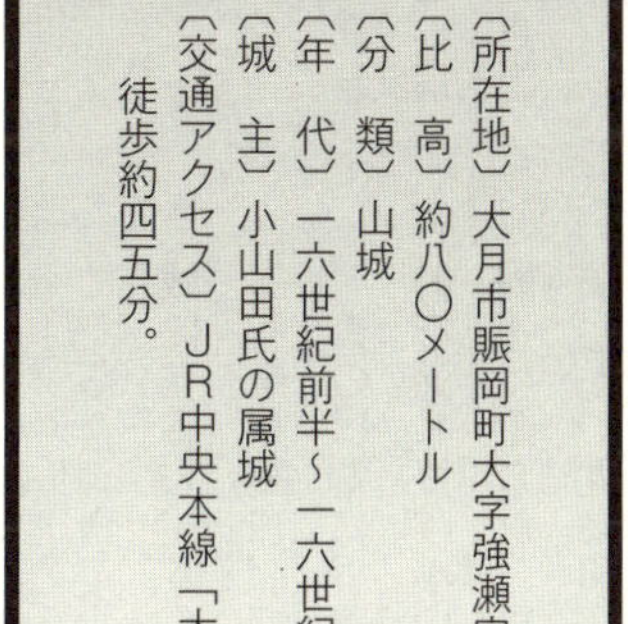

【関東三名城と称される堅城】　岩殿城は、都留《つる》郡の北部、JR大月駅の北東にある標高六三七メートルの岩殿山上にあり、前面の南側は笹子《ささご》川、桂《かつら》川とその浸食による断崖に守られ、東側は葛野《かずの》川、西側は浅利《あさり》川とそれによって形成された河岸段丘によって隔絶された天然の要害である。

『甲陽軍鑑』は、上野国岩櫃《いわびつ》城、駿河国久能《くのう》城と並ぶ関東三名城と特記しており、南側から望むと通称「鏡岩」と呼ばれる大岩が剝き出しとなっていて、いかにも天嶮《てんけん》の要害という印象を抱かせる。

【謎多き城の歴史】　岩殿城をいつ、誰が築城したかは記録がなく明らかでない。従来より岩殿城は、都留郡の有力国衆小山田氏が築城したといわれてきた。ただし『甲陽軍鑑』にも、小山田氏の属城との記述は存在しない。小山田氏築城説が唱えられ始めたのは、近世中期以後のことで、萩原元克著『甲斐名勝志』（天明三年〈一七八三〉成立）に初めて登場し、その後、甲斐国の地誌『甲斐国志《かいこくし》』（文化十一年〈一八一四〉成立）によって定説となっていった。しかも『甲斐国志』は、岩殿築城を、小山田氏が中津森《なかつもり》から谷村に居館を移したのとあわせて実施したものと記述した。これは、武田氏の甲府躑躅ケ崎《つつじがさき》館と要害城を念頭に推論したと考えられる。つまり、岩殿城の小山田氏築城説とは、居館—詰城セット論の典型として措定されたといえるだろう。

さらに、天正十年（一五八二）三月の武田氏滅亡時、小山《おやま》田信茂《だのぶしげ》が武田勝頼《かつより》に対し「みつからか在所、都留の郡岩殿山と申は、およそ天下そむき候とも、一持《ひともち》もつべき山にてあり、そこへ御こししかるべき」(『理慶尼記』)と述べ、都留郡へ落ちのびるよう説得したという記録も、小山田氏築城・拠点説を補強するものと指摘されている。

●—岩殿城遠景

【小山田氏の城か、武田氏の城か】 ところが、一九六七年に小林利久は、小山田氏築城・拠点説に初めて疑問を投げかけた。小林の論点は、岩殿城を谷村館の詰城《つめじろ》とするには一二キロと距離がありすぎること、この城は甲斐・相模の境目の要所に位置しており、ここを戦略上重視するのは、小山田氏よりも武田氏であること、すなわち岩殿城は武田氏が領国防衛の拠点として築城し、大月周辺とその東部一帯を守る中枢と位置付け、さらに情報伝達のための烽火《のろし》台としても機能させた、というものである。この視点は、『日本城郭大系』における岩殿城や都留郡の諸城館、烽火台に関する分析にも継承され(室伏徹による)、小山田氏築城・拠点説は大きく後退した。

そして岩殿城を武田氏が築城、支配した城郭と明確に位置付けたのが萩原三雄である。萩原は前記の諸研究を踏まえつつ、さらに天正九年三月二十日付で武田氏が萩原豊前《ぶぜん》に宛てて、落合(南アルプス市)の新左衛門ら一〇人を率いて岩殿城に在番し、さらに城普請を行うよう命じた武田家朱印状の存在を根拠に、武田氏直轄の城であったと断じた。

このほかに、柴辻俊六・小峰裕美が小山田氏発給文書の検討を通じて、小山田氏の権力が及んだのは都留市と富士五湖周辺に限られ、岩殿城を含む大月以北には及んでいないと指摘した(丸島和洋編『甲斐小山田氏』所収)。この研究も、武田氏直轄城説を補強するものと見なされている。その後も、八巻孝夫らが本城の武田氏直轄説を強調しておられる。

いっぽうで数野雅彦は、天正九年の文書から武田氏による岩殿城の在番制実施は確認できるが、だからといって築城時期や主体までが明らかにされたわけではないと注意を喚起した。そして、岩殿山に所在した七社権現の修造(永正十七年・一五二〇)に、小山田信有が「当郡守護」として、勝沼武田信友とともに参加しているし、小山田信茂も永禄十一年(一五六八)に、同社へ「戸張七掛」(本尊を覆う板戸)を寄進していることや、城下の駒橋に小山田氏家臣丹後屋敷、小山田出羽守妾宅跡が所在している事実(『甲斐国志』)などから、「小山田氏詰城説は、居館との距離関係から否定されるものの、小山田氏が築城し、ある段階まで使用した可能性は、なお捨てきれない」「武田氏の領国経営体制が未成熟な段階において、岩殿城を小山田氏が築城・経営したことは想像に難くない」と述べた。

しかしながら、小山田氏の城か、武田氏の城かを判断するためには、以下の重要な点を追究する必要があろう。

それは、①小山田氏の支配領域に岩殿城を中心とする地域が含まれていないのは事実か、②武田氏の将卒が在番し、城普請を実施していることが、武田氏直轄城説の根拠たりうるか、という二点である。

まず、小山田氏の所領分布についてであるが、元亀四年(一五七三)七月三日に小山田信茂が、菩提寺長生寺に与えた寺領寄進目録は注目される。それには、岩殿城周辺の所領として、花咲、幡倉(畑倉)、藤崎(いずれも大月市)が存在し、花咲は小山田出羽守信有、畑倉は小山田信茂、藤崎は寄進主体が不明だが小山田氏先祖であることは間違いない。なお、小山田氏によって寄進された他の長生寺領は、都留市から西桂町域に固まっており、小山田氏の伝統的な支配領域は、むしろ都留周辺から岩殿城周辺であり、富士五湖地域は新たに進出した地域と考えることが可能である。

そして小山田氏の所領は、谷村を中心とする地域と、岩殿城を中心とする地域に広く分布し、これらは小形山・近ヶ坂峠を結ぶ山地を境界に明確に分けられているのである。このことは、岩殿城が笹子川と桂川周辺の所領支配と警固のため、小山田氏によって築城された可能性を示唆する。

次に、小山田氏の持ち城であれば、武田氏が在番制を置けるわけがないという考え方は、近年の戦国期国衆論の成果により再考が必要といえる。戦国大名に従属した国衆は、①人質の提出、②軍役等を始めとする大名からの課役負担、③必要に応じて本拠地や所領の城砦に大名の軍勢の駐留や配置を

郡内

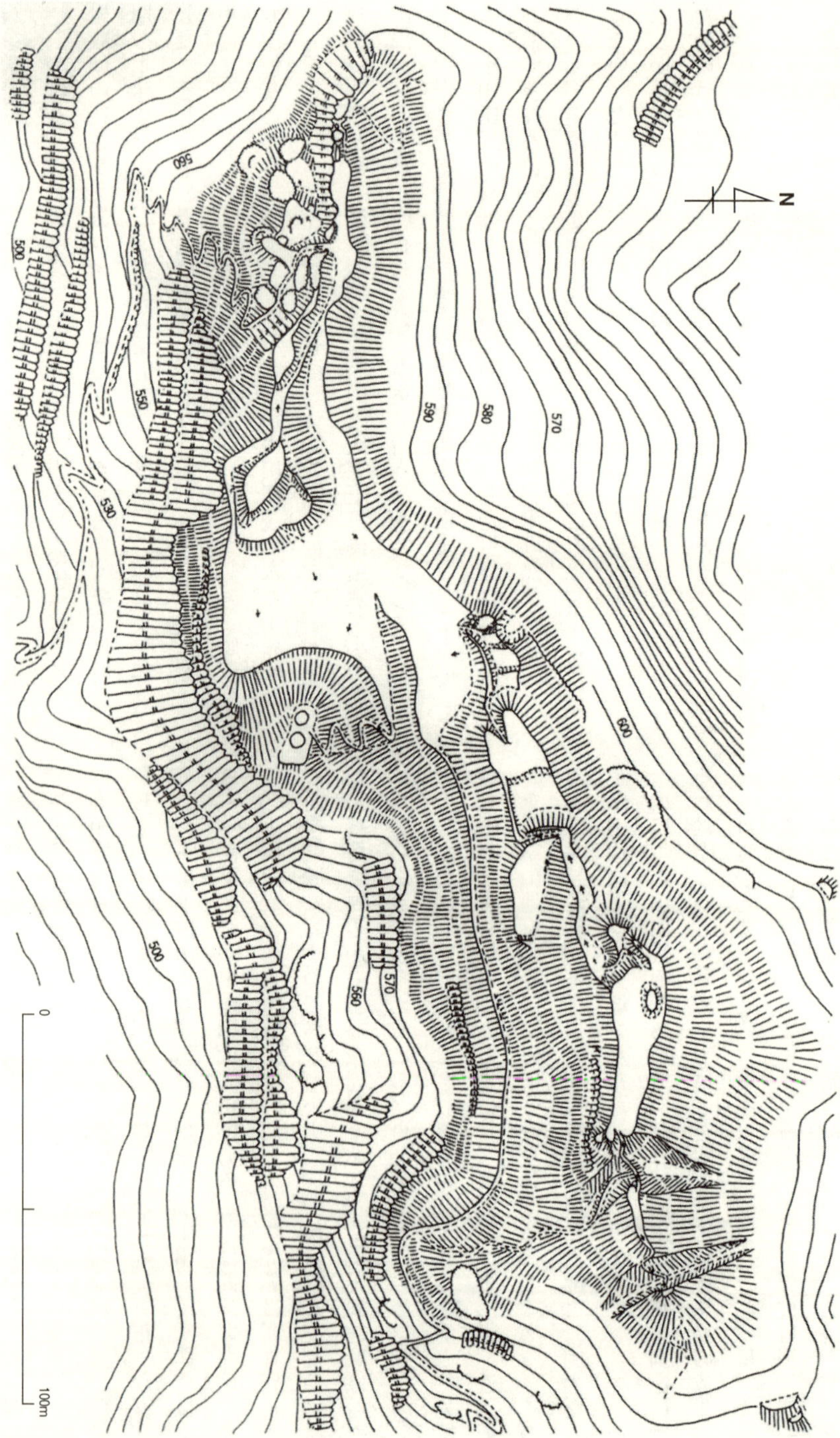

●—岩殿城縄張図（畑大介「岩殿城の縄張」『岩殿山の総合研究』より）

郡内

受け入れること、などが通例であったことが指摘されている。とりわけ、その国衆が敵勢力の軍事的脅威にさらされていた場合、大名はその安全保障のために軍勢を配備し、その存立を支援する義務があった。それが実現できなければ、国衆はその大名との従属関係を清算する（すなわち離反）ことも辞さなかった。実際に、武田氏が岩殿城に荻原豊前らを配備したのは、前年の天正八年（一五八〇）五月、北条軍が甲武国境を越え、都留郡西原（上野原市）に侵攻し、武田方と交戦したことを受けての対応であろう。また、荻原豊前らが岩殿在城を命じられた翌月、北条軍は再び甲斐国棡原に侵攻している。このように、武田氏による岩殿城防衛強化は、北条軍の甲斐都留郡侵攻という事態に対応するために行われた措置であり、これは国衆（この場合は小山田氏）の持ち城への緊急配備と考えるべきであろう。

以上のことから、岩殿城は武田氏ではなく、小山田氏の持ち城であり、その起源は『大月市史通史編』が指摘していた小山田氏の所領の支配と防衛の拠点として築城されたものという考え方が妥当と思われる。

【城の立地】　岩殿城は、岩殿山円通《えんつう》寺が所在した信仰の山に所在し、同寺は中世には京都聖《しょう》護《ご》院《いん》を本山とする本山派修験の中心であった。境内には、円通寺、三重塔、七社権現、常楽院など多数の堂宇があったといい、明治維新まで壮大な伽藍《がらん》を誇っていたという。

城下はこの円通寺の門前町に相当する岩殿宿と、岩殿城の根古屋《ねごや》と推定される強瀬《こわぜ》宿がある。特に強瀬には、「御所」「殿畠」「馬場」「元馬場」「見附《みつけ》ノ内」「カヂ畠」などの地名があり、岩殿城に駐留する武士が居住した地域と推定されている。実は、この二つの宿は葛野川の段丘上に所在するが、その入口にあたる神宮橋《じんぐうばし》付近は、今では埋め立てられてしまったが、掘状に掘削された痕跡があり、外部と隔絶させようとの意図があったように思える。

このほかに、前記の駒橋にも、小山田氏の拠点的な集落が形成されていた可能性が高い。

城と交通路について紹介しよう。主要交通路は桂川の対岸を、旧甲州街道が通っているが、岩殿城へは、下和田《しもわだ》から強瀬宿もしくは畑倉から岩殿宿を経て、城の大手口《おおてぐち》と伝わる場所にのぼることができた。なお、強瀬から岩殿山麓を伝わり、浅利宿に抜ける古道があった。これは浅利川、笹子川を越えて花咲へと通じ、旧甲州街道に合流した。岩殿城の古絵図を見ると、西の入口が浅利宿、東は岩殿宿となっている。

【城の構造】　城跡は山頂部に遺構が集中し、一部鉄塔建設などで破壊されているが、よく遺されている。『甲斐国志』に

郡内

よると、それらは「一ノ堀」「二ノ堀」「本城」「馬場」「大門口」「蔵屋敷」「亀カ池」「揚《あげ》木《き》戸《ど》門」などと記載され、現地にも案内板などで同様な呼称が掲示されているが、必ずしも根拠があるわけではなく、近世以来の伝承であろう。

●—亀ケ池

大手口と伝わる入り口は、これを守るように小規模な郭が複数設定され、城内へ大きくまわりこませる工夫がなされる。また「蔵屋敷」と伝わる広い郭の入り口部南側にも小高い部分があり、二つの連結した郭が敷設され、敵の侵入を阻もうとする意図が読み取れる。もっとも高い山頂部が「本城」と伝わるところであるが、これに通じる道から敵の侵入を防ぐ郭が連続して設けられ、土塁《どるい》などで巧みに守られていることが読み取れる。ただ虎口《こぐち》が存在したと思われる場所は失われており、旧観を想像することは難しい。

なお山頂部からの眺望はよく、城下ばかりか甲武国境方面も見通すことができる。本城が烽火台の役割をも担っていたという指摘もうなずける。

また麓から山頂への途中にも、城の遺構が点在する。まず丸山公園には現在展望台が建設されているが、ここは小高い台状の遺構があり、城の防衛にかかわるものと推定されている。このほかに、西側の浅利方面に向かう道を塞ぐように搦《から》手《めて》門跡と伝わる遺構が残る。

この城で特記すべきは、亀カ池の存在である。池は二つあり、それぞれ飲用水、馬洗水という用途分けがなされていたと伝わる。現在では整備され旧観を失っているが、かつては直径二メートルに及ぶ規模で、また現在でも一日一二〇〇リットルの水が湧き出していることが発掘調査で確認されている。このため籠城に際して、飲用水の欠乏の心配はまずなかったと考えられる。

【参考文献】小林利久「岩殿城址行」『甲斐路』一三（一九六七）、『大月市史　通史編』（大月市、一九七八）、萩原三雄「岩殿城の史的一考察」『山梨考古学論集』Ⅱ（山梨県考古学協会、一九八六）、八巻孝夫「岩殿城」村田修三編『図説中世城郭事典　二』（新人物往来社、一九八七）、岩殿山総合学術調査会編『岩殿山の総合的研究』（大月市教育委員会、一九九八）、平山優「中津森から谷村へ」都留市教育委員会『山梨県史跡勝山城跡』（二〇一〇）、丸島和洋『郡内小山田氏』（戎光祥出版、二〇一三）

（平山　優）

●郭の独立性が高い縄張

駒《こま》宮《みや》砦《とりで》

〔所在地〕大月市七保町駒宮
〔比　高〕約一二〇メートル
〔分　類〕山城
〔年　代〕戦国時代か
〔城　主〕―
〔交通アクセス〕富士急山梨バス「浅川入口」下車、徒歩約二五分。

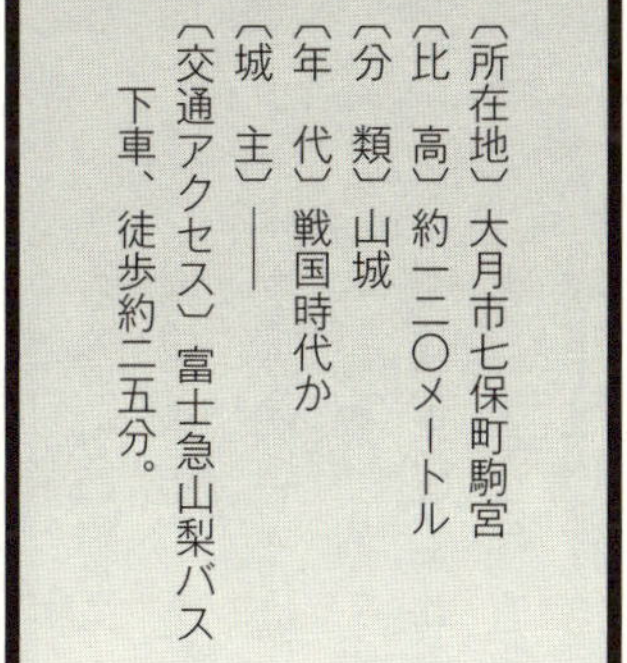

【立地と構造】　浅川《あさかわ》川が葛野《かずの》川に合流する地点の北側にそびえる天神山（標高四九六メートル）に築かれている。南側から山道や斜面を登ると一五分ぐらいで遺構範囲に到達する。この城は大きくは東西に並ぶ三つの郭とその間や端を切る四つの堀切《ほりきり》によって構成され、東側の郭から①〜③と呼びたい。①はそれらのなかではもっとも小さな郭で、東西に低い土塁《どるい》を備える。②は最高地点に位置するため主郭《しゅかく》と考えられ、東西に土塁を施し、南側に単純な虎口《こぐち》がみられる。この虎口は城の東側からの進入路の入口であり、②の南下方に位置する郭を経由して入る。③は最も広い郭であり、東側のみ土塁を備える。③の南西側には弧状の窪地があり、堀とも考えられるが、もともとは西側の堀切から上がってくる虎口の可能性もある。

【築城目的と縄張の特徴】　駒宮砦《こまみやとりで》に関係する史料は知られておらず、築城の時期や目的ははっきりしない。江戸時代後期の地誌『甲斐国志《かいこくし》』は「御前平《ごぜんだいら》」と呼んでおり、都留《つる》郡の御前という山の多くは烽火台《のろしだい》の跡としているが、規模的には烽火台というような限定された用途ではなく、砦あるいは城そのものである。葛野川沿いには古くから丹波《たば》山・小菅《こすげ》方面と大月中心部を結ぶ道が存在していたと考えられ、その抑えおよび烽火台として築かれたのであろう。岩殿城の北約三・五キロに位置し、岩殿城の北の守りという見方もある。

駒宮砦の縄張の特徴は郭の独立性が高いことである。主要な三つの郭の間には堀切が施され、それらの郭の際にはいず

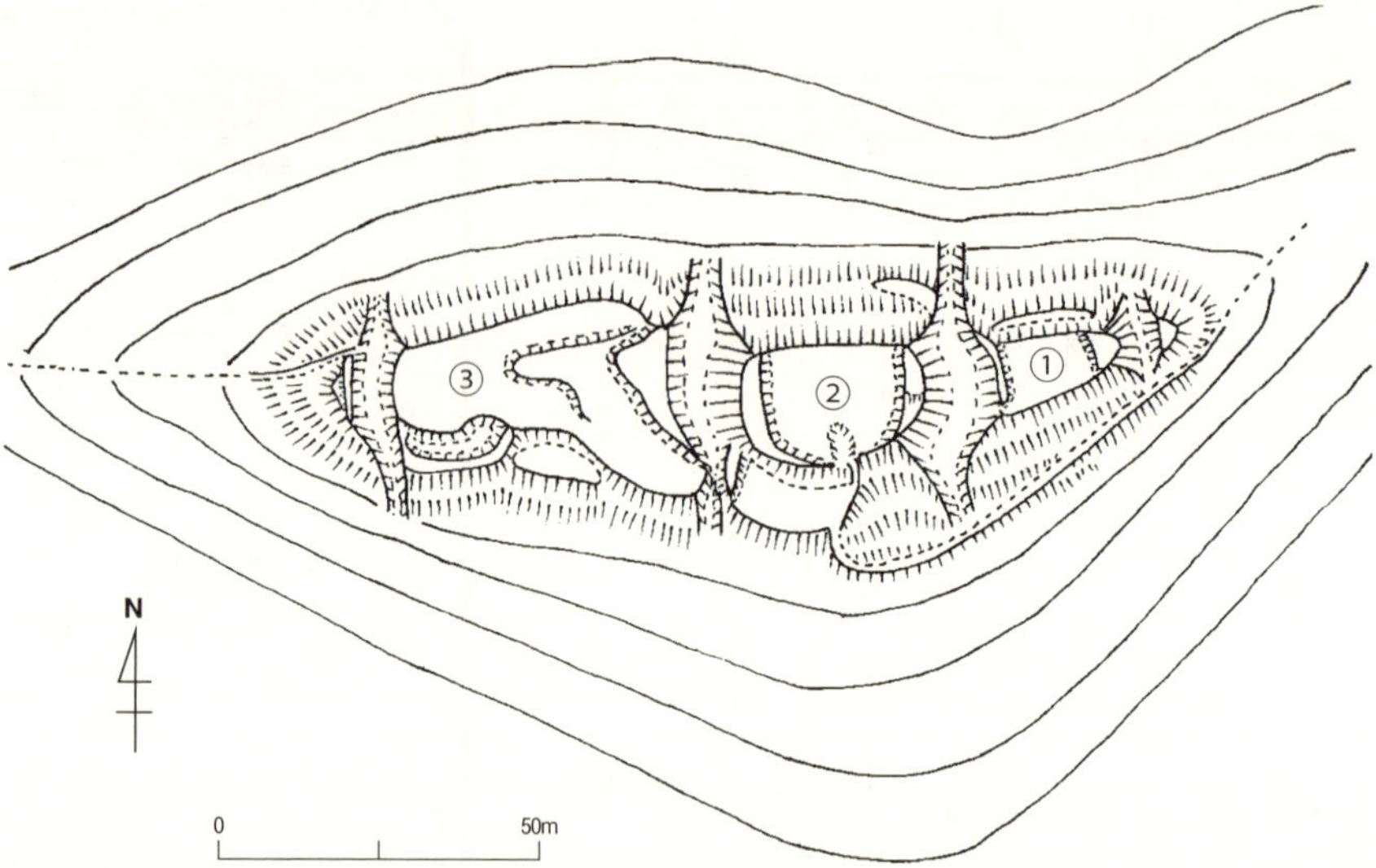

●—駒宮砦縄張図

●—駒宮砦遠景

れも土塁が設けられている。そのため郭間を行き来するには適していない構造となっている。戦略上このような縄張が選ばれたのであろうが、郭の独立性は郭に入る集団相互の関係を反映しているのであろうか。牧野砦（上野原市）は主要な二つの郭の間に堀切を入れており、駒宮砦の発想に近い。駒宮砦とは対照的な構造をもつ例として、熊城（甲府市）と本栖城（富士河口湖町）を挙げることができ、それらの基本構造は、中心となる郭群を通路でつないで行き来を可能とし、その前後のみを堀切で遮断している。

【参考文献】室伏徹「駒宮砦」磯貝正義ほか編『日本城郭大系八　長野・山梨』（新人物往来社、一九八〇）、畑大介「甲斐における尾根上の城の比較私論—熊城を中心として—」『甲府市史研究』九（一九九二）、宮坂武男『図解山城探訪　第一七集　山梨峡西・峡南・郡内地区資料編』（長野日報社、二〇〇六）

（畑　大介）

●地元百姓によって普請された境目の城

猿《さる》橋《はし》の城《じょう》山《やま》

〔所在地〕大月市猿橋町藤崎
〔比　高〕約二一〇メートル
〔分　類〕山城
〔年　代〕戦国期か
〔城　主〕——
〔交通アクセス〕ＪＲ中央本線「猿橋駅」下車、徒歩約六〇分。

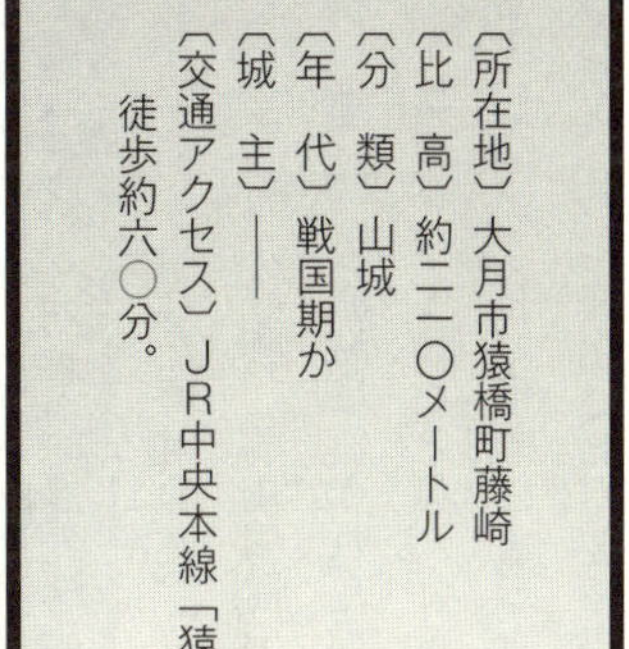

【桂川越に岩殿城に臨む立地】　桂川支流の小沢川右岸に位置し、河岸段丘に突き出た標高五四八メートルの城山山頂に占地する。北西麓には小倉集落、東麓に藤崎集落があり、ＪＲ中央線猿橋トンネルが山裾地下を貫通している。西方約二キロには駒橋御前山があり、北西約三・三キロには桂川を挟んで岩殿城跡がある。眼下の桂川の渓谷には、肘木を張り出す様式の桔木《はねき》橋の猿橋が架かる。猿橋は一五世紀後半にはその存在が知られ、現在国指定名勝となっている。

【軍事上の要地猿橋】　室町時代の一五世紀前半、守護武田氏と甲斐国支配を狙う逸見《へみ》氏による両家の抗争が繰り広げられ、守護方の武田信長は逸見氏を打ち倒すが、逸見氏が鎌倉公方に奉公していた関係から、応永三十三年（一四二六）には、鎌倉公方足利持氏方の軍勢が大月に攻め込み、信長は猿橋に出向いている。

　その後猿橋が史料上に出てくるのは、武田信虎と北条氏綱の甲斐国郡内領と相模国津久井郡をめぐる抗争においてである。大永四年（一五二四）に信虎は、猿橋に陣取り、奥三保《おくさんぼう》（神奈川県相模原市緑区津久井町から愛甲郡愛川町の一帯）から小猿橋（神奈川県相模原市緑区藤野町吉野橋下あたり）でたびたび戦った。翌大永五年には津久井《つくい》城（神奈川県相模原市緑区津久井町）をめぐって両者の攻防があり、大永六年にも合戦がつづいた。享禄三年（一五三〇）には、小山田信有率いる武田軍が猿橋に陣取るが、氏綱に攻め込まれ矢坪坂《やつぼざか》（山梨県上野原市矢坪）において敗れてしまう。ことあるごとに武

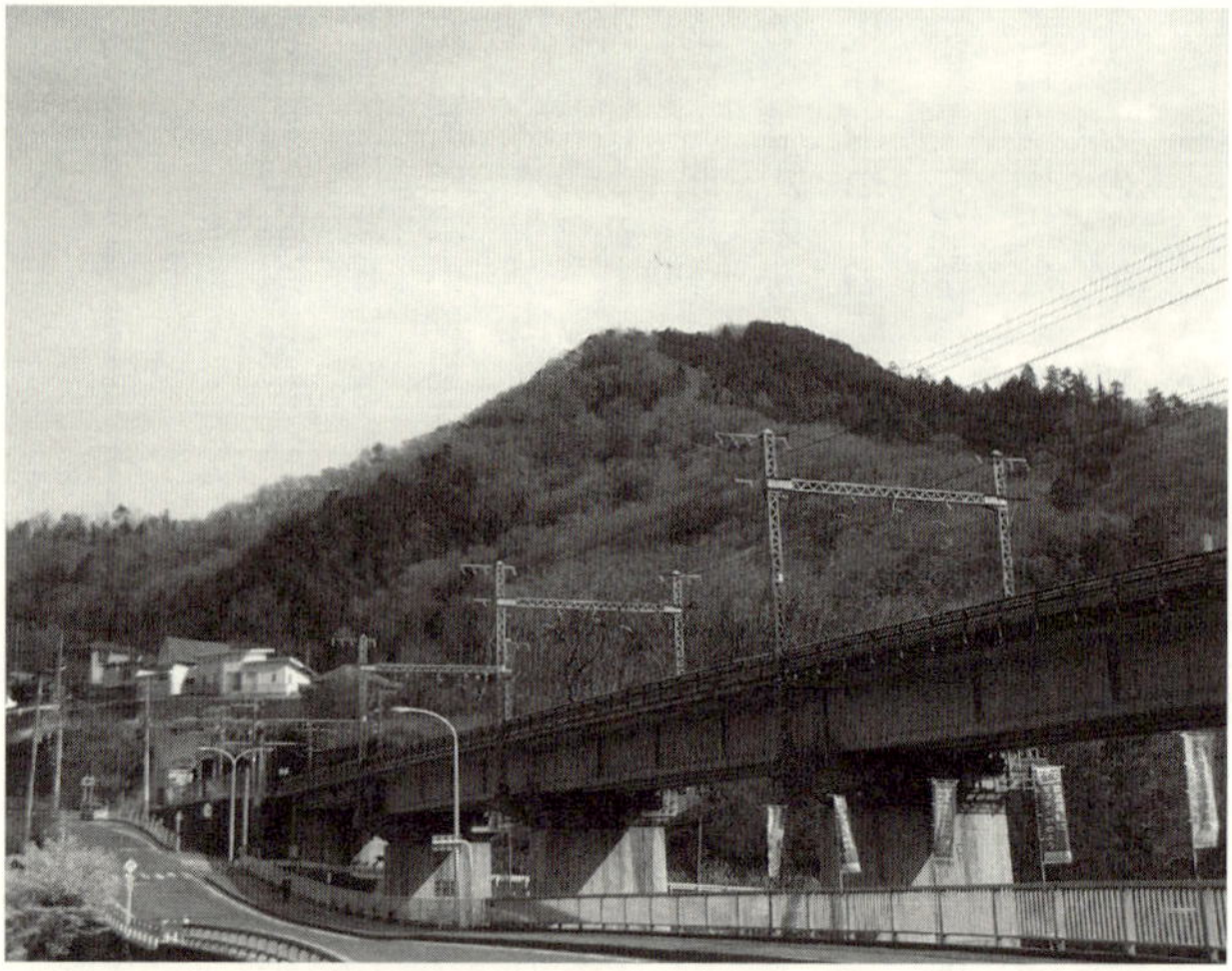

●―猿橋の城山遠景

●―猿橋

田軍が陣取っている様子から、猿橋の地は戦略上に重要な位置を占めていたことがうかがえる。

【狭小な山頂を利用した城】　城郭は切り立った山頂の狭い地形を利用して築かれ、山頂の南端は三角点のある幅広の土塁《どるい》状の高まりがあり、それを囲むように八×一〇メートル程の隅円三角形状の平坦地があって、北方向に長さ三メートルの小段がつづく。北側の尾根つづきは、大きな段差をもって一〇メートル前後の舌状の平坦地となり、そこからつづく痩せ尾根上の三〇メートル先には堀切《ほりきり》がみられる。東側には尾根の張り出し部に三段ほどの平坦地がみられ、西側には腰郭《こしぐるわ》と思われる幅二メートル前後の細長い平坦地がある。江戸時代の地誌『甲斐国志《かいこくし》』には山頂の平坦地に礎石があると記しているが、現在は見当たらない。

【地元百姓によって普請された境目の城】　『甲斐国志』は烽火台《のろしだい》と推定している。岩殿城跡、駒橋御前山、斧窪御前山などは指呼の間にあり、桂川流域に築かれた城砦群の一つであり、国境警固の一翼を担っていたと思われる。永昌院《えいしょういん》（山梨市矢坪）の住職謙室大奕《けんしつたいえき》から、猿橋にあった寺領からの年貢収納などについて小山田氏に出された要望書（「謙室大奕条書写」）のなかに、「相模との緊張関係により行っていた境目の普請《ふしん》役を、現在は甲相関係が安定したので前々の如く寺院の修理などに当てたい」旨が書かれている。境目で行われたのは城の普請であろう。このことから、北条氏との軍事的緊張関係のなかで城郭を構えて国境の守衛に努めている様子が理解でき、城の普請が猿橋の百姓によって行われていたことが推定される。

【参考文献】　室伏徹「甲斐・武蔵・相模国境の城砦」磯貝正義ほか編『日本城郭大系　八　長野・山梨』（新人物往来社、一九八〇）、山下孝司「岩殿城周辺の城郭」岩殿山総合学術調査会編『岩殿山の総合研究―県史跡岩殿城跡、旧円通寺跡及び岩殿山の自然―』（大月市教育委員会、一九九八）

（山下孝司）

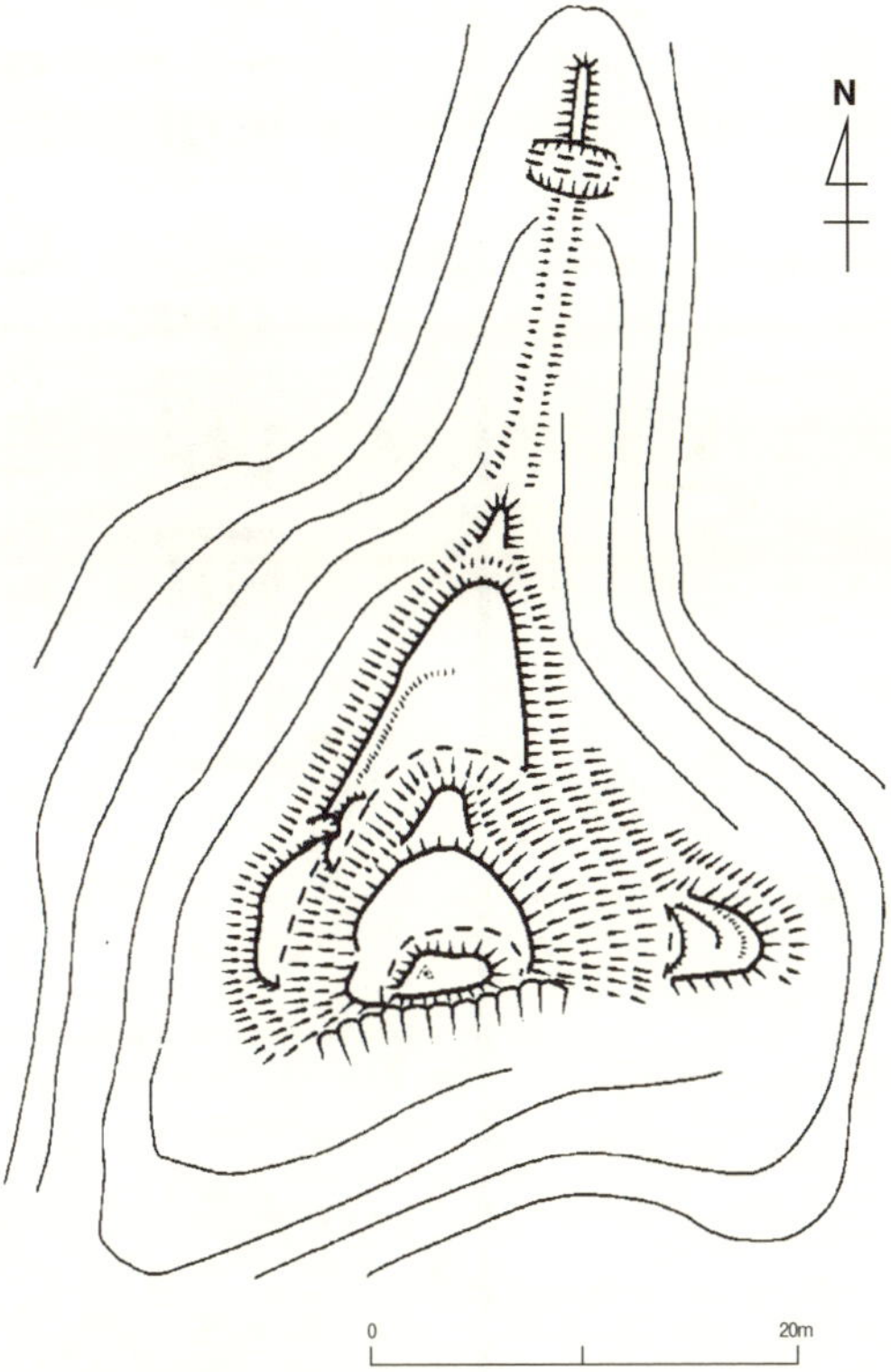

●―猿橋の城山縄張図

●―猿橋の城山山頂

●国境監視のための山城か？

駒《こま》橋《はし》御《ご》前《ぜん》山《やま》

〔所在地〕大月市大月町駒橋・同猿橋町殿上
〔比　高〕約四〇〇メートル
〔分　類〕山城
〔年　代〕戦国期か
〔城　主〕——
〔交通アクセス〕ＪＲ中央本線「大月駅」下車、徒歩約八〇分。

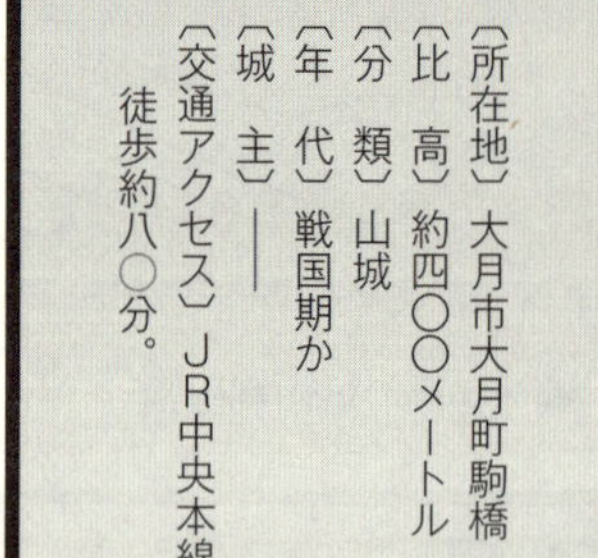

郡内

【岩殿城を眼下に望む立地】　桂川支流の小沢川左岸に屹立する御前山山頂に占地する。北西麓には駒橋集落、北麓には東京電力駒橋発電所がある。東方約二キロには小沢川を間に猿橋の城山があり、桂川対岸の北西約二・二キロには岩殿城跡が位置している。標高は約七三〇メートルで、岩殿城を見下ろす立地にある。

【武田氏・北条氏の対立と国境】　大永四年（一五二四）に武田信虎は猿橋（大月市）に陣取り、相模の奥三保《おくさんぼう》（神奈川県相模原市緑区津久井町～愛甲郡愛川町の一帯）から小猿橋（神奈川県相模原市緑区藤野町吉野橋下あたり）でたびたび合戦におよんでいる。関東管領上杉氏と北条氏の武蔵をめぐる戦いに上杉氏に与した信虎が出兵したもので、後日上杉氏と北条氏の和談により信虎と氏綱《うじつな》は和睦する。翌大永五年に武蔵において上杉氏と北条氏の和議が破れると、信虎は相模津久井《つくい》郡方面に進撃し、津久井城（神奈川県相模原市緑区津久井町）をめぐり北条氏と攻防戦を繰り広げた。享禄三年（一五三〇）には、小山田信有《おやまだのぶあり》率いる武田軍が猿橋に布陣するが、攻め込んで来た氏綱と矢坪坂《やつぼざか》（山梨県上野原市矢坪）で戦いとなり、信有の軍は吉田衆が多数討ち死にし敗れてしまう。天文五年（一五三六）には小山田信有が相模青根郷（神奈川県相模原市緑区津久井町）へ乱入し、足弱一〇〇人ばかりを生け捕っている。前年に、北条勢が籠坂《かごさか》峠を越えて郡内に侵攻したことに対する報復とみられる。その後、天文二十三年（一五五四）に、駿河今川氏を含めた三国同盟が成立し、友好関係が保た

れる。
　永禄十一年（一五六八）に、武田信玄が駿河に侵攻したことにより、北条氏康は武田氏と断交する。信玄は、永禄十二年十月一日に小田原城を包囲し、城下に放火、四日に撤退し、その帰路三増峠《みませ》（神奈川県愛甲郡愛川町）で北条氏照《うじてる》・氏邦《うじくに》の軍を打ち破り、甲斐国上野原へ帰陣した。元亀二年（一五七一）、氏康の死去によって甲相同盟が復活する。しかし、天正六年（一五七八）、上杉氏の家督争いに武田勝頼が介入したことによって北条氏との関係が悪化し、翌天正七年に両氏は全面戦争に突入する。天正八年五月、北条氏照が甲斐国都留郡に侵入し西原（上野原市）で戦いが行われた。天正九年三月には岩殿城の在番と普請が定められている。

●—駒橋御前山遠景

　武蔵・相模と国境を接する郡内地方は、武田氏と北条氏による係争の地であり、本城のある桂川流域ではたびたび軍事的緊張が高まり、相模方面に対する防衛の強化が図られたことが想定できる。

【切り立った山頂を利用した城】　御前山山頂から北にかけて五〇×七〇メートルほどの範囲に築かれる。山頂となる南端の岩場は御前岩と呼ばれ、そこから北に一段下がって幅五メートル程の平坦地があり、さらに大きく下がって一五×二〇メートル程の広さの平坦地がある。この平坦地の北西隅には土塁《どるい》によって囲まれた桝形《ますがた》状の施設があり、その北つづきには二メートル四方の盛土遺構がある。盛土遺構の先は三角形状の平場がつづいている。平坦地・平場の西側の山腹には腰郭《こしぐるわ》と思われる細長い平坦地が二・三段あり、竪堀《たてぼり》とみられる凹みに挟まれている。平場の先には一段下がって中央部分に鉤《かぎ》の手（L字）状の土塁が施された長さ二五メートルの平坦地がある。御前岩南側は切り立った崖となるが、西側の尾根つづきは岩場からかなりの段差をもってU字状の平坦地があり、さらに下がって尾根上の鞍部に堀切《ほりきり》がみられる。平坦地や平場の周囲には土塁はめぐらない。

【国境地帯に築かれた山城】　本城にかかわる史料はないが、『甲斐国志《かいこくし》』は御前という名称の山が各地にあって、それは烽火台《のろしだい》の跡と推定している。岩殿城跡に対峙し、猿橋城山、斧窪《おのくぼ》御前山《ごぜんやま》などを眼下に望み、桂川流域や街道に沿った烽火台群のひとつとして位置付けられているが、築城の経緯や維持管理については明らかでない。ただし、猿橋の城山の項に述べたように、猿橋に寺領のあった永昌院《えいしょういん》（山梨市矢坪）の住職から、甲相関係の安定によって、それまで相模との緊張関係のなかで実施していた境目の城の普請役《ふしんやく》を、従前のように寺院の修理などに当てたいと、小山田氏に対して求めている文書が存在する。対北条氏との軍事的緊張関係のなか、城

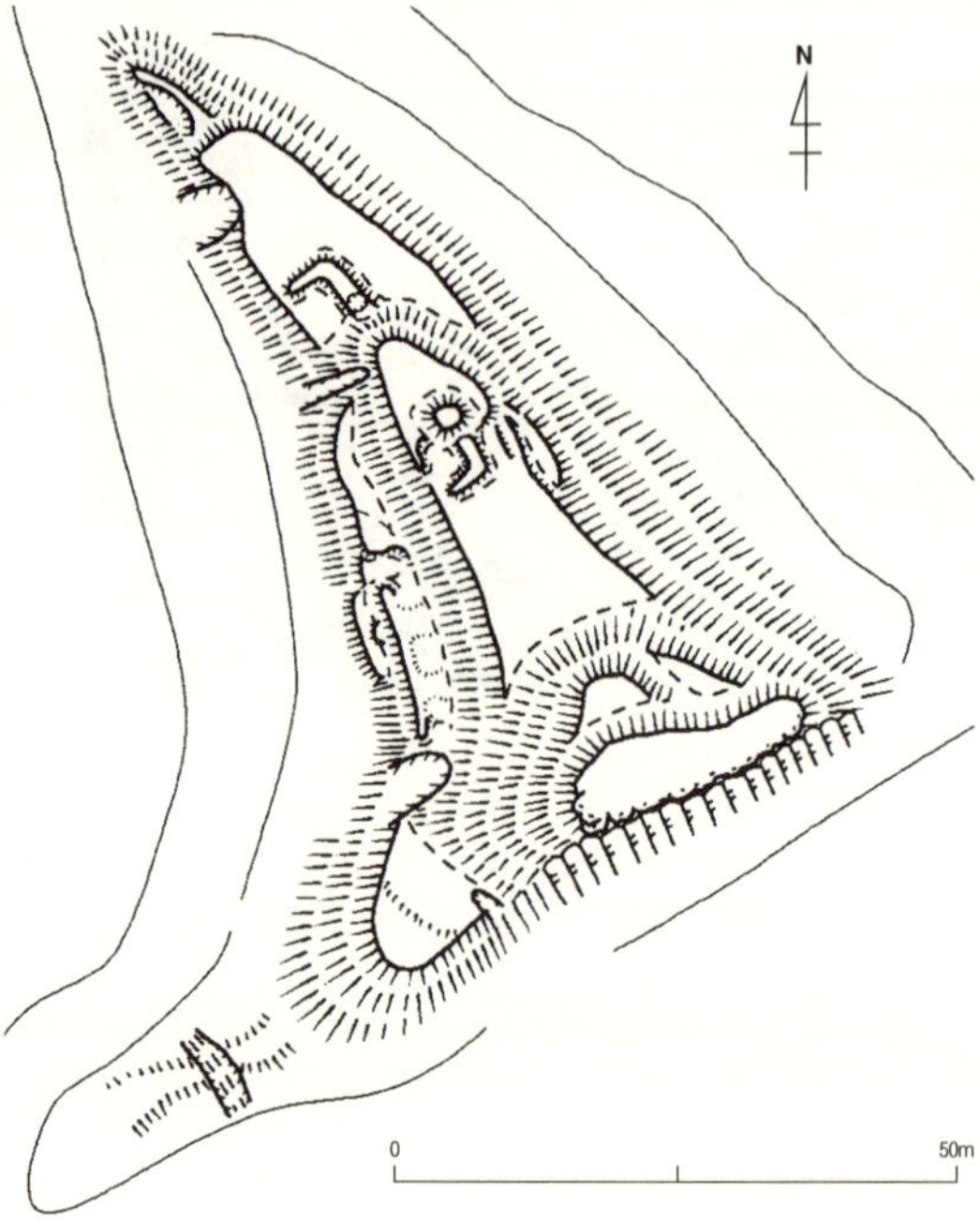

●―駒橋御前山

●―駒橋御前山山頂

郭を構えて国境の警固に努める様子がわかり、地元の百姓を動員して城の普請が行われていたことが推定される。このことから、本城も猿橋の城山と同様に、維持管理の一端を地元が担っていたものとみられる。

【参考文献】　室伏徹「甲斐・武蔵・相模国境の城砦」磯貝正義ほか編『日本城郭大系　八　長野・山梨』（新人物往来社、一九八〇）、山下孝司「岩殿城周辺の城郭」岩殿山総合学術調査会編『岩殿山の総合研究―県史跡岩殿城跡、旧円通寺跡及び岩殿山の自然―』（大月市教育委員会、一九九八）、宮坂武男『図解山城探訪　第一七集　山梨峡西・峡南・郡内地区資料編』（長野日報社、二〇〇六）

（山下孝司）

●郡内地方の中枢に位置した城

勝山城《かつやまじょう》・谷村館《やむらやかた》

〔勝山城・山梨県指定史跡〕

〔所在地〕勝山城：都留市川棚
谷村館：都留市上谷
〔比　高〕約一〇〇メートル
〔分　類〕山城
〔年　代〕戦国期か
〔城　主〕小山田氏か
〔交通アクセス〕富士急行線「谷村町駅」下車、徒歩約二〇分。駐車場有

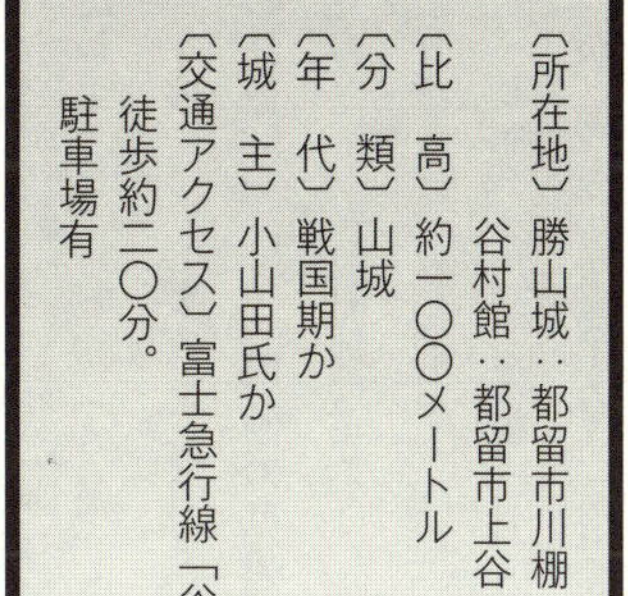

【勝山城・谷村館の立地】　都留市域のほぼ中心に位置する都留市役所および谷村第一小学校敷地に谷村館（谷村城）は立地していたとされる。その背後を流れる相模川支流の桂川を挟んで北の川棚地区に所在する独立峰が勝山城である。両城館が立地していた都留市の中心街を形成する谷村地区は中世にさかのぼり、長く郡内地方（山梨県東部地域）の政治・経済の中心にあった。両城は、それらの中枢を司《つかさど》っていたといえる。

【地元で親しまれるお城山】　勝山城は地元で親しみを込めて「お城山」と呼ばれており、平成元年（一九八九）にはやまなしの歴史文化公園「つる」に指定され、平成八年には山梨県指定史跡に指定された。

勝山城の規模は南北約六四〇メートル、東西約五八〇メートル、周囲約二キロ、面積は約二五万平方キロである。都留市域をおよそ東西に貫流し、高さ約一〇メートルの富士山の溶岩を由来とする急崖からなる桂川は、勝山城の東を取り巻くように流れている。標高は五七一メートルで、登山口からの比高差は一〇〇メートル程ある。

【築城期と築城者について】　勝山城は『甲斐国志《かいこくし》』によれば文禄三年（一五九四）に甲府城主浅野長政《ながまさ》・幸長《よしなが》父子の家老、浅野氏重《うじしげ》によって築城されたとされる。この浅野氏重の勝山城築城説は長く支持されることとなるが、都留市文化財審議会によってまとめられた『都留郡勝山城と小山田《おやまだ》・秋元両氏について』のなかで、戦国期の築城が示唆され、その後の調査研究でたびたびふれられるようになる。これは戦国期に郡

郡内

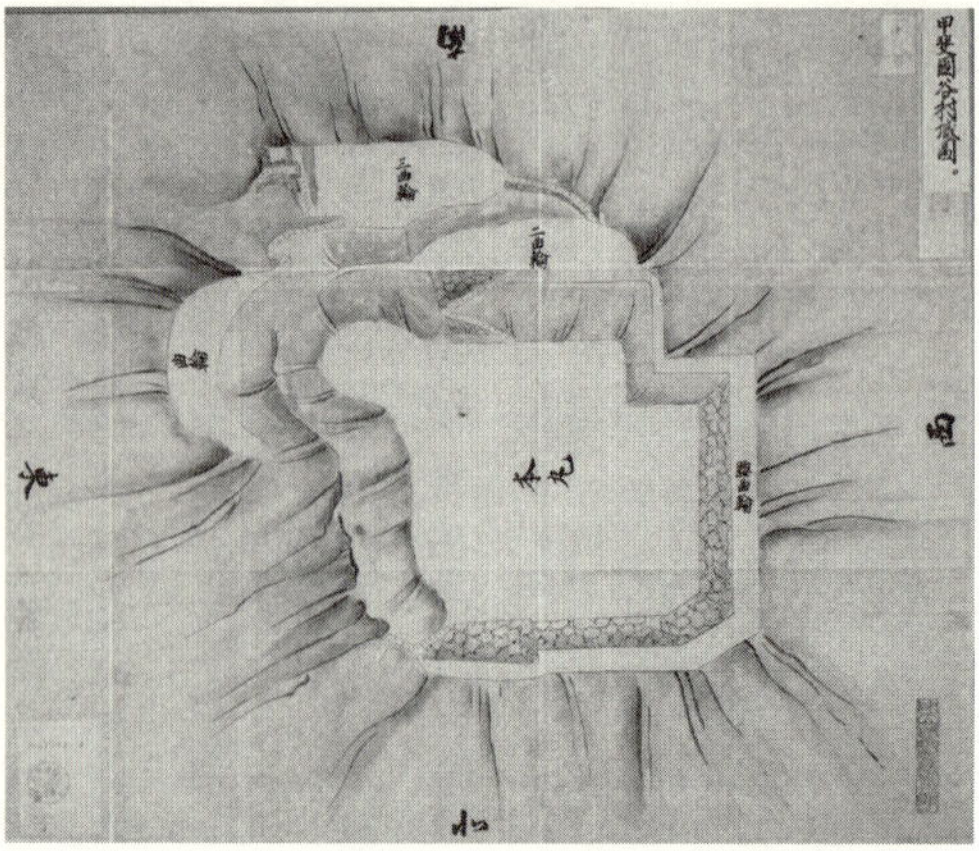

●―甲斐国谷村城図（国立国会図書館蔵）

内地方を統治した小山田氏を勝山城の築城者とするもので、浅野氏重は、既存の城を改修したという説である。ただし、小山田氏築城説は縄張や個々の遺構に対する解釈にもとづくものであり、確固たる裏付けによる見解ではない。

都留市では、勝山城と谷村城下町および周辺の史跡群の解明を目的に、平成十七年（二〇〇五）から五ヵ年にわたって勝山城跡学術調査を実施した。また、平成十八年から平成二十年にかけて、学術調査の一環として発掘調査が行われた。その調査成果からは小山田氏の築城によるものとする見方に傾きつつあるものの、現状では確定はできないとし、より確実な裏付け的資料の収集と分析が望まれている。

【勝山城の郭と遺構】　勝山城の郭と遺構は大まかに中腹から山頂と北尾根、東尾根、南尾根の四ヵ所に分布する。現在の登山道は勝山城の西から入り南北へ移動するように設置されている。登山道と当時の登城路は絵図面などと現状を比較すると、必ずしも一致していないが、一部は踏襲しているものと考えられ、大まかな経路を辿っていると推測される。

【南尾根の遺構】　南尾根には尾根の西脇を南北に抜ける「内堀」と「川棚の見張り台」と呼ばれる舌状に南へ突出する郭を確認することができる。

「内堀」は堀底が六〜一〇メートルの幅で比較的平坦な状況である。途中、二ヵ所に段差が設けてあり、堀底での移動が容易にできないようになっている。「内堀」がめぐる西側に目を移すと幅約三〇メートルの低地が水田ないし住宅地として城の南から西にかけて鍵の手状にその痕跡を確認できる。この痕跡は堀と考えられており「外堀」と呼ばれる。西に配された「内堀」、「外堀」に対し、勝山城の東は急崖をなす桂川が天然の要害となり、全体で総堀をなしていたと考えられる。

「川棚の見張り台」は名の通り川棚集落はじめ、上谷、田原地域までの眺望が利く場所であるが、本来の機能はすぐ西脇を通る「内堀」の監視にあったと推測できる。

【中腹から山頂の遺構】　中腹には「三の丸」、「帯郭《おびぐるわ》」が位置する。「川棚の見張り台」から「三の丸」へ向かう途中、

「三の丸」から標高差約五《メー》《トル》下がった地点は小さな平場があり、遊歩道はこの平場で鍵の手に曲がる。こうした状況から虎口《こぐち》が推測される地点である。

「三の丸」は勝山城の西、内堀が東に湾曲する地点から標高差約一七《メー》《トル》上がった地点にある平場である。西端は段状になり、「二の丸」に通じる。このことから、現在の遊歩道は「三の丸」の小丘を切り通されているが、「三の丸」内を通過する経路も想定され、『甲斐国谷村城図』にも「三の丸」を通過して「二の丸」へ至る経路が観察できる。なお、「三の丸」下の虎口について、この絵図にも同地点に門らしきものが描かれている。

「三の丸」の反対に位置する「帯郭」は名称のとおり東西に細長い平場をなす。平場の半ばには北斜面に人頭大の石材が積まれたような痕跡を確認できる。この遺構は「帯郭」の通路に設けた門の脇を固める石積みと考えられている。また「本丸」から南へ突き出る平場からこの地点の眺望がよく利くことから、この地点を目がけ横矢を射る構造になっていたことが推測される。

「三の丸」の北に位置するのが「二の丸」である。「二の丸」は南西に突き出た広範な郭であり、内堀に面する西端から北にかけては細長い平場をなし、本丸の西側を通る通路をなしている。この通路の東斜面からは発掘調査で石垣が確認されている。この石垣は花崗岩の野面積《のづらづ》みで構成されることや、背面構造などの特徴から浅野氏重が城主の時代に築造された石垣と推測される。『甲斐国谷村城図』にはこの通路全体に石垣が描かれている。「二の丸」の東端には石積みが確認できるが、これは「三の丸」を通過し「二の丸」に至る経路の延長で、「二の丸」から「本丸」に至るスロープをなしていたことが『甲斐国谷村城図』の観察から推測される。「二の丸」、「三の丸」ともに西に配置された郭であり、「内堀」、「外堀」同様、勝山城西側の守りを目的に配されていることが考えられる。

山頂には「本丸」が位置する。勝山城内で最大の面積をもつ郭である。「本丸」に至る手前に花崗岩の野面積みで構成される石垣が一部確認できるが、これは「二の丸」の北に伸びる平場の東斜面で確認された石垣と類似した特徴をもち、同年代に築造された石垣と推測される。「本丸」の西には東照大権現《とうしょうだいごんげん》を祀る東照宮が建っているが、これは後年、現谷村第一小学校敷地にあったものを山頂に上げたものであり、城にともなう遺構ではない。東照宮の南に隣接する地点は小塚状に小高くなり、南西へ突き出た形をなしているが、これは櫓《やぐら》跡と考えられている。発掘調査でも柱の礎石と五寸の

郡内

角釘などが複数確認され、この地点に高層建築の存在をうかがわせる。ただ、築造年代は明らかでない。東照宮の北側の「本丸」西端は、小高い高まりが南北に連なるが、これは土塁と考えられている。発掘調査では、郭中央よりやや北よりで南北に連なる柱穴列が確認されており、何らかの建物跡と推測されているが年代・性格ともに明らかでない。

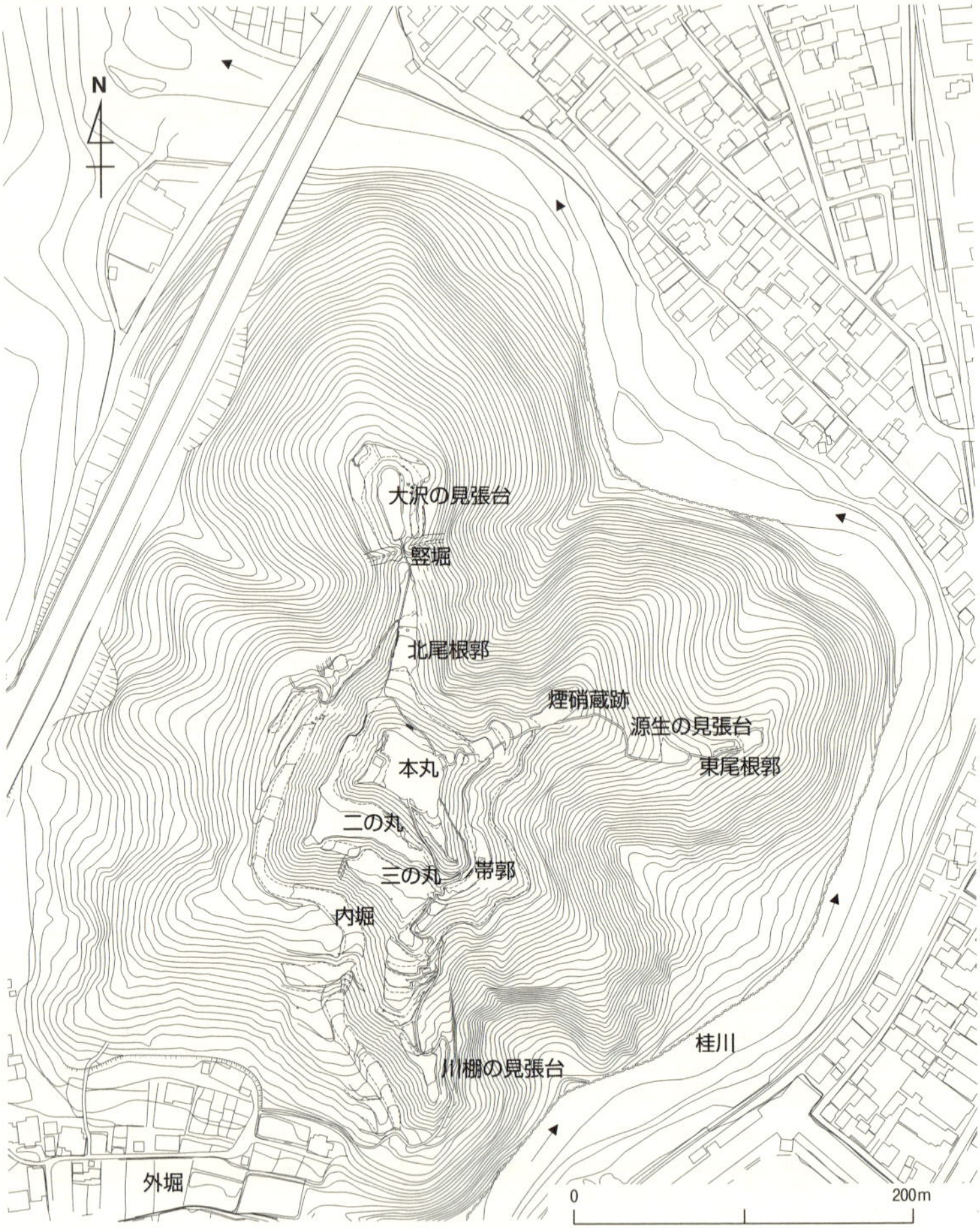

●—勝山城の郭や遺構（提供：都留市教育委員会）

【東尾根の遺構】「本丸」から東に伸びる尾根には郭が三ヵ所で確認できる。まず、「本丸」から高低差一九メートルの標高五五〇メートル付近に「焔《えん》硝《しょう》蔵」がある。郭の名の由来は『甲斐国志』に「東ニ出タル地ヲ焔硝蔵ト云フ」という記述によるが、それを明確に裏付ける遺構は確認できない。

もう一ヵ所の郭はこの地点より標高差三〇メートル程、急斜面を下がったところに位置する「源生《げんしょう》の見張り台」である。郭の名の由来はこの地点から桂川対岸の「源生」と呼ばれる地区の眺望が利くことによる。またこの地点から東に斜面を下ると三ヵ所目の郭（東尾根郭）を確認できる。

【北尾根の遺構】「本丸」から北に伸びる尾根は南北、全長約一五〇メートルあり、郭が二ヵ所で確認できる。一ヵ所目の郭は北尾根の付根部に位置する（北尾根郭）。この地点は江戸時代前期に宇治から江戸へ幕府御用の茶を運ぶ御茶壺道中《おちゃつぼどうちゅう》が、夏季に茶を保管する目的で設けた茶壺蔵の存在が推測される。この郭の南斜面には発掘調査によって、地表下の深さ約二・三メートル、底部幅は推定二メートル、上面幅は推定約七メートルの堀切の存在が明らかとなっている。

この地点から北に進むと「竪堀《たてぼり》」と呼ばれる顕著な堀切《ほりきり》が確認できる。これは北尾根の標高五四〇メートル付近に位置するもので、尾根の中央を細い土橋《どばし》にし、左右に尾根と直行方向に堀が配されている。「竪堀」の先、北尾根の先端にもう一つ「大沢の見張り台」の通称をもつ郭が配される。この郭の周囲には約三〜五メートル下がって幅約一五〜一七メートルで帯状に郭がめぐる。この帯状の郭は横堀と推測されており、発掘調査によって地表下深さ約二メートル、上面幅約八メートルの断面をもった堀が実際に確認された。北尾根先端は緩斜面であるため横堀を配し尾根筋に「竪堀」や堀切を重ねており、「本丸」への防御を堅牢にした様子がうかがえる。

【勝山城の遺構の年代観】発掘調査で戦国期まで遡る遺物は北尾根付根部の郭から確認された黄瀬戸《きせと》の抹茶茶碗の破片一点のみであり、遺物から遺構全体の年代観をつかむのは難しい状況にある。

『甲斐国志』には「本丸」に産土神《うぶすなかみ》が祀られていたのを浅野氏が川棚集落へ移したことが述べられ、戦国期の「本丸」に社が存在した様子がうかがえるのみで、その他は不明である。北尾根に顕著にみられる堀切は戦国期の山城の縄張の特徴といえるが、防御の対象となる「本丸」もこの時期に存在し、主郭として城の中核をなしていたという見方もできる。ただ、現状のように大規模な面積をもった郭かどうかは不明である。

城内で浅野氏時代の遺構と考えられる石垣に用いられた石材はすべて花崗岩であり、調達場所は同一の岩盤をもつ勝山城内であることが考えられる。石材の出所は不明であるが、幅約六〇センチ、控え幅約一二〇センチの巨石を遠出して調達したことは想像しがたく、すべてを賄えなかったとしても、一部は郭造成時に削られた石材を用いたと考えられないだろうか。「本丸」を含め「二の丸」、「三の丸」といった郭からは戦国期に遡る遺物は確認されておらず、いずれの郭も戦国期以降、造成されたものと推測することができる。このことから、推測の域は出ないが、戦国期の勝山城は尾根に配された堀切や小規模な郭からなる山城であった可能性が考えられる。

ただ、天正壬午《てんしょうじんご》の乱のさい、谷村館が北条氏の根城になったことが『甲斐国志』から読み取れるが、そのさいに勝山城にも手を加えていることが推測され、すべての遺構は小山田氏に起源をもつものでなく、北条氏の改修の可能性という点にも留意すべきであろう。また、浅野氏によって改修が行われたとすれば、浅野長政が甲斐国を拝領したさいの関東地方へ対する抑えの城としての役割を勝山城に期待したことが推測される。

【谷村館との関係性】 谷村館の場所は先に述べたとおりであるが、『勝山記』によれば享禄三年（一五三〇）に市内の金井地区に所在したとされる小山田氏の中津森館が火災に遭い、天文元年（一五三二）に小山田氏が谷村に居を移したとされる。この居は谷村館とされ、近世に谷村城として踏襲されたものと考えられている。

谷村館の遺構は現在、地表面観察では確認できず、現在は江戸期の谷村城としての姿を各種絵図面で知られるのみで、その形態などの一切が不明である。小山田氏の谷村への館移転の意図は学術調査では、富士参詣を目的とした道者からの経済効果を見込んで、富士道（現国道一三九号線）を掌握すべく、移転したという見解が示されている。

谷村館と勝山城は居館と要害《ようがい》としての役割をもっていたと考えられ、谷村館が谷村城に踏襲された後もその関係は継続したといえる。小山田氏が中津森館に拠点を置いていた時期、勝山城が城として機能していたかは定かでない。ただ、館の所在する金井を起点に厚原《あつはら》を抜け、川棚に至り、勝山城西側を通り、桂川に沿って十日市場（富士吉田方面）へ向かう道、あるいは途中、厚原から平栗《ひらぐり》、加畑《かはた》を抜けていく道は古くから機能していたことがうかがえ、こうした交通路の掌握のために勝山城が配置されたという見方もできる。中津森館も付近を通る、甲府へ至る近ヶ坂往還という交通の要所を抑える意図があったという見方がなされ、このような見解にもとづくなら、勝山城も交通路の何らかの掌握のため小山田氏によって手が加えられていた可能性が考えられる。勝山城の要害としての機能は、谷村に館が移されてから本格化したという見方が自然であろうか。

【参考文献】 都留市教育委員会『山梨県史跡勝山城跡』（二〇一〇）、都留市教育委員会『都留郡勝山城と小山田・秋元両氏について』（一九七八）、萩原三雄編『定本山梨県の城』（郷土出版社、一九九一）、磯貝正義ほか編『日本城郭大系　八　長野・山梨』（新人物往来社、一九八〇）

（森屋雅幸）

●鎌倉往還抑えの城

吉《よし》田《だ》城《じょう》山《やま》

〔所在地〕富士吉田市上吉田・新屋
〔比　高〕約三四メートル
〔分　類〕山城
〔年　代〕戦国期
〔城　主〕——
〔交通アクセス〕富士急行線「富士山駅」下車、徒歩三〇分。

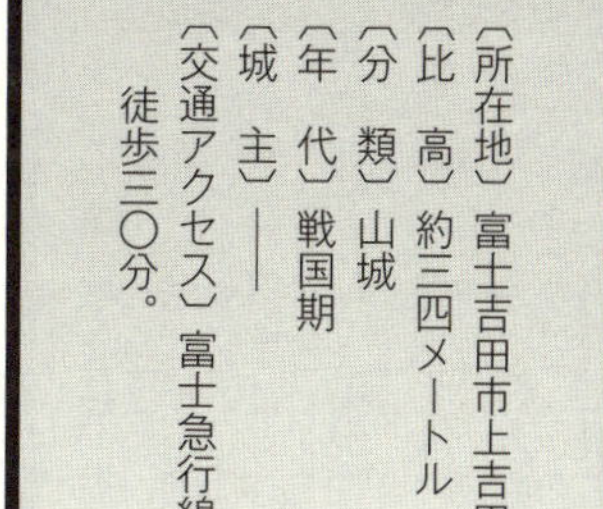

【駿河と甲斐を結ぶ交通の要衝】　吉田城山は富士吉田市新屋にあり、南北に横たわる長さ約六〇〇メートルの小山である。南側には標高九七八メートルの小倉山があって、両山の間の鞍部には鎌倉往還（現在の国道一三八号線）が通る。鎌倉往還は籠坂峠《かごさか》を越えて駿河から甲斐に入る古くからの主要な道であり、本城は交通の要衝に位置している。南東一・五キロには忍草鐘山《しぼくさかねやま》（南都留郡忍野村）が所在する。西方九〇〇メートルには、延暦七年（七八八）草創と伝える北口本宮富士浅間神社が鎮座している。

【武田氏と北条・今川両氏による係争の地】　文亀元年（一五〇一）九月に、北条早雲（伊勢宗瑞《いせそうずい》）が甲斐国に侵入し、吉田城山と小倉山に布陣するが、甲斐国側では大軍を擁して敵陣を包囲し、北条方を撃退している。「吉田城山」と文献資料上（『勝山記』）に明記されていることから、この時点ですでに城郭として何らかの施設があったことがうかがえる。早雲は、それ以前の明応四年（一四九五）八月に郡内へ侵攻し、「カゴ山」（あるいは「鎌山」）に陣取っており、籠坂から忍草鐘山にかけての来襲に備えて、軍事的緊張のなか、この時点で吉田城山が築かれたとも推測される。

さらに、永正十三年（一五一六）には、籠坂口から侵攻してきた駿河今川勢と武田氏に与する小山田軍・都留郡諸勢とが、吉田城山において激しい戦闘を繰り広げる。駿河勢は翌永正十四年正月に撤退するが、都留郡にとって城山の帰属が大きな関心事であった。また、この時の戦闘の激しさから、民衆（地下《じげ》）が河口湖の鵜の島で年を越すような行動も

●―吉田城山遠景

みられた。これ以降吉田城山に関連する記事は見当たらなくなるが、今川氏あるいは北条氏による侵攻はつづき、天文四年（一五三五）に、小山田信有《のぶあり》が北条氏綱《うじつな》と山中《やまなか》（南都留郡山中湖町）で戦っており、富士北麓での武田氏と今川氏・北条氏との抗争は天文七年ころまでみられ、吉田の宿は幾度となく戦火に見舞われている。天正十年武田氏滅亡後の天正壬午《てんしょうじんご》の乱では、北条氏忠が都留郡に入り、御坂城《みさか》（笛吹市御坂町・南都留郡富士河口湖町）に拠り、甲府盆地を押えた徳川家康に対峙した。このさい本城にも北条氏が入った可能性が考えられる。

●―吉田城山中央部分の郭

【測量と発掘調査による遺構の把握】　南北に長い山体の尾根を主体に郭を配した構造であるが、南側部分はホテル跡地で、北側や南側などでは土取りが行われ、ところどころで遺構が破壊されており、全容は不詳となっている。現状みられる遺構は、尾根の最高所となる標高八七四メートルの中央部分に南側に土《ど》塁《るい》をともなう方形の郭があり、その南側角には竪堀《たてぼり》がみられ、尾根続きの北側に向かって何段かの平坦地と堀切《ほりきり》があって、北端の郭へとつながる。北端の郭は東西一五メートル、南北二〇メートルの方形を呈し、南側へは一段下がって平坦地がありその先の尾根の西側斜面には竪堀がみられ、北東側には二段のL

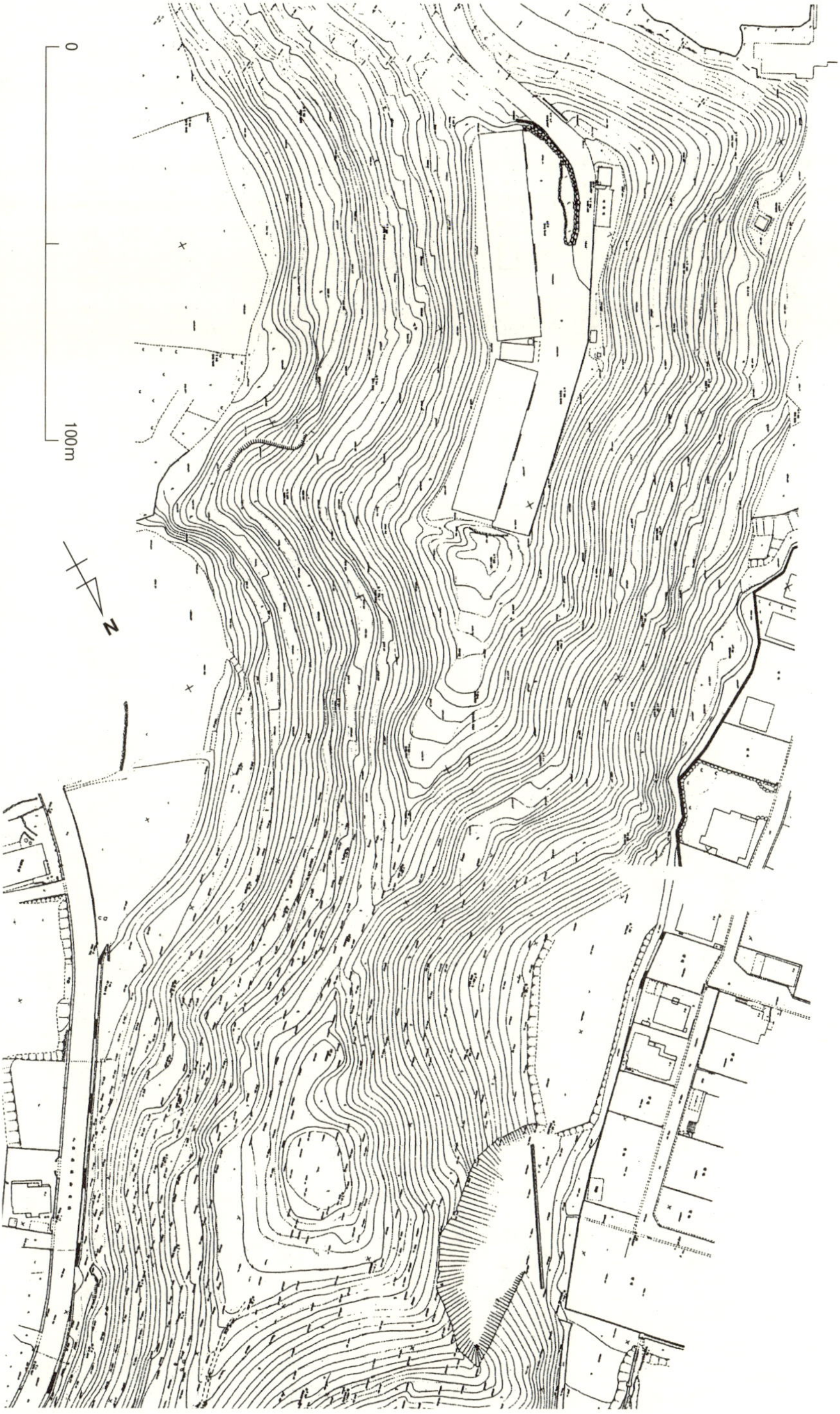

●—吉田城山測量図（『吉田城山調査報告書』）富士吉田市教育委員会 1995 年より，一部改変）

字形の腰郭《こしぐるわ》がある。昭和六十二年（一九八七）度から平成三年（一九九一）度にわたって、保存活用を目的とした測量とトレンチによる発掘調査が実施された。

発掘調査では城の構築時期を示すような遺物は出土しなかったものの、郭や竪堀・空堀《からぼり》といった遺構の把握が行われた。北端の方形の郭では柱穴や硬化面などが検出され何らかの施設の存在を予見させ、L字形の腰郭からは横堀が二本確認され、虎口の存在も推定された。また、北端と中央部分をつなぐ尾根からは二ヵ所の堀切が確認され、中央の方形郭南角の竪堀は、側面に拳大の河原石を積んでいることが判明した。測量では山腹の細長い郭状の平坦地が幾重にも確認されたが、耕作地のようでもありそのすべてが城の遺構かどうか不明である。

【鎌倉往還を扼する関門】 南北に展開する現在の吉田宿（上吉田）は、元亀三年（一五七二）に移転したもので、それ以前は字古吉田の地にあって東西に宿が形成されていた。宿の東端は城山の西麓近くまで伸びており、元々の鎌倉往還はこちら側を通っていたとみられる。すなわち、かつての往還は、現在のようにまっすぐには進まず、城山と小倉山に遮られ、それを迂回するように宿に至っていたことになる。となれば、忍草鐘山の南側を通る往還が、城山手前でL字形に屈曲し北側に進み、さらに西に向かって鉤《かぎ》の手に折れて吉田宿に入る道筋は、巨視的にみると城山・小倉山と鐘山という自然の要害を大きな土塁に見立てた食違《くいちがい》虎口《こぐち》のようにも思われる。往還の関門としてこれらの城郭が有機的に機能していたことが考えられ、ここを押えることが、戦略上重要な意味をもっていたことがうかがえる。また、吉田の宿は「千間ノ在所」と称され、御師をはじめとした「ヲトナ衆」によって自治的な運営が行われており、宿にたびたび戦火がおよんでいることからも、彼らが城山の経営にも関与していた可能性も考えられる。

【参考文献】 磯貝正義ほか編『日本城郭大系　八　長野・山梨』（新人物往来社、一九八〇）、中田正光『戦国武田の城』（有峰書店新社、一九八八）、出月洋文「吉田城山」萩原三雄編『定本山梨県の城』（郷土出版社、一九九一）、富士吉田市教育委員会『吉田城山調査報告書』（一九九五）、「吉田城山」『富士吉田市史　史料編　第一巻　自然・考古』（富士吉田市、一九九八）、堀内真・堀内亨「吉田城山」『武田系城郭研究の最前線』（山梨県考古学協会二〇〇一年度研究集会資料集、二〇〇一）、『山梨県史　資料編七　中世四　考古資料』（山梨県、二〇〇四）、宮坂武男『図解山城探訪　第一七集　山梨峡西・峡南・郡内地区資料編』（長野日報社、二〇〇六）

（山下孝司）

●国境と往還を抑える城砦か？

忍《しぼ》草《くさ》鐘《かね》山《やま》

〔所在地〕忍野村忍草
〔比　高〕五〇メートル
〔分　類〕山城
〔年　代〕戦国期
〔城　主〕——
〔交通アクセス〕富士急山梨バス「富士見公園前」下車、徒歩約一〇分。

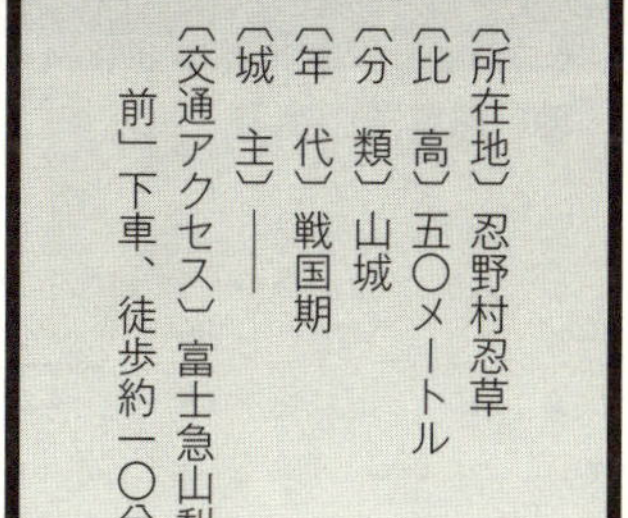

【鎌倉往還の要衝に立地】　杓子《しゃくし》山から西南に伸びる尾根の突端の独立峰的山に立地する。富士吉田市と忍野村の堺に位置し、標高約九二五メートル。山裾を南から西、北へと桂川が流れ、南側の対岸には鎌倉往還が東西に通る交通の要衝に立地する。西方一キロには小倉山、北西一・五キロに吉田城山が所在する。現在南西山裾に熊野大権現社《くまのだいごんげんしゃ》、西側には山神社と射撃場があって、東流する桂川が北西方向に流れを変える手前には名所「鐘山の滝」がある。

【北条氏・今川氏の甲斐侵攻】　明応四年（一四九五）八月に、北条早雲《そううん》（伊勢宗瑞《そうずい》）が甲斐国へ侵攻し、「カコ山」に陣取った。早雲の布陣した「カコ山」は籠坂（山中湖村）ともみられているが、別に「鎌山」とも記されることから本城に比定する見方もある。早雲は、文亀元年（一五〇一）九月にも侵入し、吉田城山と小倉山に陣取ったが、武田信縄《のぶつな》は大軍を送り敵陣を囲み北条方を退けている。早雲の侵入にさいして、鐘山の合図の鐘を聞いて甲府から軍勢が出陣したと、『甲斐《かい》国志《こくし》』は推測している。永正十三年（一五一六）、籠坂口から侵攻してきた駿河今川勢と武田氏に与する小山田軍とが、吉田城山で激しい戦闘を繰り広げ、民衆（地下《じげ》）は河口湖の鵜《う》の島で年を越し、駿河勢は翌永正十四年正月に撤退している。武田氏滅亡後の天正壬午《てんしょうじんご》の乱には、鎌倉往還を通り北条氏忠《うじただ》が都留《つる》郡へ侵入し、御坂城を拠点としている。

【三方の尾根に伸びる遺構】　山頂の主郭《しゅかく》部は三角形状を呈し、四〇×二〇メートル程の広さがあり、三方に伸びる尾根上を中心に

●—忍草鐘山遠景

遺構がみられる。北側の尾根には二本の堀切《ほりきり》があって、主郭側に虎口《こぐち》と思われる窪地がありその先の堀切には土橋《どばし》がみられ、東西二段の平場の先の堀切から先に平場が二段ほどつづく。南西側の尾根には三段の平坦地がある。南東側の尾根につづく主郭部分にも虎口とみられる窪地があり、その先は土橋をともなう堀切となり、さらに尾根筋に小郭が何段かあ

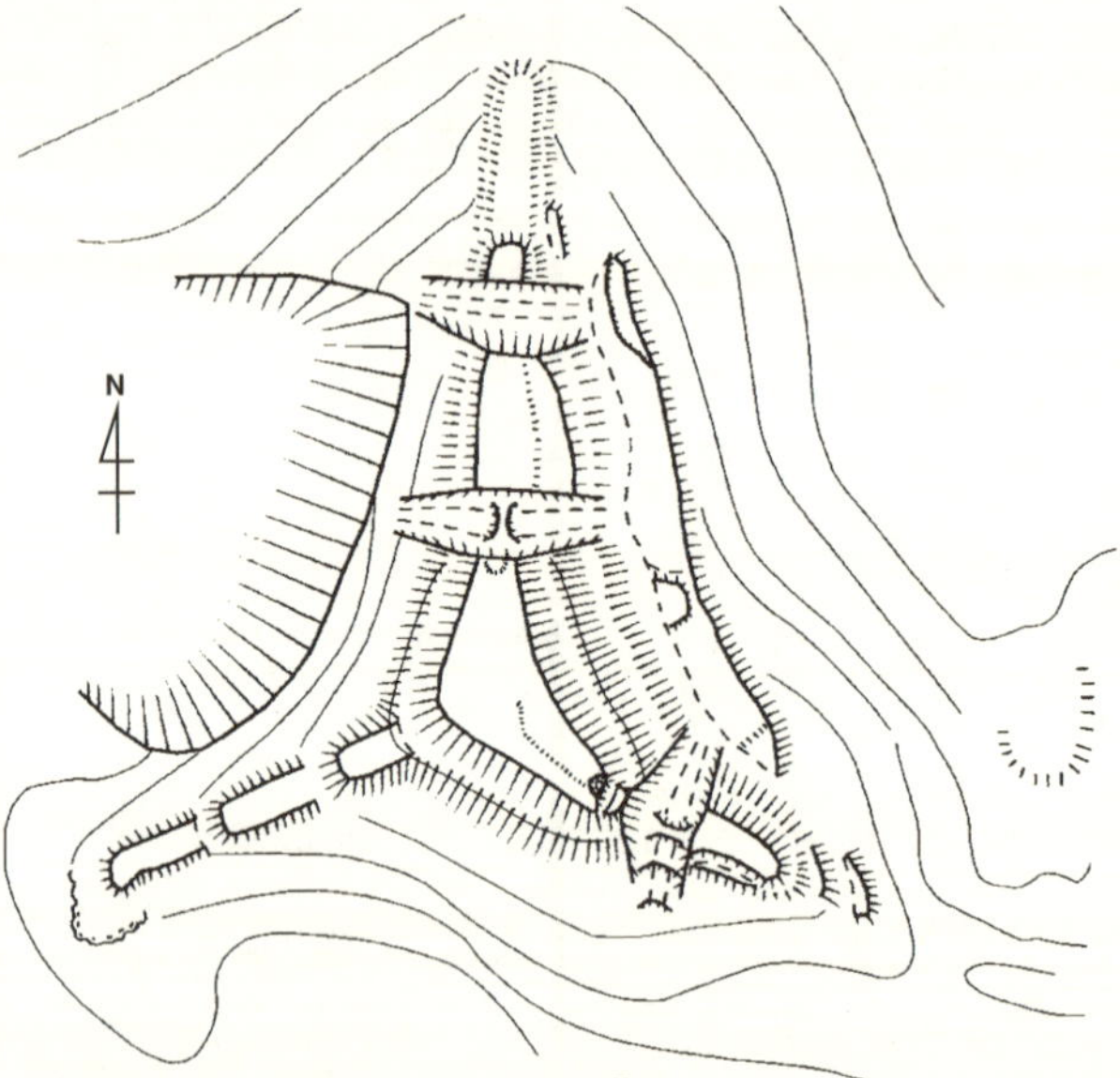

●—忍草鐘山縄張図

●—忍草鐘山堀切と土橋

る。南側山腹には遺構はみられず、東側山腹には段差のある帯郭《おびぐるわ》状の長い平坦地があり、西側斜面は射撃場で大きく抉られており遺構はわからない。

【国境を抑える城砦】『甲斐国志』によれば、山頂は平坦で、鐘堂の礎石が残り、合図のための鐘は城跡西側の桂川の深渕に沈んでいると述べている。また、舟津の鐘堂は鐘山からの陣鐘を受けて御坂へ継ぐ情報伝達を果たしていたとしており、甲駿国境の火急の事態を御坂《みさか》峠越えで甲府に伝える烽火《のろし》台的な役割が推定されている。尾根筋や山腹に展開する平坦地（郭）と堀切の存在は、烽火台としてだけに使われていたとは思われない。甲駿国境の至近に位置し、甲斐国側の最初の関門で鎌倉往還を扼し、軍治的緊張のなか維持され改修が重ねられてきたのであろう。

【参考文献】　磯貝正義ほか編『日本城郭大系　八　長野・山梨』（新人物往来社、一九八〇）、『山梨県史　資料編七　中世四　考古資料』（山梨県、二〇〇四）、宮坂武男『図解山城探訪　第一七集　山梨峡西・峡南・郡内地区資料編』（長野日報社、二〇〇六）

（山下孝司）

郡内

●中道往還を見下ろす国境警固の城

本《もと》栖《す》城《じょう》

〔所在地〕富士河口湖町本栖
〔比　高〕約一一〇メートル
〔分　類〕山城
〔年　代〕戦国時代
〔城　主〕源吉春か（九一色衆が在城）
〔交通アクセス〕富士急山梨バス「上九一色中学校入口」下車、徒歩約三〇分。

【中道往還】　甲斐と駿河をつなぐ主要ルートのうち、河内路と若彦路の中間に位置するためその名が付けられたといい、両国を最短コースで結んでいる。中道往還のルートは古くから活用されていたと考えられるが、その存在が明確になるのは戦国時代である。天文十四年（一五四五）九月に北条氏と今川氏との関係が崩れたさい、義元の要請にこたえて武田晴信（信玄）は中道《なかみち》を通って駿河に進んだ。またこの頃には伝《てん》馬《ま》も整備され、軍用路あるいは物資流通路として中道は活用されていたことがわかる。天正十年（一五八二）に入甲し武田氏を滅亡させた織田信長は帰路として中道を選び、その後の甲斐国の領有を北条氏と徳川氏で争った天正壬午《てんしょうじんご》の乱のさい、家康は中道を経由して進軍している。

【城の遺構】　本《もと》栖《す》湖の北東にそびえる烏《え》帽《ぼ》子《し》岳（標高一二五七・四メートル）から、樹海に向けて南東側に突き出した城山（標高一〇五六メートル）に本栖城は位置する。東側の麓から、九十九《つづら》折《お》りの山道を一〇分ほど登ると尾根に達し、そこから烏帽子岳に向けてしばらく進んだところから遺構が始まる。①は明らかに削平されたとはいいがたい平地で、その先に②③④⑥の堀切《ほりきり》が連続し、桝形《ますがた》状の虎口《こぐち》から郭⑦に至る。⑦と郭⑧の間には溶岩の石塁《せきるい》があり、⑧の西側を登ると尾根の最高地点である郭⑨に達する。この郭は東西六〇メートル、南北一二メートルほどの規模をもち、主郭と考えられる。その郭内にはマウンド状に少し盛り上がったところがあり、何らかの施設の痕跡と思われる。⑨の縁辺部をはじめ城域の随所に溶岩の石積みがみ

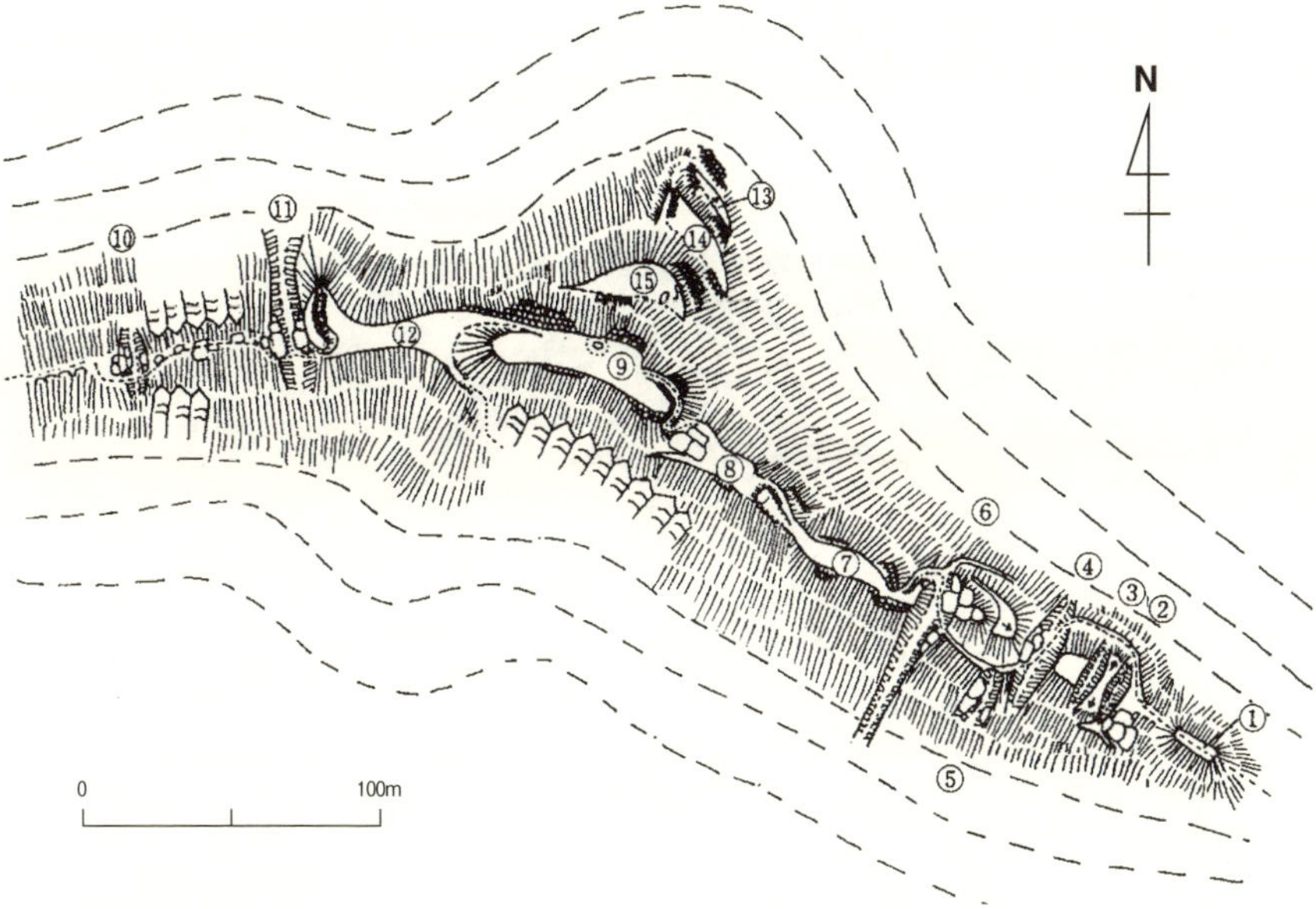

●—本栖城縄張図

られるが、溶岩は山上では産しないため、周辺の樹海内から運び上げられたものである。城山からは富士山西麓の駿河方面を広く見渡すことができ、中道往還を抑える国境警固の城であることが実感できる。

いっぽう、烏帽子岳方面から尾根を下ってくると堀切⑩に突き当たり、さらにやせ尾根を進むと岩盤を大規模に掘り抜いた堀切⑪（上幅八メートル、深さ六メートル程度）が行く手を阻む。⑪を越えると郭⑫に達し、⑪と⑫の境には石塁が施されている。⑫をさらに東に進むと主郭⑨に至る。⑨の北側斜面には⑬〜⑮の郭が段状に築かれており、⑭の西側には尾根を掘り残し内側斜面に溶岩を積んだ塁が設けられている。

【樹海に守られた石塁群】　周辺の樹海内には、さまざまな形態の溶岩の石塁が存在するが、ここでは本栖城と関係する軍事的なもののみ紹介したい。旧上九《かみく》一色《いっしき》中学校の入口に位置するⅠは、直線上の石塁Ⅰaとその東側に位置する鉤《かぎ》状の石塁Ⅰbからなる。この付近には「両替《りょうがえ》屋敷《やしき》」という地名が残ることから、「両替屋敷の石塁」と呼ばれてきたが、中道往還がこの地点を通っていたと考えられるため、屋敷の石塁ではなく、往還に伴う石塁と考えておきたい。aとbは規模や構造が異なることから、年代や築造主体が異なる可能性もある。Ⅱは一見「コ」の字状の石塁と直線の石塁を組み合

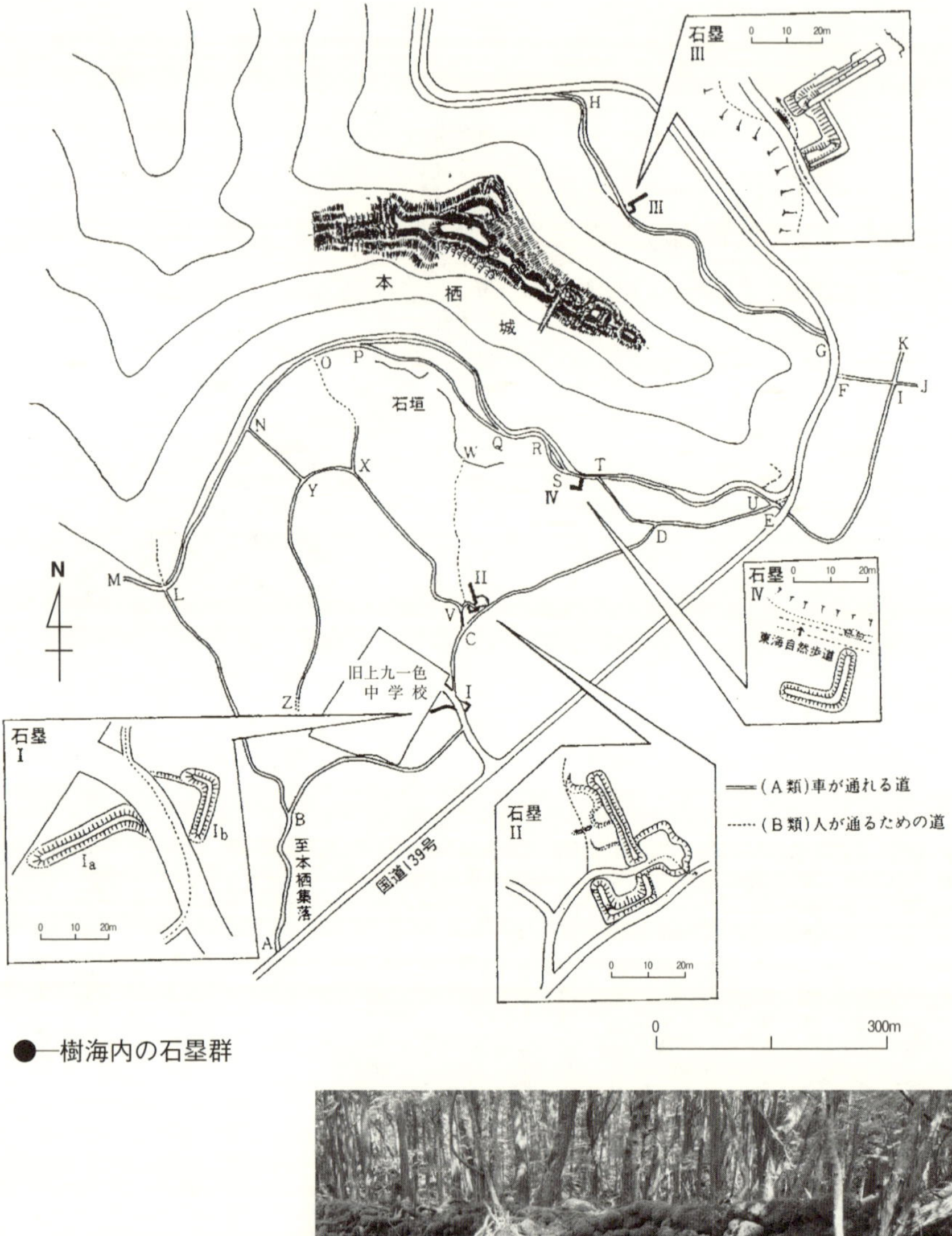

●—樹海内の石塁群

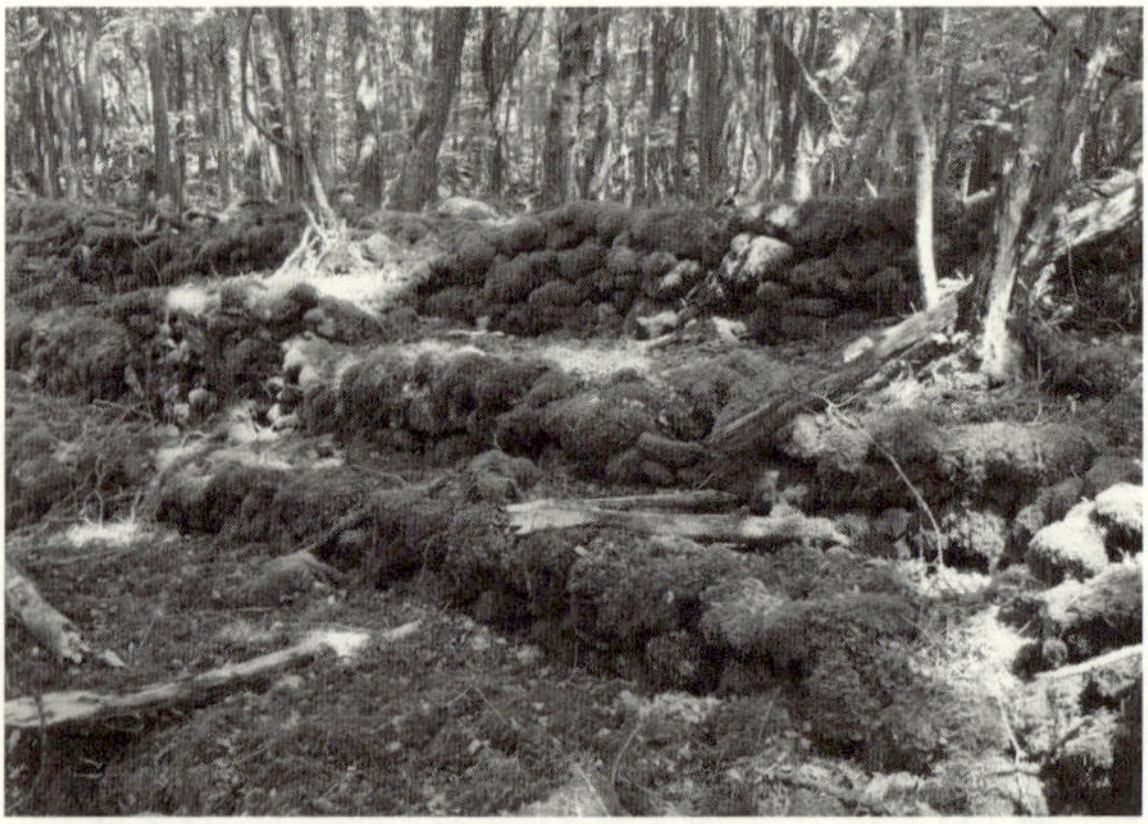

●—「信玄築石」の石塁

わせたようにみえるが、直線状の石塁に通路を開け、その前面を鉤形の石塁で覆ったとみる方がよいであろう。現在は古道がすぐ南側を通るが、往時はこの石塁内を通していたと考えられる。城の背後に位置するⅢは「信玄築石」と呼ばれる。

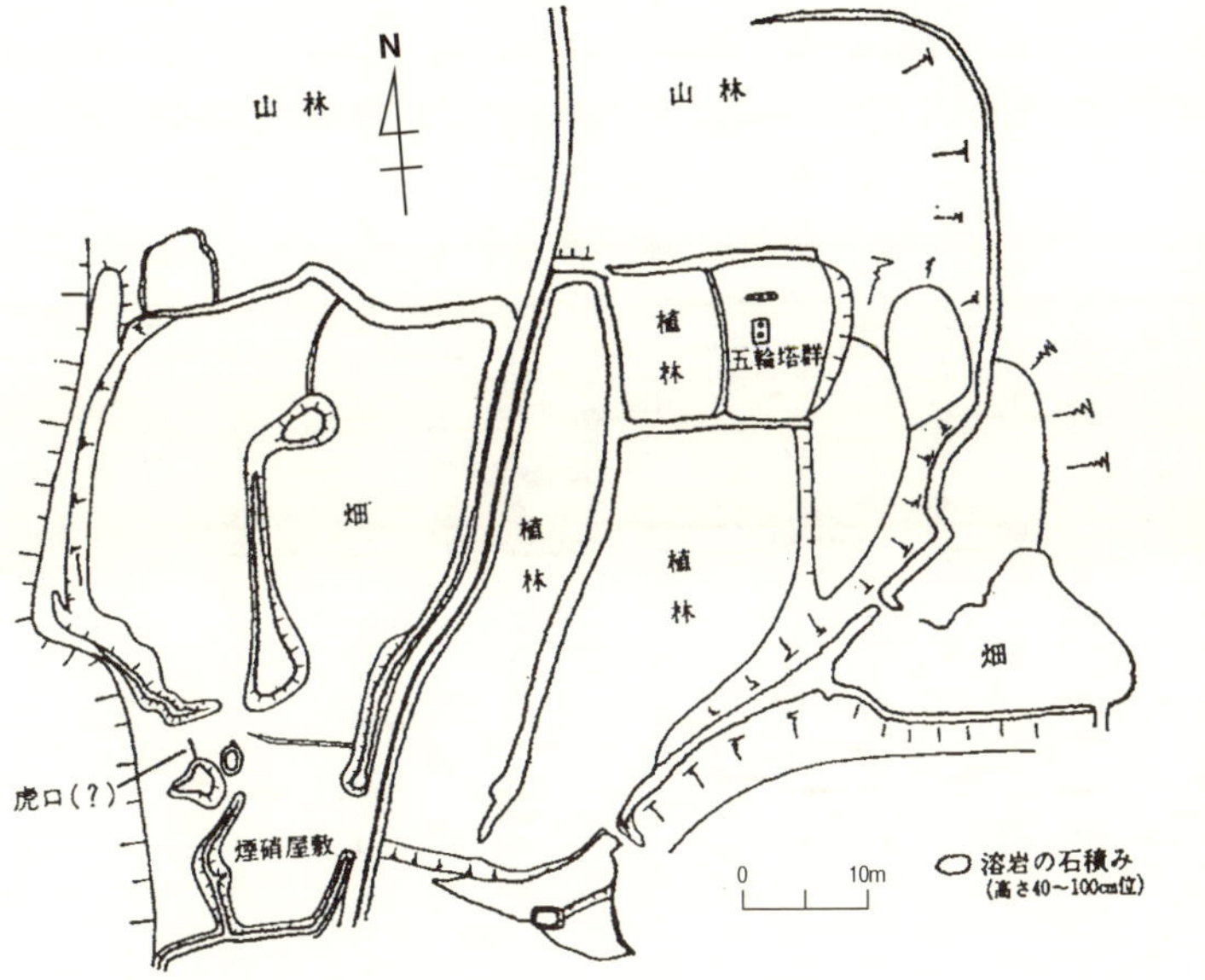

●―渡辺氏屋敷略図

山裾に造られた道によって破壊を受け通路部分がはっきりしないが、中道往還に直交する石塁を築き、通路部分の前面に鉤形の石塁を付設したと考えられ、Ⅱに近い形態であったと思われる。Ⅳは城の南側山裾に築かれた鉤形状の石塁である。山裾を通る東海自然歩道によって根本付近が破壊され明確ではないが、当初から石塁が切れ通路となっていたようである。

Ⅰa・Ⅱ・Ⅲの石塁は垂直面あるいは斜面を駿河側に、階段面を甲斐側に向けており、駿河側を外、甲斐側を内としている。中道往還に付設された阻塞群と考えられ、城と連携して敵の進軍をくい止める役割を果たしていたとみることができる。Ⅳは城山南側山麓に根小屋的な施設があり、その東側の防御として造られたのか、南側緩斜面からの城への侵入を防ぐために築かれたのであろう。Ⅳの内側は階段状となり、その溶岩の石積みは、城の郭⑫⑭の塁の石積みと類似したつくりである。

【渡辺氏屋敷】　本栖城からは約一キロ離れた本栖集落の北西側には、九一色衆の一員で中道往還の警固にあたった渡辺氏の屋敷跡と伝えられる場所がある。溶岩の石積みによって区切られた畑や植林地であり、屋敷の石積みか畑の石積みかは現状では判断がつきづらい。屋敷地の北西端には唯一溶岩敷きの区画があり、「煙硝《えんしょう》屋敷」と呼ばれ、その脇には虎口とみられる部分もある。また屋敷北東部には墓所があり、小型の五輪塔が立つ。

渡辺氏は江戸時代後期の地誌『甲斐国志《かいこくし》』によると知―縄―守とつづき、守は囚獄佑《ひとやのすけ》を名乗って徳川勢入甲のさい、家康に従った。

【築城時期と城に携わった人々】本栖城が最初に文献史料に登場するのは永禄二年（一五五九）であり、武田氏の時代にすでに城は存在していたことがわかる。この頃本栖城に詰めていたのは地元の九一色衆であった。なお天文二十二年（一五五三）と永禄五年の史料によると、「本栖之（定）番」に西《にし》之海《のうみ》衆や吉田の御師《おし》衆が動員されており、この（定）番については、城を指すのか、関所を指すのかはっきりしない。ちなみに『甲斐国志』は、源吉春なる人物の城跡という伝承を挙げているが、これも詳細不明である。

本栖城では郭と郭を結ぶ通路の多くを北側にまわしており、これは南側（駿河側）からの外敵の侵入を想定するもので、駿河側を外、甲斐側を内としている。この手法は武田氏の本拠に築かれた熊《くま》城でもみられることから、武田氏の尾根上の城の一つの特徴とみることができ、本栖城の基本構造は武田氏の時代に造られたと考えられる。ただし、この城は武田氏滅亡後においても、後北条氏や徳川氏によって活用されており、その段階でどの程度改修されたのかについては定かではない。

【国境のかたち】駿河側の国境の村は根原《ねばら》で、そこに関所がおかれ、甲斐に向けて五〇〇メートル程度進んだ地点に国境の割石《わりいし》峠、さらに三キロ北上したところに本栖の関所と村落が位置する。根原・本栖間は緩衝地帯で、割石峠は意識上の境であり、本栖関所は関銭を徴収する経済的な境、あるいは平時において出入りを監視する警察的な境であり、その後方の本栖城と樹海内の石塁群は有事における軍事的な境である。このように性格が異なった境が段階的に設けられていることが戦国時代の国境の特徴である。

【参考文献】出月洋文「本栖の城山」磯貝正義ほか編『日本城郭大系　八　長野・山梨』（新人物往来社、一九八〇）、萩原三雄「本栖の城山と渡辺氏屋敷」『上九一色村誌』（上九一色村、一九八五）、中田正光『戦国武田の城』（有峰書店新社、一九八八）、畑大介「本栖城・樹海内の石塁」萩原三雄編『定本山梨県の城』（郷土出版社、一九九一）、畑大介「戦国期における国境の一様相―本栖にみる城館・道付設阻塞・関所―」『戦国大名武田氏』（名著出版、一九九一）

（畑　大介）

お城アラカルト

柳沢吉保のルーツにみる戦国期の小屋と避難所

畑　大介

『峡中《きょうちゅう》紀行』と『風流使者記』によると柳沢吉保《やなぎさわよしやす》の命を受けた荻生徂徠《おぎゅうそらい》らは、宝永三年（一七〇六）九月七日江戸から甲州に向かい武田氏や柳沢氏の旧跡をめぐったが、この旅の主目的の一つは餓鬼嗌《がきのど》（北杜市武川町）を訪れることであった。餓鬼嗌は天正十年（一五八二）織田信長が入甲して武田氏が滅亡したさい、吉保の祖父兵部丞《ひょうぶのじょう》信俊《のぶとし》が一族とともに避難した場所である。吉保はなぜ、祖父が戦火を避けて逃げ隠れた不名誉な地である餓鬼嗌にこだわったのか。このことと関係するとみられる情報が同じ武川衆の一族である山高《やまたか》信直《のぶなお》の事績（『寛永諸家系図伝』）にみえ、甲州没落のさい、武川諸士は武田信玄の甥にあたる信豊《のぶとよ》の命令によっておのおのの小屋に在番したとしている。

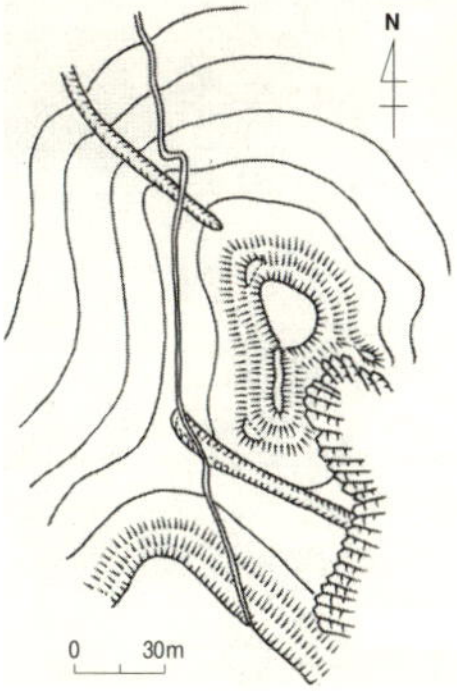

●―星山古城縄張図

「小屋」はそれぞれの一族がもつ小規模な城的な施設と考えられる。『峡中紀行』によると徂徠らは柳沢村の入口で「星山故（古）城」をみており、これが柳沢氏の小屋であろう。村からみると餓鬼嗌は星山古城の背後に位置し、柳沢一族は武田氏の命令によって小屋（星山古城）イコール餓鬼嗌に入ったことになる。柳沢氏をはじめとする武川衆はこの時、武田勝頼に従軍することなく武田氏は滅亡し、その後徳川家康に従うことになるが、山高信直の事績は武田家に対する忠誠心と一族の生き残りを両立させるために手が加えられたものであろうか。柳沢家のなかでも正念場であった餓鬼嗌は語り継がれたであろうし、徳川幕府のなかで異例の出世を遂げた柳沢吉保にとっても家としての忠誠心に係るこの一件は重要な意味を持っていたに違いない。

餓鬼嗌は柳沢村から遠い石空《いしうとろ》川の奥地であり、徂徠らは結局餓鬼嗌に行き着くことはできなかった。

【参考文献】河村義昌訳注『峡中紀行　風流使者記』（雄山閣、一九七一）、畑大介「『風流使者記』にみる青木氏・柳沢氏の動向と白山城」白山城跡学術調査研究会編『白山城の総合研究』（韮崎市教育委員会、一九九九）

執筆者略歴

飯島　泉（いいじま　いずみ）	1965年生まれ	甲州市教育委員会
伊藤正彦（いとう　まさひこ）	1967年生まれ	甲府市教育委員会
入江俊行（いりえ　としゆき）	1977年生まれ	甲州市教育委員会
植月　学（うえつき　まなぶ）	1971年生まれ	山梨県立博物館
閏間俊明（うるま　としあき）	1970年生まれ	韮崎市教育委員会
数野雅彦（かずの　まさひこ）	1957年生まれ	甲府市教育委員会
斎藤秀樹（さいとう　ひでき）	1971年生まれ	南アルプス市教育委員会
佐々木満（ささき　みつる）	1972年生まれ	甲府市教育委員会
佐野　隆（さの　たかし）	1964年生まれ	北杜市教育委員会
田中大輔（たなか　だいすけ）	1970年生まれ	南アルプス市教育委員会
萩原三雄（はぎはら　みつお）	1947年生まれ	帝京大学文化財研究所
畑　大介（はた　たいすけ）	1960年生まれ	帝京大学文化財研究所
平山　優（ひらやま　ゆう）	別掲	
降矢哲男（ふりや　てつお）	1977年生まれ	京都国立博物館
保阪太一（ほさか　たいち）	1973年生まれ	南アルプス市教育委員会
三澤達也（みさわ　たつや）	1970年生まれ	山梨市教育委員会
宮里　学（みやざと　まなぶ）	1969年生まれ	山梨県教育委員会
森屋雅幸（もりや　まさゆき）	1983年生まれ	都留市教育委員会
山下孝司（やました　たかし）	別掲	
渡邊泰彦（わたなべ　やすひこ）	1975年生まれ	北杜市教育委員会

編者略歴

山下孝司

一九五七年、山梨県に生まれる

一九七九年、琉球大学法文学部史学科卒業

現在、甲府市教育委員会生涯学習文化課文化財係嘱託

〔主要著書〕

『戦国期の城と地域―甲斐武田氏領国にみる城館―』(岩田書院、二〇一四)

平山　優

一九六四年、東京都に生まれる

一九八九年、立教大学大学院文学研究科博士前期課程修了

現在、山梨県立中央高等学校教諭

〔主要著書〕

『戦国大名領国の基礎構造』(校倉書房、一九九九年)、『長篠合戦と武田勝頼』(敗者の日本史九、吉川弘文館、二〇一四)、『検証　長篠合戦』(吉川弘文館、二〇一五)、『真田信繁　幸村と呼ばれた男の真実』(角川学芸出版、二〇一五)

甲信越の名城を歩く

山梨編

二〇一六年(平成二十八)一〇月一日　第一刷発行

編　者　山《やま》下《した》孝《たか》司《し》　平《ひら》山《やま》優《ゆう》

発行者　吉川道郎

発行所　株式会社 吉川弘文館

郵便番号一一三―〇〇三三

東京都文京区本郷七丁目二番八号

電話〇三―三八一三―九一五一(代)

振替口座〇〇一〇〇―五―二四四番

http://www.yoshikawa-k.co.jp/

組版・製作＝有限会社 秋耕社

印刷＝株式会社 平文社

製本＝ナショナル製本協同組合

装幀＝河村 誠

ISBN978-4-642-08288-4

福原圭一・水澤幸一編

甲信越の名城を歩く 新潟編

名城五九を上・中・下越と佐渡に分け紹介。 A5判・二六〇頁 二五〇〇円

中澤克昭・河西克造編

甲信越の名城を歩く 長野編

A5判 〈続刊〉

◎既刊

峰岸純夫・齋藤慎一編

一都六県の名城一二八を紹介! A5判・平均三一四頁

関東の名城を歩く 北関東編

茨城・栃木・群馬 二二〇〇円

関東の名城を歩く 南関東編

埼玉・千葉・東京・神奈川 二三〇〇円

仁木　宏・福島克彦編

二府四県の名城一五九を紹介! A5判・平均三三二頁

近畿の名城を歩く 大阪・兵庫・和歌山編

二四〇〇円

近畿の名城を歩く 滋賀・京都・奈良編

二四〇〇円

吉川弘文館
（価格は税別）